은경에게

u-Can 회귀분석

u-Can

회귀분석

김 태 근 저

인간과 복지

차 례

제3부 로 지 스 틱 편

감사의 글

지금까지 제 삶을 인도해 주신 하나님께 감사 드립니다. 그리고 저를 위해 늘 기도해 주시는 부모님들과 주위의 여러 분들께 감사 드립니다. 또한 이 곳 University of Pennsylvania에서 만난 좋은 교수님들과 동료들에게 고마움을 전합니다. 이 책이 나오기까지 정말 많은 분들의 도움이 있었습니다. 먼저 저에게 사회통계에 대한 새로운 눈을 뜨게 해주신 Herbert Smith교수님, 제가 알고 있는 통계 지식의 절반 이상을 가르쳐 주셨다 해도 과언이 아닌 Paul Allison교수님, 회귀분석의 원론적 부분을 꼼꼼히 다루어 주셨던 William Bilelby교수님, 그리고 응용통계의 대가답게 회귀분석의 다양한 적용 가능성을 재미있게 풀어주셨던 Paul Rosenbaum교수님께 진심으로 감사 드립니다. 또한 두 학기에 걸쳐 Research Methodology를 가르쳐 주시고 과학적 분석방법론에 대한 틀을 잡아주신 Phyllis Solomon교수님께 감사 드립니다. 이 분들의 가르침과 도움이 없었다면 아마 이 책을 쓸 수 없었을 것입니다.

아울러 부족한 제자가 책을 쓴다고 했을 때 많은 지지와 격려를 보내 주셨던 지도교수 Roberta Iversen교수님, 마치 본인의 일인 양 프로젝트의 모든 일정을 저를 위해 배려해 주셨던 연구 책임교수 Laura McClosky교수님, 낯선 유학생활에 잘 적응할 수 있도록 늘 뼈있는 조언을 해 주셨던 박사과정 책임교수 Ram Cnaan교수님께도 감사를 드립니다. 그리고 School of Social Policy & Practice에서 함께 공부하고 고민하던 나의 동료들 특히 Karen Zurlo와 Joel Caplan에게도 고마움을 전합니다. 이 친구들의 신선한 질문과 조언 덕분에 이 책에 담을 내용들을 선택할 수 있었습니다. 마지막으로 이 책을 출판할 수 있게 도와준 인간과복지 출판사에 감사 드리며 아무쪼록 회귀분석을 공부하는 많은 독자들에게 조금이나마 도움이 되는 책이 되길 기원합니다.

2006년 5월 Locust Walk에서

김 태 근

들어가며

어떤 책인가?
누구를 위한 책인가?
어떤 내용을 다루나?
어떻게 활용하나?

어떤 책인가?

회귀분석은 오늘날 사회과학의 광범위한 영역에서 가장 보편적으로 사용되는 통계기법 중 하나이다. 실제로 회귀분석은 다른 통계기법들에 비해 그 원리와 적용방식이 사회과학 연구에 대단히 적합하고 유용하다. 또한 경로분석이나 구조방정식 그리고 생존분석과 같이 보다 복잡한 통계기법들의 이론적 토대이기도 하다. 따라서 회귀분석을 정확히 이해하는 것은 그 자체로서 하나의 중요한 통계기법을 습득하는 것일 뿐만 아니라 현대 사회과학 통계의 전반을 이해하는 필수과정이라 해도 과언이 아닐 것이다. 최근 들어 쉽고 다양한 통계 프로그램들이 널리 보급되면서 전문적인 학술분야에서뿐만 아니라 다방면의 실무분야에서도 회귀분석이 활발하게 사용되고 있다. 이에 많은 사회과학 연구자들과 실무자들이 회귀분석을 이해하기 위하여 여러 가지 노력을 기울이는 것을 볼 수 있다.

그러나 막상 공부를 시작해 보면 적당한 교재를 찾지 못해서 고민하거나 혹은 교재를 선택했다 하더라도 읽다가 지쳐 중간에 책을 덮는 경우를 종종 경험하게 된다. 이러한 현상은 기존 교재들의 내용상 문제가 아니라 그 내용을 풀어나가는 방법의 부족함에서 기인하는 것 같다. 즉 기존 교재들도 회귀분석의 주요 내용들을 충분히 담아 내고는 있지만 그 내용을 독자들에게 전달하는 과정에서 몇 가지 아쉬움을 남긴다. 예컨대 지나치게 원론적으로 내용을 전개 함으로서 수학적 배경 지식이 부족한 독자들이 이해하기에 너무 복잡하거나, 혹은 단순히 결과를 어떻게 해석하는지 기계적으로 설명함으로써 보다 기본적인 원리를 알고 이를 응용하고자 하는 독자들의 요구에 부응하지 못하는 경우를 보게 된다.

필자는 기존 교재들이 가지고 있는 이러한 부족함을 조금이나마 메우어 보고자 이 책을 집필하게 되었다. 이 책의 가장 큰 특징은 기본 개념과 원리들을 '직관적' 인 수준에서 이해할 수 있도록 설명하였다는 것이다. 물론 개념이나 원리를 설명하는 가장 간단하고 명쾌한 방법은 수식을 통해 표현하는 것이다. 그러나 행렬이나 함수와 같은 고등 수학에 대한 이해가 전제되지 않는다면 수식의 나열은 그저 난해함을 가중시킬 뿐이다. 따라서 이 책에서는 개념과 원리를 최대한 일상 속의 용어로 풀면서 꼭 필요한 공식들은 자세한 설명과 함께 제시하였다. 필자의 경험에 비추어 봤을 때 원리 속에 내재된 수학적 알고리즘을 정확히 모른다 하더라도 그것에 대한 직관적인 이해가 있다면 회귀분석을 충분히 활용하는데 전혀 문제가 없으리라 본다. 오히려 이러한 접근방식이 사회과학도들에게는 보다 효율적인 공부방법이 아닌가 싶다.

이와 더불어 이 책에서는 회귀분석이 다양한 사회과학영역에서 실제로 사용되는 예를 통하여 결과를 해석하는 방법과 분석시 주의해야 할 점들을 주요 주제 별로 다루었다. 사실 사회과학 연구자나 실무자들에게 가장 필요한 능력은 분석의 결과를 정확히 이해하고 해석하는 기술이라 하겠다. 회귀분석을 사용한 많은 논문들을 보면 주로 회귀계수(b), 유의도(*Sig.*) 그리고 결정계수(r^2) 정도만 언급하는 것을 볼 수 있다. 그러나 통계프로그램을 통해 얻은 실제 결과물(output)에는 이 외에도 많은 수치들이 제시된다. 각 수치들은 자료가 포함하고 있는 여러 정보들을 다양한 방식으로 연구자에게 전달하는 역할을 한다. 따라서 각 수치들이 지닌 의미를 정확하게 이해하면 연구자는 자료 속에 감추어진 다양한 정보들을 발견할 수 있으며 이를 통하여 분석결과로부터 보다 풍성한 함의를 도출할 수 있게 된다. 뿐만 아니라 분석과정에서 발생한 오류를 발견하고 수정함으로써 연구결과가 왜곡되는 것을 예방할 수도 있다.

마지막으로 독자들이 직접 자료를 분석해 볼 수 있는 기회를 제공하였다. 통계기법을 습득하는 가장 빠르고 정확한 방법은 이론과 실습을 병행하는 것이다. 교재에서 알게 된 내용을 컴퓨터 앞에서 직접 실행해 볼 때 비로소 그 지식이 자신의 것으로 내재화 되기 때문이다. 이 책에는 실제 사회과학 분야에서 사용되는 18개의 데이터 셋(data set)이 포함되어 있다. 또한 통계프로그램을 처음 접하는 독자들을 위해 자세한 실행방법이 제시되어 있다. 각 장에서 배운 주요 개념과 원리를 적용하여 실제 자료를 분석하다 보면 교재의 설명만으로는 명쾌하지 않던 부분을 자신만의 언어로 정리할 수 있을 것이다.

실제로 동일한 자료를 가지고도 어떻게 연구모형을 설계하고 분석하느냐에 따라 다른 결과가 도출되는 것을 종종 볼 수 있다. 이는 연구자의 역량에 따라 변수들간의 역동성이 파악될 수도 또는 간과될 수도 있다는 것을 의미한다. 통계적 분석능력을 키우기 위해서는 이론적 이해가 바탕 되어야 함은 말할 것도 없거니와 경험을 통한 꾸준한 노하우의 축적이 필수라 하겠다. 이런 점에서 이 책에 포함된 다양한 자료들은 회귀분석을 시작하는 독자들에게 충분한 경험을 제공하는 좋은 바탕이 되리라 믿는다.

누구를 위한 책인가?

이 책은 사회과학도들을 위한 회귀분석 입문서이다. 다시 말해서 회귀분석의 원론적 부분을 공부하고자 하는 독자들을 위한 책이라기 보다는 사회과학 분석방법론으로서 회귀분석을 알고자 하는 독자들을 위해 쓰여진 책이다. 특히 회귀분석을 처음 공부하거나 회귀분석에 대한 배경지식이 어느 정도 있지만 보다 명쾌한 해설을 원하는 독자들에게 적합하리라 여겨진다. 굳이 이 책의 난이도를 매기어 보자면 초급에서부터 중급까지라 하겠다. 사실 단 한 권의 책으로 회귀분석에 녹아 있는 방대한 통계적 논의들을 모두 아우르는 것은 불가능하다. 뿐만 아니라 통계학 전공자가 아닌 사회과학 전공자들이 이러한 논의들을 굳이 다 섭렵할 필요는 없다고 본다. 따라서 이 책에서는 회귀분석으로 사회과학 자료들을 분석할 때 자주 마주치게 되는 필수 항목들을 간추려 정리하였다. 그러므로 이 책은 실무에서 혹은 학술적 논문의 작성을 위해 회귀분석을 사용하고자 하는 독자나 회귀분석이 사용된 논문을 읽고 이를 정확히 이해하기 원하는 독자들 모두에게 좋은 길잡이가 되리라 본다.

한편 회귀분석을 공부하고자 하는 독자라면 기초통계를 한 번쯤은 접해 봤으리라 믿는다. 그러나 설령 기초통계에 대한 이해가 부족하더라도 첫 장부터 꼼꼼히 살피며 읽어 간다면 이 책의 내용을 이해하는데 큰 어려움이 없으리라 본다. 다시 한번 이 책은 입문서라는 것을 강조하고 싶다. 즉 중·고등학교 수준에서 배운 기본적인 수학적 지식만 있다면 충분히 이 책의 내용을 소화할 수 있으리라 믿는다.

어떤 내용을 다루나?

이 책은 총 3부 10장으로 구성되어 있다. 먼저 제1부에서는 회귀분석의 가장 기본적인 내용을 다룬다. 우선 제1장에서는 회귀분석을 본격적으로 다루기에 앞서 이미 알고 있는 통계 지식들을 점검해 보고 사회과학연구라는 큰 틀 속에서 회귀분석이 차지하는 위치를 조망해 보았다. 이에 사회과학 연구방법론에 대해 간략히 살펴보고 기초적인 통계 개념과 방법들을 되짚어 보았다. 특히 자료분석을 위해 반드시 알고 있어야 할 변수의 종류와 특징을 설명하였고 오늘날 사회과학연구에서 자주 사용되며 회귀분석을 이해하는데 도움이 되는 주요 통계기법들을 소개하였다. 제2장에서는 회귀분석 원리의 기초가 되며 가장 단순한 형태를 띤 단순회귀모형을 다루었다. 하나의 독립변수와 종속변수로 구성된 단순회귀모형을 통하여 선형성과 같은 주요 개념들을 설명하였고 회귀식의 도출과정과 결정계수의 계산과정 그리고 이들이 지니고 있는 의미에 대해 각각 논의하였다. 한편 제3장에서는 여러 개의 독립변수로 구성된 중다회귀모형의 개념과 회귀식의 추정방법 그리고 결과해석 방법을 상세히 다루었다. 이와 더불어 회귀계수의 표준오차와 모형 적합도 등 지나치기 쉬운 통계치들에 대해 상세히 설명하였다. 마지막으로 제4장에서는 독립변수가 질적변수일 때 이를 가변수화하여 회귀모형에 적용하고 그 결과를 해석하는 방법을 중점적으로 설명하였다. 사회과학분야의 자료들은 질적변수의 형태를 띠는 경우가 많다. 따라서 회귀모형에서 질적변수를 어떻게 처리해야 하는지는 매우 중요한 주제 중 하나이다. 따라서 제4장에서는 가변수의 개념에서부터 가변수를 만드는 방법 그리고 결과를 해석하는 방법에 이르기까지 자세하게 논의하였다.

제2부에서는 앞서 다룬 내용을 토대로 회귀분석을 보다 정교하고 정확하게 사용할 수 있는 방법들에 대해 논의하였다. 현실 사회에서 다양한 변수들의 관계는 하나의 직선으로 설명되지 않을 때가 많다. 다시 말해서 회귀분석이 기본적으로 가정하고 있는 선형성에만 의존해 모든 사회과학 현상을 분석하는 데에는 한계가 있다는 것이다. 따라서 연구자는 실제 변수들간의 관계가 잘 반영되도록 선형회귀모형을 조정해 줄 필요가 있다. 이에 먼저 제5장에서는 두 개 이상의 독립변수가 서로에게 영향을 주고 받는 상호작용에 대하여 살펴보았다. 상호작용의 개념과 이를 회귀모형에 적용하는 방법에 대하여 설명하였으며 특히 많은 연구자들이 실수하고 있는 상호작용항의 해석 방법에 대하여 중점적으로 다루었다. 제6장에서는 독립변수와 종속변수의 관계가 특정한 모양의 곡선으로 나타날 때 이

를 진단하고 회귀모형으로 표현하는 방법들에 대해 논의하였다. 특히 본 장에서는 가장 보편적으로 사용되는 세 가지 변수전환방법 즉 로그전환, 다항모형의 활용, 가변수의 활용을 중심으로 소개하였다. 한편 제7장에서는 중다회귀모형을 사용하여 자료를 분석할 때 발생하는 다중공선성 문제에 대해 다루었다. 우선 다중공선성의 개념에 대하여 설명하였고 다중공선성이 회귀식을 어떻게 왜곡하는지 논의하였으며 이들을 진단하고 처리하는 방법을 다루었다. 마지막으로 제8장에서는 보다 정확한 회귀식을 추정하기 위해 반드시 고려해야 할 사항들에 대하여 설명하였다. 특히 많은 연구자들이 오해하고 있는 회귀모형의 기본 가정들을 논의하였으며 잔차와 이상점을 분석하는 방법 그리고 그로 인한 문제들을 해결하는 방법에 대하여 자세히 알아보았다.

마지막으로 제3부에서는 종속변수가 질적변수일 때 사용하는 로지스틱 회귀모형에 대하여 논의하였다. 먼저 제9장에서는 로지스틱 모형의 특징과 필요성에 대해 일반회귀모형과 비교하여 설명하였다. 이와 더불어 승산(odds)과 승산비(odds ratio) 그리고 최대우도법과 같이 로지스틱 회귀모형을 이해하기 위하여 필요한 주요 개념들을 소개하였다. 제10장에서는 많은 연구자들이 어려움을 느끼는 로지스틱 회귀분석의 결과 해석방법에 대해 자세히 설명하였다. 또한 로지스틱 모형에서 자주 발생하는 수렴(convergence) 문제를 진단하고 해결 방법을 소개하였으며 Likelihood ratio chi-square(G^2)를 이용한 모형간 비교방법을 설명하였다. 마지막으로 종속변수가 여러 범주로 구성되었을 때 사용하는 다항 로지스틱 회귀분석에 대해 살펴보았다.

어떻게 활용하나?

이 책은 총 3부에 걸쳐 단계별로 구성되어 있다. 우선 회귀분석의 기본적인 내용만 숙지하고 싶다면 제1부를 읽으면 된다. 이에 더하여 실제 사회과학연구에서 자주 사용되는 회귀분석의 자세한 기법들에 대해 좀 더 알고자 한다면 2부까지 읽으면 된다. 마지막으로 로지스틱 회귀모형을 사용하여 연구논문을 작성하거나 또는 그에 대해 공부하고 싶다면 3부까지 읽으면 된다.

앞서 언급한 바와 같이 이론과 실습의 병행이야 말로 통계기법을 자신의 것으로 만드는 첩경이다. 본눈에서 다룬 모든 자료(data)들은 인간과복지 출판사 홈페이지 자료실에 각장 별로 정리되어 있다. 또한 독자들의 실습을 돕기 위해 본문에 통계프로그램 실행방법을 각 단계별로 자세히 소개하였다. 책에서 설명하는 내용들을 단순히 읽고 이해하는 데에 그치지 말고 반드시 통계프로그램으로 실행해 보기 바란다. 특히 이 책은 통계프로그램에 익숙하지 않은 독자들도 쉽게 익히고 사용할 수 있도록 SPSS를 사용하여 자료를 분석하였다. SPSS는 SAS, STATA 등과 함께 사회과학영역에서 가장 보편적으로 사용되는 통계 패키지이다. 따라서 SPSS로 자료를 분석하고 해석하는 방법을 익힌다면 실무나 논문의 작성 시 큰 도움이 되리라 믿는다.

마지막으로 본문에 들어가기 앞서 독자들에게 다음의 세 가지를 꼭 당부하고자 한다. 첫째, 수식을 음미해 보자는 것이다. 물론 이 책에서는 수식을 최소화 하고자 노력하였다. 그러나 꼭 필요한 수식은 자세한 설명과 함께 제시하였다. 수식이 나온다고 무조건 지나치지 말고 조금만 주위 깊게 살펴보자. 처음에는 어색하겠지만 곧 그 안에 포함된 의미를 파악하는 눈이 트일 것이다.

둘째, 통계프로그램을 마음껏 즐겨 보자는 것이다. 통계 이론에는 박식한데 통계 프로그램에는 익숙하지 못한 사람을 종종 보게 된다. 이론에서 배운 것을 토대로 본인이 직접 실행해 볼 때 시너지 효과를 얻을 수 있다. 이 책에 포함된 다양한 자료들을 가지고 컴퓨터 앞에서 직접 분석해 보도록 하자. 이론을 여러분의 실용적 지식으로 만들 수 있을 것이다.

셋째, 부담 없이 읽자는 것이다. 보통 통계 관련 서적은 복잡하고 지루하다는 선입견이 있는 것 같다. 그러다 보니 처음부터 지나친 긴장의 무게에 눌려 쉽게 흥미를 잃는 경우를 자주 보게 된다. 여러분이 통계기법의 생산자가 아니라 소비자라면 의외로 우리가 알아야 할 것들은 그다지 많지 않다는 것을 명심하자. 당장 필요한 것 그리고 쉽게 이해할 수 있는 것부터 가볍게 시작해 나가는 것이 가장 바람직한 학습 방법이라 믿는다.

이런 점들을 기억하며 회귀분석이라는 매력적인 통계기법의 세계로 들어가 보자.

1 기본편

1 _ 사회과학 연구의 기초

2 _ 단순회귀모형

3 _ 중다회귀모형

4 _ 가변수의 활용

1_사회과학 연구의 기초

1. 사회과학 연구방법

회귀분석에 대해 본격적으로 논의하기에 앞서 본 절에서는 사회과학 연구방법론에 대해 간략히 살펴보고자 한다. 회귀분석이라는 통계기법이 사회과학연구라는 큰 틀 속에서 어떤 기능을 하며 왜 필요한지 이해하는 것은 통계적 기술이나 지식을 습득하는 것만큼 중요하다 하겠다. 이를 위해 먼저 사회과학연구 과정을 되짚어 보자.

명제와 가설

과학의 본질은 사물이나 현상의 관계성(relationship)을 경험적으로 규명하는데 있다. 같은 맥락에서 사회과학은 사회적 현상이나 개념들의 관계를 탐구하고 그 흐름을 밝히는 학문이라 하겠다. 예컨대 사회과학도들은 "교육수준과 행복간에는 어떤 관계가 있을까?"와 같은 질문에 관심을 갖는다. 사회과학 연구방법론이란 결국 이러한 궁금증의 해답을 찾아가는 과정이라 할 수 있다. 그렇다면 우리는 과연 어떻게 이러한 연구문제들의 해답을 찾을 수 있을까? 이제부터 직접 그 과정을 따라가 보도록 하자.

우선 우리가 알고자 하는 것 즉 우리의 연구문제가 구체적으로 무엇인지 살펴 보아야 한다. 위의 질문은 세 개의 주요 단어들로 구성되어 있음을 알 수 있다. 바로 '교육수준',

'행복' 그리고 '어떤 관계'이다. 결국 우리 질문의 핵심은 '교육수준'과 '행복'이라는 두 개념(concept)이 서로 어떻게 얽히어 있는지 밝히는 것이다. 우리는 이 두 개념들을 가지고 다음과 같이 두 가지의 가정을 만들어 볼 수 있다.

명제의 예

가정 1. 교육수준이 높으면 더 행복할 것이다.
가정 2. 교육수준이 높으면 덜 행복할 것이다.

물론 이 두 가정 외에 "교육수준과 행복간에는 아무 관계도 없을 것이다"라는 또 하나의 가정을 만들 수도 있다. 하지만 일반적으로 과학적 연구에서 관계 없는 개념들을 연구주제로 선택하는 경우는 거의 없다. 즉 사회과학연구의 핵심은 서로 관계가 있을 법한 개념들의 관계성을 경험적으로 증명해 내는 것이라 하겠다(Paul D. Reynolds, 1971).

이와 같이 개념과 개념간의 관계를 논리적으로 도출한 문장을 가리켜 명제(proposition)라고 부른다. 따라서 명제가 성립되려면 두 개 이상의 개념과 그 개념들의 방향성(direction)이 필요하다. 가정 1은 두 개념이 같은 방향으로 변화는 관계를 나타내고 있고 가정 2는 두 개념이 서로 다른 방향으로 변화는 관계를 나타내고 있다. 전자를 가리켜 정적관계(positive relationship)의 방향성을 지닌다고 하고 후자를 가리켜 부적관계(negative relationship)의 방향성을 지닌다고 한다.

명제에 포함된 개념들의 방향성이 정적인지 부적인지 가정하는 것은 전적으로 연구자의 몫이다. 이 때 연구자는 보통 기존 이론에 기초하여 자신의 연구명제를 설정한다. 이처럼 연구자가 연구명제를 설정할 때 의존하는 배경을 가리켜 이론적 틀(theoretical frame)이라고 부른다. 그러나 경우에 따라서는 개념들의 관계가 정적인지 부적인지 좀처럼 예단하기 어려울 때가 있다. 특히 축적된 이론이 전무한 새로운 개념을 연구에 도입할 때 이러한 문제가 자주 발생하게 된다. 이런 경우 연구자는 관계의 방향성에 관심을 두기 보다는 개념들간의 관계 그 자체를 밝히는데 초점을 두게 되는데 이러한 형태의 연구를 가리켜 탐색적 연구(exploratory study)라고 한다(Donald Ary, et al., 2006). 그러나 오늘날 탐색적 연구에서도 연구명제의 방향성을 제시하는 것이 일반적이다. 연구자는 새로운 개념과 가장 유사한 기존 이론들로부터 연구명제의 방향성을 논리적으로 연역하기 때문이다

(Paul D. Reynolds, 1971). 여기서는 이론적 틀에 근거해 "교육수준이 높으면 더 행복할 것이다"를 우리의 연구명제로 선택하였다고 가정해 보자.

이처럼 명제는 우리의 연구문제를 개념들간의 논리적 관계성으로 규정해 주는 역할을 한다. 그러나 명제만으로는 연구문제를 경험적으로 검증하는 것이 곤란하다. 왜냐하면 명제 속에 포함된 개념들은 너무 관념적이어서 현실에서 그 실체를 파악하기 어려운 경우가 많기 때문이다. 우리의 연구명제를 살펴보자. '교육수준' 이라는 개념은 그나마 나은 편이지만 '행복' 이라는 개념은 설명하기에 너무나도 모호하다. 과연 행복이란 무엇인가? 자칫 잘못하면 우리 연구의 중심이 경험적 증명에서 벗어나 철학적 논쟁으로 흘러버릴 수도 있다. 따라서 연구명제는 경험적 검증이 가능하도록 두 단계의 정제과정(개념화와 조작화)을 거치게 된다(Allen Rubin & Earl R. Babbie, 2005).

그 첫 번째 과정은 연구에서 사용될 개념의 범위를 명확히 한정하는 것이다. 예를 들어 어떤 사람은 행복이라는 개념에서 만족감과 같은 정신적 부분을 강조하는데 반해 다른 사람은 경제적 풍요와 같은 물질적 부분을 강조할 것이다. 또 혹자는 행복이란 결국 사람의 기분을 좋게 만드는 호르몬의 분비라며 생리학적인 접근을 할지도 모른다. 이와 같이 행복이라는 추상적 개념은 사람에 따라 얼마든지 다양한 뜻으로 해석될 수 있다. 그 정도의 차이는 있지만 교육수준이란 개념 역시 마찬가지이다. 따라서 우리는 오해의 여지를 줄이기 위해 우리 연구에서 사용되는 개념이 정확히 무엇을 의미하는지 규정해 줄 필요가 있다. 우리는 이 과정을 개념화(conceptualization)라고 부른다. 아마 우리의 연구명제에서 교육수준은 '학력' 으로 그리고 행복은 '만족감' 으로 개념화할 수 있을 것이다.

두 번째 과정은 개념화의 과정을 통해 일단 그 범위가 한정된 개념을 현실에서 측정(measurement) 가능하도록 만드는 것이다. 우리는 이 과정을 조작화(operationalization)라고 부르며 조작화를 거친 개념 즉 경험적으로 측정 가능한 수준의 개념을 가리켜 변수(variable)라고 부른다. '학력' 이란 개념을 측정할 수 있는 방법은 여러 가지가 있으나 우리 연구에서는 '정규교육을 받은 연수' 로 측정한다고 가정해 보자. 사실 '학력' 이나 '임금' 과 같은 개념들은 조작화의 과정을 거쳐 비교적 쉽게 변수로 전환할 수 있다. 문제는 '만족감' 과 같이 개념화의 과정을 거쳐도 여전히 추상적인 개념들이다. '평등', '소외', '자존감' 등과 같이 추상성이 강한 개념들이 바로 이러한 부류에 속한다.

오늘날 사회과학에서 이와 같이 추상성이 강한 개념들을 측정하는 가장 좋은 방법은 이미 개발되어 그 타당성(validity)과 신뢰성(reliability)을 검증 받은 측정도구를 사용하는 것이다(Paul E. Spector, 1992). 예를 들어 우리의 연구에서 '만족감'이란 개념은 이미 개발되어 있는 '생활만족도 지수'라는 변수로 측정할 수 있을 것이다. 특히 조작화의 과정에서 연구자들이 반드시 고려해야 할 사항이 있는데 그것은 바로 측정가능성(feasibility)이다. 아무리 좋은 변수라 하더라도 실제 데이터를 얻는 과정에서 많은 제한이 있다면 이는 결코 좋은 변수라 할 수 없다. 따라서 연구자는 변수를 설정할 때 타당성과 신뢰성을 검토하는 것과 더불어 변수의 측정가능성을 꼭 확인해야 한다.

이렇게 개념화와 조작화의 과정을 거쳐 이제 연구자는 개념들을 변수로 대체한 새로운 서술문을 만들 수 있다. "정규교육을 받은 연수가 긴 사람일수록 생활만족도지수가 높을 것이다"라는 서술문은 기존 명제를 측정 가능한 수준으로 끌어내린 것이다. 이와 같이 변수들간의 관계성으로 구성된 문장을 가설(hypothesis)이라고 부른다. 결국 연구자는 연구가설이 옳은지 그른지를 경험적으로 검증해 봄으로서 연구문제의 해답을 찾아내는 것이다. 따라서 가설은 연구의 핵심이며 자료분석의 기본 틀이라 할 수 있다.

가설의 검증

일단 가설이 설정되면 이제 남은 단계는 가설을 직접 검증하는 것이다. 가설을 검증하기 위해 가장 먼저 해야 할 과제는 연구대상(research population 혹은 target population)을 결정하는 것이다. 연구대상이란 연구자가 연구결과를 적용시키고자 하는 집단 즉 연구의 주된 관심이 되는 집단을 의미한다(Donald Ary, et al., 2006). 만약 연구자의 관심이 성인에게 있다면 18세 이상인 사람들이 연구대상이 되며 서울시민에게 관심이 있다면 서울에 거주하는 사람들이 연구대상이 된다.

연구대상이 결정되면 이제 연구자는 그 연구대상을 통하여 가설을 검증하게 된다. 가장 완벽하게 가설을 검증하기 위해서는 연구대상에 속한 모든 개체(individual)들을 다 조사해야 할 것이다. 만약 우리의 연구대상이 한국 성인이라면 이는 곧 3,700만 명을 조사해야 한다는 것을 의미한다. 그러나 이를 모두 조사하는 데에는 막대한 경비와 시간이 소요된다. 따라서 연구자는 전체 연구대상 중에서 일부만을 선택하여 조사하고 그 결과를 바탕으로 전체 연구대상의 성격을 추론(inference)하게 된다. 이 때 전체 연구대상 중에서 선택된 일부를 가리켜 표본(sample)이라 하고 그 선택과정을 표본추출(sampling)과정이라고 한다.

이 단계에까지 오면서 연구자는 무엇을 측정할 것인지(가설) 그리고 누구를 대상으로 측정 할 것인지(표본)에 대해 결정하였다. 이제 남은 과제는 어떻게 측정할지(연구설계)를 결정하는 것이다. 다시 우리의 연구주제로 돌아가 보자. "정규교육을 받은 연수가 긴 사람일수록 생활만족도지수가 높을 것이다"라는 가설을 검증하기 위해 전국에 거주하는 성인남녀 중 500명을 뽑았다고 가정해 보자.

이제 이들을 대상으로 '정규교육을 받은 연수'와 '생활만족도지수'를 각각 조사하였다. 그리고 조사자료를 바탕으로 이 두 변수의 상관관계를 계산해 보니 0.65로 나왔다고 가정해 보자. 이 결과로부터 연구자는 어떤 결론을 도출할 수 있을까? 한가지 확실한 것은 두 변수가 정적 상관관계에 있다는 것이다. 그렇다면 상관관계가 있다는 사실만으로 우리는 과연 자신 있게 교육연수가 생활만족도에 영향을 미친다고 주장할 수 있을까? "두 변수가 서로 관계 있다"는 것과 "어떤 변수가 다른 변수에 영향을 준다"는 것은 엄연히 다른 문제이다. 특히 후자의 관계를 가리켜 우리는 인과성(causality)이 있다고 부른다.

인과관계와 통제

> We think we have scientific knowledge when we know the cause.
> 우리는 원인을 알 때 비로소 학적지식을 소유했다고 사유한다.
>
> Aristotle, Posterior Analytics, Book II, Chapter 10
> 아리스토텔레스, 분석론후서, 제2권, 10장

과학적 탐구방법론의 초석을 마련한 아리스토텔레스가 지적했듯이 오늘날 많은 사회과학도들은 궁극적으로 인과관계를 밝히고자 노력한다. 왜냐하면 단순히 변수들간의 관계가 있다는 것을 밝히는 것 보다 어떤 현상의 원인과 결과를 밝히는 것이 더 유용한 정보를 제공하기 때문이다. 그런데 우리는 종종 인과관계와 상관관계를 혼동하는 경우가 있다. 한마디로 인과관계는 상관관계의 특별한 유형이라 할 수 있다. 따라서 인과관계가 성립되기 위해서는 다음의 세 가지 조건이 만족되어야 한다(James A. Daivs, 1985).

인과관계의 성립 조건

조건 1. 두 변수간에 상관관계가 있다.
조건 2. 하나의 변수(원인)가 다른 변수(결과)를 시간적으로 선행한다.
조건 3. 두 변수간의 관계가 외부의 다른 변수로부터 영향 받지 않는다.

먼저 인과관계가 성립되기 위해서는 반드시 상관관계가 전제되어야 한다. 이와 더불어 인과관계의 가장 큰 특징은 영향을 미치는 변수(원인)가 영향을 받는 변수(결과)보다 시간적으로 선행한다는 것이다. 즉 변수들간의 시간적 선후관계를 파악할 수 있을 때 비로소 인과관계로 그 변수들을 설명할 수 있게 된다. 그러므로 모든 인과관계는 상관관계에 포함되지만 모든 상관관계가 인과관계인 것은 아니다.

경우에 따라서 시간의 선후 관계를 비교적 명확히 구분할 수 있는 변수들이 있다. 예를 들어 우리 연구가설에서는 '교육연수' 라는 변수가 '생활만족도' 라는 변수에 선행한다고 볼 수 있다. 왜냐하면 교육연수라는 변수는 이미 조사시점 이전에 결정된 상태이고 생활만족도라는 변수는 현 조사시점의 상태라고 말할 수 있기 때문이다.

그러나 경우에 따라서는 시간적 선후관계를 파악하기 모호한 변수들이 있다. 예컨대 '우울증' 과 '생활만족도' 사이에 부적상관관계가 있다고 가정해 보자. 이 결과를 보고 연구자는 우울증이 생활만족도를 낮추었다고 주장할 수도 있고 반대로 낮은 생활만족도가 우울증을 유발했다고 주장할 수도 있다. 이와 같이 변수간의 선후관계가 모호한 경우 연구자는 기존 이론에 근거하여 자신의 인과모형을 정당화 한다.

여기서 주의해야 할 점은 지금까지 개발된 그 어떤 통계기법도 연구자에게 원인과 결과를 직접 제시해 주지는 않는다는 것이다. 다시 말해서 원인변수와 결과변수를 구분하는 것은 전적으로 연구자의 논리에 달려 있으며 그 논리는 이론을 통해 정당화 될 수 있다. 아마 통계기법이 아무리 발달한다 하더라도 원인변수와 결과변수를 규정하는 것은 영원히 연구자의 고유 영역으로 남아 있을 것이다.[1)]

앞에서 본 바와 같이 우리의 연구결과는 조건 1(상관성)과 조건 2(선후성)를 충족시킨

1) 물론 오늘날 내인성(endogeneity)과 같이 인과성과 관련된 문제를 통계적으로 해결하기 위해 개발된 몇몇 기법들이 있다. 하지만 이러한 방법들이 궁극적으로 원인변수와 결과변수를 구분해 주는 것은 아니다.

다. 이제 조건 3에 대해서 살펴보자. 상식적으로 생활만족도에 영향을 미치는 요소들은 얼마든지 다양할 수 있다. '성별'이나 '경제력', '건강상태' 심지어 '거주지역' 등 여러 요인들이 생활만족도에 직·간접적으로 영향을 미칠 수 있다. 이에 반해 우리 연구에서는 이런 요소들에 대한 고려가 전혀 없기 때문에 교육연수가 생활만족도에 미치는 순수한 영향(pure effect)을 가려내기 어렵다.

그럼 이러한 한계를 극복하는 방법은 무엇일까? 해답은 간단하다. 연구자가 보고자 하는 변수만 남기고 나머지 조건은 다 동일하게 만드는 것이다. 이렇게 조건을 동일하게 만드는 것을 가리켜 통제(control)라고 부른다. 사회과학연구에서 다른 변수들을 통제하는 궁극적인 이유는 주요 변수간의 인과관계를 정확히 파악하기 위해서라고 할 수 있다. 그럼 이제부터 사회과학에서 사용되는 통제방법들을 살펴보도록 하자.

먼저 가장 직접적인 통제방법은 표본에서 동일한 조건을 지닌 개체(individual)만 추려내는 것이다. 우리의 표본을 가지고 가상적으로 시도해 보자. 우선 성별을 통제하기 위해 남자만 뽑는다. 자 이제 우리의 표본수는 250명으로 줄었다. 다시 경제력을 통제하기 위해 이 중에서 월 소득이 200만원에서 300만원 사이인 사람만 뽑는다. 이제 표본수는 80명으로 줄었다. 또 건강상태를 통제하기 위해 이중에서 건강이 매우 양호한 사람만 뽑는다. 이제 표본수는 50명으로 줄었다. 마지막으로 지역을 통제하기 위해서 서울시 강북구 거주자만 뽑는다. 남은 표본은 8명이다. 최초 500명으로 시작한 표본이 단 4단계의 통제를 거치자 8명으로 줄었다. 물론 여기서는 가상적인 수치를 제시하였지만 실제 이러한 방법으로 변수들을 통제한다면 엄청난 크기의 표본이 필요할 것이다. 더군다나 우리가 통제해야 하는 변수의 수는 연구주제에 따라 네 개보다 더 많아지기도 한다. 이러한 점들을 고려할 때 이와 같은 방식의 통제는 실현가능성이 희박할 뿐만 아니라 매우 비효율적이다.

두 번째 방법은 가장 고전적이며 아직까지 가장 바람직하게 받아들여지는 방법으로 실험설계(experimental design)를 통해 다른 요인들을 통제하는 것이다(Stephen B. Hulley, et al., 2001).

실험설계의 필요충분조건

- 무작위표본추출(random sampling)
- 무작위할당(random assignment)
- 실험집단(experiment group)과 통제집단(control group)

무작위표본추출(random sampling)이란 연구대상(혹은 모집단)에서 표본을 추출할 때 확률표본추출법(probability sampling)을 사용하는 것을 의미한다(확률표본추출법에 대한 자세한 설명은 조사방법론을 다룬 책에서 참고하기 바란다). 그리고 무작위할당(random assignment)이란 이렇게 추출된 표본을 실험집단과 통제집단으로 배정할 때 역시 확률표본추출법을 사용하는 것을 의미한다. 한편 실험집단(experiment group)이란 계획된 개입(intervention)을 제공하는 집단이고 통제집단(control group)이란 개입을 제공하지 않는 집단을 의미한다.

실험설계는 우선 무작위표본추출과 무작위할당을 통해 '확률적'으로 나머지 조건들을 동일하게 만든다. 이제 다른 변수들을 통제한 가운데 개입(원인변수)을 제공하고 실험집단과 통제집단의 차이(결과변수)를 관찰함으로써 두 변수간의 정확한 인과성을 파악하는 것이다. 물론 보다 정확한 분석을 위해 사전-사후검사(pre-post test)를 병행하기도 한다. 그러나 비용과 시간 그리고 윤리적 문제까지 고려할 때 실험설계는 사회과학영역에서 극히 제한적으로 사용될 수 밖에 없다.

그렇다면 연구자들은 어떻게 다른 변수들을 통제하여 원인변수와 결과변수의 순수한 관계성을 밝혀낼 수 있을까? 오늘날 많은 사회과학연구자들이 회귀분석에 열광하는 이유가 바로 여기에 있다. 즉 연구자는 회귀분석이라는 통계기법을 통해 여러 변수들을 한꺼번에 분석하고 통계적으로 통제할 수 있게 된다. 통계적 통제(statistical control)를 통해 연구자는 원인변수와 결과변수의 순수한 관계성을 파악할 수 있을 뿐만 아니라 그 외의 변수들이 결과변수에 얼마나 영향을 미치는지 개별적으로 파악할 수도 있다. 따라서 통계적 통제 기능이야 말로 회귀분석이 가지고 있는 많은 장점 중에서 단연 백미白眉라 하겠다.

지난 30년 동안 통계학자들은 회귀분석과 유사하면서 보다 세련된 여러 통계기법들을 개발해 왔다. 구조방정식(structural equation model), 포아송분석(poisson regression), 비례위험모형(proportional hazard model, 보통 Cox 모형이라고도 불린다) 그리고 위계모형(hierarchical linear model)등이 그것이다. 하지만 아직까지 회귀분석이 사회과학연구에서 차지하는 비중은 매우 큰 것 같다. 무엇보다 연구자가 사용하고 이해하기 쉬어서이기도 하겠지만 개량된 통계기법들도 사실은 그 뿌리를 회귀분석의 기본 원리에 드리우고 있기 때문이다. 우리는 다음 장부터 어떻게 회귀분석이 사회과학연구에 도움을 주는지 구체적으로 살펴볼 것이다.

2. 변수의 유형

우리는 앞에서 개념을 어떻게 변수로 전환하는지 살펴보았다. 본 절에서는 경험적 검증의 핵심이 되는 변수에 대해 보다 자세히 살펴 보도록 한다. 어떤 통계기법을 사용할 것인지 결정할 때 가장 중요한 고려사항은 분석하고자 하는 변수의 성격이다. 따라서 변수의 성격을 정확히 이해하는 것은 통계분석을 위한 기본이라 하겠다. 이미 기초통계를 접해보았거나 조사방법론을 공부해 본 독자라면 변수의 종류와 구분에 익숙할 것이다. 우리의 기억을 되 내이며 변수에 대해 보다 자세히 알아보자.

변수의 종류와 수준

우리는 앞에서 인과관계를 설명하며 원인이 되는 변수와 결과가 되는 변수가 있음을 알았다. 보통 연구모형에서 원인이 되는 변수를 가리켜 독립변수라고 일컫는다. 연구자에 따라서 독립변수(independent variable)를 설명변수(explaining variable) 또는 예측변수(predictor variable)라 부르기도 한다. 한편 결과가 되는 변수는 종속변수(dependent variable)라고 부르는데 이 또한 연구자에 따라 반응변수(response variable) 또는 피예측변수(predicted variable)라 부르기도 한다. 이 책에서는 앞으로 독립변수와 종속변수라는 용어로 통일하여 사용하기로 한다.

그러나 우리는 두 변수로 구성된 인과관계에 하나의 변수를 더 추가할 수 있다. 즉 독립변수의 영향을 받아서 이를 다시 종속변수에 전달하는 변수가 있는데 이를 가리켜 매개변수(intermediate variable)라고 부른다. 매개변수는 독립변수의 입장에서는 영향을 받는 종속변수이지만 종속변수의 입장에서는 영향을 미치는 독립변수로 작용한다(David S. Moore & George P. McCabe, 2003). 가령 우리의 연구에서 '교육기간'이 '소득'에 영향을 미치고 다시 '소득'이 '삶의 만족도'에 영향을 미친다고 가정해보자. 이 때 바로 소득이라는 새로운 변수가 바로 두 변수간의 인과관계를 매개하는 매개변수인 것이다.

이 외에도 우리가 직접 관심을 갖는 변수는 아니지만 독립변수와 종속변수간에 순수한 인과성을 파악하기 위해 연구모형에 포함시키는 변수들이 있다. 이들을 가리켜 통제변수(control variable)라고 한다. 독립변수나 종속변수를 규정하는 것과 마찬가지로 어떤 변수를 매개변수로 혹은 통제변수로 설정할 것인가는 전적으로 이론에 근거한 연구자의 판단에 달려있다. 실제 통계분석을 통해 얻은 자료에는 변수들간의 관계 정도만 나타난다. 따라서 이러한 관계성을 가지고 변수들간의 역동성을 해석해 내는 것은 이론에 기초한 연구자의 몫이다.

다시 우리의 예로 돌아가서 충분한 이론적 검토를 마치고 〈그림 1-1〉과 같은 연구모형을 만들었다고 가정해 보자. 우리가 보고자 하는 연구주제는 "교육수준이 소득이라는 매개변수를 거쳐 생활만족도에 얼마나 영향을 미치는가?"이다. 그리고 이들 변수간의 순수한 효과를 살펴보기 위해 '건강상태', '거주지역', '성별', '연령'이라는 변수들을 통제하고자 한다. 다시 한번 강조하지만 이와 같은 연구모형의 설정은 이론적 논의에 기반한 것이어야 한다.

〈그림 1-1〉 연구모형의 예

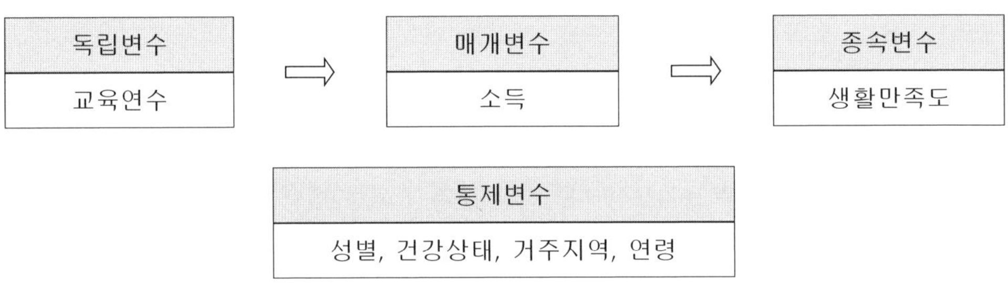

변수는 연구모형에서 어떤 역할을 하느냐에 따라 독립변수나 종속변수로 혹은 매개변수나 통제변수로 구분되기도 하지만 그 자체가 지니는 속성에 따라 다른 방식으로 구분되기도 한다. 보다 엄밀히 말해서 어떤 형태의 변수값(value)을 갖느냐에 따라 그 변수의 수준이 달라지는 것이다.

변수값이란 변수가 갖는 하위범주를 의미하며 실제 변수를 측정하는 단위이기도 하다. 가령 우리는 교육수준이라는 변수를 다양한 형태로 측정할 수 있다. 먼저 단순히 '고등학교 졸업여부'로 측정할 수도 있고 보다 자세히 '초·중·고·대졸이상'으로 구분할 수도 있다. 이보다 더 자세한 정보를 원할 경우 '정규교육을 받은 연수'를 측정할 수도 있을 것이다. 이처럼 같은 변수라 하더라도 어떻게 측정하느냐에 따라 그 변수가 지니는 정보의 수준은 달라질 수 있다. 일반적으로 변수의 수준은 다음의 네 가지로 구분한다.

변수의 수준

(1) **명목변수**(nominal variable): 측정대상의 특징을 구분만 할 수 있는 변수이다. 명목변수에서는 변수값들 간에 서열이나 크기가 존재하지 않는다. 가령 성별이라는 변수는 남성과 여성이라는 두 개의 변수값을 갖는다. 이 때 남성은 '1' 로 여성은 '2' 로 표현할 수 있는데 이는 단지 기호일 뿐이지 여성이 남성의 2배라거나 남성이 여성보다 높거나 낮다고 말 할 수는 없다. 실제 사회과학에서 사용되는 많은 변수들이 명목변수에 속한다. 거주지역(경기도:1, 충청도:2, 전라도:3, 경상도:4 등)이라던가 지지정당(공화당:1, 민주당:2, 자유당:3)과 같은 변수들이 여기에 속한다.

(2) **서열변수**(ordinal variable): 변수값들 간에 순서(서열)가 존재하는 변수이다. 예컨대 생활만족도라는 변수를 '매우 만족:1, 만족:2, 불만족:3, 매우 불만족:4' 으로 측정할 수 있다. 이 때 각 변수값들 간에는 일정한 순서가 존재한다. 즉 변수의 값이 커질수록 불만족도가 커진다는 것을 의미한다. 그러나 순서 사이의 거리가 같다고 할 수 없기 때문에 변수값들의 정확한 크기는 알 수는 없으며 따라서 사칙연산도 불가능하다.

(3) **등간변수**(interval variable): 변수값의 순서뿐만 아니라 순서 사이의 가격을 알 수 있는 변수로 지능지수나 생활만족도등과 같은 척도들이 여기에 속한다. 가령 100점 만점의 생활만족도를 측정하여 갑의 점수는 80점 을의 점수는 40점이라고 했을 때 갑이 을보다 더 높은 만족도를 보인다고 할 수 있으며 그 차이는 40점이라고 말 할 수 있다. 그러나 사회과학영역에서 엄밀한 의미의 등간변수는 그리 많지 않다. 생활만족도의 예만 보더라도 갑이 을보다 높은 만족도를 보인다고 말할 수 있을 뿐이지 40점의 차이가 정확히 무엇을 의미하는지 알 수는 없다. 또한 등간변수는 비율변수와 달리 절대값 0이 존재하지 않는다. 즉 생활만족도 점수가 0이라고 해서 그 사람의 만족도가 전혀 없다는 것은 아니기 때문이다. 따라서 원칙적으로는 곱하기와 나누기가 불가능하나 사회과학영역에서는 이를 허용하는 것이 일반적이다.

(4) **비율변수**(ratio variable): 등간변수의 모든 특성에 더하여 절대값 0이 포함된 변수이다. 따라서 비율변수에서는 사칙연산이 완전히 가능해진다. 그러나 아쉽게도 사회과학영역에서 비율변수의 형태로 측정할 수 있는 변수는 그리 많지 않다. 대표적인 비율변수는 소득이나 가족 수 등이라 하겠다.

이상에서 살펴본 바와 같이 변수는 변수값(value)의 형태에 따라 네 수준으로 구분할 수 있다. 변수의 수준이 높아질수록 그 변수가 포함하는 수량적 정보의 크기도 커진다고 할 수 있다. 그런데 한가지 명심해야 할 것은 높은 수준의 변수형태는 낮은 수준의 변수형태로 전환할 수 있지만 그 반대는 불가능 하다는 것이다. 예를 들어 소득수준을 비율변수(월 ○○○만원)로 측정한 후 연구모형에 따라 얼마든지 등간변수나 서열변수(상·중·하)로 바꿀 수 있지만 일단 서열변수로 측정된 소득수준을 비율변수나 등간변수로 바꿀 수는 없다.

양적변수와 질적변수

앞서 설명한 변수의 구분 방법은 변수들의 성격을 이해하는데 많은 도움을 주지만 실제 사회과학연구에서는 이보다 간단한 방식으로 변수를 구분하는 것이 일반적이다. 물론 연구자에 따라 차이가 있을 수 있으나 보편적으로 등간변수와 비율변수는 연속변수(continuous variable)로 그리고 명목변수와 서열변수는 범주형변수(categorical variable)로 구분한다. 학자에 따라서는 연속변수를 양적변수(quantitative variable)로 범주형변수를 질적변수(qualitative variable)로 부르기도 한다.

엄밀한 의미에서 연속변수란 길이나 무게와 같이 실수값(소수점 이하의 모든 값)을 취할 수 있는 변수를 말한다. 그에 반해 '가족 수' 나 '가정폭력 발생빈도' 와 같이 자연수 만을 취하는 변수를 가리켜 이산변수(discrete variable)이라 부른다. 그러나 사회과학연구에서 이산변수와 연속변수를 특별히 구분하지 않고 둘 다 같은 연속변수로 취급하는 것이 보통이다.

한편 범주형변수는 몇 개의 범주를 갖느냐에 따라 이분변수(dichotomous variable)와 다분변수(polytomous variable)로 구분한다. 이분변수란 남·녀, 성공·실패, 찬성·반대와 같이 두 범주만 갖는 변수를 뜻하며 다분변수는 종교(기독교, 불교, 천주교)나 직업(사무직, 관리직, 생산직, 서비스업종)과 같이 셋 이상의 범주로 구성된 변수를 의미한다. 그런데 왜 굳이 이분변수만 따로 구분하였을까? 나중에 보다 자세히 다루겠지만 통계분석이나 계산과정에서 이분변수는 특별하게 처리되기 때문이다. 또한 실제 사회과학분야에서 단 두 범주만을 변수값으로 갖는 변수들이 많기 때문이다.

이처럼 연속변수인지 범주형변수인지 구분하는 것이 중요한 이유는 어떤 형태의 변수들이 결합했느냐에 따라 분석 가능한 통계기법이 다르기 때문이다. 〈표 1-1〉는 우리가 가장 일반적으로 사용하는 통계기법과 그 분석방법을 사용하기 위해 필요한 기본적인 변수결합 형태를 정리한 것이다.

〈표 1-1〉 변수의 결합 형태와 분석방법

변수의 결합 형태		가능한 분석 방법
이분/다분변수 - 이분/다분변수		카이제곱(chi-square) 검증
이분변수 - 연속변수		t-검증(t-Test)
다분변수 - 연속변수		분산분석(ANOVA)
연속변수 - 연속변수		상관분석(correlation)
종속변수	연속변수	선형회귀분석(linear regression)
	이분변수	이항로지스틱(binomial logistic regression)
	다분변수	다항로지스틱(multinomial logistic regression)

물론 여기서 제시한 분석방법 외에도 다양한 통계기법들을 사용할 수 있다. 가령 종속변수가 이분변수일 때 이항로지스틱(binomial logistic) 회귀분석 대신 프로빗 모형(probit model)을 사용하거나 선형확률모형(linear probability model)을 사용할 수도 있다. 다만 여기서 제시한 분석방법들은 앞으로 이 책에서 다룰 내용을 위주로 정리한 것이다.

한편 연구모형에 포함될 변수가 연속변수인지 범주형변수인지 결정하는 것은 역시 연구자의 몫이다. 예를 들어 보통 서열변수를 범주형변수로 구분하지만 경우에 따라서는 연속변주로 간주하기도 한다. 특히 변수값의 범주가 충분히 많은 경우, 가령 '1:매우 좋다, 2:좋다, 3:약간 좋다, 4:중간이다, 5:약간 싫다, 6:싫다, 7:매우 싫다' 와 같이 7점 척도로 변수값이 구성되어 있다면 비록 서열변수라 할지라도 연속변수로 취급하여 분석하기도 한다. 따라서 연구자는 분석에 들어가기에 앞서 연구 목적에 맞게 변수들의 형태를 명확히 규정할 필요가 있다.

3. 유용한 통계 기법들

본 절에서는 실제 사회과학 자료분석에서 빈번히 사용되며 회귀분석의 원리에 직접 적용되는 통계기법들(t-검증, 분산분석, 상관분석)을 소개하고자 한다. 단 보통 카이제곱(chi-square)검증으로 불리는 독립성검증은 회귀분석의 기본원리를 설명하는데 직접 상관이 없기 때문에 생략하도록 한다. 이미 이들 통계기법에 정통한 독자라면 바로 다음 장으로 넘어가도 무방하겠다. 그러나 기초통계를 충분히 접해보지 못했거나 과거에 공부했더라도 다시 한번 정리해 보길 원한다면 회귀분석에 들어가기 앞서 중요한 내용만 간략히 살펴보도록 하자. 이들 통계기법에 관한 이해는 앞으로 전개될 회귀분석의 내용을 이해하는데 큰 도움이 되리라 믿는다.

t-검증(t-Test)의 개념과 적용사례: '집단상담 프로그램과 우울증 개선 효과'

앞에서 살펴 본 바와 같이 t-검증은 이분변수와 연속변수로 결합된 변수관계를 검증할 때 사용한다. 한마디로 t-검정은 두 집단의 평균 간에 통계적으로 유의미한 차이가 있는지 검증할 때 사용하는 분석기법이다. 보다 자세히 말해서 두 집단의 평균값에 차이가 있을 때 이 차이가 정말 집단간 차이에서 발생한 차이인지 아니면 우연(chance)이나 오차(error)로 말미암아 발생한 차이인지를 통계적으로 가려내는 것이다. 예를 들어 "남녀간에 소득의 차이가 있을까?" 또는 "과외를 받은 학생과 그렇지 못한 학생간에는 수능점수에 차이가 있을까?"와 같은 질문에 답하고자 할 때 연구자는 t-검증을 사용할 수 있다. 그럼 적용사례를 보면서 계속 논의를 진행해 보도록 하자.

적용사례

어느 지역사회복지관에서 새로 고안된 집단상담 프로그램이 우울증 감소에 효과적인지 알아보기 위해 조사를 실시하였다. 우선 지역사회에서 우울증을 가지고 있는 여성 3,000명 중 무작위로 60명을 뽑아서(무작위표본추출) 이들을 각각 30명씩 두 집단으로 나누었다(무작위할당). A집단(실험집단)은 총 8회에 걸쳐 집단상담 프로그램을 실시하였고 B집단(통제집단)은 총 8회에 걸쳐 간단한 레크리에이션만 실시하였다. 이제 모든 프로그램을 종료하고 우울증 척도를 사용하여 두 집단의 우울증 점수를 측정하였다. 우울증 점수는 10점 만점에 점수가 높을수록 우울증 증세가 심한 것을 의미한다.

(데이터 1-1우울증)

자 이제 연구가설을 세워보자. "집단상담 프로그램 참가는 우울증 점수를 감소시킬 것이다" 정도가 적당할 것으로 보인다. 이제 남은 과정은 연구가설을 통계적으로 증명하는 것이다. 이 가설을 증명하기 위해서 우리는 두 집단의 우울증점수 평균을 비교하고 이 둘

간에 유의미한 차이가 있는지 검증해 보면 된다. 통계프로그램을 처음 실행시키는 독자를 위해 분석과정을 비교적 자세히 설명하였으니 직접 실행해 보기 바란다.

우선 자료실(www.hw-book.co.kr)에서 (1-1 우울증)이라는 자료를 열고 변수의 내용을 살펴보자. 'ID' 라는 변수는 참여자 개개인을 나타내고 '개입여부' 라는 변수는 참여자가 어느 집단에 속하는 지를 나타낸다. 본 자료에서는 실험집단은 0으로 통제집단은 1로 각각 코딩(coding)하였다. 마지막으로 '우울증' 이라는 변수는 각 참여자의 우울증 점수를 나타낸다. 자 이제 아래 박스에 적힌 순서대로 메뉴바를 클릭해 보자.

Analyze ⇨ Compare Means ⇨ Independent-Sample T-Test

Grouping Variable이라는 칸에는 두 그룹을 포함하는 변수 즉 '개입여부' 를 입력한다. 이 때 Define Groups... 를 클릭해서 *Group1*과 *Group2*에 각각 0과 1을 입력하면 된다. 이는 우리 데이터에서 두 집단이 각각 0과 1로 구분되어 있음을 통계프로그램에 알려주는 것이다. 그리고 Test Variables에는 비교할 점수를 가진 변수 즉 '우울증' 을 입력하고 OK 를 클릭하면 된다. 위의 과정대로 실행시켰다면 다음과 같은 두 개의 결과표를 얻을 수 있을 것이다.

Group Statistics

프로그램 제공 여부		N	Mean	Std. Deviation	Std. Error Mean
우울증 점수	실험집단	30	6.687	.5335	.0974
	통제집단	30	7.053	.5117	.0934

우선 *Group Statistics*는 두 집단의 사례수(N), 평균(Mean), 표준편차(Std. Deviation) 그리고 표준오차(Std. Error Mean)가 얼마인지 알려준다. 여기서 연구자의 주 관심대상은 두 집단간 평균의 차이가 실제로 존재하는가를 밝히는 것이다. 일단 *Group Statistics*에서 우리는 실험집단의 평균이 통제집단의 평균에 비해 0.3667(=7.053-6.687) 낮다는 것을 확인할 수 있다. 그러면 과연 이 차이가 정말 두 집단간의 차이인지 아닌지 어떻게 확인할 수 있을까?

만약 그 차이가 충분히 큰 차이라면 우리는 정말로 두 집단간에 차이가 있다고 확신할 수 있을 것이다. 반대로 그 차이가 충분히 크지 않다면 이는 오차나 우연에서 발생한 차이라고 의심할 수 있을 것이다. 그렇다면 어느 정도의 차이를 '충분히' 큰 차이라고 말할 수 있을까? 바로 그 충분성을 판단하기 위하여 통계프로그램은 사례수와 표준편차를 사용하여 '원래값'을 통계적으로 판단 가능한 '표준값'으로 만들어 주는데 이 과정을 가리켜 표준화 과정이라 한다.

결국 t-검증의 핵심은 표준화점수(standardized score) 즉 t점수(t score)를 얻는 것이라 할 수 있다. 표준화점수란 한마디로 통계적 자신감을 반영한 수치라 할 수 있다. 즉 표준화점수가 크다는 것은 어떤 차이를 '자신 있게' 진정한 차이로 인정할 수 있다는 것을 의미한다. 그런데 표준화 과정에서 왜 표준편차와 사례수를 고려할까?

가령 남녀집단간의 평균 키 차이가 0.3667cm였다면 아마 우리는 두 집단간 신장의 차이가 거의 없다고 말 할 것이다. 그 이유는 보통 키는 140cm에서 190cm까지 50cm에 걸쳐 분포하는데 그 중 0.3667cm라는 차이는 그리 크다고 보지 않기 때문이다. 반면에 범위가 0에서 1인 1점 만점짜리 척도가 있다고 가정해 보자. 이 척도에서 0.3667이라는 차이는 매우 큰 차이로 인식될 것이다. 다시 말해서 어떤 차이가 충분히 큰 차이인지 판단하기 위해서 먼저 전체 자료가 퍼져 있는 정도(dispersion)를 반드시 고려해야 한다는 것이다. 표준편차는 각 개체(individual)들이 자료 전체에 퍼져 있는 정도를 나타내는 가장 대표적인 통계치이다.

한편 위의 연구에서 전체 사례수는 60명이었다. 그런데 만약 각 집단간 3명씩 총 6명을 측정하여 똑같은 결과를 얻었다고 가정해 보자. 비록 똑같은 차이(0.3667)를 얻었다 하더라도 이 차이가 진정한 차이라고 단정하는데 자신이 없을 것이다. 왜냐하면 너무 작은 사례수(3명)에서 나온 결과이기 때문에 집단을 대표하는데 무리가 있다고 보기 때문이다. 즉 사례수에 따라 연구자는 측정결과에 자신감을 가질 수도 있고 그렇지 않을 수 도 있다. 지금까지의 내용을 정리해 보면 다음과 같다.

비록 두 집단간 평균차이가 같더라도
표준편차가 크면 ⇔ 통계적 자신감 감소: (반비례)
사례수가 많으면 ⇔ 통계적 자신감 증가: (비례)

이제 이를 수식으로 한 번 표현해 보자. 우선 식에 들어갈 요소들을 정리해보면 두 집단 간의 평균차이는 $(M_1 - M_2)$로, 각 집단의 사례수는 n_1과 n_2로 그리고 자료의 분포 즉 표준편차는 S_1과 S_2로 각각 표시할 수 있다. 식에 포함될 요소를 정리하였니 이제 그들간의 관계만 나타내 주면 된다. 그런데 보통 비례관계는 곱으로 반비례관계는 나누기로 간단히 표현할 수 있다. 이를 반영해서 통계학자들이 만든 식이 바로 아래로 같은 공식이다.

$$t = \frac{M_1 - M_2}{\sqrt{\frac{S_1^2}{n_1} + \frac{S_2^2}{n_2}}}$$

엄밀히 말해서 표본이 큰지 작은지에 따라 그리고 모집단의 표준편차를 아는지 여부에 따라 공식에 약간의 변화가 생긴다. 특히 우리의 연구는 표본의 크기가 작고(소표본) 모집단의 분산을 모르기 때문에 원칙적으로는 S_1과 S_2대신에 접합추정치(pooled estimate of standard deviance)를 사용하여야 한다(박정식·윤영선, 2002). 그러나 이에 대한 자세한 논의는 여기서 생략하도록 하겠다. 중요한 것은 바로 이 식이 우리에게 전달하는 내용을 이해하는 것이다. 즉 분자$(M_1 - M_2)$가 커질수록, 각 집단의 표준편차(S)가 작아질수록 그리고 사례수(n)가 커질수록 t값은 증가한다는 것을 알 수 있다. 결국 t-검증이란 표준편차와 사례수를 고려하여 두 집단간 평균차이를 통계적으로 비교 가능한 수치 즉 t 점수(t-*score*)로 바꾸어 주는 것을 말한다. 다행히도 우리는 이 복잡한 계산을 직접 할 필요가 없다.

Independent Samples Test

		Levene's Test for Equality of Variances		t-test for Equality of Means				
		F	Sig.	t	df	Sig.	Mean Difference	Std. Error
우울증점수	Equal variances assumed	.195	.660	-2.717	58	.009	-.3667	.1350
	Equal variances not assumed			-2.717	57.9	.009	-.3667	.1350

위의 표는 앞에서 언급한 공식에 따라 계산된 *t*값을 제공해 준다. 우선 지면관계상 95% *Confidence Interval of the Mean*이라는 셀은 생략하였음을 밝힌다. 먼저 이 표는 두 칸으로 구성되어 있는 것을 알 수 있다. 우리는 이 둘 중 한 칸만 선택하여 결과를 읽어주면 된다. 어느 칸을 읽어야 할 지 결정하기 위해서 연구자는 가장 먼저 *Levene's Test for Equality of Variances*를 살펴보아야 한다. Levene검증은 두 집단의 분산(variance, 표준편차의 제곱)이 같은지 다른지 검사하는 역할을 한다. 두 집단간 평균을 비교할 때는 차(빼기)를 사용하지만 분산을 비교할 때는 비율(나누기)을 사용한다. 집단간 분산을 비교하는 방법에 대해서는 다음 절에서 보다 자세히 다루도록 한다. 여기서는 Levene 검증의 유의도(*Sig.*)가 0.05보다 크면 두 집단의 분산에 통계적 차이가 없는 것이고 작으면 차이가 있다라는 정도만 알고 넘어가자. 만약 두 집단의 분산이 같다고 가정할 수 있으면 위 칸의 결과를 읽어주면 되고 다르다면 아래 칸의 결과를 읽어주면 된다. 우리 연구에서는 유의도가 0.660으로 두 집단간 분산의 차이가 없음을 알 수 있기 때문에 위 칸의 통계치를 읽어주면 된다.

어느 칸을 읽어야 할지 결정하였으니 이제 *t-test for Equality of Means*를 살펴보자. 우선 두 집단간 실제 평균차이(-0.3667)가 *Mean Difference*에 나와 있다. 그리고 사례수와 표준편차를 고려하여 실제 차이를 표준화점수(*t*점수)로 계산한 결과(-2.717)가 *t*에 나와 있다. 이제 남은 과정은 과연 이 *t*점수가 집단간 차이가 있다고 판단하기에 충분히 큰 수치인지 아닌지 확인하는 것이다. 친절하게 우리가 직접 *t*분포표를 찾아서 비교해 볼 필요 없이 *Sig.*에 그 결과를 제시해 준다. 0.009라는 수치는 보통 통계적 유의미성을 판단하는 유의수준 0.05보다 훨씬 작은 값이기 때문에 우리의 결과는 *t*분포표상 상당히 끝에 위치하고 있다는 것을 알 수 있다. 바꾸어 말해서 -2.717은 0(전혀 차이가 없다)으로부터 충분히 멀리 떨어져 있기 때문에 연구자는 "두 집단간에 통계적으로 유의미한 차이가 있다"라고 확신할 수 있다.

그렇다면 위의 통계결과로부터 우리는 어떤 결론을 내릴 수 있을까? 우선 "집단상담 프로그램은 우울증 감소에 효과가 있다"라고 주장할 수 있을 것이다. 그렇다면 우울증 감소가 과연 집단상담 프로그램의 순수효과(pure effect)라고 까지 결론을 확대할 수 있을까? 비교적 타당한 주장으로 보여진다. 앞에서 설명한 실험설계를 기억해 보자. 실험설계에서는 무작위표본추출과 무작위할당을 통해서 표본의 다른 특징들을 확률적으로 통제할 수 있다. 즉 모든 조건이 동일한 가운데 프로그램 개입이라는 변수만 다르게 만든 것이기 때문에 우울증 감소를 집단상담 프로그램의 순수효과로 보는데 큰 무리가 없어 보인다(물론 보다 완벽한 결과를 얻기 위해서는 사전조사(pre-test)와 사후조사(post-test)를 실시하여 두 결과를 비교하는 과정을 병행하여야 한다). 마지막으로 이 연구결과를 어디까지 적용할 수 있을까? 본 연구에서는 연구대상(모집단)이 모두 여성이었다. 따라서 이 연구결과를 남성에게까지 적용하는 데에는 상당한 주의가 필요하리라 본다.

제3장에서 자세히 설명하겠지만 t-검증은 회귀분석에서 개별 독립변수의 통계적 유의성을 검증할 때에도 사용된다.

분산분석ANOVA의 개념과 적용사례: '인종과 소득의 차이'

때로 연구자는 여러 집단들간의 평균차이에 관심을 갖는다. "한국·중국·일본인들의 평균수명에 차이가 있을까?" 또는 "생산직, 사무직, 관리직, 서비스직종의 평균근무연수에 차이가 있을까?"와 같은 질문들이 여기에 속한다. 과연 세 집단 이상의 평균은 어떻게 비교할 수 있을까?

우선 단순히 앞에서 배운 t-검증을 여러 번 사용할 수 있다. 예컨대 한국·중국, 중국·일본, 한국·일본과 같이 세 번에 걸쳐 t-검증을 실시해볼 수 있다. 그런데 만약 비교해야 할 집단이 다섯 개로 늘어나면 10번, 여섯 개로 늘어나면 15번에 걸쳐 t-검증을 반복해야 한다. 이는 여간 번거로운 일일 뿐만 아니라 이와 같은 검증에서는 통계적 오류가 발생할 가능성이 높아진다. 즉 t-검증을 여러 번 반복하는 과정에서 실제로는 집단간에 차이가 없는데도 불구하고 차이가 있는 것처럼 계산될 확률(α-오류)이 커지기 때문이다(박정식·윤영선, 2002). 따라서 이를 보완할 장치가 필요하다.

이렇게 여러 집단의 평균들 간에 통계적으로 유의미한 차이를 검증할 때 사용하는 통계기법을 분산분석(analysis of variance)이라고 하며 간단히 ANOVA라고도 부른다. 즉 분산분석은 다분변수와 연속변수로 결합된 변수관계를 검증할 때 사용한다. 그럼 직접 적용사례를 보면서 논의해 보자.

적용사례

어느 연구자가 인종이 소득에 영향을 미치는지 알아보기 위하여 탐색적 연구를 실시하였다. 몇 개 회사의 인사담당자에게 부탁해서 총 276명 개개인의 '인종'과 '월급여' 정보를 획득하였다. 인종은 백인, 흑인, 히스패닉의 세 집단으로 구분하였으며 월급여의 단위는 달러($)이다.

(데이터 1-2인종)

연구가설은 "인종간에는 월급여 평균에 차이가 있을 것이다" 정도가 적당 할 것 같다. 이제 분산분석(ANOVA)을 사용하여 이 가설을 직접 검증해 보자. '인종'은 인종을 나타내는 변수(다분변수)로 히스패닉은 1, 흑인은 2 그리고 백인은 3으로 각각 구분하였다. '월급여'는 월급여를 나타내는 연속변수로 단위는 달러($)이다. 이제 아래 박스에 적힌 순서대로 메뉴바를 클릭해 보자.

Analyze ⇨ Compare Means ⇨ One-Way ANOVA

Factor라는 칸에는 비교할 집단을 포함하고 있는 변수 즉 '인종'을 입력한다. 이 때 t-검증과 달리 별도로 그룹을 지정해 줄 필요가 없다. 그리고 Dependent List에는 비교할 점수를 가진 변수 즉 '월급여'를 입력하고 [OK]를 클릭하면 된다

결과를 해석하기에 앞서 분산분석의 원리를 먼저 간단히 살펴보자. 우리의 관심은 집단간 평균에 차이가 있는지 알아보는 것인데 어떻게 분산을 분석해서 평균차이를 확인할 수 있을까?

앞에서 우리는 두 집단간 평균차이를 검증할 때 표준화점수(t점수) 즉 통계적 유의미성을 판단할 수 있는 점수를 얻기 위해서 집단의 분산(표준편차)과 사례수를 동시에 고려해야 한다는 것을 배웠다. 특히 같은 차이라 하더라도 집단들의 퍼진 정도에 따라 통계적 유의미성이 달라질 수 있다는 것을 보았다. 다행히도 두 집단간 평균비교에서는 하나의 공식에 평균차이, 분산 그리고 사례수를 모두 대입하여 한번에 결과(t점수)를 얻을 수 있었다. 그러나 아쉽게도 세 집단 이상에서는 이들을 한꺼번에 분석할 수 있는 공식이 아직까지 개발되지 못하였다. 그래서 우선은 분산을 분석하고 그 결과에서 차이가 발견되면 따로 집단 간 평균들을 비교하는 2단계의 분석을 거치게 되는 것이다. 그렇다면 분산을 분석

한다는 것이 과연 어떤 의미일까? 다음 그림들을 비교해 보며 논의해 보자.

〈그림 1-2〉와 〈그림 1-3〉은 각각 세 집단의 상자그림(boxplot)을 서로 비교 가능하도록 나열한 것이다. 상자그림의 길이는 각 집단의 분산을 나타내고 상자안에 굵은 선은 각 집단의 평균을 나타낸다. 먼저 〈그림 1-2〉의 예 1과 예 2에서 모두 히스패닉의 평균은 1,800, 흑인의 평균은 2,000 그리고 백인의 평균은 2,200이다. 그러므로 예 1과 예 2에서 모두 각 집단들간의 평균차이도 200으로 같다.

그런데 예 1보다 예 2에 속한 집단들간의 차이가 더 큰 것처럼 느껴진다. 두 예에서 모두 집단들 간의 실제 평균 차이는 200으로 같은데 왜 예 2가 예 1보다 더 큰 차이가 나는 것처럼 느껴질까? 바로 예 1의 집단들은 분산이 큰데(각 집단의 박스의 길이가 길다) 반해 예 2의 집단들은 분산이 작기(각 집단의 박스의 길이가 짧다) 때문이다. 즉 t-검증과 같은 원리로 집단간 차이가 같더라도 각 집단들의 분산이 작으면(예 2처럼) 그 차이가 우연이나 오차에서 온 것이 아니라고 자신할 수 있는 반면 각 집단들의 분산이 크며(예 1처럼) 그 자신감이 감소하게 된다. 이렇게 각 집단들의 분산을 합한 수치를 가리켜 집단내평균제곱(mean squares within group, MSW) 또는 집단내분산이라고 한다.

〈그림 1-2〉 세 집단의 평균차이와 분산 I

〈예 1〉 각 집단의 분산이 큰 경우

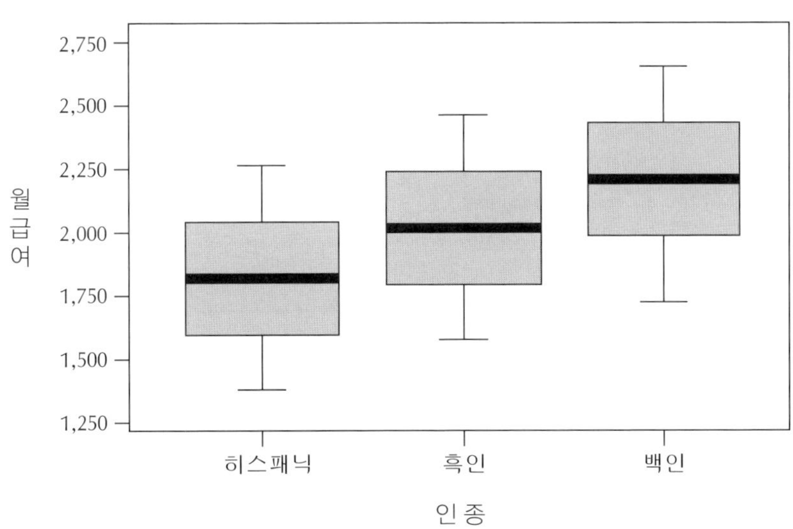

〈예 2〉 각 집단의 분산이 작은 경우

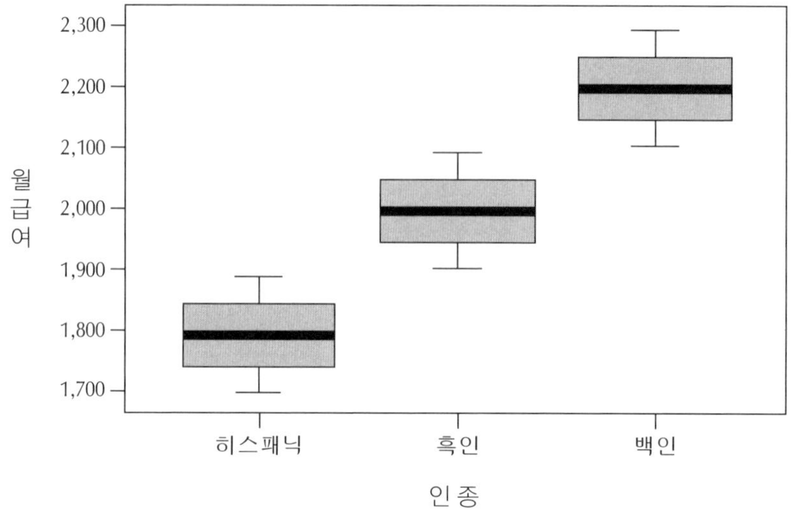

〈그림 1-3〉 세 집단의 평균차이와 분산 Ⅱ

〈예 1〉 집단간 평균차이가 작은 경우

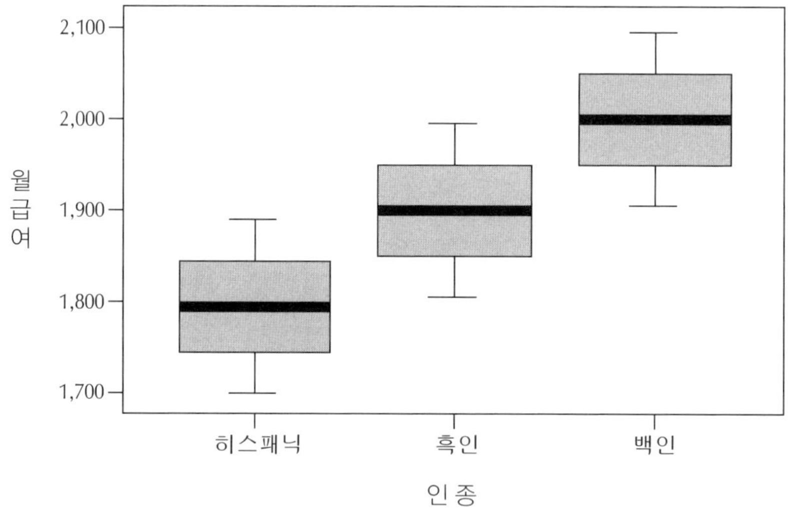

〈예 2〉 집단간 평균차이가 큰 경우

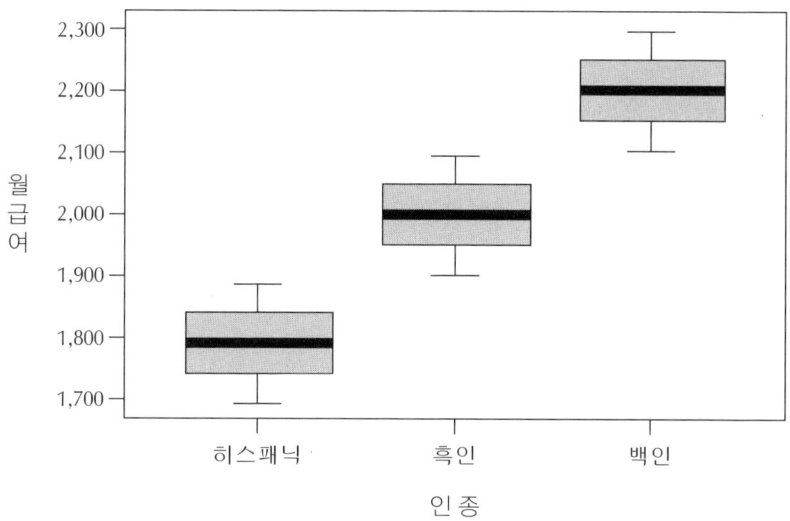

반면 〈그림 1-3〉에서 두 예는 각 집단들의 분산은 같은데 평균차이가 다른 경우이다. 예 1에서는 히스패닉의 평균이 1,800, 흑인의 평균이 1,900 그리고 백인의 평균이 2,000으로 각 집단간 평균차이는 100이다. 그러나 예 2에서는 히스패닉의 평균이 1,800, 흑인의 평균이 2,000 그리고 백인의 평균이 2,200으로 각 집단간 평균차이가 200이다. 이 때 우리는 예 1보다 예 2에 속한 집단들간의 차이에 더 자신감을 갖게 된다. 왜냐하면 예 1에서는 집단들 간의 평균차이가 작은데(박스들이 좁게 펴져 있다) 반해 예 2에서는 집단들 간의 평균차이가 크기(박스들이 넓게 펴져 있다) 때문이다. 이렇게 각 집단들이 펴져있는 정도 즉 집단들 간의 평균차이를 계산한 수치를 가리켜 집단간평균제곱(mean squares between groups, MSB) 또는 집단간분산이라고 한다.

이제 위의 내용을 정리해 보면 다음과 같다.

> 집단내분산(MSW)↑ ⇔ 평균들의 차이에 대한 자신감↓ (반비례)
> 집단간분산(MSB)↑ ⇔ 평균들의 차이에 대한 자신감↑ (비례)

이 책에서는 자세히 다루지 않지만 집단간분산(MSB)과 집단내분산(MSW)을 계산하는 과정에서 사례수와 집단의 수가 자유도(degree of freedom: df)라는 개념으로 포함된다. *t*-검증에서 두 집단간 평균차이, 분산 그리고 사례수로 표준화된 점수(*t*점수)를 얻었듯이 집단간분산(MSB)과 집단내분산(MSW)을 가지고 역시 여러 집단들간의 평균차이를 통계적으로 판단할 수 있는 점수를 얻을 수 있다. 바로 이 점수를 가리켜 *F*값(*F*-value)이라고 한다. 두 분산의 비율과 자유도가 주어져 있을 때 *F*분포표에 의존해 통계적 유의성을 판단하기 때문에 이 통계치를 *F*값이라고 부르며 이러한 검증방법을 *F*-검증(*F*-test)이라고 부른다(David S. Moore & George P. McCabe, 2003).

제2장에서 다시 설명하겠지만 *F*-검증의 원리는 회귀분석에서 회귀모형의 통계적 유의미성을 판단할 때에도 사용된다. *t*-검증과 분산분석(ANOVA)의 가장 큰 차이는 집단간 평균 차이를 구할 때 *t*-검증에서는 $(M_1 - M_2)$로 계산하는 반면 분산분석(ANOVA)에서는 집단간분산(MSB)으로 계산한다는 것이다. 따라서 *F*값을 구하는 공식은 다음과 같다.

$$F = \frac{\text{집단간분산}(MSB)}{\text{집단내분산}(MSW)}$$

이제 실행 결과를 보도록 하자. 분석절차대로 실행하였다면 다음과 같은 결과표를 얻을 수 있을 것이다.

ANOVA

	Sum of Squares	df	Mean Square	F	Sig.
Between Groups	1197790.513	2	598895.256	21.406	.000
Within Groups	6043231.825	216	27977.925		
Total	7241022.338	218			

위의 ANOVA table에서 보는 바와 같이 우선 집단간분산(between groups)과 집단내분산(within groups)이 계산되어 있고 집단간분산(598895.256)을 집단내분산(27977.925)으로 나눈 *F*값이 계산되어 있다. 이제 이 *F*값이 통계적으로 유의미한지 수치인지 판단해

주면 된다. 집단간 차이가 전혀 없는 경우를 제외하고 항상 집단간분산이 집단내분산보다 크기 때문에 기준은 1이 된다. 즉 1보다 커질수록 집단간분산이 집단내분산보다 크다는 것을 의미하고 이는 곧 집단간의 차이가 우연이나 오차에 의한 것이 아니라는 것을 의미하게 된다.

여기서는 *F*값이 21.406으로 1로부터 상당히 멀리 떨어져 있음을 알 수 있다. 그러나 좀 더 정확한 판단을 위해서는 *F*분포표 상에서 이 수치의 유의미성을 판단해야 한다. 그러나 역시 친절하게도 그 결과를 이미 *Sig.*에서 0.000이라고 알려주고 있다. 따라서 연구자는 집단간에 통계적으로 유의미한 차이가 있다고 자신할 수 있다. 그런데 이와 같은 *F*-검증만으로는 분석에 한계가 있다. 왜냐하면 과연 어느 집단에서 차이가 나는지 알 수 없기 때문이다. 가령 세 집단에서 다 차이가 날 수도 있고 두 집단은 차이가 없는데 나머지 한 집단만 차이가 날 수도 있다. 따라서 차이가 난다면 과연 어느 집단에서 차이가 나는지 확인하기 위한 별도의 검증이 필요한데 이를 가리켜 사후비교(post hoc comparison)라 한다. 분석창에서 [OK]를 클릭하기 전에 아래에 있는 [Post Hoc...]을 클릭해 보자. 아래와 같은 창이 뜰 것이다.

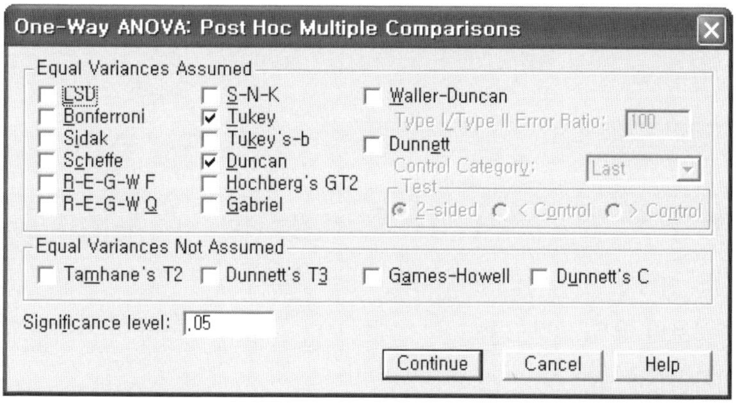

이 창에는 사후비교를 하는 다양한 방법들이 제시되어 있다. 각 방법에 따라 집단간 차이를 구하는 방식과 임계치를 계산하는 공식에 약간의 차이가 있다. 그러나 통상 Tukey HSD와 Duncan 방법을 주로 사용한다. 때문에 여기서도 이 두 방법만 선택해 보도록 한다. 이제 [Continue]를 클릭해서 다시 실행시키면 ANOVA표 외에 다음의 두 표가 추가된다.

Multiple Comparisons

	(I) 인종	(J) 인종	Mean Difference (I-J)	Std. Error	Sig.
Tukey HSD	히스패닉	흑인	-35.881	38.715	.624
		백인	-174.340(*)	37.654	.000
	흑인	히스패닉	35.881	38.715	.624
		백인	-138.459(*)	24.189	.000
	백인	히스패닉	174.340(*)	37.654	.000
		흑인	138.459(*)	24.189	.000

월급여

	인종	N	Subset for alpha = .05	
			1	2
Tukey HSD(a, b)	히스패닉	24	2045.08	
	흑인	84	2080.96	
	백인	111		2219.42
	Sig.		.546	1.000
Duncan(a, b)	히스패닉	24	2045.08	
	흑인	84	2080.96	
	백인	111		2219.42
	Sig.		.295	1.000

먼저 위에 있는 표는 모든 집단을 1:1로 비교한 결과이다. 히스패닉은 흑인보다 월급여가 약 $35정도 낮지만 이 차이는 통계적으로 유의미하지 않다(*Sig.*=0.624). 반면 백인의 월급여는 흑인보다 약 $138정도 높고 히스패닉보다 약 $174높으며 이 차이는 모두 통계적으로 유의미하다(*Sig.*=0.000).

다음 아래에 있는 표는 위의 결과에 기초하여 세 집단을 어떻게 하위집단(subset)으로 분류할 수 있는지 나타내 준다. 각 셀에 있는 수치들은 각 집단의 평균 월급여를 나타낸다. 즉 흑인과 히스패닉은 월급여에서 통계적으로 유의미한 차이가 없으므로 같은 하위집단으로 그리고 백인은 나머지 두 집단과 통계적으로 유의미한 차이가 있으므로 다른 하위집단으로 분류한다. 다시 말해서 백인이 흑인이나 히스패닉보다 월급여가 높다고 할 수 있다.

이상의 통계분석으로부터 연구자는 백인의 월급여가 흑인이나 히스패닉보다 높으며 흑인이나 히스패닉 간에는 월급여의 차이가 없다는 사실을 발견하였다. 그러나 단지 이 연구결과만을 가지고 인종이 월급여에 영향을 미친다고 주장하는 데에는 무리가 있다. 왜냐하면 이 연구는 실험설계가 아니기 때문에 다른 변수가 통제되었다고 자신할 수 없기 때문이다. 가령 히스패닉이나 흑인의 교육수준이 백인보다 낮다고 가정해보자. 이럴 경우 임금에 직접적인 영향을 미친 것은 인종 그 자체라기 보다는 인종에 포함된 교육수준일 가능성이 크기 때문이다. 따라서 연구자는 다른 변수들을 통제했을 때에도 즉 다른 조건이 다 똑같을 때에도 인종의 차이가 소득의 차이를 유발하는지 검증할 필요가 있다.[2)]

상관관계correlation 분석의 개념과 적용사례: 'IQ와 학업능력의 관계'

앞에서는 범주형변수와 연속변수로 결합된 자료들을 분석하여 보았다. 그러나 연구자는 두 연속변수간의 관계를 분석해야 할 때가 있다. 예컨대 연령과 임금의 관계라던가 체중과 콜레스테롤 수치와의 관계가 그런 것들이다. 이와 같이 주로 연속변수로 이루어진 변수들의 관계를 분석할 때 사용하는 기법이 상관관계(correlation)분석이다. 그럼 먼저 상관관계가 무엇인지 알아보자.

보통 사람들은 신장과 체중은 서로 관계가 있지만 IQ와 체중은 관계가 없다고 이야기 한다. 도대체 무슨 근거로 어떤 변수간에 관계가 있다는 것을 또는 없다는 것을 판단하는 것일까? 대체로 신장이 큰(작은) 사람은 체중이 크다(작다). 반면 IQ가 높은 사람은 체중이 클 수도 작을 수도 있다. 즉 두 변수가 일관된 형태로 변할 때 우리는 두 변수간에 관계가 있다고 한다. 한마디로 상관관계분석이란 변수들간 선형관계(linear relationship)의 방향(direction)과 강도(strength)를 측정하는 것을 말한다.

예컨대 신장과 체중의 관계는 변화의 방향이 동일하기 때문에 이 둘은 정적상관관계(positive correlation)라고 한다. 반면 한 변수가 증가(감소)할 때 다른 변수가 감소(증가)한다면 이는 부적상관관계(negative correlation)라고 한다. 이처럼 관계의 방향을 아는 것은 비교적 쉽다. 그렇다면 관계의 강도는 어떻게 알 수 있을까?

---

2) 원래 분산분석(ANOVA)은 실험설계(experimental design)에서 집단 효과(group effect)를 측정하기 위하여 고안된 방법이다(Ita Kreft & Jan De Leeuw, 2004). 따라서 우리의 예에서와 같이 비실험설계에 적용하는 것은 그리 바람직하지 못하다. 다만 이 책에서는 분산분석의 원리를 설명하기 위하여 소개하였다.

예를 들어 한 변수가 3단위씩 변할 때 다른 변수도 꾸준히 2단위씩 변한다면 이 두 변수간에는 강한 상관성이 있다고 말할 수 있을 것이다. 즉 두 변수의 관계가 직선에 가깝게 표시 될수록 두 변수간의 상관관계는 강하다고 할 수 있다. 따라서 상관관계를 분석하는 가장 초보적인 방법은 산점도(scatter plot)를 그려보는 것이다. 만약 점들의 분포가 우상향(우하향)하면 두 변수는 정적(부적)관계가 있는 것이고 점들의 분포가 직선에 가깝게 나타나면(넓게 퍼져있으면) 두 변수는 관계강도는 강한(약한)것이다.

그러나 인간의 눈이 컴퓨터가 아닌 이상 단순히 산점도만으로 두 변수간 관계의 강도를 정확히 파악하기 힘들다. 그래서 통계학자들은 관계의 강도와 방향을 수치로 계산하기 위해 상관계수(correlation coefficient, r)라는 것을 고안하였는데 그 특징은 다음과 같다.

상관계수(r)의 특징

1. 항상 −1에서 1사이의 값을 갖는다.
2. +는 정적관계를 −는 부적관계를 나타낸다.
3. 절대값이 0에 가까울수록 상관관계가 낮은 것이고 절대값이 1에 가까울수록 상관관계가 높은 것이다.
4. r=1 또는 −1은 두 변수의 관계가 완전한 직선을 이룬다는 것을 의미한다.

이제 좀 더 구체적으로 공식을 통해 살펴보자. 물론 우리가 직접 상관계수를 계산할 필요는 없다 하더라도 공식을 살펴보는 것은 상관분석의 원리를 이해하는데 큰 도움이 된다. 아래와 같은 식으로 어떻게 상관관계의 방향과 강도를 나타낼 수 있는지 알아보도록 한다.

$$r = \frac{\dfrac{\Sigma(x_i - \bar{x})(y_i - \bar{y})}{n-1}}{S_x S_y} = \frac{S_{xy}}{S_x S_y}$$

(n: 사례수)

보기에는 참 복잡해 보이지만 그 속에 포함된 논리는 아주 간단하다. x와 y는 각각의 변수를 나타내고 n은 사례수를 나타낸다. 가령 x는 신장 y는 체중이라고 해보자. S_x는 신장의 표준편차를, $\bar{x}$는 신장의 평균을 그리고 x_i는 i번째 사람의 신장을 나타낸다. 체중도 마찬가지로 표현해 줄 수 있다.

먼저 분자를 보면 $(x_i - \bar{x})$는 i번째 사람의 신장이 평균으로부터 떨어진 거리를 나타내고 있다. 만약 i번째 사람의 신장이 평균보다 크다면(작다면) 양수(음수)로 나타날 것이다. y도 같은 방식으로 읽어주면 된다. 그런데 분자에서 신장(x)과 체중(y)의 변화를 곱하기 때문에 어떤 사람의 키(x)가 평균보다 작을 때 그 사람의 체중(y)도 평균보다 작거나(-, -) 혹은 키(x)가 평균보다 클 때 체중(y)도 평균보다 크다면(+, +) 이는 항상 양수가 된다. 반면 x가 평균보다 작을(-) 때 y가 평균보다 크다면(+) 또는 그 반대인 경우라면 이는 항상 음수가 된다. 이렇게 구해진 값들은 모두 더해주는데 이 때 같은 방향으로 움직이는 사례들이 더 많다면 분자는 양수가 될 것이고 다른 방향으로 움직이는 사례들이 더 많다면 분자는 음수가 될 것이다.

한편 위의 식에서 $(n-1)$과 표준편차(S)는 항상 양수이기 때문에 전체 식의 부호를 결정하는 것은 결국 분자가 된다. 즉 두 변수가 같은 방향으로 변하는 경향이 크다면 r은 양수가 되고 다른 방향으로 변화는 경향이 크다면 r은 음수가 된다. 이와 같은 원리로 변수간 관계의 방향성을 나타낼 수 있다. 이 때 두 변수가 각각의 평균으로부터 움직이는 정도를 곱하여 모두 더하고 이 값을 자유도$(n-1)$로 나누어 준 값을 가리켜 공분산(covariance)이라고 한다. 이 공분산의 개념은 회귀분석에서 회귀계수를 구할 때 다시 나오기 때문에 눈에 한 번 익혀두도록 하자.

$$\text{공분산} = S_{xy} = \frac{\Sigma(x_i - \bar{x})(y_i - \bar{y})}{(n-1)}$$

한편 공분산(두 변수가 함께 변하는 정도)을 각 변수의 표준편차(분산)로 나누어 주었다. 앞서 t-검정에서 본 것과 같이 분산(표준편차)으로 나누어 주는 것을 가리켜 표준화시킨다고 한다. 앞으로도 표준화시킨다는 표현을 자주 접하게 될 것이다. 통계에서 표준화시킨다 함은 단위가 다른 변수들을 비교하기 위해 동일한 단위로 변환시키는 것을 의미한다. 여기서도 신장(cm)과 체중(kg)이라는 단위가 다른 두 변수의 움직임을 비교하기 위해 서로의 분산으로 나누어 표준화시키는 것이다. 결과적으로 어떤 변수가 평균에서 약간 떨어져 있을 때 다른 변수도 평균에서 약간 떨어져 있고 또는 어떤 변수가 평균에서 멀리 떨어져 있을 때 다른 변수도 멀리 떨어져 있다면 두 변수의 관계는 직선에 가깝게 그려지고 이와 같은 경우 관계성의 강도가 크다고 할 수 있다. 더 나아가 그 비율까지 일정하다면 두 변수의 관계는 완전한 직선(r=1, -1)으로 나타나게 된다.

그런데 상관관계 분석시 반드시 주의해야 할 사항이 있다. 상관계수는 단지 두 변수의 관계가 직선에 얼마나 가까운지 만 알려주기 때문에 곡선과 같은 비선형관계(nonlinear relationship)에는 적용할 수 없다는 것이다. 〈그림 1-4〉에서 두 변수는 완벽한 곡선관계를 나타내고 있다. 그리고 사회과학연구에서 이러한 유형의 관계는 매우 중요한 관계 유형 중 하나이다. 그러나 이 자료를 가지고 상관계수를 계산해 보면 0이 나온다. 따라서 상관관계를 분석할 때는 상관계수와 산점도를 함께 살펴야 한다.

〈그림 1-4〉 비선형관계의 예

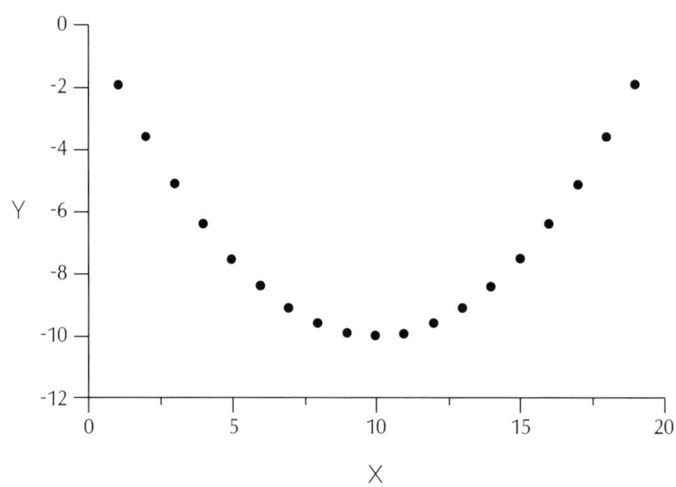

그럼 실제 적용사례를 보며 좀 더 논의해 보자.

적용사례

어느 연구자가 IQ가 학업능력에 영향을 미치는지 알아보기 위하여 어느 고등학교 학생들의 IQ점수와 학업능력점수를 비교하였다. 학업능력점수는 언어능력, 수리능력, 논리능력을 각각 측정하여 계산하였다.

(데이터 1-3IQ)

연구가설은 "IQ점수가 높을수록 학업능력점수가 높을 것이다"가 적당할 것 같다. 이제 상관관계분석을 통하여 이 가설을 검증해 보자.

Analyze ⇨ Correlation ⇨ Bivariate

Variables에 분석하고자 하는 변수(IQ, 학업능력)를 넣고 [OK]를 클릭하면 아래와 같은 표를 얻을 수 있다.

Correlations

		학업능력점수	IQ점수
학업능력점수	Pearson Correlation	1	.606(**)
	Sig.(2-tailed)	.	.000
	N	247	247
IQ점수	Pearson Correlation	.606(**)	1
	Sig.(2-tailed)	.000	.
	N	247	247

먼저 Pearson Correlation이라는 칸에 두 변수의 상관계수(r)가 0.606으로 나타나 있다. 즉 두 변수는 정적 상관관계에 있으며 그 강도는 0.606이다. 0.606이라는 상관계수가 어느 정도의 강도를 나타내는지 감이 잘 안올것이다. 보통 사회과학영역에서는 아래의 〈표 1-2〉와 같이 상관계수를 말로 표현한다(박정식·윤영선, 2002).

〈표 1-2〉 상관계수의 해석

상관계수의 범위	상관관계의 언어적 표현
0.00 ~ 0.20	상관이 거의 없다
0.20 ~ 0.40	상관이 낮다
0.40 ~ 0.60	상관이 있다
0.60 ~ 0.80	상관이 높다
0.80 ~ 1.00	상관이 매우 높다

한편 유의도(*Sig.*)는 0.000으로 나와 있다. 이 값은 사례수와 상관계수의 크기를 함께

고려하여 우리가 얻은 결과를 가지고 정말 모집단에서도 상관관계가 있다고 자신할 수 있는지 검증하는 것이다. 상관계수의 유의도는 단순회귀분석을 통하여 구해지는데 이에 대한 자세한 설명은 제2장에서 다루도록 한다. *Sig.*가 통상적 유의수준(0.05)보다 작으면 상관계수가 유의미하다는 것 즉 모집단에서도 두 변수간 상관관계가 있다는 것을 의미한다.

이제 두 변수가 상관분석을 하기에 적당한 분포형태를 가지고 있는지 알아보자. 앞에서 언급한 바와 같이 상관관계를 시각적으로 확인하기 위해 산점도를 그려보도록 한다.

Graphs ⇨ Scatter ⇨ Simple ⇨ Define

보고자 하는 변수를 Y Axis와 X Axis에 각각 입력하고 실행시키면 된다. 보통 독립변수로 여겨지는 변수를 X축에 놓는 것이 일반적이므로 여기서는 IQ를 X축에 놓는다. 결과창에서 아래와 같은 산점도를 얻을 수 있을 것이다.

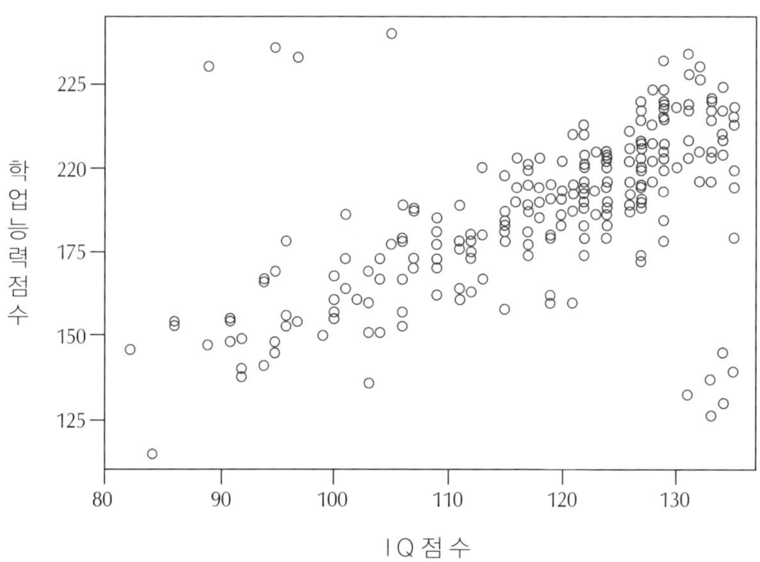

일단 두 변수가 우상향하는 선형관계임을 확인 할 수 있다. 즉 IQ가 높은 학생들이 학업능력점수가 높다는 것을 의미한다. 그런데 좌측 상단에 있는 4명은 IQ점수가 평균보다 낮음에도 불구하고 학업능력점수가 평균보다 상당히 높은 반면 우측 하단의 6명은 그 반대이다. 즉 이 10명은 전체의 경향성에서 벗어나는 사례라 하겠다. 이 10명을 제외하고 다시 상관관계를 분석해 보면 상관계수가 0.801로 상승하는 것을 볼 수 있다. 전체 247개의 사례 중 단 10개의 사례가 상관계수를 0.2나 떨어뜨린 것이다. 이는 상관분석이 이상점(outlier)에 의해 쉽게 영향을 받는다는 것 즉 이상점에 대한 저항성(resistance)이 약하다는 것을 보여주는 단적인 예라 하겠다. 따라서 앞으로 다룰 회귀분석에서도 마찬가지이지만 상관분석에서도 이상점에 대한 주의가 꼭 필요하다.

분석결과로부터 IQ와 학업능력은 매우 밀접한 관계가 있다는 것을 확인할 수 있다. 그러나 여기서 사용된 IQ와 학업능력점수는 측정하는 방법이 매우 흡사하다. 일반적으로 비슷한 개념을 측정한 두 변수는 매우 높은 상관관계를 보인다. 또한 IQ와 학업능력처럼 비슷한 개념을 지닌 변수를 회귀분석에 함께 포함시키면 심각한 문제가 발생할 수도 있다. 이에 대한 자세한 논의는 제7장에서 하도록 한다.

통계적 검증(Statistical Test)

통계를 접해본 경험이 있는 독자들에게 t검증(t-test), F검증(F-test), 카이제곱(x^2)검증(chi-square test) 과 같은 용어는 매우 익숙할 것이다. 이와 같은 통계적 검증들은 어떤 통계치(statistics)가 통계적으로 유의미한지 아닌지를 판단할 때 주로 사용한다. 그런데 왜 이렇게 다양한 검증방법들이 필요한 것일까? 그 이유는 우리가 구한 각 통계치들이 서로 다른 분포를 따르기 때문이다.

예컨대 우리는 두 집단의 평균차이가 통계적으로 유의미한지 판단하기 위하여 두 집단의 평균차이를 표준편차로 나누어 준다. 그런데 통계학들에 의해서 이렇게 구해진 통계치는 t 분포를 따른다는 것이 밝혀졌다. 따라서 이렇게 구해진 값의 이름을 t값이라 하고 t검증을 통하여 통계적 유의도를 판단하는 것이다.

한편 각 검증방법들은 다양한 상황에서 사용될 수 있다. 가령 세 집단 이상일 경우 집단간 평균차이의 통계적 유의미성을 판단하기 위하여 F검증을 사용한다. 제2장에서 보다 자세히 설명하겠지만 회귀모형의 유의도를 판단할 때에도 역시 F검증을 사용한다. 왜냐하면 회귀모형의 유의도를 판단하기 위해 계산되는 통계치 역시 F분포를 따르기 때문이다.

같은 논리로 카이제곱검증(chi-square test)도 다양한 상황에서 사용될 수 있다. 보통 카이제곱검증하면 '두 변수가 모두 질적변수일 때 사용하는 통계기법(즉 독립성검증)' 으로 많이 알려져 있다. 이 책에서 다루진 않았지만 두 질적변수의 독립성을 검증하기 위해 계산되는 통계치가 카이제곱분포를 따르기 때문에 이 때 카이제곱검증을 사용하는 것이지 카이제곱검증이 곧 질적변수의 독립성검증만을 의미하는 것은 아니다. 특별히 독립성검증을 위해 사용되는 카이제곱값을 가리켜 피어슨 카이제곱(Pearson chi-square)이라고 부른다.

제10장에서 다루겠지만 최대우도법(maximum likelihood method)으로 추정된 두 회귀 모형의 -2 *log likelihood* (-2LL)라는 통계치의 차이 역시 카이제곱분포를 따른다. 또한 *t*값을 제곱해준 *Wald*라는 통계치도 카이제곱분포를 따른다. 따라서 이 때 이 값들의 통계적 유의도를 판단하기 위하여 역시 카이제곱검증을 사용하게 된다. 이 때 사용되는 카이제곱값을 가리켜 likelihood ratio chi-square라 부르고 보통 G^2로 표시한다.

일부 학생들 가운데 회귀분석에서 카이제곱검증을 사용한다고 하면 그 의미를 잘 이해하지 못하는 경우가 종종 있는 것 같다. 다시 한번 강조하지만 *t*검증, *F*검증, 카이제곱(χ^2)검증과 같은 통계적 검증방법들은 어떤 통계치가 그 분포를 따른다면 어느 경우에서든지 사용할 수 있는 통계기법들이다.

2 _ 단순회귀모형

simple linear regression model

1. 회귀분석의 이해

회귀분석의 특징

앞장에서는 회귀분석을 이해하는데 도움이 되는 사전 지식들을 살펴보았다. 지금부터 본격적으로 회귀분석이 무엇인지 알아보도록 하자. 한마디로 회귀분석이란 하나의 종속변수와 하나 또는 여러 개의 독립변수들 간의 관계를 분석하는 통계기법이라 하겠다. 일반적으로 연구자는 변수들간의 관계 특히 인과관계에 관심을 갖는다. 회귀분석에서는 독립변수가 원인으로 그리고 종속변수가 결과로 간주된다. 사실 우리 사회에서 발생하는 많은 현상들은 여러 가지의 원인에 기인한다. 따라서 사회과학연구에서도 하나의 현상을 연구하기 위해서 그 현상에 영향을 미칠 수 있는 다양한 요소들을 동시에 고려해야만 한다. 회귀분석이 사회과학에서 자주 사용되는 이유는 바로 결과(종속변수)에 대한 여러 원인(독립변수)들을 한꺼번에 분석할 수 있기 때문이다. 뿐만 아니라 회귀분석에서는 종속변수에 대한 개별 독립변수들의 순수한 영향(pure effect)을 따로따로 분석할 수 있기 때문에 다른 변수를 통제하였을 때 각 독립변수가 종속변수의 변화에 기여하는 정도를 쉽게 판단할 수 있다.

우리가 앞에서 다룬 통계기법들은(t-검증, 분산분석, 상관관계분석) 단지 두 변수간의 관계만을 분석하기 때문에 실험설계가 아닌 이상 인과성을 검증하는데 한계가 있다. 물론 다원분산분석(multi-way analysis of variance)이나 부분상관관계(partial correlation) 분석이라는 기법으로 이러한 한계를 어느 정도 극복할 수는 있지만 이러한 통계기법들이 제공하는 정보는 회귀분석에 비해 상당히 제한적이다. 따라서 회귀분석은 통계적 통제를 통해 두 변수간의 순수한 인과관계를 밝힐 수 있는 가장 유용한 통계기법 중 하나라 할 수 있다.

이에 더하여 회귀분석은 예측연구(prediction study)에도 활용할 수 있다. 예컨대 사회복지학자는 '학력', '건강상태', '가족 수', '직업훈련 유무' 등을 토대로 실업자의 '재취업확률' 을 예측하고자 할 것이다. 만약 과거에 이들 변수들이 재취업확률에 어떻게 영향을 미쳤는지 파악할 수 있다면 이 정보를 가지고 현재의 실업자가 미래에 취업할 확률을 구할 수 있다. 즉 회귀분석은 인과관계를 분석할 수 있을 뿐만 아니라 이를 확장시켜 독립변수들을 통하여 종속변수를 예측할 수 있다.

그러나 이 두 가지 특징이 상호배타적으로 구분되는 것은 아니다. 즉 사회복지학자는 직업훈련의 효과성(인과관계)에 영향을 미치는 요인을 밝히기 위하여 위에 나열한 변수들을 회귀모형으로 분석할 수 있으며 이렇게 추정된 회귀식은 현재 실업자의 재취업확률을 예측하는데 사용될 수도 있다는 것이다.

회귀분석의 종류와 명칭

회귀분석은 변수들의 구성상태 그리고 회귀식을 추정하는 방법 등에 따라 몇 가지로 분류해 볼 수 있으며 이에 대응하는 여러 가지 명칭을 가지고 있다. 이름을 통하여 어떤 대상의 특징을 알 수 있듯이 회귀분석에서 사용되는 여러 명칭도 우리가 회귀모형의 특징을 파악하는데 도움을 준다. 우선 독립변수의 개수로 구분하는 경우로 독립변수가 하나인 경우 단순회귀모형(simple regression)이라고 하고 여러 개인 경우 중다회귀모형(multiple regression)이라고 한다. 한편 종속변수의 수준에 따라 분석시 사용되는 회귀분석의 종류가 다음과 같이 달라진다.

〈표 2-1〉 회귀분석의 종류

종속변수의 수준		사용되는 회귀모형
연속변수		선형회귀모형 (linear regression)
범주형 변수	이분 범주	이항 로지스틱모형 (binary logistic regression)
	다분 범주	다항 로지스틱모형 (multinomial logistic regression)

또한 어떤 계산방법을 사용해서 회귀식을 추정하였는지 알려주기 위해 이를 회귀모형의 명칭에 포함시키는 경우도 있다. 예컨데 단순최소제곱법(ordinary least squares, OLS)이나 가중최소제곱법(weighted least squares, WLS) 또는 일반화최소제곱법(generalized least square, GLS)과 같은 것들이 그것이다. 따라서 회귀분석의 완전한 이름은 대단히 길다. 가령 우리가 보통 중대회귀모형이라고 부르는 회귀모형의 정식 명칭은 ordinary least squares multiple linear regression이다. 즉 이 이름을 통하여 회귀식을 추정하는 방식이 단순최소제곱법(ordinary least squares)이고 독립변수가 두 개 이상이며(multiple) 그리고 종속변수가 연속변수(linear regression)라는 것을 알 수 있다. 그러나 보통 간편하게 중다회귀모형 또는 선형회귀모형과 같이 줄여서 사용하는 것이 일반적이다.

2. 단순회귀모형의 이해

회귀분석의 가장 큰 장점은 여러 변수들을 동시에 분석할 수 있다는 것이다. 이런 점에서 하나의 독립변수로만 이루진 단순회귀모형은 실제 연구에서 거의 사용되지는 않는다. 하지만 가장 단순한 형태를 띠기 때문에 회귀분석의 원리를 이해하는데 좋은 출발점이 될 수 있다. 따라서 본 장에서는 단순회귀모형을 통해 회귀분석의 기본원리들을 알아보도록 한다.

선형성과 회귀식의 추정원리

우리는 앞에서 두 연속변수(IQ-학업능력점수)의 관계를 상관관계로 분석하는 방법에 대해 살펴보았다. 상관관계는 단지 두 변수의 관계가 얼마나 직선에 가까우며 그 방향성은 어떠한지를 우리에게 알려준다. 그러나 연구자는 "IQ가 1점 증가할 때 학업능력점수는 얼마나 변하는가?"와 같이 변수들 간의 보다 자세한 관계성을 알고 싶어한다. 만약 두 변수 관계를 하나의 방정식(equation)으로 나타낼 수 있다면 우리는 이들의 관계를 보다 정확히 파악할 수 있을 것이다. 그럼 변수간의 관계를 나타내기 위해 어떤 방정식을 사용하는 것이 좋을까?

가장 간단한 방법은 "1차 함수"라고도 불리는 선형방정식(linear equation)을 사용하는 것이다. 우리는 중학교 때 이미 다음과 같은 1차 선형방정식에 대해서 배웠다.

$$y = a + bx$$

이 식에서 a는 절편(intercept)을 나타내고 b는 기울기(slope)를 나타낸다. 즉 이 식은 x가 1만큼 변할 때 y는 b만큼 변한다는 것을 의미한다. 이 때 b가 +이면 증가함수가 되고 -이면 감소함수가 된다. 예컨대 두 변수(학업능력점수, IQ)를 아래와 같은 식으로 나타낸다면 이는 IQ가 1단위 증가할 때 학업능력점수가 1.2단위 증가한다는 것을 말한다.

$$\text{학업능력점수} = 100 + 1.2 \times \text{IQ}$$

또한 이 식을 통해서 우리는 특정 IQ를 가진 사람의 학업능력점수를 예측할 수 있다. 가령 IQ가 100인 학생의 학업능력점수는 220(=100+1.2×100)으로 예상할 수 있다.

선형방정식을 사용해서 변수의 관계를 나타낸다는 것은 두 변수의 관계가 직선이라는 것을 가정한 것인데 직선의 가장 큰 특징은 방향이 언제나 일정하다는 것이다. 즉 기울기가 양인 직선은 어느 점에서나 항상 증가하고 기울기가 음인 직선은 어느 점에서나 항상 감소한다. 또한 그 변화율이 어느 점에서나 항상 일정하다. 그러나 실제 우리 주변에서 일어나는 많은 사회현상들은 반드시 선형적인 관계를 갖지는 않는다.

가령 임금피크제制 하에서 연령과 임금의 관계를 살펴보면 어느 시점까지는 연령이 증가하면 임금도 증가하지만 특정 시점을 넘어서면서부터 오히려 연령이 증가하면 임금은 감소하게 된다. 노동공급과 임금의 관계를 나타낸 노동후굴곡선이나 나이에 따른 호르몬의 분비량도 바로 이와 같은 비선형의 관계를 갖는다. 이처럼 비선형관계들이 많음에도 불구하고 왜 하필 회귀식을 선형방정식으로 표현하는 것일까?

그 이유는 먼저 비선형방적식이 선형방정식보다 더 바람직하다는 아무런 근거가 없기 때문이다. 물론 우리 주변에 비선형관계를 이루는 현상이 많은 것은 사실이지만 그에 못지 않게 선형관계도 많다. 따라서 모든 관계를 비선형으로 단정하는 것도 역시 문제가 될 수 있다. 과학적 탐구의 일반 원칙 중 하나는 "진리를 모를 때 단순한 것부터 시작하라"는 것이다. 이런 점에서 선형방정식은 변수간의 관계를 기술하는 가장 단순한 형태의 방법일 뿐만 아니라 몇 가지 한계에도 불구하고 현실을 꽤 잘 설명하는 편이다(Paul D. Allison, 1998).

한편 보다 중요한 이유는 비록 어떤 관계가 선형이 아닐지라도 선형방정식은 좋은 근사값(approximation)을 제공해 주기 때문이다. 이에 더하여 선형방정식은 약간의 변형을 통하여 비선형관계에도 비교적 자유롭게 적용할 수 있다는 장점을 지닌다. 이 부분에 대한 보다 자세한 설명은 제6장에서 다루도록 한다. 이러한 이유로 회귀분석에서 선형성을 기본으로 변수간의 관계를 추정하는 것이다.

그러므로 회귀분석이란 결국 변수간의 관계를 가장 잘 대표하는 선형방정식(회귀식)을 찾는 과정이라 하겠다. 즉 자료의 분포를 가장 잘 나타내는 $y = a + bx$를 찾는 것이다. 그렇다면 변수간의 관계를 가장 잘 대표한다는 것은 무슨 의미일까? 만약 어떤 직선 위에 모든 점들이 표시된다면 그래서 방정식을 통해 나온 결과와 실제 결과가 항상 같다면 이는 완벽한 선형방정식이라 할 수 있다. 그러나 실제 사회과학영역의 자료에서 그와 같은 일은 거의 불가능하다. 다음의 자료를 보며 좀 더 논의해 보자. 〈그림 2-1〉은 〈표 2-2〉에 있는 45명의 '연령'과 '월급여' 자료를 산점도상에 표시한 것이다(데이터 2-1 월급여).

〈표 2-2〉 연령과 월급여

ID	연령	월급여	ID	연령	월급여	ID	연령	월급여
1	25	22	16	34	196	31	30	304
2	20	43	17	36	196	32	55	326
3	65	54	18	40	196	33	30	348
4	19	65	19	34	228	34	30	370
5	76	65	20	35	228	35	37	370
6	31	76	21	38	228	36	44	370
7	33	76	22	38	228	37	58	370
8	23	98	23	59	239	38	60	370
9	53	98	24	57	250	39	41	380
10	36	109	25	34	261	40	47	522
11	70	109	26	42	261	41	54	522
12	65	120	27	56	261	42	54	522
13	23	141	28	39	272	43	54	522
14	31	141	29	28	283	44	46	481
15	53	141	30	56	283	45	61	800

〈그림 2-1〉 연령과 월급여 변수의 산점도

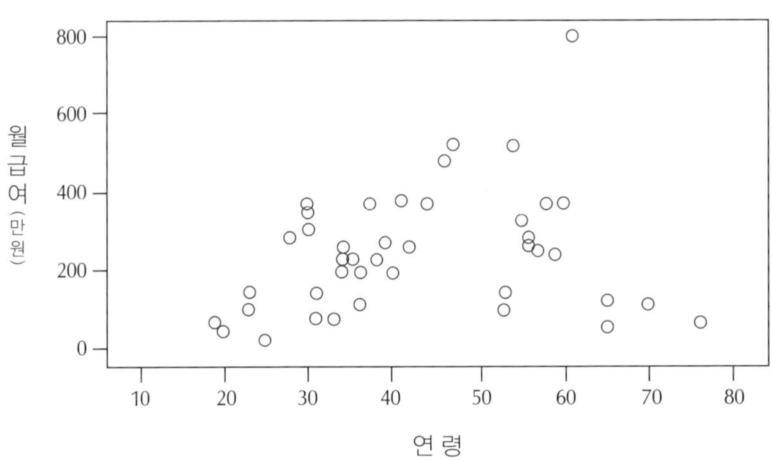

비록 정확하지는 않지만 대략 연령이 증가하면 월급여도 증가하는 경향이 있다. 그러나 어느 누구도 산점도 상의 모든 점들을 포함하는 하나의 직선을 그을 수는 없다. 그렇다면 차선책은 무엇일까? 바로 모든 점들로부터 가장 가까운 선을 긋는 것이다. 이제 남은 문제는 어떻게 그 선을 찾느냐 하는 것인데 대략 산점도를 보고 다음과 같은 방정식을 만들었다고 가정해 보자.

$$월급여 = 110 + 2 \times 연령$$

이제 한 명씩 연령을 이 식에 대입해 보자. 그리고 식을 통해 계산된 월급여와 실제 그 사람의 월급여를 비교해 보자. 예컨데 ID25는 34살이므로 우리 식에 대입해 보면 다음과 같다.

$$110 + 2 \times 34 = 178$$

즉 우리의 예상식 대로라면 ID25의 월급여는 178만원이어야 한다. 그런데 ID25의 실제 월급여는 261만원으로 예상식을 통한 월급여와 +83만원(=261-178)이 차이 난다. 같은 방식으로 ID14의 연령을 대입해 보면 다음과 같다.

$$110 + 2 \times 31 = 172$$

ID14의 예상 월급여는 실제 월급여와 -31(=141-172)만원 차이가 난다. 이와 같은 방식으로 나머지 43명의 연령을 위의 식에 대입하여 실제 월급여와 예상식에서 나온 월급여 간의 차이를 구할 수 있다.

이 때 식을 통해 예측된 각 개인의 월급여를 예측치(predicted value)라 하고 각 개인의 실제 월급여를 관측치(observed value)라고 한다. 한편 관측치와 예측치의 차이를 가리켜 오차(error) 또는 잔차(residual)라고 한다. 따라서 i번째 개체(individual)의 오차는 다음과 같이 표시할 수 있다.

$$오차(e_i) = 관측치(y_i) - 예측치(\hat{y}_i)$$

한편 위의 예에서처럼 회귀식은 일반적으로 오차를 포함하고 있기 때문에 다음과 같이 오차항(error term)을 포함한 수식으로 표현해 준다. 이 때 만약 오차가 전혀 없다면 이는 곧 모든 관측치들이 예측치들과 정확히 일치한다는 것 즉 회귀식으로 자료를 완벽하게 설명할 수 있다는 것을 의미한다.

$$y = a + bx + e$$

우리의 목표는 모든 점들로부터 가장 가까운 선을 찾는 것이다. 이는 곧 오차들의 합이 가장 작은 선을 찾는 것을 의미한다. 위의 방법을 통해 얻은 오차를 모두 더해주면 쉽게 오차의 합을 구할 수 있다. 그런데 한가지 문제점은 앞에서 본 것처럼 오차 그 자체는 양수로 나타날 수도 있고 음수로 나타날 수도 있다는 것이다. 그래서 만약 오차들을 그냥 더한다며 양수와 음수가 서로 상쇄되어 절대적인 오차 합의 크기를 알 수 없게 된다. 결국 우리가 알고자 하는 것은 관측치가 예측치보다 크나 혹은 작나(오차의 방향)의 문제가 아니라 관측치와 예측치의 절대적 거리가 얼마인가(오차의 크기) 하는 문제이기 때문이다.

이 문제를 해결하기 위해 모든 오차들을 제곱하여 양수로 만들고 난 후 그 값들을 모두 더해 준다. 물론 제곱대신 절대값을 사용하여 이러한 문제를 해결할 수도 있다. 그러나 절대값을 사용하여 계산하면 회귀선이 한 쪽으로 치우치는 경우 즉 모든 오차가 - 또는 + 로 나오는 경우도 실제 오차의 합은 최소로 계산되어 우리가 원하는 바람직한 회귀선(모든 사례의 중앙을 관통하는)을 도출 하지 못할 수도 있다(David G. Kleinbaum, et al., 1998). 따라서 회귀식을 추정하는 기본원리는 오차들을 제곱하여 이들의 합을 최소로 만드는 선형방정식을 찾는 것이라 하겠다. 이렇게 오차들을 모두 제곱하여 합한 값을 가리켜 오차제곱합(sum of squares error: SSE)이라고 부른다. 이를 간단히 표현해 보면 다음과 같다.

$$\text{Minimize } \Sigma e_i^2 = \text{Minimize } \Sigma (y_i - \hat{y}_i)^2$$

최소제곱법

최소제곱법(ordinary least square)이란 일반최소제곱법이라고도 불리며 오차제곱합

(sum of squares error: SSE)이 최소인 방정식($y = a + bx$)을 회귀식으로 추정하는 방식을 말한다. 물론 최소제곱법 말고도 가중최소제곱법(weighted least squares)이나 2단최소제곱법(two-stage least squares)과 같이 회귀식을 추정하는 방식들은 다양하다. 그럼에도 불구하고 최소제곱법(OLS)이 가장 보편적으로 사용되는 이유는 계산 과정이 비교적 간단하고 대부분의 자료에 무리 없이 적용할 수 있기 때문이다. 이런 이유에서 거의 모든 통계프로그램들도 회귀식을 추정할 때 기본적으로(default) 최소제곱법을 사용하고 있다. 따라서 이 책에서는 최소제곱법을 중심으로 회귀식을 추정하는 원리를 알아본다.

그럼 최소제곱법에서는 어떻게 오차제곱합이 최소인 방정식을 추정할 수 있을까? 가장 단순한 방법은 앞에서 우리가 해 보았던 것처럼 a와 b에 여러 숫자조합을 직접 넣어보면서 가장 작은 오차제곱합이 나올 때까지 이 과정을 반복하는 것이다. 그러나 이는 엄청난 시간이 소요될 뿐만 아니라 현실에서 거의 불가능해 보인다. 다행히도 통계학자들은 오차제곱합을 최소화시키는 절편과 기울기(a와 b)를 찾는 방법을 발견해 냈다. 우선 기울기(b)를 구하는 공식은 다음과 같다.

$$b = \frac{\Sigma\,(x_i - \bar{x})(y_i - \bar{y})}{\Sigma\,(x_i - \bar{x})^2}$$

이 식을 말로 풀어보자. 먼저 분자에서는 모든 x의 값에서 x의 평균을 빼고 모든 y의 값에서 y의 평균을 빼주어 이 둘을 곱한 값들을 다 합한다. 그리고 분모에서는 모든 x의 값에서 x의 평균에서 빼주고 이를 제곱한 값들을 모두 합한다. 혹시 안목이 있는 독자라면 위의 공식이 눈에 익숙하다는 것을 느낄 것이다. 분자를 $(n-1)$로 나누어 주면 바로 상관분석에 소개하였던 x와 y의 공분산(covariance)이 된다. 또한 분모를 $(n-1)$로 나누어 주면 이는 곧 x의 분산이 된다.

$$\text{공분산}(S_{xy}) = \frac{\Sigma\,(x_i - \bar{x})(y_i - \bar{y})}{(n-1)}, \qquad \text{분산}(S_x^2) = \frac{\Sigma\,(x_i - \bar{x})^2}{(n-1)}$$

따라서 분모와 분자와 분자를 모두 $(n-1)$로 나누어 주면(분모와 분자에 같은 수를 곱하거나 나누어도 분수자체에는 아무 변화가 없다) 결국 회귀식의 기울기(b)는 종속변수와 독립변수의 공분산을 독립변수의 분산으로 나눈 것이 된다.

$$b = \frac{S_{xy}}{S_x^2}$$

이 공식을 통해서 회귀식의 기울기는 독립변수와 종속변수의 공분산과 비례하고 독립변수의 분산과 반비례한다는 사실을 알 수 있다. 즉 독립변수와 종속변수의 공분산이 일정할 때 독립변수의 분산이 클수록(분포가 넓게 퍼져있을수록) 회귀식의 기울기는 작아진다는 것을 알 수 있다(David S. Moore & George P. McCabe, 2003). 이와 같은 과정을 통해서 구해진 b값을 가리켜 회귀계수(regression coefficient)라고 한다.

이제 절편만 구하면 된다. 기울기를 알았기 때문에 회귀선이 반드시 지나는 한 점만 알 수 있다면 절편은 쉽게 구할 수 있다. 다행히도 이미 통계학자들은 최소제곱법으로 구해진 회귀선은 반드시 독립변수와 종속변수의 평균($\bar{x}$, $\bar{y}$)이 교차하는 점을 지난다는 것을 증명하였다. 따라서 우리는 다음과 같이 간단히 절편을 구할 수 있다.

$$\bar{y} = a + b\bar{x} \quad \Rightarrow \quad a = \bar{y} - b\bar{x}$$

즉 이미 구해진 기울기를 독립변수의 평균에 곱하고 이를 다시 종속변수의 평균에서 빼주면 된다. 위의 과정을 통해서 구해진 회귀식이 바로 오차제곱합을 최소화시키는 회귀식이라 할 수 있다. 그러나 이 과정을 직접 계산한다는 것은 대단히 복잡하다. 사례수가 많은 경우에는 특히 그러하다. 하지만 오늘날 거의 모든 통계프로그램들은 이 계산을 불과 수 초 만에 해준다.

단순회귀모형의 해석

위의 자료를 SPSS로 분석하면 다음과 같은 회귀식을 얻을 수 있다(프로그램 실행방법은 마지막 절에서 자세히 다룬다).

$$월급여 = 125.893 + 3.014 \times 연령$$

단순회귀식을 해석하는 방법은 아주 간단하다. 즉 위의 식은 연령이 1세 증가할 때 월급여는 대략 3만원 정도 증가한다는 것을 나타낸다. 한편 절편(125.893)은 연령이 0인 사람의 예상소득으로 해석할 수 있다. 연령이 0세인 아기가 월급여가 125만원이라? 물론 이 자료에는 연령이 0인 사람이 아무도 없다. 일반적으로 회귀식에서 절편 그 자체는 유용한 정보를 주지 못한다. 특별히 독립변수의 0의 값이 실제 관측된 자료의 최소값보다 멀리 떨어져 있을 때는 더욱 그러하다(Paul D. Allison, 1998).

가령 우리의 자료에서 연령이 가장 낮은 사람은 19세이다. 즉 실제 관측된 독립변수의 최소값이 19이기 때문에 0에서 18세 사이에 속한 사람들의 정보는 우리 자료에 하나도 반영되어 있지 않다. 따라서 회귀식을 해석할 때 절편에 대한 부분은 크게 신경쓰지 않아도 무방하겠다. 그러나 예상값(predicted value)을 구할 때는 반드시 절편을 계산해 주어야 한다. 즉 연령이 40세인 사람의 예상소득을 얻고자 한다면 3.014×40에 125.893을 반드시 더해 주어야 한다.

3. 상관분석과 단순회귀분석

단순회귀분석에서 구해진 회귀선은 두 변수간의 관계를 선형으로 나타내는 하나의 방법이라 할 수 있다. 두 변수간의 관계를 선형으로 나타내는 또 하나의 방법은 이미 앞장에서 배운 상관관계분석이다. 언뜻 보기에도 두 통계기법은 여러 면에서 흡사해 보인다. 쌍(pair)을 이루는 두 변수의 움직임을 분석한다는 점에서 또한 선형으로 두 변수의 관계를 설명한다는 점에서 그러하다. 이미 통계학자들에 의해서 회귀분석을 통해 얻는 회귀선과 상관계수간에는 매우 밀접한 관계가 있다는 것이 판명되었다. 이러한 이유 때문에서인지 실제로 통계를 배우는 많은 학생들이 상관계수와 회귀계수의 개념을 혼동하는 것을 볼 수 있다. 본 절에서는 상관분석과 회귀분석의 관계를 간략히 살펴보고 많은 학생들이 오해하고 있는 점이 무엇인지 짚어보고자 한다.

상관계수(r)는 항상 +1과 -1사이 존재하며 절대값이 1에 가까울수록 두 변수의 관계가 직선에 가깝게 그려진다. 그런데 만약 어떤 두 변수(x, y)의 상관계수가 0이라면 이 때 회귀선은 어떻게 그려질까? 상관계수가 0이라는 것은 두 변수가 전혀 선형관계가 아니라는 것을 뜻한다. 따라서 이 경우에 선형식으로 한 변수의 변화되는 정도로 다른 변수의 변화되는 정도를 예측할 수 없게 된다. 즉 회귀식의 기울기(회귀계수)는 0이 되고 단지 y의 평균을 통과하는 수평선만이 그어질 뿐이다(왜 y의 평균을 지나는 수평선이 그어지는지는 다음절에서 자세히 알아본다).

상관계수(r)=0이면 회귀계수(기울기, b)=0이다

상관계수와 회귀계수에 대한 오해의 발단은 바로 위의 사실에서 출발하는 것 같다. 상관계수가 0일 때 회귀계수도 0이다 보니 상관계수가 크면 항상 회귀계수도 크다고 생각하는 경우가 종종 발생하는 것이다. 그러나 이는 두 개념을 정확히 이해하지 못한데에서 발생하는 오해이다. 상관계수와 회귀계수의 개념을 정리해 보면 다음과 같다.

- **상관계수**: 회귀선 주변에 관측치들이 퍼져있는 정도(degree of scatter)를 측정한 것
- **회귀계수**: 회귀선의 기운 정도(steepness)를 측정한 것

따라서 한 가지 예외를 제외하고 '기울기의 정도(회귀계수)'는 '퍼진 정도(상관계수)'와 반드시 비례하는 것은 아니다(Jacob Cohen, et al., 2002). 기울기가 매우 심한(회귀계수가 매우 큰) 회귀선 주변에 관측치들이 매우 넓게 퍼져(상관계수가 매우 작음) 있을 수도 있고 그 반대일 수도 있다. 〈그림 2-2〉는 두 자료(동그란 점, 삼각 점)의 회귀선과

각 점들의 분포를 나타낸다. 실선은 동그란 점들의 회귀선이고 점선은 삼각 점들의 회귀선이다.

먼저 동그란 점들의 회귀계수(기울기)는 3이고 상관계수는 0.26이다. 반면 삼각 점들의 회귀계수(기울기)는 1이고 상관계수는 0.98이다. 동그란 점들의 회귀계수는 삼각 점들의 회귀계수보다 3배나 크지만 즉 회귀선의 기울기가 더 가파르지만 점들이 회귀선 주변에 넓게 퍼져 있기 때문에 상관계수는 낮다. 반면 삼각 점들의 회귀계수는 동그란 점들의 회귀계수보다 작지만 점들이 회귀선 주변에 밀집해 있기 때문에 상관계수는 높다.

〈그림 2-2〉 회귀계수와 상관계수의 예

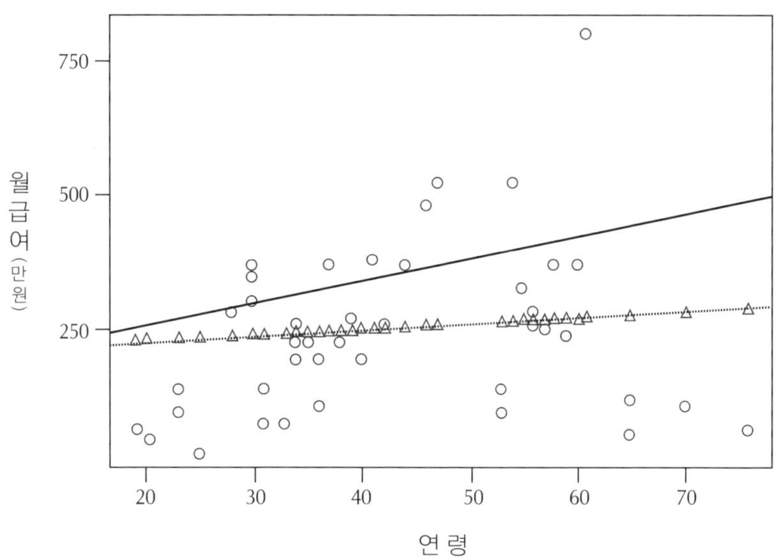

한 가지 예외란 앞에서 언급한 경우 즉 회귀계수나 상관계수 둘 중 하나가 0일 때이다. 만약 둘 중 하나가 0이면 나머지 하나도 반드시 0이 된다. 두 변수간 상관계수와 회귀계수를 구하는 공식을 보면 그 이유를 보다 정확히 이해할 수 있다.

$$상관계수(r) = \frac{S_{xy}}{S_x S_y}, \quad 회귀계수(b) = \frac{S_{xy}}{S_x^2}$$

식에서 보는 바와 같이 상관계수와 회귀계수를 구하는 공식은 매우 흡사하다. 단 회귀계수는 분모가 독립변수의 분산(표준편차의 제곱)이라는 것만 다르다. 즉 상관계수를 계산하는 과정에서는 y의 분산이 분자와 분모 모두에 영향을 미치지만 회귀계수를 계산하는 과정에서는 y의 분산이 분자에만 영향을 미친다. 바로 이 차이 때문에 앞에서 본 것처럼 상관계수와 회귀계수가 반드시 비례하는 것은 아니다.

그런데 여기서 중요한 점은 두 통계치 모두 계산과정에서 공분산(covariance)을 분자로 사용한다는 것이다. 따라서 상관계수나 회귀계수 둘 중 하나가 0이라는 것은 곧 공분산(분자)이 0이란 것이고 이는 다시 둘 중 다른 하나도 반드시 0이 될 수 밖에 없다는 것을 의미한다. 이러한 사실은 통계분석에서 굉장히 실용적으로 사용될 수 있다. 잠시 뒤에 회귀식의 유의도를 검증할 때 우리는 이 특징을 이용할 것이다.

상관계수가 회귀분석과 관련된 또 하나의 중요한 점은 바로 다음 절에서 다룰 결정계수(r^2)와 밀접한 연관이 있다는 것이다. 결정계수란 한마디로 "독립변수가 종속변수를 얼마나 잘 설명하는가?"를 측정한 것이다. 단순회귀모형에서는 종속변수와 독립변수의 상관계수(r)를 제곱해 준 값이 결정계수와 동일하다. 사실 결정계수가 r^2(r square)로 불리게 된 이유도 바로 여기에 있다. 한편 제3장에서 다루겠지만 중다회귀모형의 결정계수도 상관계수와 아주 밀접한 관련을 지닌다.

4. 회귀식의 통계적 유의도

단순회귀모형에서의 결정계수

최소제곱법으로 구해진 회귀식은 오차제곱합을 최소화하는 식이다. 따라서 최소제곱법으로 구해진 회귀식은 '주어진' 자료를 가장 잘 설명하는 선형식이라 할 수 있다. 그러나 "주어진 자료를 가장 잘 설명하였다"는 것이 곧 "독립변수가 종속변수를 매우 잘 설명한다"는 것을 의미하는 것은 아니다. 실제로 독립변수와 종속변수의 관계가 거의 선형적이지 않은 자료에서도 그 자료를 가장 잘 대표하는 회귀식은 얼마든지 도출할 수 있기 때문이다. 가령 두 변수의 상관관계가 0이 아닌 이상 아무리 낮은 상관관계에서도 오차제곱합을 최소화시키는 회귀식은 반드시 하나씩 존재하기 마련이다(혹 SPSS를 사용해 본 독자라면 실제로 한번 시도해 보자. 두 변수를 만들고 아무렇게나 숫자를 입력하여 회귀분석을 실행시켜도 회귀식이 반드시 도출되는 것을 볼 수 있다. 물론 먼저 두 변수의 상관관계가 0이 아닌지 확인해야 한다).

따라서 연구자는 추정된 회귀식이 정말 의미 있는 식인지 아닌지 판단할 필요가 있다. 다시 말해서 독립변수와 종속변수의 관계를 회귀식으로 표현하는 것이 과연 타당한지 또 추정된 회귀식이 종속변수와 독립변수의 관계를 얼마만큼 잘 설명하는지 살펴볼 필요가 있다. 그럼 먼저 회귀식의 설명력(explanatory power)을 어떻게 구하는지 알아보도록 하자.

통계학자들은 회귀식의 설명력을 구하기 위하여 결정계수(coefficient of determination)라는 개념을 고안해 냈다. 대부분의 사람들에게 이 통계치는 r^2(r square)라고 불리며 독립변수가 종속변수를 설명하는 정도를 나타내는 통계치로 알려져 있다. 자 그럼 결정계수는 구체적으로 무엇이며 어떻게 계산되는지 알아보자. 우선 결정계수는 다음 두 개의 수치를 비교한 것이다.

- 회귀선에 기초한 오차제곱합
- 종속변수의 평균에 기초한 오차제곱합

'회귀선에 기초한 오차제곱합'이란 앞에서 설명한 것과 같이 회귀선으로부터 각 관측치들이 떨어져 있는 거리를 제곱하여 합한 것이다(우리가 구한 회귀식은 이 값을 최소화한 식이라는 것을 다시 한번 기억하자). 한편 '종속변수의 평균에 기초한 오차제곱합'이란 종속변수의 평균으로부터 각 관측치들이 떨어져 있는 거리를 제곱하여 합한 것이다(이는 종속변수의 분산과 매우 비슷한 개념이다).

앞에서 두 변수의 상관계수가 0이면 이 때 그려지는 회귀선은 기울기가 0이고 종속변수(y)의 평균을 통과하는 수평선이라고 하였다. 바로 종속변수의 평균에 기초한 오차제곱합이란 "상관관계가 전혀 없다"라고 가정된 두 변수의 회귀식으로부터 도출된 오차제곱합이라고 할 수 있다. 두 종류의 오차제곱합을 시각적으로 표현해 보면 다음의 〈그림 2-3〉과 같다.

<그림 2-3> 두 종류의 오차제곱합

회귀선에 기초한 오차

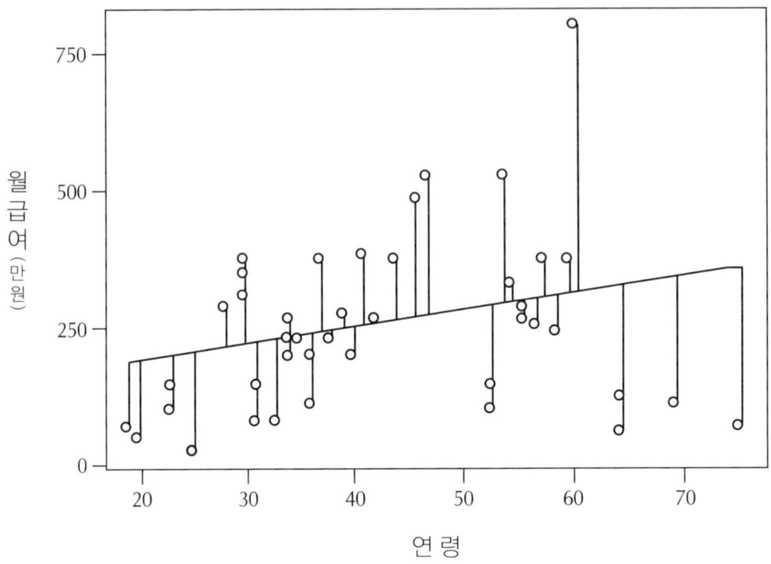

종속변수의 평균에 기초한 오차

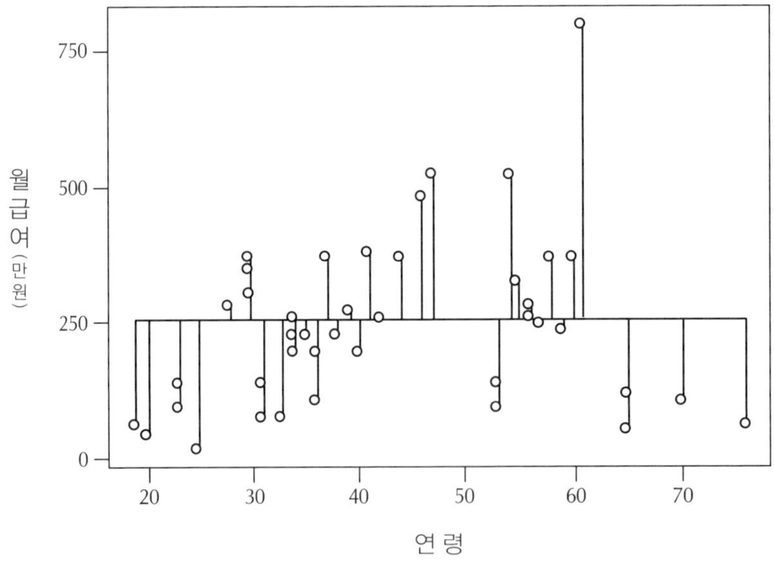

위에 있는 그림(회귀선에 기초한 오차)은 회귀선으로부터 각 관측치들이 떨어져 있는 거리를 직선으로 표시한 것이고 아래 있는 그림(종속변수 평균에 기초한 오차)은 종속변수의 평균으로부터 각 관측치들이 떨어져 있는 거리를 직선으로 표시한 것이다.

그럼 왜 '회귀식에 기초한 오차제곱합'을 다른 기준도 아닌 '종속변수의 평균에 기초한 오차제곱합'과 비교하는 것일까? 다음의 예를 통해 알아보자.

가령 어떤 집단에 속한 사람들의 다른 특징은 전혀 모르는 상태에서 그 집단의 전체 평균 월급여만 안다고 가정해 보자. 이 때 아무나 한 명을 뽑아서 그 사람의 월급여를 예측해야 한다면 과연 어떻게 예측하는 것이 가장 현명한 방법일까? 바로 전체 집단의 평균을 그냥 그 사람의 월급여로 예측하는 것이 확률적으로 가장 정확한 방법이다. 왜냐하면 평균(mean)은 모든 사례들로부터 떨어진 거리(오차)를 합했을 때 그 합한 거리가 가장 짧은 지점(point)이기 때문이다.

그런데 이번에는 그 집단에 속한 사람들 각자의 연령을 안다고 가정해 보자. 그리고 연령과 월급여 간에는 일정한 관계가 있다는 것이 밝혀졌다고 가정해 보자. 이와 같은 경우에 어떤 사람의 월급여를 예측하는 가장 현명한 방법은 무엇일까? 어떤 사람의 연령을 알고 있고 또한 연령과 월급여 간에 일정한 관계가 있기 때문에 연령을 통하여 어떤 사람의 월급여를 예측하는 것이 그냥 월급여 평균에 의존하는 것보다 더 정확하다.

이제 연령을 월급여를 예측하기 위한 하나의 단서라고 가정해 보자. 우리가 연령(독립변수)이라는 단서를 모를 때 어떤 사람의 월급여(종속변수)을 예측하는 최상의 방법은 그냥 월급여의 평균에 의존하는 것이다. 그런데 연령이라는 단서를 알았을 때 어떤 사람의 월급여를 예측하는 최상의 방법은 일단 연령과 월급여의 관계를 가장 잘 설명하는 공식(회귀식)을 만들고 그 공식에 연령을 대입하여 월급여를 예측하는 것이다. 당연히 단서(독립변수)를 가지고 예측하는 것이 아무것도 없는 상태에서 예측하는 것보다 더 정확할 것이다.

결국 위의 두 그림은 '단서(독립변수)를 가지고 있을 때 최상의 예측방법: 회귀식'과 '아무 단서가 없을 때 최상의 예측방법: 종속변수의 평균'을 서로 비교한 것이다. 그런데 여기에는 두 가지 질문이 있을 수 있다. 첫째는 "연령이 월급여의 단서라고 어떻게 확신할 수 있을까?"이고 둘째는 "만약 단서라면 얼마나 중요한 단서인가?"하는 문제이다.

먼저 첫 번째 질문의 해답은 아주 간단하다. 바로 앞에서 다루었던 상관계수와 회귀계수의 관계를 기억해 보자. 우리는 두 변수를 가지고 회귀선을 그을 수 있었다. 이 회귀선이 얼마나 좋은 선인지는 나중 문제이고 일단 회귀선을 그었다는 자체만으로 회귀계수(b)가 0이 아니라는 것은 확인할 수 있다. 이 말은 곧 두 변수간 상관계수(r)가 최소한 0이 아니라는 것을 의미하며 따라서 두 변수는 서로 관계성을 지닌다고 볼 수 있다.

그럼 두 번째 질문의 해답은 어떻게 찾을 수 있을까? 바로 단서가 없을 때의 예측정확도와 단서를 사용했을 때의 예측정확도를 비교하면 된다. 그런데 예측정확도를 직접 측정할 수는 없기 때문에 대신 부정확도 즉 오차를 측정하여 비교하는 것이다. 이 때 오차제곱합이 작을수록 예측의 정확도는 크다고 할 수 있다. 왜냐하면 오차제곱합이란 결국 어떤 식을 통해 자료를 설명할 때 그 식으로 '설명할 수 없는 부분' 을 의미하기 때문이다. 따라서 '회귀식의 오차제곱합' 이 '종속변수의 평균에 기초해서 얻은 오차제곱합' 보다 얼마만큼 감소되었는지를 측정하면 단서 (독립변수)의 설명력을 간접적으로 알 수 있게 된다.

그럼 이 둘을 비교하여 어떻게 결정계수(r^2)를 계산할 수 있을까? 만약 위의 내용을 잘 이해하였다면 계산과정은 아주 쉽게 이해할 수 있을 것이다. 우선 우리는 종속변수의 평균에 기초한 오차제곱합(설명 안된 부분)이 회귀선에 기초한 오차제곱합(설명 안된 부분)보다 항상 크다는 것을 안다. 즉 독립변수가 포함되면 오차제곱합(설명 안되는 부분)이 감소한다는 것이다. 또한 이를 반대로 표현해 보면 독립변수가 포함되면 '설명되는 부분' 이 그만큼 증가한다는 것을 의미한다. 이 내용을 공식으로 표현하면 다음과 같다.

$$\text{결정계수}(r^2) = 1 - \frac{\text{회귀식에 기초한 오차제곱합(SSE)}}{\text{종속변수의 평균에 기초한 오차제곱합(SST)}}$$

$$= 1 - \frac{\text{설명 안된 분산}}{\text{총분산}} \quad (0 \leq r^2 \leq 1)$$

만약 어떤 독립변수를 투입해도 오차제곱합(설명 안되는 부분)이 전혀 감소하지 않는다면 즉 분모와 분자가 같다면 분수자체는 1이 되고 결정계수는 0이 된다. 반면 어떤 독립변수를 투입해서 오차제곱합(설명 안되는 부분)을 완전히 제거할 수 있다면 즉 종속변수와의 관계를 완벽하게 설명한다면 분자는 0이 되고 분수자체도 0이 되어 결정계수는 1이 된다. 한마디로 독립변수가 종속변수를 정확히 예측할수록 결정계수의 크기는 커지고 그 최대값은 1이 되는 것이다.

가령 어떤 회귀식의 결정계수(r^2)가 0.12(=1-0.88)이라면 이는 '독립변수가 포함된 회귀식의 오차제곱합(설명 안된 부분)'이 '절편만으로 이루어진 방정식의 오차제곱합(설명 안된 부분)'의 88%라는 것을 의미한다. 즉 독립변수가 포함된 회귀식으로 종속변수를 예측하면 그냥 종속변수의 평균으로 예측하는 것보다 12%의 오차제곱합(설명 안된 부분)을 줄일 수 있다는 것이다. 독립변수가 12%의 오차제곱합(설명 안된 부분)을 줄였다면 이는 곧 그만큼 더 설명했다는 것을 의미한다. 그래서 일반적으로 사회과학에서는 이를 "독립변수가 종속변수 분산의 12%를 설명한다"라고 표현한다.

단순회귀모형의 유의도 검증

결정계수(r^2)는 독립변수를 포함시킬 때 종속변수의 분산을 설명하는 설명력이 얼마나 증가하는지 보여주는 좋은 통계치이다. 그러나 그 자체로는 통계적 유의성을 검증할 기준을 없기 때문에 유의도 검증에 직접 사용할 수는 없다. 그래서 회귀식의 유의도를 검증하기 위하여 조금 다른 개념들을 도입해야 한다.

앞에서도 줄곧 보아왔듯이 우리의 궁극적 목표는 표본으로부터 구한 회귀식을 모집단에도 적용하는 것이다. 표본에서 구한 회귀식을 모집단에 적용하려면 일단 표본의 회귀식 자체가 유효해야 하고(설명력이 있어야 하고) 이와 더불어 표본의 크기(사례수)와 독립변수의 수도 함께 고려해야 한다. 설명력은 이미 결정계수를 구하는 과정에서 도출할 있었다. 그러나 결정계수를 구하는 과정에서는 사례수나 독립변수의 수가 전혀 고려되지 않았다. 따라서 결정계수를 구하는 공식을 변형시켜서 사례수와 독립변수의 수가 고려될 수 있도록 만든다면 우리는 그 식으로 유의도를 검증할 수 있을 것이다. 그럼 그 과정을 살펴보자.

우리는 앞에서 회귀식의 오차제곱합이란 결국 회귀식으로 종속변수의 분산을 설명하지 못한 부분이라는 것을 배웠다. 그렇다면 종속변수의 분산에서 회귀식의 오차제곱합을 빼주면 무엇이 나올까?

> 종속변수의 분산 - 회귀식의 오차제곱합 =
> 종속변수의 분산 - 설명 안된 분산 = ?

회귀식의 오차제곱합이란 다르게 표현해서 종속변수의 분산을 설명하지 못한 부분 즉 '설명 안된 분산' 이다. 따라서 종속변수의 분산에서 '회귀식으로 설명 안된 분산' 을 빼주면 남는 것은 '회귀식으로 설명 된 분산' 이 된다. 즉 종속변수의 분산은 '회귀식으로 설명된 분산' 과 '회귀식으로 설명 안된 분산' 의 합으로 표현할 수 있다.

그래서 통계학자들은 종속변수의 분산을 가리켜 '설명된 분산' 과 '설명 안된 분산' 의 합으로 이루어졌다 하여 총분산(sum of squares of total: SST)이라고 부른다. 또한 '회귀식으로 설명된 분산' 을 가리켜 회귀제곱합(sum of squares of regression:SSR)이라고 부르며 앞에서 본 것처럼 '회귀식으로 설명 안된 분산' 을 가리켜 오차제곱합(SSE)이라고 부른다.

종속변수의 분산 = 회귀식으로 설명 안 된 분산 + 회귀식으로 설명 된 분산
총분산(SST) = 오차제곱합(SSE) + 회귀제곱합(SSR)

여기서 잠깐 용어들을 한 번 정리하고 넘어가자. 지금까지 하나의(같은) 개념이 몇 개의(다른) 용어로 표현됨에 따라 독자의 혼돈이 있을 수 있겠다.

종속변수 평균에 기초한 오차제곱합(1)	회귀식에 기초한 오차제곱합(2)	(1) — (2)
종속변수의분산 총분산(SST)	설명 안 된 분산 오차제곱합(SSE)	설명된 분산 회귀제곱합(SSR)

이제 우리는 위의 개념들로부터 회귀식의 유의도를 구할 수 있다. 한마디로 유의미한 회귀식이란 전체분산 가운데서 '설명된 분산' 이 '설명 안된 분산' 에 비해 충분히 큰 것을 의미한다. 그런데 그 비율이 얼마나 커야지 충분히 큰 것이라고 할 수 있을까? 그것은 역시 사례수와 독립변수의 수에 따라 달라진다. 만약 사례수가 충분히 많다면 설명된 분산이 조금 작다 하더라도 이 결과를 모집단에 적용하는데 자신이 있을 것이다. 반면 사례수가 작다면 설명된 분산이 조금 크더라도 이를 모집단에 적용하는데 그리 자신이 없을 것이다. 한편 '설명된 분산' 의 크기가 일정할 때 여러 개의 독립변수로 이를 설명하는 것 보다 최소한의 독립변수로 이를 설명하는 것이 더 바람직하다.

따라서 회귀식의 유의도는 '설명된 분산(회귀제곱합)'과 '설명 안된 분산(오차제곱합)'의 비율에 사례수와 독립변수의 수 즉 자유도(df)를 고려하여 구하게 된다. 앞서 분산분석(ANOVA)에서도 두 분산의 비율과 자유도로 통계적 유의성을 검증할 때 F-검증을 사용하였다. 여기서도 마찬가지이며 회귀식의 유의도를 구하는 공식은 다음과 같다.

$$F_{(k,\,n-k-1)} = \frac{\text{회귀제곱합}(SSR)\ /\ k}{\text{오차제곱합}(SSE)\ /\ (n-k-1)}$$

(n:사례수, k:독립변수의 수)

만약 분자와 분모의 크기가 비슷하다면 F값은 1에 가까울 것이고 분자(설명된 분산의 크기)가 커질수록 F값도 커질 것이다. 한편 분자는 회귀제곱합(설명된 부분)이 커질수록 그리고 독립변수의 수가 작아질수록 커진다. 또한 분모는 오차제곱합(설명 안된 분산)이 커질수록 그리고 표본의 수가 작아질수록 커진다. 따라서 F값은 다음과 같은 경우에 커지게 된다.

- 설명된 분산(회귀제곱합)이 큼
- 독립변수의 수가 작음
- 설명 안된 분산(오차제곱합)이 작음
- 사례수가 큼

그런데 회귀제곱합과 오차제곱합은 서로 반비례한다. 왜냐하면 총분산은 일정하기 때문에 회귀제곱합이 커지면 자연히 오차제곱합은 작아지고 회귀제곱합이 작아지면 오차제곱합은 커지기 때문이다. 결국 이 두 수치는 오차의 크기에 직접 영향을 받는 요소라 할 수 있다.

얼마나 큰 F값이 나와야 통계적으로 유의미한지는 따로 F-분포표에서 찾아보아야 한다. 그러나 앞에서도 보았듯이 통계프로그램은 그 결과도 함께 제시해 준다. 따라서 *Sig.*가 0.05보다 작다면 이는 통계적으로 유의미한 것이고 이 결과를 모집단에 자신 있게 적용할 수 있다는 것을 의미한다. 이는 다르게 표현해서 "독립변수가 통계적으로 유의미한 설명력을 지닌다"라고도 할 수 있다. 왜냐하면 독립변수를 추가함으로써 그렇지 않았을 때보다 설명력이 통계적으로 유의미하게 증가하였다는 것을 의미하기 때문이다.

즉 통계적으로 유의미한 회귀식이란 '설명된 분산의 크기(분자)' 가 '설명 안된 분산의 크기(분모)' 에 비해 상대적으로 큰 것을 말하며 따라서 F값이 클수록 독립변수가 종속변수를 잘 설명한다고 볼 수 있다. 공식을 설명하는 이유는 우리가 직접 계산을 하기 위해서가 아니라 그 속에 담긴 의미를 파악하기 위해서이다. 이 공식을 통해 우리는 어떤 의미를 발견할 수 있을까?

어떤 회귀식이 통계적으로 유의미하려면 즉 F값이 충분히 크려면 오차들의 크기가 작을수록, 표본의 수가 많을수록 그리고 독립변수의 수가 적을수록 유리하다는 것을 알 수 있다. 특히 회귀분석을 하다 보면 결정계수(r^2)의 값은 거의 비슷한데 어떤 모형은 통계적으로 유의미하지 않은 반면 다른 모형은 유의미한 경우를 보게 된다. 이러한 경우 대부분의 문제는 사례수와 관련돼 있는 것을 발견할 수 있다. 즉 통계적으로 유의미한 결과를 얻기 위해서 적당한 사례수가 반드시 확보되어야 한다.

5. 단순회귀모형의 적용사례 : '연령이 월급여에 미치는 영향'

본 절에서는 앞에서 배운 내용을 토대로 직접 SPSS를 이용하여 자료를 분석하고 해석해 보도록 하자. 여기서 사용될 데이터는 앞에서도 다루었던(데이터 2-1 월급여)이다. 이 데이터는 '연령' 과 '월급여' 라는 두 개의 변수로 구성되어 있다.

회귀분석을 실행시키기에 앞서 가장 먼저 해야 할 과제는 종속변수와 독립변수를 정확히 구분하는 것이다. 상관분석에서는 x와 y를 구분하지 않아도 그 결과는 늘 같다. 앞의 공식에서 본 것과 같이 상관계수(r)는 두 변수의 공분산을 두 변수의 표준편차를 곱한 값으로 나누어 주기 때문이다. 그러나 회귀분석에서는 종속변수(y)와 독립변수(x)가 바뀌면 전혀 다른 회귀식 즉 전혀 다른 절편과 회귀계수가 계산된다. 왜냐하면 회귀계수를 계산할 때 두 변수의 공분산을 독립변수(x)의 분산으로 나누어 주기 때문에 독립변수를 어떤 변수로 하느냐에 따라 다른 회귀식이 도출되는 것이다.

종속변수와 독립변수를 구분하는 것은 전적으로 연구자의 논리에 달려있다. 논리적으로 타당하지 않지만 만약 월급여를 가지고 연령을 예측하고자 한다면 '연령' 을 종속변수로 '월급여'를 독립변수로 구분하여야 한다. 그러나 우리의 질문은 연령이 월급여에 미치는 영향을 보는 것이다. 즉 우리는 '연령'을 가지고 '월급여'를 예측하고자 한다. 따라서 연령을 독립변수로 월급여를 종속변수로 구분하여야 한다. 독립변수와 종속변수를 구분하는 가장 쉬운 방법은 다음과 같다.

종속변수 : • 예측하고자 하는 변수
• 영향을 받는 변수

독립변수 : • 예측을 위해 단서로 사용하고자 하는 변수
• 영향을 주는 변수

이제 종속변수와 독립변수가 결정되었으니 회귀분석을 실행시켜 보자.

Analyze ⇨ Regression ⇨ Linear

Dependent에는 종속변수(월급여)를 입력하고 Independent에는 독립변수(연령)를 입력한다. 이 외에도 여러 기능들을 수행하는 칸들이 있는데 그들의 사용법은 차차 다루도록 하고 여기서는 일단 아래쪽 왼편에 위치한 Statistics... 를 클릭하여 *Descriptive*를 선택하고 Continue 를 누른다. 이 명령은 종속변수와 독립변수의 기초 통계량(평균, 표준편차)을 결과창에서 제시해 준다.

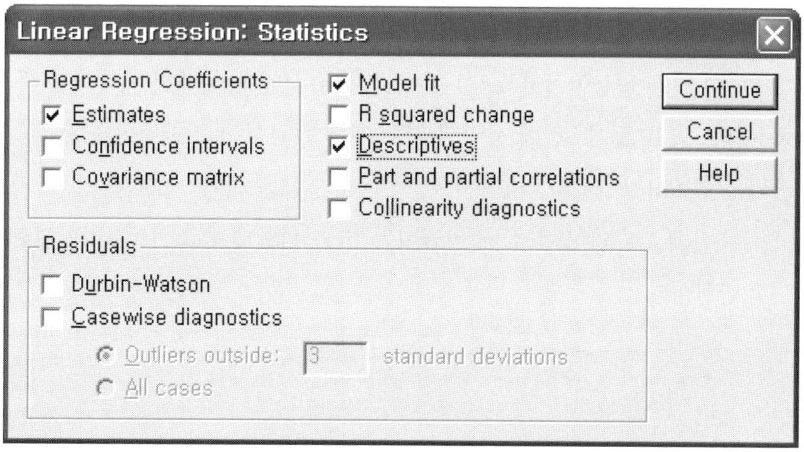

그리고 그 옆에 Save... 를 클릭해 보면 다음과 같은 창이 뜬다.

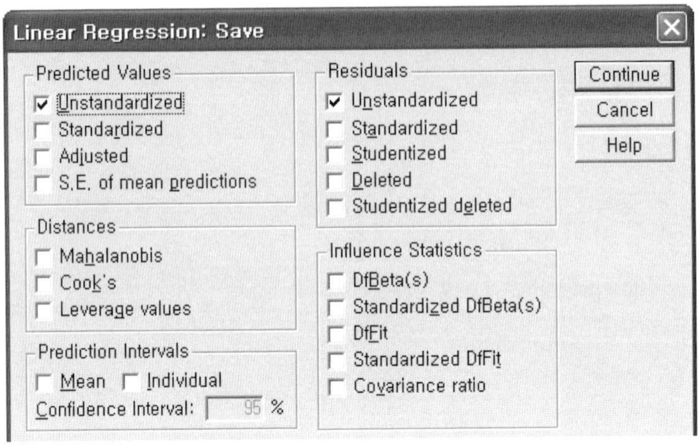

먼저 좌측 상단에 있는 Predicted Value는 회귀식을 통해서 구해진 예측치들을 나타낸다. 예측치를 계산하는 방법은 몇 가지가 있는데 여기서는 Unstandardized만 클릭한다. 이 명령은 원래 종속변수의 단위로 예측치를 제공해 준다. 그리고 우측 상단에 Residuals는 원래 월급여와 예측된 월급여의 차이 즉 오차(잔차) 들을 나타낸다. 예측치를 계산하는 방법과 마찬가지로 잔차를 계산하는 방법도 몇 가지가 있는데 여기서도 역시 Unstandardized만 클릭한다. 한가지 주의해야 할 점은 이 명령들을 실행시키고 난 후 반드시 데이터 창을 확인해야 한다는 것이다. 왜냐하면 개별사례들의 예측치와 오차가 데이터 창에 새로운 변수로 저장되기 때문이다. 이제 Continue 를 누르고 실행시킨다.

그럼 데이터창을 다시 열어 보자. 원래 있던 '연령'과 '월급여' 변수 옆에 새로 *pre*_1과 *res*_1가 생긴 것을 볼 수 있다. *pre*_1은 각 사례들의 예측치 즉 우리가 구한 회귀식에 연령을 대입하여 얻은 월급여이고 *res*_1은 실제 월급여(관측치)에서 예측치를 빼준 값 즉 오차(잔차)이다. 예를 들어 5번째 사람의 경우 실제 월급여는 22만원이데 회귀식을 통해 얻는 월급여는 약 201만원이다. 따라서 이 사람의 오차는 대략 -179만원으로 비교적 큰 편이다. 반면 6번째 사람의 경우 실제 월급여는 283만원인데 예측치는 210만원으로 오차는 대략 +72만원이다.

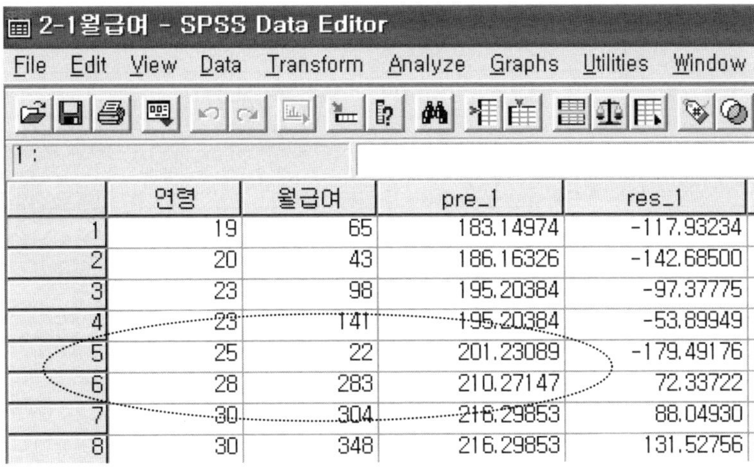

	연령	월급여	pre_1	res_1
1	19	65	183.14974	-117.93234
2	20	43	186.16326	-142.68500
3	23	98	195.20384	-97.37775
4	23	141	195.20384	-53.89949
5	25	22	201.23089	-179.49176
6	28	283	210.27147	72.33722
7	30	304	216.29853	88.04930
8	30	348	216.29853	131.52756

이와 같이 개별사례들의 잔차를 분석함으로써 우리는 잔차의 크기가 큰 사례들을 구별해 낼 수 있다. 잔차가 큰 사례를 구별해 내는 것이 왜 중요한지는 제8장에서 자세히 다룬다. 이제 다시 결과창을 보도록 하자.

많은 표들이 결과창에 나와 있다. 물론 이 표들은 모두 자료에 대한 유용한 정보들을 가지고 있다. 하지만 여기서는 우리가 배운 개념들을 위주로 중요한 몇 개의 표만 살펴본다. 우선 회귀분석의 결과를 해석하는 가장 기본적인 절차는 다음과 같다.

1. 주요 변수들의 통계치를 확인한다
2. 회귀식의 설명력을 확인한다.
3. 회귀식의 통계적 유의도를 확인한다.
4. 회귀계수를 확인하여 회귀식을 도출한다.
5. 회귀계수의 유의도를 확인한다.

보통 많은 사람들이 이론에서 배운 내용을 실제 분석과정에는 잘 적용해보지 않는다. 과연 우리가 앞에서 배운 공식과 이론이 정말 통계프로그램에서도 그대로 적용되는지 자세히 살펴보도록 하자. 이 과정을 통해서 이론을 다시 한번 확인할 수 있을 뿐만 아니라 통계결과를 보는 방법을 보다 정확히 익힐 수 있을 것이다.

Descriptive Statistics

	Mean	Std. Deviation	N
월급여(만원)	256.48	163.091	45
연령	43.33	14.311	45

Correlations

		월급여(만원)	연령
Pearson Correlation	월급여(만원)	1.000	.264
	연령	.264	1.000
Sig. (1-tailed)	월급여(만원)	.	.040
	연령	.040	.
N	월급여(만원)	45	45
	연령	45	45

먼저 Descriptive Statistics와 Correlation에서 종속변수와 독립변수의 평균(Mean), 표준편차(Std. Deviation), 사례수(N) 그리고 두 변수의 상관계수(Pearson Correlation)를 확인한다. 이 때 주의해야 할 점은 Correlation table에서 주어지는 상관계수의 유의도는 단측(1-tailed)검증을 통해 계산된 결과라는 것이다.

이 경우를 제외하고 SPSS에서 거의 모든 통계치들의 유의도는 기본적으로(default) 양측(2-tailed)검증을 통해 계산된다. 왜냐하면 특별한 경우가 아닌 이상 양측검증으로 통계적 유의도를 판단하는 것이 일반적이기 때문이다(Andy Field, 2004). 왜 이 경우에만 단측검증 결과를 제시하는지 정확한 이유는 알 수 없지만 양측검증 결과를 얻으려면 단측검증 결과에 단순히 2만 곱해주면 된다. 따라서 이 경우 상관계수의 유의도를 양측검증으로 계산해 보면 0.08(=0.04×2) 정도라는 것을 알 수 있다(본 절의 뒷부분에서 양측검증 결과를 확인할 수 있을 것이다).

Model Summary(b)

Model	R	R Square	Adjusted R Square	Std. Error of the Estimate
1	.264(a)	.070	.048	159.104

다음으로 회귀식의 설명력을 확인해 보자. Model Summary에서 상관계수(r)와 결정계수(r^2)를 확인할 수 있다. 상관계수는 0.264이고 이를 제곱해주면 0.0696으로 반올림하면 대략 0.07이 나온다. 간혹 실제 계산결과와 결과창의 통계치들이 또는 종류가 다른 통계프로그램의 결과들이 정확히 일치하지 않는 경우가 있는데 이는 반올림하는 방식이 조금씩 다르기 때문이다. 이 결과는 다음과 같이 세 가지로 방식으로 해석할 수 있다. 표현은 각각 다르지만 모두 같은 뜻을 지닌다.

- 독립변수(연령)를 포함하는 회귀식의 오차제곱합은 독립변수를 포함하지 않은 회귀식 즉 절편만으로 이루어진 회귀식의 오차제곱합의 93%이다.
- 연령을 사용해서 월급여를 예측하면 월급여의 평균만으로 예측하는 것보다 오차제곱합(설명 안된 부분)을 7% 줄이 수 있다.
- 연령은 월급여 분산의 7%를 설명한다.

즉 추정된 회귀식에서 종속변수에 대한 독립변수의 설명력은 7%라는 것이다. 그러나 사실 회귀식의 설명력이 몇 %냐 하는 것은 그 자체로서 그리 중요한 문제가 아니다. 회귀식의 설명력이란 엄밀한 의미에서 회귀식을 통해 줄어든 오차의 정도만 의미하기 때문이다. 또한 이 수치만 가지고는 정말 모집단에서도 연령이 월급여를 7% 설명하는지 판단할 수 없다. 왜냐하면 결정계수(r^2)에는 표본의 크기와 독립변수의 개수에 대한 고려가 전혀 없기 때문이다.

한편 결정계수 옆에는 우리가 아직 배우지 않았지만 *Adjusted R Square*(수정결정계수)라는 값이 나와있다. 이 통계치는 주로 중다회귀모형을 해석할 때 유용하게 사용되는 수치로 제3장에서 자세히 다루도록 하겠다.

이제 회귀식의 통계적 유의도를 확인해 보자. 결국 회귀식의 유의도 검증이란 표본으로부터 도출한 결과를 모집단에도 적용시킬 수 있는지 검증하는 것이다. 결정계수만으로는 통계적 유의도를 검증할 수 없기 때문에 결정계수 대신 '설명된 분산'과 '설명 안된 분산'의 비를 표본과 독립변수의 수와 함께 고려하여 계산함으로써 추정된 회귀식이 통계적으로 유의미한지 판단할 수 있다. 이 결과를 보여주는 것이 바로 아래의 ANOVA table이다.

ANOVA(b)

Model		Sum of Squares	df	Mean Square	F	Sig.
1	Regression	81841.051	1	81841.051	3.233	.079(a)
	Residual	1088500.311	43	25313.961		
	Total	1170341.361	44			

먼저 *Sum of Squres*는 오차제곱합들을 나타낸다. *Total*은 총분산(SST) 즉 월급여(종속변수)의 평균에 기초해 월급여를 예측했을 때 오차제곱합 이고 *Residual*은 회귀선에 기초해 월급여를 예측했을 때의 오차제곱합(SSE)이다. 앞에서 나왔던 결정계수는 바로 이 ANOVA table에서 도출된 것이다. 이론 부분에서 다루었던 공식에 위의 수치를 대입하면 다음과 같다.

$$\frac{\text{설명안된분산}(SSE)}{\text{총분산}(SST)} = \frac{1088500.311}{1170341.361} = 0.93$$

즉 총분산 중에 설명 안된 분산이 0.93이므로 1에서 이 수치를 빼주면 0.07을 얻을 수 있다. 이는 Model Summary의 결정계수와 정확히 일치한다. 그럼 이제 ANOVA table의 각 수치들이 어떤 과정을 거쳐 도출되었는지 좀더 자세히 살펴보자.

먼저 설명 안된 분산(SSE)은 앞서 데이터 창에 제시되었던 잔차들(res_1)을 모두 제곱해주고 그 값들을 다 더해주면 구할 수 있다(엑셀 등을 통해서 직접 계산해 보자. 정확히 1088500.311이라는 수치를 얻을 수 있을 것이다).

한편 총분산(SST)은 종속변수의 분산(표준편차)을 이용해서 간단히 구할 수 있다. 왜냐하면 SST를 수식으로 나타내면 결국 아래와 같기 때문이다.

$$\text{총분산(SST)} = \Sigma\,(y_i - \bar{y})^2$$

혹시 분산(표준편차)의 식이 잘 기억나지 않은 독자를 위해 공식을 다시 한번 정리 해보자.

$$분산 = \frac{\Sigma(y_i - \bar{y})^2}{(n-1)}, \quad 표준편차 = \sqrt{\frac{\Sigma(y_i - \bar{y})^2}{(n-1)}}$$

Descriptive Statistics에서 종속변수(월급여)의 표준편차가 163.091이고 사례수가 45라는 것을 확인할 수 있었다. 따라서 종속변수의 분산은 약 26598.674(=163.091×163.091)이다. 분산과 자유도(n-1)를 알기 때문에 분산에 44(=45-1)를 곱하면 쉽게 총분산(SST)을 구할 수 있다. 실제로 계산해 보면 약 1170341이라는 값을 얻을 수 있다.

$$\frac{\Sigma(y_i - \bar{y})^2}{(45-1)} = 26598.674$$

$$\Rightarrow \Sigma(y_i - \bar{y})^2 = 26598.674 \times 44 \fallingdotseq 1170341.4$$

Regression은 회귀제곱합(SSR) 즉 '설명된 분산'을 나타내며 단순히 SST에서 SSE를 빼줌으로써 간단히 계산할 수 있다(역시 실제로 Total에서 Residual을 빼주면 위의 표와 일치하는 값이 나온다). 통계프로그램도 정확히 이와 같은 과정을 통해 위의 수치들을 계산해 낸다.

이제 Sum of Squres 오른쪽으로는 자유도(df)가 나와 있다. 회귀제곱합(SSR)의 자유도는 독립변수의 수와 일치하고 오차제곱합(SSE)의 자유도는 (사례수-독립변수의 수-1)과 일치한다. 왜 회귀제곱합과 오차제곱합의 자유도가 각각 이와 같은 방식으로 계산되는지 알기 위해서는 자유도에 대한 원론적 이해가 필수적이다. 그러나 자유도라는 개념을 원론적으로 설명하기 위해서는 다소 복잡한 통계지식들이 필요하기 때문에 이 책에서는 생략하도록 한다. 또한 자유도의 개념을 정확히 이해하지 못한다 하더라도 회귀분석을 활용하는데 전혀 지장이 없다. 따라서 여기서는 독립변수의 수와 사례수가 F값의 자유도로 각각 반영된다는 정도만 알고 넘어가도록 한다. 한편 단순회귀분석에서는 독립변수가 하나 즉 자유도가 1이기 때문에 계산시 회귀제곱합의 자유도는 특별히 고려하지 않아도 된다.

그리고 그 옆으로 회귀제곱합(SSR)과 오차제곱합(SSE)을 각각의 자유도 나누어 준 수치가 Mean square에 나와 있다. 자유도를 고려한 회귀제곱합은 회귀제곱평균(MSR)이라고 부르고 역시 자유도를 고려한 오차제곱합은 오차제곱평균(MSE)이라고 부른다. 따라서 F값은 다음과 같이 표현할 수 도 있다.

$$F = \frac{\text{회귀제곱평균}(MSR)}{\text{오차제곱평균}(MSE)}$$

결국 F값은 회귀제곱평균(MSR)을 오차제곱평균(MSE)으로 나누어 준 수치이며 여기서는 그 값이 3.233이다. 이제 이 F값이 통계적으로 유의미한지 확인하면 된다. 굳이 F분포표를 찾지 않더라도 *Sig.*라는 칸에 있는 수치를 확인하면 통계적 유의미성을 판단할 수 있다. 여기서 *Sig.*는 0.079로 통상 사용되는 통계적 유의수준 0.05보다 약간 크다는 것을 알 수 있다. 따라서 이 회귀식은 통계적으로 유의미하지는 않다고 할 수 있다. 즉 실제로 모집단에서 연령이 월급여에 영향을 미친다고 자신할 수 없다.

만약 F값에 관한 위의 내용들이 너무 복잡하게 느껴진다면 다음과 같이 간단하게 이해하도록 하자.

- 만약 F값의 *Sig.*가 0.05보다 크다면:
  독립변수를 투입하는 것이 종속변수에 대한 설명력을 증가시키지 못한다.
- 만약 F값의 *Sig.*가 0.05보다 작다면:
  독립변수를 투입하는 것이 종속변수에 대한 설명력을 증가시킨다.

이제 마지막으로 회귀계수에 대해 살펴보자. 우리의 회귀식이 이미 통계적으로 유의미하지 않다고 판명되었기 때문에 단순회귀분석에서는 더 이상 회귀계수에 대해 살펴볼 필요가 없다. 왜냐하면 단순회귀분석에서는 회귀모형에 하나의 독립변수 밖에 없기 때문에 그 회귀모형이 유의미하지 않다면 이는 곧 그 하나의 독립변수가 유의미하지 않다는 것을 의미하기 때문이다. 그러나 여기서는 회귀계수를 해석하는 방법을 알아보기 위해 결과를 살펴보도록 한다.

Coefficients(a)

Model		Unstandardized Coefficients		Standardized Coefficients	t	Sig.
		B	Std. Error	Beta		
1	(Constant)	125.893	76.401		1.648	.107
	연령	3.014	1.676	.264	1.798	.079

우선 회귀계수는 비표준화회귀계수(unstandardized coefficient)와 표준화회귀계수(standardized coeffifients)로 나눌 수 있다. 비표준화회귀계수는 원래 독립변수의 측정 단위로 회귀계수를 계산한 것이고 보통 b로 표시한다. 반면 표준화회귀계수는 독립변수와 종속변수의 표준편차를 고려하여 비표준화회귀계수를 표준화시킨 것으로 보통 β(beta)라고 표시한다. 표준화회귀계수가 어떤 용도로 사용되는 지는 제3장 중다회귀분석에서 자세히 다루도록 한다. 단순회귀분석에서는 표준화회귀계수가 종속변수와 독립변수의 상관계수(r)과 같다는 것만 알아두자.

회귀계수를 보고 가장 먼저 해야 할 일은 바로 회귀식을 도출하는 것이다. 앞에서도 설명했듯이 회귀식은 $y = a + bx$의 형태를 띠며 y는 종속변수 x는 독립변수를 나타낸다. 반드시 기억해야 할 것은 회귀식은 비표준화회귀계수(b)를 사용하여 도출한다는 것이다. 따라서 위의 회귀계수로 회귀식을 도출해 보면 다음과 같다.

$$월급여(종속변수) = 125.893 + 3.014 \times 연령(독립변수)$$

즉 이 회귀식은 "연령이 1세 증가함에 따라 월급여는 3.014만원 증가한다"라고 해석할 수 있다. 간혹 회귀식을 해석할 때 단위를 잘못 해석하는 경우를 보게 된다. 다음과 같은 방식으로 해석하면 헷갈리지 않고 정확히 회귀식을 해석할 수 있다.

> 독립변수가 독립변수의 단위로 1단위 증가할 때
> 종속변수는 종속변수의 단위로 b단위만큼 증가한다.

한편 125.893은 절편이고 원칙적으로는 연령이 0세인 사람의 월급여를 나타내나 이미 앞에서 배운 것처럼 회귀식을 해석할 때 따로 큰 의미를 부여하지는 않는다. 따라서 절편의 통계적 유의도에는 따로 신경을 쓸 필요가 없다(Paul D. Allison, 1998). 그러나 회귀계수(기울기)는 통계적 유의도를 검증해 주어야 한다.

회귀계수의 통계적 유의도를 검증한다는 것은 한 마디로 기울기가 0인지 아닌지 검증하는 것을 의미한다. 그러나 단순회귀분석에서는 회귀계수의 유의도를 따로 검증해 줄 필요가 없다. 왜냐하면 *F*값을 사용한 회귀모형의 유의도 검증 결과와 항상 일치하기 때문이다. 이는 논리적으로 너무 당연한 결과이다. *F*값을 사용한 회귀모형의 유의도 검증은 결국 독립변수의 투입이 종속변수에 대한 설명력을 증가시켰는지 판단하는 것이다. 따라서 독립변수가 하나밖에 없는 단순회귀분석에서는 *F*값이 유의미하지 않다면 이는 곧 그 하나의 독립변수가 유의미하지 않다는 것을 의미한다.

즉 단순회귀분석에서는 회귀식이 유의미하면 회귀계수도 유의미하고 회귀식이 유의미하지 않으면 회귀계수도 유의미하지 않다. 회귀계수의 *Sig.*값을 ANOVA table의 *Sig.*값과 비교해 보자. 둘 다 0.079로 같음을 확인할 수 있다. 원래 기술적으로 회귀계수의 유의도는 *t*값을 구하는 별도의 공식으로 검증한다. 그러나 별도의 공식을 모르더라도 독립변수가 하나인 경우 즉 회귀제곱합(SSE)의 자유도가 1인 경우 회귀모형의 유의도 검증에서 사용한 *F*값에 제곱근($\sqrt{\ }$)을 취해주면 바로 *t*값을 구할 수 있다($\sqrt{3.233} = 1.798$).

한편 제1장에서 상관계수(r)의 유의도는 회귀분석을 통하여 구할 수 있다고 하였다. 월급여와 연령의 상관관계를 분석해 보자. 이 때 *Test of Significance*에서 양측(two-tailed)검증과 단측(one-tailed)검증 중 하나를 선택할 수 있도록 되어 있다. 기본값(default)이 양측검증으로 설정되어 있기 때문에 바로 실행시키면 다음과 같은 결과표를 얻을 수 있다.

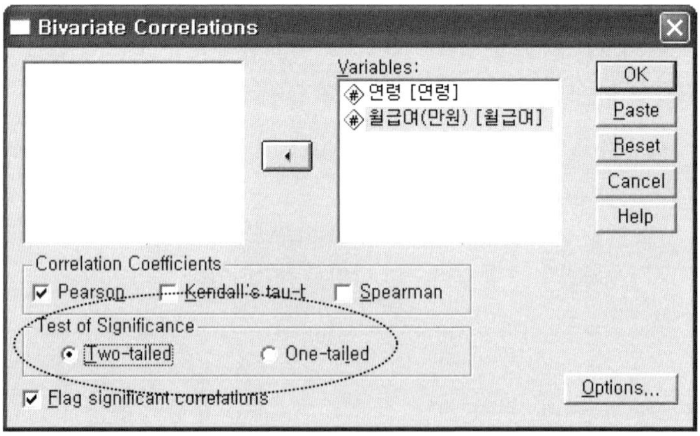

Correlations

		연령	월급여(만원)
연령	Pearson Correlation	1	.264
	Sig. (2-tailed)	.	.079
	N	45	45
월급여(만원)	Pearson Correlation	.264	1
	Sig. (2-tailed)	.079	.
	N	45	45

연령-월급여 간 상관계수의 유의도를 양측검증으로 계산하면 *Sig.*=0.079인 것을 알 수 있다. 이는 앞에서 단측검증으로 계산한 결과(0.04)의 2배이며(수치가 정확히 일치하지 않는 것은 반올림한 자리수가 다르기 때문이다) 단순회귀식의 *F*값 및 *t*값의 유의도와 정확히 일치한다. 즉 두 변수간 상관계수의 유의도는 두 변수간 단순회귀모형의 통계적 유의도(*F*값)를 통하여 구할 수 있다(Jacob Cohen, et al., 2002). 이 때 종속변수와 독립변수를 바꾸어도 가령 '연령'을 종속변수로 그리고 '월급여'를 독립변수로 회귀식을 구성하여도 회귀모형의 통계적 유의도(*F*값의 유의도)에는 전혀 변화가 없다(회귀계수만 바뀔 뿐이다).

결론적으로 우리는 연령이 소득에 영향을 미친다고 통계적으로 자신할 수 없다. 만약 실제 연구에서도 이와 같은 결과가 나온다면 연구자에게 매우 실망스러운 일이 아닐 수 없다. 물론 어떤 현상들이 서로 관계없음을 밝히는 것도 의미 있는 일이다. 하지만 연구의 궁극적 목표는 이론적 검토를 통해 성립된 가설의 통계적 유의미성을 밝히는데 있다.

이와 같은 상황에서 연구자가 할 수 있는 것은 무엇일까? 우리가 통계를 좀 더 심도 있게 공부하는 이유가 바로 여기에 있다. 정말로 두 변수간에 관계가 없어서 이와 같은 결과가 나왔다면 괜찮지만 사실은 관계가 있는데 분석하는 방법이 미숙하여 그 관계를 발견하지 못 했다면 이는 참으로 안타까운 일이 아닐 수 없기 때문이다.

Centering(중앙화)

앞에서 우리는 독립변수의 최소값이 0에서 멀리 떨어져 있을 때 회귀식의 절편은 유용한 정보를 제공하지 못한다는 것을 배웠다. 그렇다면 회귀식에서 보다 실질적인 절편을 계산할 수 있는 방법은 없을까? 바로 독립변수를 centering해주면 된다. centering한다는 것은 한마디로 주어진 변수의 평균값을 0으로하여 각 변수값들을 다시 계산하는 것을 말한다. 가령 위의 예에서 독립변수인 '연령'의 평균값은 43.33세이다. 따라서 '연령'이라는 변수를 centering하면 43.33이 0 즉 새로운 기준이 되고 이 기준으로부터 떨어진 거리가 새로운 변수값이 되는 것이다. 예컨데 원래 '연령' 변수에서 50세 였던 사람의 centering된 변수값은 6.67(=50-43.33)이 되고 원래 '연령' 변수에서 30세 였던 사람의 centering된 변수값은 -13.33(=30-43.33)이 된다. 그러므로 원래 변수값(x_i)들에서 그 변수의 전체평균($\bar{x}$)을 빼주면 centering된 새로운 변수값(d_i)을 쉽게 구할 수 있다.

$$d_i = x_i - \bar{x}$$

($x_i - \bar{x}$)는 이미 제1장에서 t값을 구할 때 분자로 사용되던 공식이다. 이와 같이 변수값들이 어떤 특정한 값으로부터 떨어져 있는 거리를 가리켜 통계용어로 deviance값이라고 부른다. 따라서 centering된 통계치는 어떤 변수의 전체평균(grand mean)으로부터의 deviance값이라고 할 수 있다. 그렇다면 회귀식에 원래 독립변수 대신 centering된 변수를 독립변수로 투입하면 어떤 결과가 나올까? 아래 결과는 '연령' 변수 대신 centering된 연령을 독립변수로 투입한 회귀식의 회귀계수 결과이다.

Coefficients(a)

Model		Unstandardized Coefficients		Standardized Coefficients	t	Sig.
		B	Std. Error	Beta		
1	(Constant)	256.469	23.178		10.813	.000
	centering연령	3.014	1.676	.264	1.798	.079

새로운 결과를 이전의 결과와 비교해 보면 결정계수와 ANOVA table의 모든 값들은 정확히 일치하는 것을 알 수 있다. 한편 centering된 독립변수의 회귀계수도 3.014로 '연령'을 독립변수로 한 원래 회귀식의 결과와 일치한다. 다만 절편에서 차이가 날 뿐이다. 즉 원래 회귀식에서 절편은 125.893이었는데 centering된 연령을 독립변수로 한 새 회귀식에서 절편은 256.469로 바뀌었다. 왜 다른 값들은 일정한데 절편에서만 변화가 생긴 것일까? 그리고 이 때 절편은 어떻게 해석해 주어야 할까?

회귀식에서 절편은 독립변수가 0일 때 종속변수의 값이다. 그런데 centering된 독립변수가 0이라는 것은 원래 독립변수의 값이 평균이라는 것을 의미한다. 따라서 centering된 독립변수가 포함된 회귀식에서 절편은 원래 독립변수의 변수값이 평균일 때의 종속변수 값을 나타낸다. 즉 우리의 예에서 절편 256.469는 연령이 43.33세인 사람의 예측 임금을 의미한다. 결론적으로 어떤 독립변수를 centering해서 회귀식에 투입하면 그 독립변수가 평균값일 때의 종속변수 값이 절편으로 계산되는 것이다. 따라서 회귀식의 절편이 보다 실질적인 값으로 나타난다.

그럼 이와 같은 경우에 회귀계수는 어떻게 해석해 주어야 할까? 기준이 독립변수의 평균으로 바뀌었기 때문에 "어떤 독립변수가 독립변수의 평균으로부터 1단위 증가할 때 종속변수는 b만큼 변한다"로 해석해 주면된다. 그러므로 우리의 예에서는 "연령이 연령의 평균으로부터 1단위 증가할 때 임금은 3.014만원 증가한다"로 해석해 줄 수 있다.

이와 같이 보다 실질적인 절편을 얻을 수 있다는 사실을 제외하고는 우리가 주로 사용하고 이 책에서 다루는 일반선형모형(Generalized Linear Model: GLM)에서는 굳이 centering을 사용할 필요가 없다. 다만 제6장 비선형회귀분석에서 다루겠지만 어떤 독립변수를 제곱하거나 세제곱하여 회귀식에 포함시킬 때 즉 다항모형을 사용할 경우 centering을 해주게 되면 다중공선성을 일정 부분 제거할 수는 있다(김두섭·강남준, 2000). (이런 이유에서 JMP와 같은 통계프로그램에서는 다항모형을 만들 때 자동적으로 변수가 centering된다)

하지만 실제로 회귀분석에서 centering이 유용하게 사용되는 경우는 위계모형(HLM)과 같은 선형혼합모형(Linear Mixed Model: LMM)을 사용할 때이다. 선형혼합모형에서는 centering의 여부에 따라 그리고 centering하는 방식에 따라 분석결과에 큰 차이가 발생할 수도 있기 때문이다 (S.W. Raudenbush & A.S. Bryk, 2002).

3 _ 중다회귀모형

multiple regression model

1. 중다회귀모형의 이해

중다회귀모형의 기본형태

제2장에서는 하나의 독립변수로 구성된 단순회귀모형에 대해 살펴보았다. 그러나 대부분의 연구자들은 두 개 이상의 독립변수로 구성된 중다회귀모형을 사용한다. 왜 대부분의 연구에서 중다회귀모형을 사용할까? 그 이유는 너무나도 명확하다. 우리는 앞에서 회귀분석의 두 가지 기능을 배웠다. 첫 번째 기능은 인과관계를 설명하는 것이고 두 번째 기능은 종속변수를 예측하는 것이다. 그런데 한 변수가 종속변수에 미치는 순수한 영향(pure effect)을 보기 위해서는 다른 변수들을 통제하여야 한다. 이를 위해서 연구자가 주로 관심을 갖는 독립변수 외에 다른 변수들 즉 통제변수들이 회귀식에 함께 포함되어야 한다. 또한 하나의 정보에 의존하기보다 여러 정보들에 기초하면 종속변수를 보다 정확히 예측할 수 있다. 가령 어떤 사람의 '월급여'를 예측하기 위하여 '연령', '학력' 그리고 '성별'을 동시에 고려한다면 '연령'만으로 그 사람의 '월급여'를 예측할 때 보다 더 정확히 예측할 수 있을 것이다. 이러한 이유에서 오늘날 중다회귀모형은 가장 널리 사용되는 회귀분석기법이 되었다.

중다회귀모형의 기본원리들은 단순회귀모형의 그것과 매우 흡사하다. 단 회귀식에 두 개 이상의 독립변수들이 동시에 포함된다는 것만 차이가 날 뿐이다. 이를 일반화해서 표현해 보면 다음과 같다.

$$y = a + b_1x_1 + b_2x_2 + \cdots + b_nx_n + e$$

a는 절편을 나타내며 b_n은 각 독립변수의 회귀계수(기울기)를 나타낸다. 만약 회귀모형에 3개의 독립변수가 포함되어 있다면 이를 식으로 나타내기 위해서 하나의 절편(a)과 세 개의 회귀계수(b_1, b_2, b_3)가 필요하다. 이 때 중요한 것은 독립변수의 수와 상관없이 회귀식의 절편은 언제나 하나라는 것이다. 단순회귀모형에서 절편은 하나의 독립변수가 0일 때 종속변수의 값을 나타냈다. 마찬가지로 중다회귀모형에서는 모든 독립변수들이 0일 때 종속변수의 값을 나타낸다.

〈표 3-1〉 연령, 학력과 월급여

ID	연령	교육연수	월급여	ID	연령	교육연수	월급여
1	25	9	22	24	57	12	250
2	20	9	43	25	34	18	261
3	65	6	54	26	42	16	261
4	19	12	65	27	56	18	261
5	76	6	65	28	39	16	272
6	31	9	76	29	28	18	283
7	33	12	76	30	56	12	283
8	23	12	98	31	30	12	304
9	53	9	98	32	55	14	326
10	36	12	109	33	30	14	348
11	70	6	109	34	30	12	370
12	65	6	120	35	37	12	370
13	23	12	141	36	44	16	370
14	31	18	141	37	58	16	370
15	53	11	141	38	60	12	370
16	34	10	196	39	41	12	380
17	36	12	196	40	46	14	481
18	40	14	196	41	47	12	522
19	34	16	228	42	54	14	522
20	35	16	228	43	54	16	522
21	38	16	228	44	54	18	522
22	38	14	228	45	61	9	800
23	59	12	239				

그럼 다음 예를 보면서 좀 더 논의해 보자. 우리는 앞에서 '연령'과 '월급여'의 관계를 살펴 보았다. 그러나 실제로 '월급여'에 영향을 미치는 또 다른 중요한 요소 중 하나는 바로 '학력'이다. 〈표 3-1〉은 앞의 〈표 2-1〉에 학력이라는 정보를 추가한 것이다. 여기서 학력은 '교육연수'라는 연속변수로 측정하였다(데이터 3-1 월급여 2).

먼저 이 세 변수를 산점도상에 표시해 보자. 독립변수가 두 개이기 때문에 2차원 평면에 각 점들을 표시하는 것은 불가능하다. 따라서 2개의 X축과 하나의 Y축을 가진 3차원 공간에 점들을 표시해야 한다. 사실 독립변수가 세 개 이상으로 늘어나면 변수들의 관계를 시각화해서 표현하는 것이 불가능하다. 〈그림 3-1〉은 위의 표를 3차원 공간상에 표시한 것이다.

〈그림 3-1〉 두 독립변수의 산점도

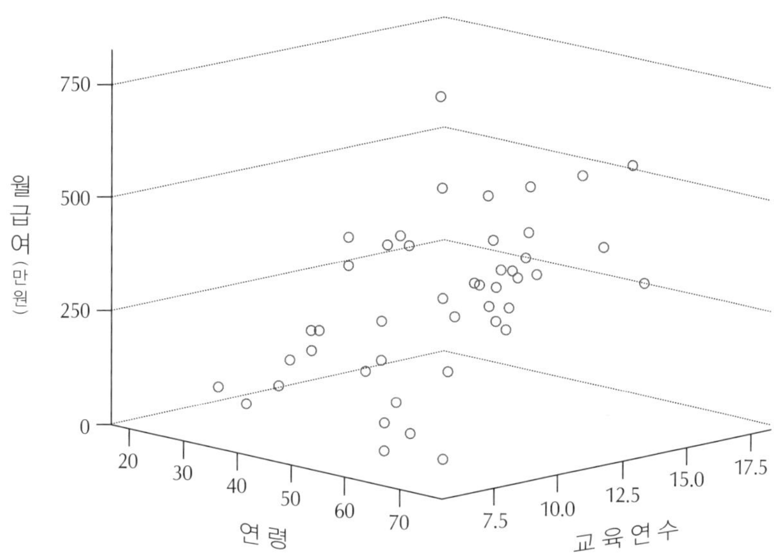

비록 정확하지는 않지만 대략 연령이 증가할수록 그리고 교육연수가 증가할수록 월급여도 증가하는 경향을 보인다. 한편 단순회귀모형에서는 (월급여$=a+b$ 연령)이라는 식을 만들고 각각의 연령을 대입하여 예측 월급여를 구하였다. 여기서는 독립변수가 2개이기 때문에 다음과 같은 형태로 회귀식을 만들어야 한다.

$$월급여 = a + b_1연령 + b_2교육연수$$

가령 아래와 같은 식을 추정하였다고 가정해보자.

$$월급여 = 10 + 2 \times 연령 + 10 \times 교육연수$$

이제 단순회귀모형에서와 똑같이 각 사람들의 정보를 대입하여 그 사람의 월급여를 예측할 수 있다. 예컨대 ID13은 23세이고 교육연수는 12년이다. 따라서 이 사람의 예상 월급여는 176만원이고 이는 이 사람의 실제월급여(141만원)와 -35만원 만큼 차이가 난다.

$$10 + 2 \times 23 + 10 \times 12 = 176$$

단순회귀모형에서와 마찬가지로 중다회귀모형에서도 관측치와 예측치의 차이 즉 오차를 최소화시키는 방식으로 회귀식을 추정한다. 우리의 예에서처럼 독립변수가 2개라면 하나의 절편(a)과 두 개의 회귀계수(b_1, b_2)를 추정해야 하고 독립변수가 n개라면 역시 하나의 절편과 n개의 회귀계수를 추정해야 한다.

그럼 이 내용을 시각적으로 표시해 보자. 독립변수가 하나일 때는 $X-Y$평면상에 회귀선을 긋고 그 선으로부터 각 관측치들이 떨어져 있는 거리를 오차라고 하였다(〈그림 2-2〉를 기억해 보자). 그러나 독립변수가 두 개일 때는 회귀선이 아니라 회귀면이 그려진다.

단순회귀모형에서는 독립변수의 회귀계수가 하나이기 때문에 하나의 기울기를 갖는 회귀선을 그었다. 그러나 우리의 모형에서는 독립변수가 두 개이기 때문에 두 개의 회귀계수가 필요하고 이는 곧 두 개의 기울기가 필요하다는 것을 의미한다. 아래 그림에서 점선은 '연령'이라는 독립변수의 기울기를 나타내고 실선은 '교육연수'라는 독립변수의 기울기를 나타낸다. 한편 이 두 기울기를 같이 표현한 것이 바로 가운데 평면이며 이를 가리켜 회귀면이라고 부른다.

〈그림 3-2〉 독립변수가 2개인 회귀모형의 회귀면과 오차

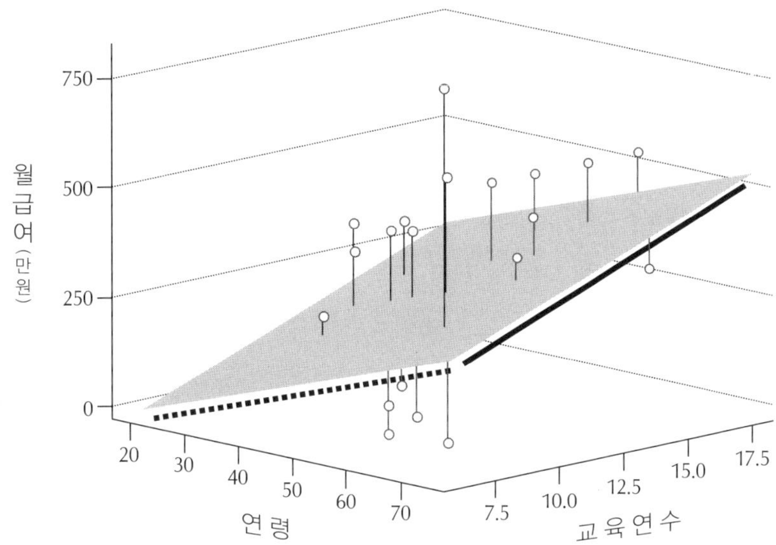

단순회귀모형에서 회귀식이 완벽할 때 모든 점(관측치)들이 회귀선 위에 위치한다는 것을 배웠다. 마찬가지로 우리의 회귀식이 완벽하다면 모든 점들이 회귀면 위에 위치해야 한다. 그러나 위의 그림에서 보는 것처럼 모든 점들을 한 평면에 위치시키는 것은 불가능하다. 따라서 차선책은 모든 점들로부터 가장 가까운 평면을 찾는 것이다. 즉 회귀면과 점들 사이의 거리를 가장 짧게 만드는 회귀식을 도출하면 된다.

중다회귀모형에서도 단순회귀모형에서와 마찬가지로 최소제곱법(OLS)을 통해 회귀계수를 추정한다. 기본원리는 같지는 독립변수의 수가 늘어날수록 공식은 다소 복잡해 진다. 따라서 공식에 대한 자세한 소개는 여기서 생략하도록 한다. 중요한 것은 독립변수의 수가 아무리 많아진다 해도 회귀식을 통해서 얻는 것은 하나의 종속변수값이라는 것이다. 결국 중다회귀모형에서도 예측된 종속변수의 값과 실제 종속변수 값간에 차이 즉 오차가 작을수록 좋은 모형이라 할 수 있다.

중다회귀모형의 해석

위의 자료를 SPSS로 분석해 보면 다음과 같은 회귀식을 얻을 수 있다(편의상 소수점 이하는 생략하였다).

$$월급여 = -241 + 4 \times 연령 + 23 \times 교육연수$$

우선 절편을 살펴보면 -241이다. 월급여가 -241만원이라는 것은 말이 안 된다. 앞에서도 언급했지만 절편 그 자체는 회귀식에서 유용한 정보를 제공하지 못하기 때문에 회귀식을 해석할 때 크게 신경 쓰지 않아도 무방하다. 원래 절편은 독립변수가 모두 0일 때 종속변수의 값을 나타낸다. 즉 연령이 0세이고 교육연수가 0년인 사람의 월급여는 -241만원으로 예측할 수 있다는 것이다. 그러나 우리 자료에서 연령이 가장 낮은 사람은 19세이고 교육연수가 가장 낮은 사람은 6년이다. 앞에서 설명한 것과 같이 독립변수의 0의 값이 실제 관측된 자료의 최소값보다 멀리 떨어져 있을 때 지금처럼 타당하지 못한 값들이 절편으로 나오는 경우가 많다. 물론 이 경우에도 앞 장에서 배운 것처럼 각 독립변수들을 centering 해 주면 보다 실질적인 절편을 구할 수 있다. 한편 중다회귀모형에서도 예측치를 계산할 때는 반드시 절편을 사용하여야 한다. 만약 연령이 30세이고 교육연수가 12년인 사람의 월급여를 예측하고자 한다면 다음과 같이 계산해 주어야 한다.

$$-241 + 4 \times 30 + 23 \times 12 = 155(만원)$$

이제 회귀계수(기울기)에 대해 살펴보자. 단순회귀모형에서는 회귀계수가 하나였기 때문에 비교적 해석이 간단하였다. 그러나 중다회귀모형에서는 독립변수의 수에 따라 회귀계수의 수가 늘어나기 때문에 해석이 다소 복잡하게 느껴진다. 그러나 실제 중다회귀모형의 해석은 단순회귀모형의 해석만큼이나 간단하다.

위의 예에서 '연령'이라는 독립변수의 회귀계수는 4이다. 따라서 연령이 1세 증가하면 월급여가 4만원 증가한다는 것을 알 수 있다. 같은 논리로 '교육연수'라는 독립변수를 보면 회귀계수가 23이기 때문에 교육연수가 1년 증가하면 월급여는 23만원 증가한다는 것을 알 수 있다. 그런데 중다회귀모형에서 각 회귀계수를 해석할 때 중요한 것은 다른 독립변수가 통제되었다는 것을 전제하고 해석해야 한다는 것이다. 따라서 일부 통계 교재 중에서는 중다회귀모형의 회귀계수를 부분회귀계수라고 표현하기도 한다(김두섭·강남준, 2000).

우리는 앞에서 정확한 인과관계를 알기 위해서 다른 변수들을 통제해야 한다고 배웠다. 다른 변수를 통제한다는 것은 곧 다른 조건을 모두 동일하게 만드는 것을 의미한다. 예컨대 '교육연수' 라는 변수를 통제하기 원한다면 똑같은 교육연수를 가진 사람들만 분석하면 된다. 마찬가지로 '연령' 이라는 변수를 통제하고 싶으면 똑같은 연령의 사람들만 분석하면 된다. 그러나 이미 제1장에서 설명한 것과 같이 실제 표본에서 특정 집단만 추출해서 분석하는 것은 매우 어려운 일이다. 특히 통제하고자 하는 변수가 많아질수록 더욱 그러하다. 그래서 그 대안으로 연구자는 통계적 통제(statistical control)를 사용한다고 배웠다. 그럼 중다회귀모형에서 어떻게 통계적 통제가 이루어지는지 살펴보도록 하자.

'월급여' 에 영향을 미치는 변수는 '연령' 과 '교육연수' 라고 가정해 보자. 물론 월급여에 영향을 미치는 변수는 이 외에도 얼마든지 다양할 수 있다. 그러나 원리를 간단히 설명하기 위해 단 두 변수만 영향을 미친다고 가정해 본다. 독립변수의 수가 아무리 늘어나도 회귀식에서 변수들을 통계적으로 통제하는 원리는 똑같기 때문이다.

자 이제 '교육연수' 를 통제하고 '연령' 이 월급여에 미치는 순수한 영향을 파악하고자 한다. 만약 똑같은 교육연수를 가진 사람 중에서 연령이 월급여에 미치는 영향을 분석한다면 이는 곧 교육연수를 통제한 것과 같은 효과를 낼 것이다. 그래서 우리는 교육연수가 12년인 사람만 분석하였다. 이를 위의 회귀식에 대입해 보면 아래와 같은 식을 얻을 수 있다.

교육연수가 12년인 사람의 회귀식:

$$\text{월급여} = -241 + 4 \times \text{연령} + 23 \times \mathbf{12}$$
$$= 35 + 4 \times \text{연령} \text{ — ①}$$

원래는 두 개의 변수가 있었는데 '교육연수' 라는 독립변수를 통제하고 나니 '연령' 이라는 하나의 독립변수만 남았다. 그리고 교육연수이라는 변수는 상수(constant)가 되어서 절편에 포함되었다. 위의 새로운 식은 바로 교육연수가 12년인 사람들의 회귀식이다. 즉 교육연수가 12년인 사람들은 연령이 0세일 때 월급여가 35만원이고 연령이 1세 증가함에 따라 월급여가 4만원씩 증가한다고 예측할 수 있다. 여기서도 절편 그 자체는 중요한 의미가 없다. 따라서 우리는 '연령' 이라는 독립변수의 회귀계수(기울기)가 4라는 것에만 신경 쓰면 된다.

이제 교육연수가 16년인 사람들을 분석해 보자. 역시 원래 회귀식에 대입하면 아래와 같은 새로운 식을 얻을 수 있다.

> 교육연수가 16년인 사람의 회귀식:
>
> 월급여 = -241 + 4 × 연령 + 23 × **16**
>
> = 127 + 4 × 연령 —②

식 ①과 식 ②를 비교해 보면 절편은 다르지만 '연령'이라는 독립변수의 회귀계수는 4로 같다는 것을 알 수 있다. 이는 원래의 회귀식에 어떤 교육연수를 대입하더라도 '월급여'에 미치는 '연령'의 영향은 언제나 4로 일정하다는 것을 의미한다. 식 ①과 식 ②에서 절편이 차이 나는 것은 '교육연수'라는 변수도 월급여에 영향을 미치기 때문이다. 같은 원리로 '연령'을 통제한다 해도 종속변수에 미치는 '교육연수'의 영향은 23으로 항상 일정하다.

즉 중다회귀모형을 통해 얻어지는 독립변수들의 회귀계수는 나머지 독립변수들을 특정한 값으로 고정시켰을 때 어떤 독립변수가 종속변수에 미치는 순수한 영향을 나타낸다. 바로 이를 가리켜 중다회귀모형의 통계적 통제(statistical control)기능이라고 부른다. 이러한 이유에서 연구자들은 중다회귀모형의 결과를 다음과 같은 방식으로 해석한다.

> - 교육연수라는 변수를 통제하였을 때:
>   연령이 1세 증가하면 월급여는 4만원 증가한다
> - 연령이라는 변수를 통제하였을 때:
>   교육연수가 1년 증가하면 월급여는 23만원 증가한다.

표준화회귀계수

회귀식은 원래 독립변수의 단위를 그대로 간직하고 있는 비표준화회귀계수(unstandardized coefficient, *b*)를 사용해서 만든다고 배웠다. 그런데 종종 연구자는 여러 변수들 가운데 종속변수에 가장 크게 영향을 미치는 변수를 확인하고 싶어한다. 위의 예에서 '연령'은 한 단위 변화할 때 월급여에 4만원 영향을 미치지만 '교육연수'는 한 단위 변화할 때 월급여에 23만원 영향을 미친다. 그럼 교육연수가 연령보다 월급여에 약 6배 정도 더 큰 영향을 미친다고 할 수 있을까?

그렇지 않다. 왜냐하면 두 변수의 분포가 서로 다르기 때문이다. 우리의 자료에서 연령은 19세부터 70세까지 총 51년에 걸쳐 분포하지만 교육연수는 6년에서부터 18년까지 총 12년에 걸쳐 분포한다. 따라서 총 51년 중에서 1년과 총 12년 중에서 1년은 서로 다른 의미를 지닌다. 전체 12년이라는 시간 속에서 1년은 전체 51년이라는 시간 속에서 대략 4년과 비슷한 크기를 지닌다고 할 수 있다. 따라서 연령이라는 변수에서 1년과 교육연수라는 변수에서 1년을 직접 비교하는 것은 불가능하다.

한편 단위 자체가 틀린 독립변수들이 회귀식에 포함되는 경우도 있다. 가령 우리의 식에 IQ라는 독립변수를 추가해서 2라는 회귀계수을 얻었다고 가정해 보자. 이는 곧 IQ가 1단위 증가할 때 월급여가 2만원 증가한다는 것을 의미한다. 그런데 연령이나 교육연수 1단위(년)와 IQ 1단위를 어떻게 비교할 수 있을까?

이처럼 여러 독립변수들이 종속변수에 미치는 영향력의 크기를 서로 비교하려면 모든 독립변수들의 단위와 분포를 통일시켜주어야 한다. 바로 이 과정을 거쳐 비표준화회귀계수(b)를 변화시킨 것이 표준화회귀계수(standardized coefficient, β)이다. 그럼 어떻게 독립변수들의 단위와 분포를 통일시킬 수 있을까? 그 열쇠는 바로 독립변수와 종속변수의 표준편차에 담겨있다. 우선 표준화회귀계수를 구하는 공식을 보면 다음과 같다.

$$\beta = b\frac{S_x}{S_y}$$

보통 표준화회귀계수는 그리스 문자 β(beta)로 표시하고 비표준화회귀계수(b)에 그 독립변수의 표준편차를 곱하고 종속변수의 표준편차로 나누어 주면 된다. 왜 독립변수의 표준편차를 곱해줄까? 12년에서의 1년과 51년에서의 1년을 다시 한번 생각해 보자. 범위(range)가 큰(51년) 변수의 1년을 범위가 작은(12년) 변수의 1년과 비교하려면 범위의 차이만큼 가중치를 곱해주어야 하는데 그 역할을 하는 것이 바로 표준편차이다(앞에서도 언급하였지만 전체 12년 중 1년은 전체 51년 중 4년과 대략 비슷하다). 따라서 각각의 표준편차를 곱해줌으로 비표준화회귀계수에 가중치(weight)를 주는 것이다. 그리고 이를 종속변수의 표준편차로 나누어 줌으로서 독립변수가 1 표준편차로 증가할 때 종속변수의 변화량도 역시 표준편차로 표시할 수 있게 된다(Fox, John., 1997).

여기서 중요한 사실은 비표준화회귀계수와 표준화회귀계수가 항상 같은 부호를 갖는다는 것이다. 표준편차는 그 자체가 항상 양수값이기 때문에 표준화회귀계수(β)의 부호는 전적으로 비표준화회귀계수(b)에 달려 있다. 표준화회귀계수는 종속변수의 값을 예측하는데 직접 사용할 수는 없으나 각 독립변수가 종속변수에 미치는 상대적인 영향력을 판단하는데 좋은 기준이 된다. 즉 종속변수에 대한 독립변수의 상대적인 영향력 크기는 표준화회귀계수의 크기에 비례한다. 그럼 우리의 예에서 표준화회귀계수를 계산해 보자. 일단 각 변수들의 표준편차는 다음과 같다.

	Mean	Std. Deviation	N
월급여(만원)	256.48	163.091	45
연령	43.33	14.311	45
교육연수	12.71	3.382	45

'연령'의 비표준화회귀계수(b)는 4이고 표준편차는 14.311이다. 따라서 표준화회귀계수를 계산하면 0.35이다.

$$\beta = 4 \times \frac{14.311}{163.091} = 0.35$$

같은 방식으로 교육연수의 표준화회귀계수를 계산하면 0.47이다.

$$\beta = 23 \times \frac{3.382}{163.091} = 0.47$$

즉 '연령'이 1표준편차 증가하면 '월급여'는 종속변수(월급여)의 표준편차로 0.35단위만큼 증가하고 '교육연수'가 1표준편차 증가하면 '월급여'는 종속변수(월급여)의 표준편차로 0.47단위만큼 증가함을 보여준다. 따라서 '연령' 보다 '교육연수'가 '월급여'에 미치는 영향력이 상대적으로 크다는 것을 알 수 있다.

2. 중다회귀모형의 통계적 유의도

중다회귀모형에서의 결정계수

단순회귀모형에서는 회귀모형의 설명력을 결정계수(r^2)를 통하여 확인할 수 있었다. 중다회귀모형에서도 회귀모형의 설명력을 확인하기 위하여 결정계수를 사용한다. 단순회귀모형에서 결정계수를 구하는 과정을 다시 한번 기억해 보자. 종속변수의 평균에 기초한 오차제곱합(총분산)과 회귀식에 기초한 오차제곱합(오차분산)을 서로 비교하여 결정계수를 구하였다. 이 과정을 정리해 보면 다음과 같다.

$$r^2 = 1 - \frac{\text{오차제곱합(SSE)}}{\text{총분산(SST)}}$$

$$= \frac{\text{총분산(SST) - 오차제곱합(SSE)}}{\text{총분산(SST)}}$$

$$= \frac{\text{회귀분산(SSR)}}{\text{총분산(SST)}}$$

중다회귀모형에서도 종속변수의 평균에 기초하여 종속변수를 예측할 때 발생하는 오차 즉 종속변수의 총분산(SST)과 회귀식을 통해 종속변수를 예측할 때 발생하는 오차 즉 오차제곱합(SSE)을 서로 비교하여 결정계수를 구한다.

그러나 중다회귀모형에서 한 가지 다른 점은 분석을 통해 구해지는 상관계수와 결정계수의 관계이다. 단순회귀모형에서는 종속변수와 독립변수의 상관계수(r)를 제곱해주면 결정계수를 얻을 수 있었지만 중다회귀모형에서는 독립변수가 여러 개이기 때문에 종속변수와 독립변수 간 단순상관계수를 사용할 수 없다. 따라서 중다회귀모형에서는 중다상관계수(multiple correlation coefficient)라는 개념을 대신 사용한다.

중다상관계수란 중다회귀모형의 결정계수(r^2)에 제곱근($\sqrt{\ }$)을 취해준 것으로 이는 회귀식을 통해 예측된 종속변수값(예측치)과 실제 종속변수값(관측치) 사이의 상관계수와 일치한다. 따라서 단순상관계수가 -1과 +1사이의 값을 갖는 것과 달리 중다상관계수는 항상 0과 +1사이의 값만 갖는다. 그러나 단순상관계수나 중다상관계수는 개념적으로 구분하는 것일 뿐이지 실제 상관계수를 계산하는 방법은 동일하다.

- **단순상관계수**: 종속변수와 독립변수간의 상관관계를 의미
- **중다상관계수**: 주어진 독립변수들로 예측한 종속변수값(예측치)과 실제 종속변수값(관측치)의 상관관계를 의미

한편 중다회귀모형에서는 수정결정계수(adjusted r^2)가 유용하게 사용될 수 있다. 수정결정계수란 결정계수에 표본의 수와 독립변수의 수를 반영한 수치라 할 수 있다. 수정결정계수를 구하는 공식은 아래와 같다.

$$Adjusted\ r^2 = r^2 - \frac{k(1-r^2)}{n-k-1}$$

(n:표본수, k:독립변수의 수)

이 공식을 보면 수정결정계수의 두 가지 특징을 발견할 수 있다. 첫 번째 특징은 수정결정계수는 항상 결정계수보다 작다는 것이다. 왜냐하면 결정계수(r^2)는 1보다 작거나 같기 때문에 $(1-r^2)$는 항상 0또는 양수이고 독립변수의 수(k)도 항상 양의 값만 갖는다. 따라서 원래 결정계수에서 양의 값을 빼주면 원래 결정계수보다 항상 작은 값을 취하게 된다.

두번 째 특징은 독립변수의 수(k)가 적을수록 그리고 표본수(n)가 많을수록 수정결정계수는 결정계수의 값에 가까워진다는 것이다. 특히 이 때 중요한 역할을 하는 것은 표본수(n)인데 표본수가 증가할수록 분모가 커지고 따라서 분수 자체는 작아지게 된다. 그러므로 위의 식에서 분수 부분이 작아질수록 수정결정계수(adjusted r^2)는 결정계수(r^2)에 가까워진다.

그렇다면 통계학자들은 왜 수정결정계수라는 개념을 고안해 냈을까? 우선 통계학적으로 표본의 자료에서 얻어진 결정계수의 값은 모집단을 대상으로 한 결정계수의 값보다 약

간 커지는 경향이 있다. 따라서 이를 보정해주는 차원에서 수정결정계수를 고안한 것이다(Samprit Chatterjee, et al., 1999).

한편 중다회귀분석의 특성상 독립변수의 수가 증가할수록 일반적으로 설명력은 증가하게 되어 있다. 가령 종속변수와 크게 관련이 없는 독립변수가 추가되어도 설명력이 증가하는 경우를 흔히 볼 수 있다. 그러나 과학의 일반 원칙 중 하나는 가능한 한 경제적 모형(parsimonious model)으로 현상을 설명하는 것이다. 예를 들어 어떤 종속변수를 10개의 독립변수로 설명하는 것보다 그 설명의 정도가 비슷하다면 8개의 변수로 설명하는 것이 더 바람직하다는 것이다. 따라서 독립변수가 증가되는 것을 페널티(penalty)로 반영하여 설명력을 계산하는 것이 연구자가 모형을 판단하는데 더 좋은 척도가 될 수 있다(David G. Kleinbaum, et al., 1998).

중다회귀모형의 유의도 검증

단순회귀모형과 마찬가지로 중다회귀모형에서도 추정된 회귀식이 통계적으로 유의미한지 즉 모집단에도 적용 가능한지 검증해 보아야 한다. 앞에서 이미 단순회귀모형의 결정계수와 중다회귀모형의 결정계수는 계산하는 과정이 동일하다는 것을 확인하였다. 따라서 중다회귀모형의 통계적 유의도를 검증하는 과정도 단순회귀모형과 일치한다. 단 중다회귀모형에서는 독립변수가 여러 개이기 때문에 회귀제곱평균(MSR)을 구하기 위하여 회귀제곱합(SSR)을 독립변수의 수로 나누어 주어야 한다. 제2장에서 회귀제곱합의 자유도(df)는 독립변수의 개수에 의해 결정된다는 것을 배웠다.

기억을 새롭게 하기 위해 F값을 구하는 공식을 다시 한번 적어보자.

$$F_{(k,\, n-k-1)} = \frac{\text{회귀제곱합}(SSR)/k}{\text{오차제곱합}(SSE)/(n-k-1)} = \frac{\text{회귀제곱평균}(MSR)}{\text{오차제곱평균}(MSE)}$$

(n:표본수, k:독립변수의 수)

단순회귀모형에서는 독립변수의 개수가 하나였기 때문에 회귀식이 유의미하지 않으면 곧 그 독립변수도 유의미하지 않고 회귀식이 유의미하면 곧 그 독립변수도 유의미했다. 따라서 회귀계수에 대한 별도의 통계적 유의도 검증이 사실상 필요 없었다. 그러나 중다회귀모형에서는 독립변수의 수가 두 개 이상이기 때문에 조금 다른 접근이 필요하다.

우선 회귀식이 통계적으로 유의미하지 않다는 말은 곧 "독립변수를 추가해서 종속변수를 예측하는 것이 아무 독립변수 없이 그냥 종속변수의 평균으로 예측하는 것과 설명력에서 통계적으로 유의미한 차이가 없다"는 것을 의미한다. 따라서 하나의 독립변수로 구성된 식이 유의미하지 않다면 이는 곧 그 하나의 독립변수가 유의미하지 않은 것이고 여러 개의 독립변수로 구성된 식이 유의미하지 않다면 이는 곧 모든 독립변수가 유의미하지 않다는 것을 의미한다.

그런데 만약 회귀식이 유의미하다면 즉 설명력이 증가되었다면 이는 어떻게 해석해야 할까? 하나의 독립변수일 때는 바로 그 독립변수가 설명력을 증가시킨 것이라 확신할 수 있다. 그러나 독립변수가 여러 개일 때는 모두가 다 설명력을 증가시킨 것일 수도 있고 그 중 일부만 설명력 증가에 기여한 것일 수도 있다. 따라서 모든 독립변수 중에서 과연 어떤 독립변수가 통계적으로 유의미한지 따로 검증해 봐야 한다.

이는 분산분석(ANOVA)에서 사용한 것과 비슷한 논리이다. 분산분석에서도 일단 "집단들 간에 평균차이가 없다. 즉 모든 집단은 같다"라는 영가설(null hypothesis)을 세운다. 그리고 *F*검증(*F*-test)을 통하여 이를 기각할 수 있으면 "모두가 같지는 않다. 즉 집단 간 차이가 있다"라는 가설을 받아들인다. 그러나 *F*검증(*F*-test) 만으로는 과연 어느 집단에서 차이가 나는지 확인할 수 없기 때문에 사후검증(post hoc-comparison)을 통해서 차이 나는 집단을 밝혀낸다(제1장에서 이미 설명하였다).

마찬가지로 중다회귀모형의 통계적 유의도 검증에서도 일단은 "모든 독립변수들이 유의미하지 않다. 즉 설명력 증가에 기여하지 않는다"라는 영가설(null hypothesis)을 세운다. 그리고 이 영가설을 *F*검증(*F*-test)을 통하여 검증하고 만약 *F*값이 유의미하게 나와서 영가설을 기각할 수 있으면 "독립변수 중 하나 이상은 유의미하다"라는 가설을 받아들이게 된다. 그러나 역시 *F*검증 만으로는 과연 어느 독립변수가 유의미한지 확인할 수 없다. 따라서 중다회귀분석에서는 어느 독립변수가 통계적으로 유의미한지 확인하기 위한 별도의 검증과정이 필요하다. 이를 간단히 정리해 보면 다음과 같다.

F값의 $Sig. \geq 0.05$면:

- 모든 독립변수가 설명력 증가에 기여하지 못한다.
- 모든 독립변수가 통계적으로 유의미하지 않다.

F값의 $Sig. \leq 0.05$면:

- 하나 이상의 독립변수가 설명력 증가에 기여한다.
- 하나의 이상의 독립변수가 통계적으로 유의미하다.

회귀계수의 유의도 검증

중다회귀모형에서 F값이 유의미하게 나오면 하나 이상의 독립변수가 종속변수를 유의미하게 설명한다는 것을 의미한다. 그러나 F값만으로 어느 독립변수가 통계적으로 유의미한 독립변수인지 알 수 없다고 하였다. 따라서 중다회귀모형에서는 개별 회귀계수들에 대한 유의도 검증이 필수적이다. 이미 제2장에서 회귀계수의 유의도는 t값을 이용하여 검증한다고 간략히 소개하였다. 여기서는 구체적으로 개별 회귀계수의 유의도를 어떻게 측정하는지 그리고 그 의미가 무엇인지 알아본다.

우리의 예에서 '월급여'에 대한 '연령'의 회귀계수는 4만원이었다. 이 수치는 '교육연수'를 고려할 때 주어진 자료를 가장 잘 예측할 수 있는 추정치임에는 틀림없다. 하지만 이를 모집단에 적용하려면 최소한 다음의 두 가지 오류(error)를 반드시 고려하여야 한다 (James T. McClave, et al., 2004).

- **표본추출오류**(sampling error): 우리의 데이터는 큰 모집단으로부터 온 작은 표본에 불과하다. 그리고 표본은 결코 모집단과 일치할 수 없다. 다만 표본의 크기가 커질수록 표본의 통계치(statistics)가 모집단의 모수(parameter)에 근접할 확률이 높아진다.
- **통제 안된 분산**(uncontrolled variation): 실제로 '월급여'에 영향을 미치는 요소는 '연령'과 '교육연수' 외에도 다양하며 이 모든 변수들을 고려하여 모형을 만드는 것은 불가능하다. 따라서 우리의 모형은 항상 관측되지 않은 (unobserved) 따라서 통제되지 않은 분산을 내포하고 있다.

그런데 오류에 대한 통계학자들의 기본적 가정은 "오류는 무작위적(random)이고 비체계적(unsystematic)인 형태로 발생한다"는 것이다. 바로 우리가 추정한 회귀계수에도 이런 오류들이 고스란히 녹아 들어 있다. 따라서 우리는 회귀계수를 모집단에 적용하기 위해 반드시 회귀계수에 존재하는 오류의 정도를 검증할 필요가 있다. 만약 그 오류의 크기가 너무 크다면 우리의 결과를 모집단에 적용하는데 자신이 없을 것이고 그 반대라면 자신이 있을 것이다.

한편 이를 확인하기 위해서 우리는 '신뢰구간(confidence interval)을 통한 검증'과 '가설검증(hypothesis test)'이라는 방법에 의존한다. '신뢰구간을 통한 검증'이란 일정한 확률 하에서 모집단의 회귀계수가 가질 수 있는 값의 범위를 알려주는 것이고 '가설검증'이란 모집단의 회귀계수가 0인지 아닌지에 대해 판단할 수 있도록 해 주는 것을 말한다. 물론 이 두 방법은 모두 확률을 제시할 뿐이지 절대적인 답을 주는 것은 아니다.

모든 통계프로그램들은 기본적으로 개별 회귀계수의 표준오차(standard error)를 제시해 준다. 표준오차란 간단히 말해서 회귀계수에 녹아 있는 오류들의 크기를 측정한 것이라고 보면 된다. 그럼 어떻게 통계프로그램이 모집단의 모수와 통제 안된 변수들을 알 수 있을까? 물론 모른다. 다만 우리의 식으로 설명 안되는 부분 즉 오차가 발생하면 바로 이 오차가 앞에서 설명한 두 오류 중 하나로부터 기인한 것이라고 간주할 뿐이다.

따라서 표준오차는 표본수와 오차의 정도를 함께 고려하여 계산한다. 아래 식에서 보는 바와 같이 표준오차는 표본의 수가 많아질수록 그리고 자료에서 '설명 안된 부분' 즉 오차가 작아질수록 그 크기가 감소한다.

$$S.E._{b} = \sqrt{\frac{\text{오차제곱합}(SSE)/(n-2)}{\Sigma(x_i - \bar{x})^2}}$$

예컨대 우리 예에서 연령의 회귀계수는 4이고 표준오차는 1.5이다. 95% 신뢰구간을 얻기 위해서 우리는 회귀계수에 2표준오차(2×1.5)를 더해주고 역시 2표준오차를 빼주면 된다(이 경우 정확한 95% 신뢰구간을 구하기 위해서는 표준오차에 2.018을 곱해주어야 하나 계산의 간편성을 위해 2를 곱한다).

$$b - (2 \times \text{표준오차}) \le 95\%\text{신뢰구간} \le b + (2 \times \text{표준오차})$$
$$4 - (2 \times 1.5) = 1 \le 95\%\text{신뢰구간} \le 7 = 4 + (2 \times 1.5)$$

이제 우리는 신뢰구간을 보고 이렇게 이야기 할 수 있다. 회귀계수에 녹아있는 표준오차 즉 오류를 고려할 때 실제 모집단의 '연령' 회귀계수가 1과 7사이에 있을 확률은 95%이다. 즉 신뢰구간(confidence interval)이란 표본의 회귀계수와 표준오차를 함께 고려하여 모집단의 회귀계수가 있음직한 범위를 확률로 표현한 것을 말한다.

그런데 우리의 예에서 95% 신뢰구간 안에 0이 포함되어 있지 않다. 따라서 우리는 95%의 신뢰(자신감)를 가지고 모집단에서 '연령'의 회귀계수가 0이 아니라고 다시 말해서 '연령'이 '월급여'에 영향을 미친다고 자신할 수 있다. 만약 반대로 0이 이 구간 안에 포함된다면 우리는 95%의 신뢰(자신감)를 가지고 모집단에서 '연령'이 '월급여'에 영향을 미친다고 자신할 수 없게 된다. 즉 신뢰구간을 통한 회귀계수의 유의도 검증은 95% 신뢰구간 내에 0의 값이 포함되어 있는지 살펴봄으로써 확인할 수 있다.

그런데 왜 기준이 95%일까? 물론 좀 더 유연한 기준으로 90%의 신뢰구간을 설정할 수도 있고 좀 더 보수적인 기준으로 99%의 신뢰구간을 설정할 수도 있다. 그러나 앞에서도 언급한 것과 같이 통상 사회과학에서 받아들이는 통계적 유의수준은 5%(0.05)이기 때문에 보통 95% 신뢰구간을 적용하여 유의도를 판단한다. 이는 곧 5%의 오차는 감수할 만하다는 것을 의미한다.

혹시 회귀분석을 사용한 논문을 읽어 보았다면 신뢰구간보다는 가설검정(hypothesis test)으로 회귀계수의 유의도를 보고하는 것을 더 많이 보았을 것이다. 우리가 가장 알고 싶어하는 사실은 "어떤 변수가 정말로 종속변수에 영향을 미치는가?"이다. 만약 어떤 독립변수가 종속변수에 영향을 미치지 않는다면 모집단에서 그 독립변수의 회귀계수는 0일 것이다. 그러나 실제로 우리가 어떤 변수를 넣고 회귀분석을 실행시켜도 매우 작은 회귀계수를 얻을지언정 회귀계수가 정확히 0이 나오는 경우는 거의 없다(간혹 변수의 왜도(skewness)가 극히 심한 경우 0이 나올 수 있다). 왜냐하면 앞에서 언급한 오류들 때문에 실제 모집단의 회귀계수가 0이어도 표본의 회귀계수에서는 정확한 0이 안 나오는 것이다. 물론 아주 작은 회귀계수는 모집단의 회귀계수도 0일 가능성이 높음을 의미한다. 그렇다면 과연 표본의 회귀계수가 얼마나 작을 때 모집단의 회귀계수도 0이라 자신할 만큼 작은 것일까?

제1장을 충분히 이해한 독자라면 앞에서 다룬 t-검증에서 이와 비슷한 질문이 나왔던 것을 기억할 것이다. t-검증에서는 두 집단이 충분히 떨어져 있을 때 집단간 평균에 차이가 난다고 자신할 수 있었다. 그리고 그 '충분함'을 판단하기 위해 한 집단에서 다른 집단을 빼주고 이를 표준편차로 나누어 주었다. 이 때 얻은 값을 표준화된 값 즉 t값이라 하였고 이 값의 통계적 유의도를 t분포표에서 확인하면 되었다.

여기서도 이와 같은 논리로 표본의 회귀계수가 0으로부터 충분히 멀리 떨어져 있을 때 모집단의 회귀계수가 0이 아니라고 자신할 수 있다. 그런데 이 때 고려해야 하는 것은 바로 오류의 정도 즉 표준오차이다. 만약 어떤 값의 오류가 크다면 표본의 회귀계수가 0으로부터 비교적 멀리 떨어져 있어야 모집단의 회귀계수도 0이 아니라고 자신할 수 있을 것이다. 반면 오류가 작다면 표본의 회귀계수가 0으로부터 비교적 조금 떨어져 있어도 모집단의 회귀계수가 0이 아니라 자신할 수 있을 것이다. 따라서 이를 식으로 표현하면 다음과 같다.

$$t = \frac{\text{회귀계수}(b) - 0}{\text{표준오차}(S.E.)} = \frac{\text{회귀계수}(b)}{\text{표준오차}(S.E.)}$$

이 때 표본의 회귀계수를 비교하는 대상이 0이기 때문에 회귀계수에서 0을 빼준다. 그런데 0을 빼주는 것은 실제 의미가 없기 때문에 보통 식으로 표현할 때는 0을 생략하고 분자에 회귀계수만 적어준다.

이렇게 구해진 값은 역시 표준오차를 고려한 표준화된 값 즉 t값이라 할 수 있다. 따라서 t분포표에서 통계적 유의도를 확인하면 된다. 우리의 예에서 연령의 회귀계수 4를 표준오차 1.5로 나누어 주면 (4/1.5) 2.66이라는 t값을 얻을 수 있으며 이 때 *Sig.*는 대략 0.005이다. 이 결과는 다음과 같이 해석할 수 있다.

추정된 회귀계수의 오차를 감안할 때 모집단의 회귀계수가 0일 확률은 0.005 즉 0.5%이다. 앞에서 언급한 바와 같이 통상 사회과학에서 받아들이는 유의수준은 0.05 즉 5%이다. 이는 0.05보다 작은 확률은 감수할 수 있다는 의미이고 따라서 우리는 모집단에서도 '연령'이 월급여에 영향을 미친다고 자신할 수 있게 된다. 이를 가리켜 연구자들은 회귀계수가 통계적으로 유의미하다고 한다. 그러므로 가설검증에서는 t값의 *Sig.*가 0.05보다 작을수록 유의미한 값이라 할 수 있다.

신뢰구간을 통한 유의도 검증과 가설검증을 통한 유의도 검증은 밀접하게 연관되어 있다. 만약 95% 신뢰구간에 0이 포함된다면 t값의 *Sig.*는 반드시 0.05보다 크게 나오고 이럴 경우 추정된 회귀계수는 통계적으로 유의미하지 않다고 판단한다. 즉 모집단에서 어떤 독립변수가 종속변수에 정말로 영향을 미친다고 자신할 수 없다. 반대로 95% 신뢰구간에 0이 포함되지 않는다면 t값의 *Sig.*는 반드시 0.05보다 작게 나오고 추정된 회귀계수는 통계적으로 유의미하다고 판단한다. 따라서 신뢰구간이나 가설검증 둘 중 하나만 사용하면 회귀계수의 유의도를 검증할 수 있으며 통상 가설검증 방법이 많이 사용되는 편이다.

3. 단순회귀모형과 중다회귀모형

제2장에서 '연령'은 '월급여'에 영향을 미치지 않는 것으로 확인되었다. 그럼 '교육연수'를 포함하여 만든 회귀식에서는 어떻게 될까? 가끔 중다회귀모형에서 변수를 선택할 때 일원변량분석 즉 하나의 독립변수와 종속변수를 분석하는 통계기법(t-검증, 분산분석 혹은 단순회귀분석)에서 유의미하다고 판정된 변수만 선택하여 회귀모형을 구성하는 경우를 종종 볼 수 있다. 과연 이러한 방법을 사용하는 것이 타당할까?

본 절에서는 두 개의 독립변수를 각각 단순회귀모형으로 분석하였을 때와 중다회귀모형에서 함께 분석하였을 때 어떠한 차이가 있는지 살펴보고 연구자들이 흔히 오해 하고 있는 부분들을 짚어 보고자 한다. 다음과 같은 세 개의 회귀모형을 만들어서 각각 분석해 보았다.

모형 1: 월급여 $= a + b$연령

모형 2: 월급여 $= a + b$교육연수

모형 3: 월급여 $= a + b_1$연령 $+ b_2$교육연수

모형 1(연령)

Model	R	R Square	Adjusted R Square	Std. Error of the Estimate
1	.264(a)	.070	.048	159.104

모형 2(교육연수)

Model	R	R Square	Adjusted R Square	Std. Error of the Estimate
1	.370(a)	.137	.117	153.284

모형 3(연령 + 교육연수)

Model	R	R Square	Adjusted R Square	Std. Error of the Estimate
1	.536(a)	.287	.253	140.971

먼저 각 모형의 설명력을 살펴보자. '연령'으로만 '월급여'을 예측했을 때 설명력은 7%, '교육연수'로만 예측했을 때 설명력은 13.7% 그리고 두 변수로 함께 예측했을 때 설명력은 28.7%이다. 단순하게 생각해 보면 모형 3의 설명력은 모형 1과 모형 2를 합친 설명력과 같아야 한다. 그러나 실제 모형 3의 설명력은 모형 1과 모형 2를 합친 설명력 21.7% (=7% + 13.7%)보다 7%나 높게 나타난다.

연구자들 가운데 어떤 변수를 추가시켜 전체모형의 설명력이 증가하면 증가된 설명력이 곧 추가된 변수의 설명력이라고 해석하는 경우를 종종 본다. 가령 다음과 같은 경우이다.

중다회귀분석에 대한 오해 1

'연령'으로만 이루어진 모형의 '월급여'에 대한 설명력은 7%였는데 '연령'과 '교육연수'로 이루어진 모형의 설명력은 28.7%이므로 '월급여'에 대한 '교육연수'의 설명력은 21.7%라고 볼 수 있다.

그러나 결과에서 확인할 수 있는 바와 같이 '월급여'에 대한 '교육연수' 자체의 설명력은 13.7%에 불과하다. 그렇다면 어떻게 모형3에서 각 독립변수의 설명력을 합친 것보다 더 큰 설명력이 나올 수 있을까?

첫째, 바로 앞에서 소개하였던 통제 안된 분산(uncontrolled variation)때문이다. 즉 '연령' 만으로 혹은 '교육연수' 만으로 '월급여' 를 예측하면 '월급여' 에 영향을 미치는 다른 변수는 전혀 통제가 안 되기 때문에 이는 고스란히 오차로 남게 된다. 그러나 두 변수를 함께 분석하면 한 변수를 분석할 때 최소한 다른 독립변수가 통제 안된 분산을 줄여주는 효과를 낸다. 따라서 두 독립변수 모두 단순회귀모형에서 원래 가지고 있던 설명력보다 중다회귀모형에서 더 큰 설명력을 발휘할 수 있게 된다.

두 번째 이유는 설명력 즉 결정계수를 구하는 과정에서 찾을 수 있다. 결정계수의 차이는 ANOVA table에서 보다 명확히 들어난다.

모형 1(연령)

	Sum of Squares	df	Mean Square	F	Sig.
Regression	81841.051	1	81841.051	3.233	.079(a)
Residual	1088500.311	43	25313.961		
Total	1170341.361	44			

모형 2(교육연수)

	Sum of Squares	df	Mean Square	F	Sig.
Regression	160012.728	1	160012.728	6.810	.012(a)
Residual	1010328.633	43	23496.015		
Total	1170341.361	44			

모형 3(연령 + 교육연수)

	Sum of Squares	df	Mean Square	F	Sig.
Regression	335678.692	2	167839.346	8.446	.001(a)
Residual	834662.669	42	19872.921		
Total	1170341.361	44			

우선 세 모형에서 총분산(SST) 즉 종속변수의 평균으로 종속변수를 예측할 때의 오차(1170341)는 항상 같다. 종속변수가 변하지 않는 이상 어떤 독립변수를 넣어도 당연히 총

분산은 변하지 않는다. 문제는 독립변수가 변함에 따라 '설명 안된 분산(SSE)' 즉 회귀식을 통해 종속변수를 예측할 때 오차의 크기가 변한다는 것이다.

표에서 보는 바와 같이 모형 1에서 '연령'의 오차제곱합(1088055)이 모형 2에서 '교육연수'의 오차제곱합(1010328)보다 크다. 때문에 '월급여'에 대한 '연령'의 설명력이 '교육연수'의 설명력보다 작게 나타난다(제2장에서 결정계수 구하는 공식을 확인해 보자). 한편 '연령'과 '교육연수'를 함께 분석한 모델3에서는 오차제곱합이 834662로 나타난다. 결국 회귀모형의 설명력은 회귀식의 오차제곱합에 의해 결정되며 오차제곱합은 '하나의 회귀식 단위'로 계산되기 때문에 개별 독립변수들로 각각 종속변수를 추정했을 때와 함께 추정했을 때의 결과가 다를 수 밖에 없다.

물론 일반적으로 종속변수에 대한 설명력이 높은 독립변수가 추가되면 전체 모형의 설명력은 증가한다. 하지만 추가된 변수가 회귀모형에 있는 다른 변수들과 어떻게 관계되어 있는지에 따라 설명력이 증가하는 정도는 달라진다. 그럼 이제 회귀계수를 비교해 보자.

모형 1(연령)

	Unstandardized Coefficients		Standardized Coefficients	t	Sig.
	B	Std. Error	Beta		
(Constant)	125.893	76.401		1.648	.107
연령	3.014	1.676	.264	1.798	.079

모형 2(교육연수)

	Unstandardized Coefficients		Standardized Coefficients	t	Sig.
	B	Std. Error	Beta		
(Constant)	29.821	89.810		.332	.741
교육연수	17.831	6.833	.370	2.610	.012

모형 3(연령 + 교육연수)

	Unstandardized Coefficients		Standardized Coefficients	t	Sig.
	B	Std. Error	Beta		
(Constant)	-241.437	123.070		-1.962	.056
연령	4.611	1.551	.405	2.973	.005
교육연수	23.454	6.562	.486	3.574	.001

중다회귀분석에 대한 오해 2

t-검증, 분산분석 또는 단순회귀모형에서 유의미한 독립변수만 선택하여 중다회귀모형을 구성하면 된다.

실제로 이름있는 저널의 아티클에서도 이와 같은 방식으로 몇 개의 독립변수를 선택하여 중다회귀모형을 구성하는 경우를 종종 볼 수 있다. 물론 연구자가 타당한 이론적 근거를 가지고 독립변수를 선택하였다면 문제가 없지만 단지 통계적 이유만으로 분석에서 사용될 독립변수를 이와 같이 선택하는 것은 바람직한 방법이 아니다.

우리의 예에서 '연령'과 '월급여'만으로 회귀식을 구성했을 때(모형 1) '연령'의 회귀계수는 통계적으로 유의미하지 않다(*Sig.*=0.079). 그리고 '교육연수'와 '월급여'만으로 회귀식을 구성했을 때(모형 2) '교육연수'의 회귀계수는 *Sig.*=0.012로 유의수준을 0.05로 설정했을 때는 유의미하지만 보수적인 기준(0.01)을 적용하면 역시 유의미하지 않게 된다. 그런데 이 두 독립변수들을 하나의 회귀식에 함께 대입하여 분석해 보면(모형 3) 두 회귀계수 모두 매우 높은 통계적 유의미성(0.005, 0.001)을 나타낸다.

즉 개별 독립변수들을 따로따로 분석했을 때와 이들을 함께 분석했을 때 회귀계수의 크기와 유의도는 바뀐다는 것을 확인할 수 있다. 물론 우리의 예와는 반대로 단순회귀모형에서는 유의미한 독립변수가 중다회귀모형에서는 유의미하지 않은 경우도 얼마든지 발생한다. 중요한 것은 중다회귀모형에서는 다른 독립변수들을 통제한 가운데 종속변수에 대한 특정 독립변수의 순수한 영향력을 분석하기 때문에 다른 변수들이 통제되지 않은 분석 즉 단순회귀모형의 회귀계수와 서로 비교할 수 없다는 것이다.

사실 어떤 변수들을 중다회귀모형에 포함시키는 것이 바람직한가에 대해서는 학자마다 견해가 다르다. 그러나 가장 일반적이고 모범적인 방법은 이론에 근거하여 회귀식에 포함될 독립변수를 미리 결정하고 이를 단지 통계적으로 확인하는 것이다(James T. McClave, et al., 2004). 간혹 여러 독립변수들을 다양한 조합으로 회귀식에 투입하여 가장 좋은 조합을 연구모형으로 삼는 경우가 있다. 실제 SPSS에도 Stepwise, Remove, Forward 기능과 같이 변수의 조합을 다양하게 변형시켜 통계적으로 최적의 모형을 찾는 방법이 포함되어 있다. 그러나 아주 특별한 경우가 아니라면 개인적으로 이와 같은 방법을 추천하고 싶지 않다. 이와 같은 방법들은 자료에 대한 면밀한 검토가 이루어지고 난 다음에 사용할 수 있는 것이지 그냥 용감하게(?) 사용할 수 있는 방법들이 아니다. 다시 한번 강조하지만 회귀분석을 포함한 어떤 통계기법도 연구자의 이론적 바탕을 대신하지 못한다는 사실을 꼭 기억하자.

중다회귀모형에서 독립변수 선택 시 주의사항

앞에서 언급한 바와 같이 회귀모형에 포함되는 변수들은 모두 이론적 근거를 가지고 있어야 한다. 때문에 단순히 통계적 기준만으로 어떤 변수의 중요도를 판단해서는 안 된다. 물론 예외적으로 탐색적 연구에서 여러 변수들을 통계적 방법으로 추려내기도 한다. 하지만 이런 방법은 제한적인 경우에만 사용되어야 하고 역시 그 모형을 뒷받침할 수 있는 타당한 이론적 근거가 제시되어야 한다. 그러나 실제 중다회귀모형을 사용하여 자료를 분석하다 보면 부득이하게 변수를 가려내야 하는 경우가 발생한다. 이와 같은 경우 연구자는 어떤 점에 주의해야 할까?

먼저 가장 주의해야 할 점은 단지 어떤 독립변수의 회귀계수가 통계적으로 유의미하지 않다고 해서 원래 모형에서 함부로 제거해서는 안 된다는 것이다. 왜냐하면 유의미하지 않은 변수를 제거하고 다시 분석을 하면 전혀 다른 결과가 나올 수도 있기 때문이다. 따라서 유의미한 독립변수들로만 구성된 회귀모형이 반드시 좋은 모형이라고 결코 장담할 수 없다. 또한 회귀모형에서 독립변수를 제거하거나 추가할 때 단순히 개별 독립변수의 통계적 유의도 즉 t값에만 의존해서는 안 되는 또 다른 이유는 어떤 변수가 추가되거나 제거될 때 모형 전체의 설명력이 어떻게 변화하는지 동시에 파악해야 하기 때문이다.

이에 일부 연구자들은 결정계수(r^2)를 비교하여 어떤 독립변수의 제거를 정당화하기도 한다. 가령 원래 회귀모형(이를 가리켜 보통 완전모형 또는 최대모형(maximum model)이라고 한다)의 결정계수와 일부 독립변수를 제거한 회귀모형(이를 가리켜 축소모형이라고 한다)의 결정계수간에 큰 차이가 없으면 이 때 제거된 독립변수는 회귀모형에서 중요하지 않다고 판단하는 것이다.

이는 '논리적'으로는 매우 타당한 접근이다. 실제로 제10장에서 다루겠지만 로지스틱 회귀분석에서는 이와 같은 논리로 완전모형(full model)과 축소모형(reduced model)을 비교할 수 있다. 그러나 일반선형회귀분석에서는 이 방법을 사용하는데 큰 제한이 있다. 왜냐하면 결정계수의 차이를 통계적으로 비교할 수 있는 기준이 없기 때문이다. 가령 완전모형과 축소모형의 결정계수가 3만큼 차이 난다고 할 때 이 차이가 과연 통계적으로 유의미한 차이인지 아니지 판단할 수 있는 아무런 근거가 없다는 것이다. 그러므로 결정계수에 의존해서 모형을 비교하는 것은 다분히 주관적일 수 밖에 없다.

이에 통계학자들은 C_p라는 통계치를 고안하였다. 이 통계치는 다음과 같은 다소 복잡한 과정을 거쳐 계산된다.

$$C_p=(k-p)\left[\frac{(r_k^2-r_p^2)/(k-p)}{(1-r_k^2)/(n-k-1)}\right]+(2p-k+1)$$

r_k^2: 완전모형의 결정계수, r_p^2:축소모형의 결정계수
k: 완전모형의 독립변수 개수, p: 축소모형의 독립변수 개수
n: 완전모형의 사례수

만약 어떤 축소모형의 C_p값이 그 축소모형의 독립변수 개수에 1을 더한 값 즉 $(p+1)$보다 작다면 이 때 제거된 독립변수는 회귀모형에서 중요하지 않다고 판단할 수 있다. 즉 C_p값을 통하여 개별회귀계수의 유의도와 모형의 설명력을 함께 고려하여 필요한 독립변수를 선택할 수 있게 된다. JMP라는 통계프로그램에서는 이 값을 자동적으로 계산해 준다. 그러나 별도의 프로그램이 없더라도 위의 공식에 대입하여 축소모형의 통계적 타당성을 점검할 수 있다(이에 대한 자세한 내용을 알고자 한다면 P. T. Pope & J. T. Webster(1972)와 David G. Kleinbaum, et al.(1998)을 참고하기 바란다).

4. 부분상관관계와 중다회귀분석

우리는 제2장에서 상관관계와 회귀분석 간에 밀접한 관련이 있음을 확인하였다. 본 절에서는 부분상관관계(partial correlation)와 중다회귀분석 간의 관계에 대해 살펴보도록 하자. 중다회귀모형에서 각 독립변수의 회귀계수는 다른 독립변수들을 통제한 상태에서 주어진 독립변수가 1단위 증가할 때 종속변수가 얼마나 변화하는지를 나타낸다. 그렇다면 다른 독립변수들을 통제한 가운데 주어진 독립변수와 종속변수 간 관계의 강도 즉 상관관계는 어떻게 나타낼 수 있을까?

단순회귀모형에서는 종속변수와 독립변수가 각각 하나였기 때문에 이 두 변수 간 단순상관계수만 계산할 수 있었다. 그러나 중다회귀모형에서 다른 독립변수들을 통제한 상태에서 어떤 독립변수와 종속변수 간의 순수한 상관성을 파악하고 싶다면 부분상관계수(partial correlation coefficient)를 계산할 수 있다.

> 부분상관관계(partial correlation)란?
> 제3의 변수들을 통제한 상태에서의 두 변수 간 상관관계

그렇다면 부분상관계수는 어떻게 구할 수 있을까? 가장 간단한 방법은 통계프로그램에서 부분상관계수를 구하는 것이다. 가령 우리의 예에서 '교육연수'를 통제한 가운데 '연령'과 '월급여' 간의 부분상관계수를 구해보면 다음과 같다.

Analyze ⇨ Correlate ⇨ Partial

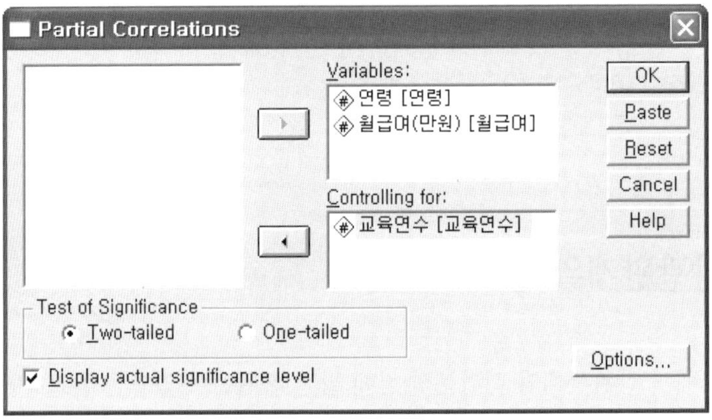

Variables에 부분상관관계를 보고자 하는 변수들을 대입하고 Controlling for에 통제하고자 하는 변수를 대입하여 실행시키면 된다. 결과를 확인해 보면 '연령'과 '월소득'의 부분상관계수는 0.417이며 이 때 유의도(*Sig.*)는 0.005임을 알 수 있다. 부분상관계수의 유의도와 앞에서 보았던 중다회귀모형의 '연령' 회귀계수의 유의도를 비교해 보면 정확히 일치하는 것을 알 수 있다. 즉 중다회귀모형에서 나머지 독립변수들을 통제했을 때 종속변수와 특정 독립변수 간 부분상관계수의 유의도는 그 독립변수의 회귀계수 유의도와 같다는 것을 보여준다.

그럼 부분상관계수는 어떻게 계산될까? 부분상관계수의 계산과정을 이해하는 것은 제7장에서 다룰 다중공선성(multicollinearity)을 이해하는 데에 많은 도움이 된다. 그러므로 여기서는 부분상관계수를 구하는 원리에 대해 좀 더 자세히 살펴보도록 한다. 우선 개

념적으로 '교육연수' 를 통제한 상태에서 '연령' 과 '월급여' 의 상관계수를 구한다는 것은 결국 두 변수에서 '교육연수' 와 공유되는 부분들을 제거하고 나머지 부분들의 상관관계를 분석한다는 것을 의미한다. 왜냐하면 '교육연수' 와 공유되는 부분이 분석에 포함되면 이는 교육연수의 영향을 통제하였다고 할 수 없기 때문이다. 그렇다면 두 변수에서 '교육연수' 와 관련된 부분을 어떻게 제거할 수 있을까? 바로 회귀식의 원리를 이용하는 것이다. 우선 다음과 같이 부분상관계수를 구하고자 하는 두 변수를 각각 종속변수로 하고 통제하고자 하는 변수를 독립변수로 하는 두 개의 회귀식을 만든다.

$$\text{월급여} = a_1 + b_1\ \text{교육연수} — ①$$
$$\text{연령} = a_2 + b_2\ \text{교육연수} — ②$$

이제 각각의 회귀식에서 잔차를 구한다. 식 ①에서 나온 잔차를 e_1 그리고 식 ②에서 나온 잔차를 e_2라고 해보자. 이 때 이 잔차들은 각각 '교육연수' 로 설명하지 못 한 종속변수의 부분을 나타낸다. 즉 e_1은 '교육연수' 로 '월급여' 를 설명할 때 설명 안된 부분을 나타내며 e_2는 '교육연수' 로 '연령' 을 설명할 때 설명 안된 부분을 나타낸다.

통계에서는 바로 이 '설명 안된 부분' 을 개념적으로 종속변수와 독립변수간에 관련이 없는 부분으로 간주한다. 따라서 e_1은 '교육연수' 와 관련된 부분이 제거된 '월급여' 의 나머지 부분을 나타내고 e_2는 역시 '교육연수' 와 관련된 부분이 제거된 '연령' 의 나머지 부분을 나타낸다. 그러므로 e_1과 e_2의 상관계수를 구하는 것은 곧 '교육연수' 와 공유된 부분이 제거된 즉 '교육연수' 가 통제된 '연령' 과 '월급여' 의 상관계수를 구하는 것이 된다.

만약에 통제하고자 하는 변수가 더 많다면 위의 두 회귀식에 통제하고자 하는 모든 변수를 독립변수로 대입하여 잔차를 구해주면 된다. 우리의 예에서 이와 같이 두 개의 회귀식을 만들어 각각의 잔차를 구해보면 다음과 같다(회귀식에서 잔차를 구하는 방법은 제2장에서 이미 설명하였다).

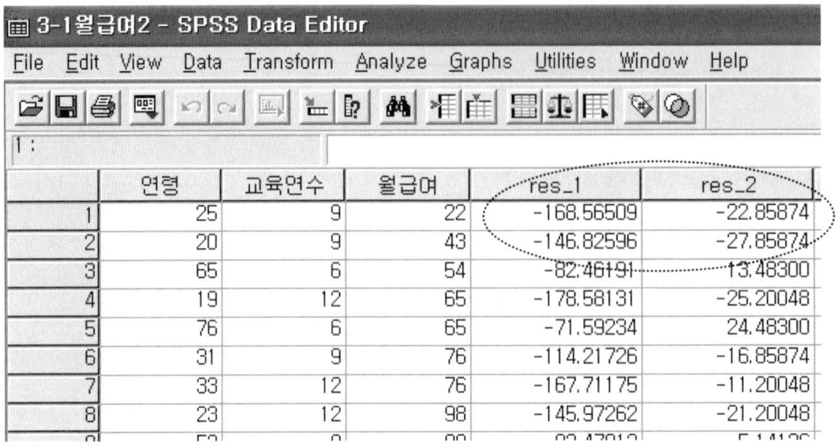

	연령	교육연수	월급여	res_1	res_2
1	25	9	22	-168.56509	-22.85874
2	20	9	43	-146.82596	-27.85874
3	65	6	54	-82.46191	13.48300
4	19	12	65	-178.58131	-25.20048
5	76	6	65	-71.59234	24.48300
6	31	9	76	-114.21726	-16.85874
7	33	12	76	-167.71175	-11.20048
8	23	12	98	-145.97262	-21.20048

이제 이 두 잔차(res_1, res_2)의 상관계수를 구하면 0.417로 앞에서 구하였던 부분상관계수와 정확히 일치하는 것을 알 수 있다. 단 이 경우 상관계수의 유의도가 0.004로 제시되는데 이는 반올림하는 방식이 다르기 때문이다. 똑같은 자료를 JMP(SAS계열의 통계프로그램으로 통계치들의 수치를 소수점 이하로 비교적 자세히 제시해 준다)이라는 통계프로그램으로 같은 자료를 분석해 보면 회귀식을 통해 구하거나 부분상관명령어를 통해 구하거나 유의도가 모두 0.00486으로 같음을 알 수 있다.

5. 중다회귀모형의 적용사례: ‘여성의 기대수명에 영향을 미치는 요인-122개 국가간 비교’

본 절에서는 앞에서 배운 내용을 토대로 직접 SPSS를 이용하여 자료를 분석하고 해석해 보도록 하자. 여기서 사용될 데이터는 (데이터 3-2 기대수명)이다. 이 데이터는 총 122개국의 자료를 포함하고 있으며 다음의 변수들로 구성되어 있다.

변수명	내용 (단위)
국가	국가이름
인구	인구수 (명)
도시화	도시화 정도 (%)
기대수명	여성 기대수명 (세)
출산율	여성1인당 출산율 (명)
의사수	인국 1만 명당 의사수 (명)

연구자는 이론에 근거해 "여성의 출산율이 높으면 기대수명이 감소할 것이다"라는 가설을 세웠다. 그리고 출산율의 순수한 영향력을 보기 위하여 기대수명에 영향을 미치리라 예상되는 변수들을 통제하고자 한다. 그래서 다음과 같은 연구모형을 구축하였다.

종속변수		독립변수		통제변수
기대수명	=	출산율	+	(인구수 + 도시화 + 의사수)

따라서 실제 회귀분석에서는 4개의 독립변수로 구성된 중다회귀모형을 사용하면 된다. 중다회귀모형을 SPSS에서 실행하는 과정은 단순회귀모형과 같다. 독립변수를 두 개 이상 투입하면 자동으로 중다회귀모형을 실행한다.

Analyze ⇨ Regression ⇨ Linear

Dependent에는 종속변수(기대수명)를 입력하고 Independent에는 독립변수들(출산율, 인구, 도시화, 의사수)을 입력한다. 한편 Statistics... 를 클릭하여 Descriptives와 Confidence intervals를 선택하고 Continue 를 누른다. 이 명령은 앞에서 소개하였던 95% 신뢰구간을 제공해 준다.

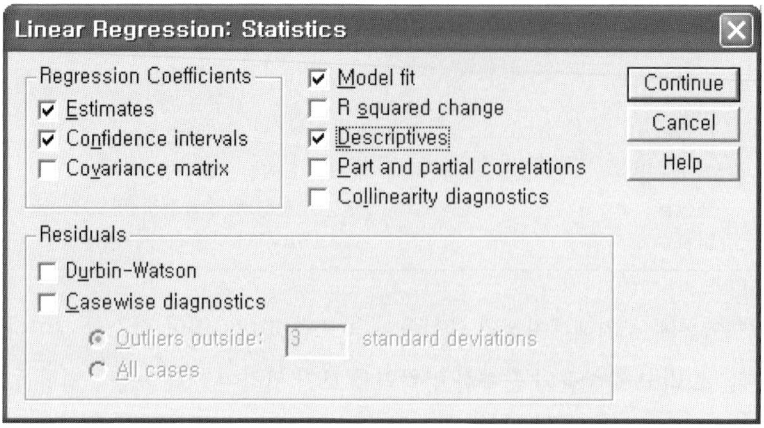

그리고 역시 Save... 를 클릭하여 Predicted Values에서 Unstandardized를 선택하고 Residuals에서도 Unstandardized를 선택한다. 이제 Continue 를 누르고 실행시킨다. 중다회귀모형을 해석하는 순서나 방법은 단순회귀모형과 같다. 따라서 앞에서 한 번 다룬 내용들은 간단히 확인하고 넘어가도록 한다.

Descriptive Statistics

	Mean	Std. Deviation	N
여성기대수명	66.46	11.146	119
여성 1인당 출산율	4.2563	1.92035	119
인구수	41.5903	136.41584	119
도시화 정도	48.8966	24.22147	119
인구1만명당 의사수	10.4259	10.99649	119

우선 Descriptive Statistics와 Correlations이 나와 있다. Descriptive Statistics를 보면 한 가지 이상한 점을 발견할 수 있다. 원자료에는 122개 국가가 있는데 실제 분석에 사용된 국가는 119개국이다. 이는 바로 결측치(missing value) 때문에 발생한 현상이다. 다시 데이터창으로 가서 자료를 확인해 보자. Belgium, Papua New Guinea 두 나라는 출산율이 결측되어 있고 Niger는 의사수가 결측되어 있다. 따라서 이 세 나라는 분석에서 제외된다.

결측치는 중다회귀모형에서 심각한 문제가 되기도 한다. 특히 독립변수의 수가 많을 경우 어떤 사례(case)에서 한 변수만 결측치가 있어도 그 사례자체가 분석에서 완전히 제외되기 때문이다. 심한 경우 전체 표본수 가운데 50% 정도만 실제 분석에서 사용되기도 한다. 예컨대 전체 100개 사례 중 50개만 분석할 수 있다면 이는 회귀모형의 유의도에 치명적인 문제가 될 수 있다. 그러므로 중다회귀분석을 실행하기에 앞서 반드시 결측치에 대한 점검이 필요하다.

결측치를 처리하는 방법에는 여러 가지가 있다. 특히 이 책에서는 다루지 않지만 가장 각광받고 있는 방법으로 대중대입법(multiple imputation)이라는 것이 있다. 하지만 결측치 처리에 익숙하지 않다면 SPSS의 기능으로 회귀모형에서 결측치 문제를 어느 정도 해결할 수 있다. 다시 분석창으로 가서 Options... 을 클릭하면 다음과 같은 창이 뜬다.

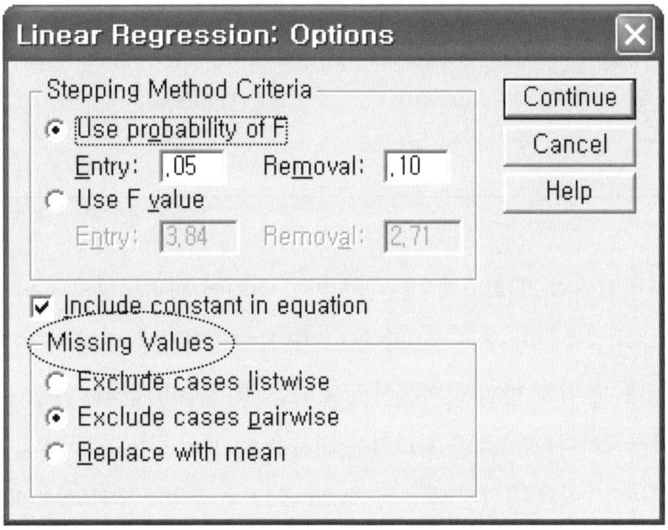

Missing Values에는 결측치를 다루는 세 가지 방법이 제시되어 있다. 가장 위의 방법이 기본값으로 설정되어 있으며 이는 어떤 사례(case) 중 단 한 변수만 결측되어도 그 사례 자체를 분석에서 제외하는 것이다. 두 번째 방법은 어떤 사례에서 결측된 변수만 제외하고 나머지 변수들은 분석에 포함시킨다. 만약 이 방법을 택하여 분석하면 아래와 같은 결과를 얻을 수 있다. 즉 변수별로 분석되는 사례수가 달라진다.

	Mean	Std. Deviation	N
여성기대수명	66.31	11.285	122
여성 1인당 출산율	4.2792	1.92859	120
인구수	40.7486	134.81984	122
도시화 정도	48.7762	24.62484	122
인구1만명당 의사수	10.5212	11.10770	121

마지막 방법은 결측치를 해당 변수의 평균으로 다 보정해 주고 분석하는 것이다. 따라서 이 방법을 선택하면 아래 결과와 같이 결측치가 전혀 없게 된다.

	Mean	Std. Deviation	N
여성기대수명	66.31	11.285	122
여성 1인당 출산율	4.2792	1.91259	122
인구수	40.7486	134.81984	122
도시화 정도	48.7762	24.62484	122
인구1만명당 의사수	10.5212	11.06171	122

물론 선택한 방법에 따라 회귀계수는 물론이고 심지어 회귀모형의 유의도에서도 차이가 발생한다. 특히 결측치의 수가 많을수록 그 차이는 더 커진다. 그러나 자료에 결측치가 많다면 두 번째나 세 번째 방법에 의존하기 보다는 결측치를 처리해 주는 별도의 과정을 거치는 것이 바람직하다(결측치를 처리하는 내용은 이 책의 범위를 벗어나기 때문에 여기서 다루지는 않는다. 이와 관련된 내용은 Roderick J. A. Little & Donald B. Rubin, 2002에 잘 정리되어 있다).

Model Summary(b)

Model	R	R Square	Adjusted R Square	Std. Error of the Estimate
1	.873(a)	.761	.753	5.539

한편 결정계수(r^2)를 보면 0.761로 4개의 독립변수로 종속변수를 예측하면 단순히 종속변수의 평균으로 예측할 때 보다 오차를 76.1% 감소시킨다는 것을 알 수 있다. 다시 말해서 우리 회귀모형은 기대수명의 분산을 76.1% 설명한다고 할 수 있다.

한편 중다상관계수(r)는 0.873으로 이는 종속변수 관측치와 예측치 간 상관계수와 일치한다('기대수명'과 'pre_1'의 단순상관관계를 분석해 보면 정확히 0.873을 얻을 수 있다).

ANOVA(b)

	Sum of Squares	df	Mean Square	F	Sig.
Regression	11162.617	4	2790.654	90.975	.000(a)
Residual	3496.963	114	30.675		
Total	14659.580	118			

이제 회귀모형의 통계적 유의도를 보면 *F*값의 *Sig.*가 0.000으로 통계적으로 매우 유의미하다고 할 수 있다. 즉 4개의 독립변수로 구성된 우리의 회귀모형이 기대수명을 통계적으로 유의미하게 설명한다고 자신할 수 있다.

Coefficients

	Unstandardized Coefficients		Standardized Coefficients	t	Sig.	95% Confidence Interval for B	
	B	Std. Error	Beta			Lower Bound	Upper Bound
(Constant)	71.239	2.808		25.367	.000	65.676	76.802
여성 1인당 출산율	-2.897	.408	-.499	-7.107	.000	-3.704	-2.089
인구수	-.003	.004	-.032	-.674	.502	-.010	.005
도시화 정도	.100	.029	.217	3.389	.001	.041	.158
인구1만명당 의사수	.266	.076	.263	3.511	.001	.116	.417

마지막으로 회귀계수와 회귀계수의 유의도를 살펴보자. 일단 비표준화회귀계수를 사용하여 아래와 같은 회귀식을 도출할 수 있다.

기대수명=71.239-2.897×출산율-0.003×인구수+0.1×도시화+0.266×의사수

이를 해석해 보면 다음과 같다.

다른 변수를 통제하였을 때:

여성 1인당 출산율이 1명 증가할 때 기대수명은 약 2.8년 짧아지고,
인구수가 1명 증가할 때 기대수명은 0.003년 짧아지고,
도시화가 1% 증가할 때 기대수명은 0.1년 길어지고,
인구 1만 명당 의사수가 1명 증가할 때 기대수명은 약 0.26년 길어진다.

다음 표준화회귀계수(β)를 통해 어떤 변수가 기대수명에 상대적으로 큰 영향을 미치는지 살펴보면 '여성 1인당 출산율' (-0.499)이 가장 큰 영향을 미치고 '인구수' (-0.032)가 가장 작은 영향을 미치는 것을 알 수 있다.

한편 각 회귀계수의 통계적 유의도를 살펴보면 '인구수' 를 제외한 나머지 독립변수들 모두가 통계적으로 유의미한 것을 알 수 있다. 이러한 사실은 95% 신뢰구간(confidence interval)을 통해서도 다시 한번 확인할 수 있다. 즉 '인구수' 의 95%신뢰구간에는 0이 포함되기 때문에 '인구수' 가 '기대수명' 에 영향을 미친다고 자신할 수 없다. 반면 나머지 변수들은 모두 '기대수명' 에 영향을 미친다고 95%의 신뢰를 가지고 자신할 수 있다.

결과를 정리해 보면 '인구수', '도시화 정도', '1인당 의사수' 를 통제하였을 때 '여성 1인당 출산율' 이 높을수록 '여성의 기대수명' 이 짧아진다고 할 수 있다. 한편 '도시화 정도' 와 '1인당 의사수' 역시 '여성의 기대수명' 을 결정하는 중요한 요소임을 확인할 수 있다.

4 _ 가변수의 활용

dummy variable

1. 질적변수와 회귀모형

지금까지 회귀모형에 관한 논의에서 모든 독립변수들은 양적변수(quantitative variable; 연속변수)로 구성되어 있었다. 그러나 실제 사회과학자료에서는 양적변수 못지 않게 질적변수(qualitative variable; 범주형변수)가 중요한 역할을 한다. 가령 성별, 지역, 인종, 종교, 직종 등과 같이 실제 사회과학연구에서 연구자가 관심을 갖는 주요 변수들은 질적변수의 형태를 취하는 경우가 많다. 이미 제1장에서 살펴본 바와 같이 보통 질적변수는 명목변수와 서열변수를 가리킨다. 명목변수와 서열변수의 가장 큰 특징은 변수값(value) 간에 서열자체가 없거나 서열이 있다 하더라도 거리가 일정하지 않아 변수값의 크기를 가늠할 수 없다는 것이다.

한편 질적변수를 분석하는 대표적인 통계기법은 앞에서 보았던 t-검증과 분산분석(ANOVA)이다. 그런데 이 두 통계기법의 가장 취약한 점은 다른 변수를 자유롭게 통제할 수 없다는 것이었다. 따라서 다른 변수들을 통제한 가운데 질적변수가 종속변수에 미치는 영향을 파악하기 위해서는 질적변수도 회귀모형에서 분석할 필요가 있다.

그러나 회귀식의 기본 구조는 독립변수가 1단위 증가할 때 종속변수가 얼마나 변화하는지를 측정하는 것이다. 따라서 독립변수가 질적변수일 때는 이와 같은 원리의 적용이 불가능하다. 왜냐하면 양적변수의 변수값은 수로 표시할 수 있는 반면 질적변수의 변수값은 수로 표시할 수 없는 것들이기 때문이다. 가령 '교육연수' 라는 변수(variable)는 '3' 이라는 변수값(value)을 가질 수 있다. 이 때 '3' 이라는 수는 숫자로써 모든 기능을 하는 수이다. 즉 다른 변수값 '6' 의 1/2이며 '2' 라는 변수값보다 1만큼 크다고 표현할 수 있다.

반면 '종교' 이라는 변수는 '기독교, 불교, 천주교' 와 같은 변수값을 갖는다. 물론 이를 쉽게 구분하기 위해서 '1:기독교, 2:불교, 3:천주교' 와 같이 수로 표시할 수 있다. 그러나 이 때 변수값 '1' 은 변수값 '3' 보다 작다고 말할 수 없고 변수값 '2' 의 1/2이라고 말할 수도 없다. 단지 기독교라는 것을 나타낼 뿐이다. 이처럼 질적변수의 변수값들은 숫자로 표현한다 해도 그 숫자는 상징성만 있을 뿐 산술적인 계산에서는 전혀 사용할 수 없다.

이러한 문제점을 극복하기 위하여 통계학자들이 고안한 개념이 바로 가변수(dummy vriable)라는 것이다. 한마디로 가변수란 질적변수를 회귀모형에서 분석할 수 있도록 변형시킨 변수라 할 수 있다. 따라서 오늘날 가변수는 사회과학연구에서 매우 빈번히 사용되고 있다. 본 장에서는 가변수의 원리는 무엇이고 질적변수를 어떻게 가변수로 전환하며 가변수가 포함된 회귀식의 결과는 어떻게 해석하는지 살펴보도록 하자.

2. 가변수의 이해 1: 이분변수

이분변수의 가변수 전환

회귀분석을 조금이라도 접해본 독자라면 보통 '남·여', '기혼·미혼', '찬성·반대' 와 같은 이분변수(dichotomous variable)들은 회귀분석을 위해 하나의 변수값은 0으로 그리고 다른 하나의 변수값은 1로 코딩(coding)해야 한다고 배웠을 것이다. 왜 이와 같은 방식으로 코딩해야 할까? 1과 2 또는 0과 100으로 코딩하면 안 되는 것일까? 가변수의 원리를 이해하면 그 해답을 발견할 수 있다.

가변수의 원리를 가장 쉽게 이해하는 방법은 직접 회귀식에서 가변수가 어떻게 작동하는지 살펴보는 것이다. (데이터 4-1 임금)을 열어보자. 여기에는 성별을 아래의 세 가지 방법으로 코딩한 변수들이 있다.

〈표 4-1〉 변수의 결합 형태와 분석방법

변수명	코딩방법
성별 성별2 성별3	남:0 여:1 남:1 여:2 남:0 여:100

세 종류의 '성별' 변수들을 독립변수로 하고 '임금'이라는 변수를 종속변수로 하여 각각 세 번의 단순회귀분석을 실행시켜 보면 다음과 같은 결과를 얻을 수 있다. 가장 먼저 눈에 띄는 것은 어떠한 방식으로 코딩을 해도 결정계수(r^2)는 0.096으로 일정하고 *F*값도 336.832로 일정하다는 것이다. 즉 코딩 방법과 상관없이 회귀모형의 설명력과 유의도는 항상 일정하다. 따라서 코딩을 하는 방법은 모형자체에 전혀 영향을 주지 않는 다는 것을 확인할 수 있다. 그럼 이제 회귀계수를 살펴보자.

모형 1(남:0, 여:1)

	Unstandardized Coefficients		Standardized Coefficients	t	Sig.
	B	Std. Error	Beta		
(Constant)	140.375	1.140		123.154	.000
성별	-33.454	1.823	-.309	-18.353	.000

모형 2(남:1, 여:2)

	Unstandardized Coefficients		Standardized Coefficients	t	Sig.
	B	Std. Error	Beta		
(Constant)	173.829	2.687		64.691	.000
성별2	-33.454	1.823	-.309	-18.353	.000

모형 3(남:0, 여:100)

	Unstandardized Coefficients		Standardized Coefficients	t	Sig.
	B	Std. Error	Beta		
(Constant)	140.375	1.140		123.154	.000
성별3	-.335	.018	-.309	-18.353	.000

t값과 표준화회귀계수(standardized coefficient, β)도 역시 세 모형에서 모두 동일하다. 그런데 비표준화회귀계수(b)와 절편에서는 세 모형 간에 약간의 차이가 나는 것을 확인할 수 있다. 이 결과를 토대로 세 모형의 회귀식을 도출해 보면 다음과 같다.

모형 1: 임금 = 140.375 - 33.454×성별(0, 1)
모형 2: 임금 = 173.829 - 33.454×성별(1, 2)
모형 3: 임금 = 140.375 - 0.335×성별(0, 100)

앞에서 배웠던 방식으로 각 모형을 해석해 보면 "성별이 1단위 증가 할 때 임금은 회귀계수(b)만큼 변한다"와 같이 해석할 수 있다. 예컨대 모형 1과 모형 2에서는 성별이라는 변수가 1단위 증가할 때 임금이 약 33만원 감소한다. 반면 모형 3에서는 성별이라는 변수가 1단위 증가할 때 임금이 약 0.33만원 감소한다. 그렇다면 성별이 1단위 증가한다는 것이 무엇을 뜻하는 것일까?

모형 1에서는 남성과 여성이 각각 '0과 1'로 그리고 모형 2에서는 남성과 여성이 각각 '1과 2'로 코딩되어 있다. 따라서 이 두 변수에서 변수값이 1단위 증가한다는 것은 결국 "남성에서 여성으로 변한다"는 것을 의미한다. 즉 여성의 임금이 남성의 임금에 비해 약 33만원 정도 작다는 것이다.

반면 모형 3에서는 남성과 여성이 각각 '0과 100'으로 코딩되어 있다. 이때 성별이라는 변수의 모든 변수값들은 0(남성)아니면 100(여성) 둘 중 하나로 표현되기 때문에 그 사이에 있는 어떤 숫자도 아무 의미가 없다. 따라서 남성에서 여성으로 변하는 것을 표현하려면 100단위를 변화시켜야 한다. 모형 3에서 성별변수가 1단위 변화할 때 임금은 0.33만원 감소했기 때문에 100단위 변화하면 33만원 감소한다는 것을 알 수 있다.

결국 어느 모형에서나 여성의 임금은 남성에 비해 약 33만원 정도 작은 것으로 예측할 수 있다. 다만 모형 1과 모형 2에서처럼 남성과 여성의 차이를 1로 할 때는 회귀계수를 바로 해석해 주면 되지만 모형 3에서처럼 남성과 여성의 차이를 100으로 하면 원래 회귀계수에 100을 곱해서 해석해 주어야 하는 번거로움이 있다. 같은 논리로 만약 남성과 여성을 각각 '0과 23'으로 코딩하였다면 원래 회귀계수에 23을 곱해서 해석해 주어야 하고 남성과 여성을 각각 '0고 0.1'로 코딩하였다면 원래 회귀계수에 0.1을 곱해서 해석해 주어야 한다. 이미 제2장과 제3장에 걸쳐 언급했듯이 회귀식은 기본적으로 독립변수가 '1단위 증가할 때' 종속변수가 변화는 정도를 측정하기 때문에 남성과 여성의 차이를 1로 만들어 주는 것이 회귀계수를 해석하는 가장 편리한 방법이 된다.

한편 절편을 살펴보면 모형 1과 모형 3은 같은 반면 모형 2는 두 모형에 비해 33만원 정도 높은 것을 알 수 있다. 절편은 독립변수의 변수값이 0일 때의 예측값이다. 가령 '연령'이나 '교육연수'와 같은 연속변수에서 변수값이 0이면 이는 곧 나이가 전혀 없거나(0세) 교육을 전혀 안 받았다는 것을 뜻한다. 그렇다면 질적변수에서는 절편은 어떻게 해석해 주어야 할까?

우선 위의 각 식을 가지고 남성과 여성의 임금을 예측해 보자. 방법은 단순하다 남성과 여성이 코딩된 대로 성별이라는 변수에 대입하면 된다.

〈모형 1〉

남성(0): 임금 $= 140.375 - 33.454 \times \mathbf{0} = 140.375$

여성(1): 임금 $= 140.375 - 33.454 \times \mathbf{1} = 106.921$

〈모형 2〉

남성(1): 임금 $= 173.829 - 33.454 \times \mathbf{1} = 140.375$

여성(2): 임금 $= 173.829 - 33.454 \times \mathbf{2} = 106.375$

〈모형 3〉

남성(0): 임금 $= 140.375 - 0.335 \times \mathbf{0} = 140.375$

여성(100): 임금 $= 140.375 - 0.335 \times \mathbf{100} = 106.921$

세 식에서 모두 같은 결과를 얻을 수 있다. 즉 남성의 예측 임금은 약 140만원이고 여성의 예상 임금은 약 106만원이다. 또한 남성과 여성의 임금차이는 정확히 33.454만원으로 이는 우리가 구했던 회귀계수와 일치한다. 그런데 남성을 0으로 코딩한 모형 1과 모형 3에서는 절편이 남성의 예측 임금과 일치하는 반면 남성을 1로 코딩한 모형 2에서는 절편에서 33.454만원만큼을 빼주어야 남성의 예측 임금을 구할 수 있다.

절편을 해석하기 위해서는 모든 변수에 0을 대입해야 하는데 모형 2에서는 0에 해당하는 집단이 없기 때문에 절편을 해석하기가 다소 번거롭다. 다시 말해서 하나의 변수값을 0으로 코딩하는 이유는 절편으로 질적독립변수의 변수값이 0인(우리의 예에서는 '남성'이다) 집단의 예측치를 나타내기 위해서이다. 이상의 예에서 우리는 왜 이분변수를 0과 1로 코딩하는지 그 이유를 다음과 같이 정리할 수 있다.

> 이유 1. 두 변수값 간의 차이를 1로 만들어 줄 때 회귀계수를 해석하기 용이하다.
> 이유 2. 한 변수값을 0으로 만들어 줄 때 절편을 해석하기 용이하다.
> 따라서 한 변수값이 0이며 이와 1차이가 나는 조합 즉 0-1로 코딩하는 것이 가장 유용한 방법이다.

즉 이분변수를 코딩할 때 반드시 0과 1로 할 필요는 없다는 것이다. 그러나 보다 중요한 사실은 0과 1로 코딩하는 것이 해석하기에 가장 편하다는 것이다. 그렇다면 만약 남성과 여성을 바꾸어서 코딩하면 어떻게 될까? 위에서 배운 내용을 토대로 회귀식을 한번 상상해 보자.

우선 여성을 0 그리고 남성을 1로 코딩하여 회귀분석을 하면 이 때 얻어지는 회귀계수는 '여성에서 남성으로 변할 때' 로 바뀔 것이다. 그런데 남성의 임금이 여성보다 33.454만원 많기 때문에 회귀계수는 +33.454가 될 것이다. 한편 절편은 질적독립변수의 변수값이 0인 집단의 예측값과 같기 때문에 여성의 예측 임금 즉 106.921이 될 것이다. 이를 식으로 정리해 보면 아래와 같다.

$$\text{여성}(0),\ \text{남성}(1)\text{인 경우 : 임금} = 106.921 + 33.454 \times \text{성별}$$

실제로 여성과 남성을 바꿔서 코딩하고 회귀분석을 실행시키면 위와 정확히 일치하는 회귀식을 얻을 수 있다.

t-검증과 회귀분석의 비교

앞에서 우리는 회귀식을 통해 두 집단(남성과 여성)의 예측 임금을 구할 수 있었고 두 집단 간 임금의 차이는 곧 회귀계수와 일치한다는 것을 보았다. 그런데 두 집단간 차이를 구하는 또 다른 방법은 이미 제1장에서 다루었던 t-검증(t-test)이다. 여기서는 t-검증과 이분변수로 구성된 회귀분석 간에는 어떤 관계가 있는지 살펴보도록 한다.

위의 자료로 돌아가서 남녀간 임금차이를 t-검증으로 분석해 보면 다음과 같은 결과를 얻을 수 있다.

Group Statistics

	성별	N	Mean	Std. Deviation	Std. Error Mean
임금(만원)	남성	1939	140.37	54.999	1.249
	여성	1245	106.92	41.610	1.179

Independent Samples Test

	Levene's Test for Equality of Variances		t-test for Equality of Means				
	F	Sig.	t	df	Sig.	Mean Difference	Std. Error Difference
Equal variances assumed	155.379	.000	18.353	3182	.000	33.454	1.823
Equal variances not assumed			19.476	3097.9	.000	33.454	1.718

우선 남성의 평균임금은 140.37만원 그리고 여성의 평균임금은 106.92만원으로 앞에서 회귀식으로 예측한 값과 정확히 일치한다. 결국 가변수를 포함한 단순회귀식의 예측값은 각 집단의 평균과 동일하다는 것을 알 수 있다. 한편 집단간 차이를 보면 33.454로 역시 앞에서 구한 회귀계수와 일치한다. 즉 가변수를 포함한 단순회귀식에서의 회귀계수는 집단간 평균차이를 의미한다고 할 수 있다.

마지막으로 t점수를 보자. t-검증에서 t점수는 두 집단간 차이가 정말 0인지 아닌지 판단하는 근거가 된다. 여기서는 t점수가 18.353으로 $Sig. = 0.000$이기 때문에 남녀간 임금에 통계적으로 유의미한 차이가 있다는 것을 알 수 있다.[3] 이제 다시 앞으로 가서 회귀계수의 유의도를 살펴보자. 제3장에서 설명한 바와 같이 회귀계수의 유의도도 역시 t점수를 사용하여 구한다고 하였다. 회귀분석에서 t점수는 회귀계수 즉 기울기가 0인지 아닌지 판단

3) 원칙적으로 이 경우 두 집단간에 동분산(equal variance)의 가정이 충족되지 않기 때문에 Independent Samples Test에서 아래 칸의 통계치를 읽어주어야 한다. 그러나 여기서는 t-검증과 회귀분석의 결과를 비교하기 위하여 동분산이 가정된 위 칸의 통계치를 읽어주었다. 왜냐하면 회귀분석에서는 집단간 분산차이를 고려하지 않고 계산하기 때문에 t-검증과 회귀분석의 결과를 비교하려면 동분산이 가정된 위 칸의 통계치를 읽어주어야 한다.

하는 근거가 된다. 그런데 회귀계수의 t점수도 -18.353으로 t-검증에서의 t점수와 일치한다. 단 부호가 반대인 것은 평균이 큰 값(남성)을 0으로 코딩했기 때문이다. 따라서 회귀계수도 역시 통계적으로 유의미하다고 할 수 있다.

결론적으로 t-검증과 가변수를 사용한 단순회귀분석의 결과는 일치한다는 것을 확인할 수 있다. 만약 t-검증에서 두 변수간 차이가 유의미하지 않다면 단순회귀분석에서도 회귀계수가 유의미하지 않게 나타난다.

사실 이분변수를 가변수로 사용한 단순회귀식의 회귀계수는 〈그림 4-1〉에서 보는 바와 같이 두 집단의 평균을 연결한 직선과 동일하다. 만약 두 집단간 차이가 거의 없다면 즉 평균이 거의 일직선상에 위치한다면 당연히 회귀선의 기울기는 0에 가까워질 것이다.

그렇다면 왜 굳이 질적변수를 가변수로 만들면서까지 회귀분석을 하려고 할까? 이유는 바로 통계적 통제 때문이다. 임금에 영향을 미치는 변수는 다양하고 이들을 통제할 때 비로소 성별의 차이가 임금에 미치는 순수한 영향을 밝혀낼 수 있기 때문이다.

〈그림 4-1〉 가변수가 포함된 단순회귀모형의 회귀선

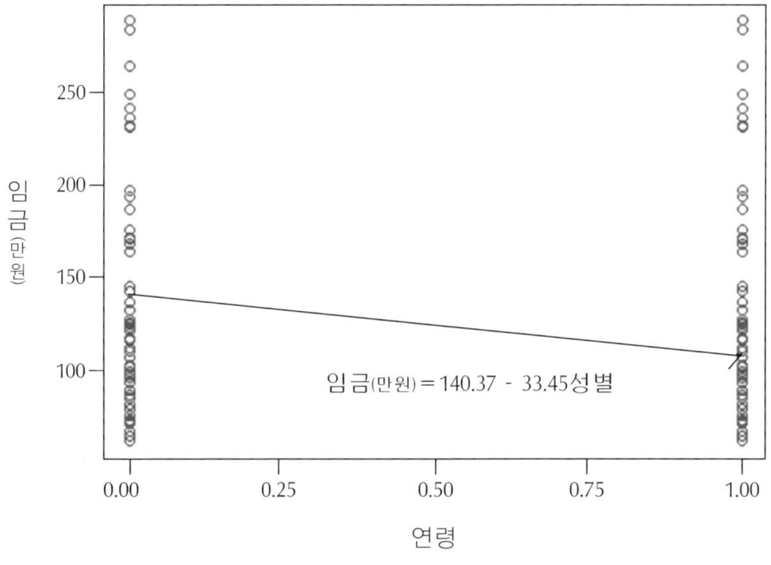

(데이터 4-1 임금)에는 '성별' 외에 '결혼여부'와 '교육연수'가 있다. '결혼여부'는 '0:기혼, 1:미혼'으로 코딩된 가변수이고 '교육연수'는 교육연수를 측정한 연속변수이다. 이제 임금에 영향을 미칠 수 있는 다른 변수들을 포함시켜 중다회귀분석을 실행하면

아래와 같은 결과를 얻을 수 있다.

$$\text{임금} = \text{성별} + \text{결혼여부} + \text{교육연수}$$

Coefficients(a)

	Unstandardized Coefficients		Standardized Coefficients	t	Sig.
	B	Std. Error	Beta		
(Constant)	72.163	4.246		16.995	.000
성별	-35.589	1.753	-.329	-20.304	.000
결혼여부	-6.779	2.428	-.045	-2.792	.005
교육연수(년)	5.180	.305	.275	16.956	.000

우선 세 변수 모두 임금에 통계적으로 유의미한 영향을 미치는 것을 알 수 있다. 한편 위의 결과로 회귀식을 도출해 보면 다음과 같다.

$$\text{임금} = 72.163 - 35.589 \times \text{성별} - 6.779 \times \text{결혼여부} + 5.18 \times \text{교육연수}$$

즉 '결혼여부' 와 '교육연수' 를 통제했을 때 남성의 임금이 여성의 임금보다 약 35만원 정도 높다고 해석할 수 있다. 이를 다른 방식으로 표현해 보면 "동일한 결혼상태(미혼 혹은 기혼)와 동일한 교육연수를 지녔다 하더라도 단지 성별의 차이로 인해 임금에서 35만원의 차이가 난다"라고도 할 수 있다. 따라서 '결혼여부' 와 '교육연수' 를 통제하면 '성별' 에 따른 임금의 차이가 더 커진다고 할 수 있다(아무것도 통제하지 않은 단순회귀식에서 남녀간 차이는 약 33만원이었다).

한편 이와 같은 방식으로 또 다른 가변수인 '결혼여부' 도 해석할 수 있다. 즉 '성별' 과 '교육연수' 를 통제했을 때 '결혼여부' 라는 변수가 1단위 증가하면 임금은 약 6만원 정도 감소한다. 그런데 이 변수에서 0은 기혼으로 그리고 1은 미혼으로 코딩되어 있기 때문에 결국 '성별' 과 '교육연수' 가 동일한 조건에서 기혼자의 임금이 미혼자의 임금보다 6만원 정도 높다고 할 수 있다.

마지막으로 절편에 대해 살펴보자. 과연 72.163이라는 것은 무엇을 뜻하는 것일까? 절편은 모든 독립변수에 0을 대입했을 때 종속변수의 값이다. 따라서 세 변수에 0을 대입해 보면 '성별(0): 남성, 결혼여부(0): 기혼 그리고 교육연수(0)' 이다. 즉 위의 회귀식에서 절편(72.163)은 '남성이고 기혼자이며 교육연수가 0인 사람' 의 예측임금이라 할 수 있다.

일반적으로 양적변수로만 구성된 회귀식에서는 절편이 실질적이지 못한 값을 갖는 경우가 많다. 그러나 회귀식에 가변수가 포함되면 그리고 가변수로 포함되는 독립변수의 수가 많아지면 절편 자체가 유용한 값으로 나타나는 경우가 많다. 왜냐하면 가변수에서 변수값이 0인 집단 즉 기준집단(reference group)의 평균이 절편에 그대로 반영되기 때문이다.

3. 가변수의 이해 2: 다분변수

다분변수의 가변수 전환

이상에서는 변수값(value)이 두 종류(0-1)인 질적변수(qualitative variable)를 가변수로 전환하는 방법에 대해 살펴보았다. 그런데 실제 사회과학자료에는 변수값이 세 종류 이상인 질적변수들이 있다. 예컨대 지역이라는 변수는 '경기도, 전라도, 경상도, 강원도' 와 같이 여러 종류의 변수값을 가질 수 있다. 이처럼 변수값(value)의 종류가 다양할 때 이러한 질적변수를 어떻게 가변수화 할 수 있을까? 여기서는 다분변수(polytomous variable)를 가변수로 전환하는 방법에 대해 자세히 알아본다.

(데이터 4-2 사회통합)에는 미국 42개 도시의 사회통합점수가 있다. 연구자는 도시가 속한 지역이 사회통합점수에 영향을 주는 지 알아보기 위해 회귀분석을 사용하려 한다. 자료의 구성을 살펴보면 '사회통합' 변수는 사회통합의 정도를 측정한 것으로 점수가 높을수록 사회통합이 잘 되어 있는 것을 의미한다. 그리고 '지역' 이라는 변수는 각 도시가 속한 지역에 따라 '남부:0, 동부:1, 중부:2, 서부:3' 로 각각 코딩되어 있다. 먼저 그냥 '지역' 변수를 독립변수로 그리고 '사회통합' 변수를 종속변수로 하여 단순회귀분석을 실행시켜보면 다음과 같은 결과를 얻을 수 있다.

Model Summary

Model	R	R Square	Adjusted R Square	Std. Error of the Estimate
1	.873(a)	.118	.096	3.39560

ANOVA(b)

	Sum of Squares	df	Mean Square	F	Sig.
Regression	63.085	1	63.085	5.471	.024(a)
Residual	472.735	41	11.530		
Total	535.820	42			

Coefficients(a)

	Unstandardized Coefficients		Standardized Coefficients	t	Sig.
	B	Std. Error	Beta		
(Constant)	9.743	.810		12.031	.000
지역	1.139	.487	.343	2.339	.024

우선 이 회귀모형의 설명력은 11.8%이고 통계적으로 유의미하다는 것을 알 수 있다. 위의 결과를 가지고 회귀식을 도출해 보면 다음과 같다.

$$사회통합점수 = 9.743 + 1.139 \times 지역$$

이 식을 해석해 보면 '지역'이라는 변수가 1단위 증가할 때 사회통합점수는 1.139증가한다는 것을 알 수 있으며 '지역' 변수가 0일 때 사회통합점수는 9.743이라는 것을 알 수 있다. 그런데 실제 '지역'이라는 변수는 총 4개의 변수값만을 갖는다. 따라서 각 지역을 회귀식에 대입해 보면 다음과 같다.

$$남부(0): 9.743+1.139\times\mathbf{0}=9.743$$
$$동부(1): 9.743+1.139\times\mathbf{1}=10.882$$
$$중부(2): 9.743+1.139\times\mathbf{2}=12.021$$
$$서부(3): 9.743+1.139\times\mathbf{3}=13.160$$

결론적으로 서부(3)-중부(2)-동부(1)-남부(0) 순으로 사회통합점수가 높으며 지역의 차이가 사회통합점수에 통계적으로 유의미한 영향을 미친다고 할 수 있다. 그런데 이 결론이 과연 타당한 것일까? 이를 알아보기 위해 회귀선을 산점도 상에 그려보니 아래

〈그림 4-2〉와 같았다.

먼저 회귀식에서 얻은 결과와 달리 실제 사회통합점수는 동부(1)-중부(2)-서부(3)-남부(0)순으로 높은 것을 확인할 수 있다. 비록 위에서 추정한 회귀식이 통계적으로는 유의미하다 할지라도 이는 결코 '지역'과 '사회통합' 간의 관계를 잘 설명하는 모형이라 할 수 없다.

〈그림 4-2〉 질적독립변수를 포함한 단순회귀모형의 회귀선

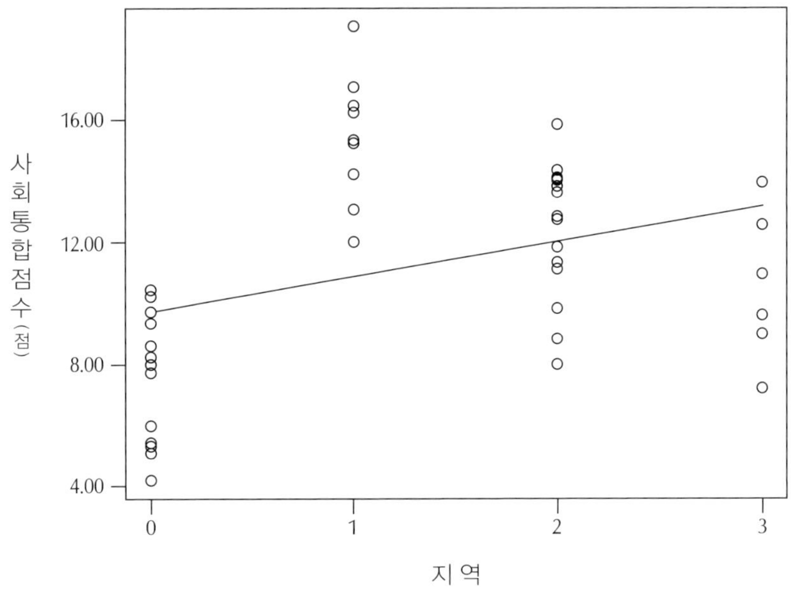

한편 이 외에도 질적변수 특히 다분변수를 양적변수처럼 취급하는 데에는 몇 가지 문제점이 더 있다. 우선 어떻게 코딩하느냐에 따라 회귀계수가 계속 바뀔 수 있다는 것이다. 가령 중부(2)와 남부(0)를 바꿔서 코딩한다면 즉 위의 평면상에서 2와 0이 서로 바뀐다면 아마도 이를 추정하는 회귀계수 자체가 달리질 것이다. 양적변수에서 숫자는 절대적 의미의 수이다. 즉 누가 코딩한다 하더라도 측정 단위가 같다면 언제나 같은 값으로 코딩할 수밖에 없다.

그러나 질적변수의 경우 어떤 집단에 어떤 숫자를 부여할지는 연구자의 임의에 달려 있다. 왜냐하면 질적변수에서 숫자는 상징성만 갖기 때문이다. 따라서 같은 변수를 분석한다 하더라도 어떻게 코딩하느냐에 따라 전혀 다른 결과가 도출될 수 있다. 다만 다분변수

와 달리 이분변수는 변수값이 둘로만(0, 1) 구성되어 있기 때문에 변수값을 서로 바꾸어 코딩하여도 회귀계수의 부호만 바뀔 뿐 값 자체는 항상 일정하다.

또 다른 문제는 질적변수에서는 숫자간에 거리가 일정하지 않다는 것이다. 예컨데 연령이라는 양적변수에서는 25～26세간 차이나 32～33세간 차이나 똑같은 1세 차이이다. 그러나 위의 예에서 0(남부)-1(동부)간 차이는 2(중부)-3(서부)간 차이와 반드시 같다고 할 수 없다. 따라서 여러 범주로 구성된 질적변수를 연속변수처럼 취급하는 것은 문제가 된다.

통계학자들은 이러한 문제를 해결하기 위하여 하나의 다분변수를 몇 개의 가변수들로 나누어 회귀식에 포함시키는 방법을 고안해 냈다. 가령 위의 예에서 지역변수는 다음과 같은 방식으로 가변수를 만들어 회귀식에 포함시키면 된다.

변수명	코딩방법
동부	동부:1 나머지:0
중부	중부:1 나머지:0
서부	서부:1 나머지:0

$$\text{사회통합} = a + (b_1\text{동부} + b_2\text{중부} + b_3\text{서부})$$

한 가지 이상한 점은 남부가 회귀식에 포함되어 있지 않다는 것이다. 그러나 사실 남부는 이미 회귀식 속에 포함되어 있다. 동부, 중부, 서부가 모두 0의 값을 가질 때 그것이 곧 남부를 표현하는 것이다. 왜냐하면 동부, 중부, 서부가 모두 0이라는 것은 동부, 중부, 서부를 제외한 나머지 지역이라는 것을 의미하며 원래 변수에서 나머지 지역은 바로 남부이기 때문이다. 이처럼 모든 가변수가 0일 때 자동적으로 표현되는 변수값을 가리켜 기준집단(reference group) 또는 기준범주(reference category)라고 한다.

하나의 집단을 빼고 회귀식을 만드는 이유는 바로 효율적인 추정을 위해서이다. 이분변수에서 다루었던 내용을 기억해 보자. 남성과 여성 중 하나를 0으로 코딩하면 0으로 코딩된 변수값의 임금이 그대로 절편에 반영되는 것을 확인하였다. 같은 논리로 하나의 집단을 빼고 회귀식을 만들면 절편으로 기준집단의 평균값을 표시할 수 있고 이를 기준으로 하여 나머지 집단들을 비교할 수 있기 때문이다. 따라서 질적변수를 가변수로 전환하는 원칙은 다음과 같다(참고로 SPSS에서는 변수값의 개수와 똑같은 가변수를 투입하면 자동적으로 한 집단을 빼고 분석한다. 이는 제7장에서 다룰 다중공선성(multicollinearity) 문제와도 밀접한 연관이 있다).

가변수의 개수 = (변수값의 개수 - 1)

사실 앞에서 다루었던 이분변수도 이 공식으로 가변수를 만든 것이다. 단 변수값의 개수가 두 개였기 때문에 하나의 가변수로 표현할 수 있었을 뿐이다. SPSS를 이용하여 다음과 같은 순서대로 변수를 전환하면 쉽게 가변수를 만들 수 있을 뿐만 아니라 결과 해석도 용이하다. 우리의 자료를 가지고 직접 가변수를 만들어 보자.

1. 기준집단을 정한다.
2. 기준집단을 뺀 나머지 집단만큼 가변수를 만든다.
3. 각각의 가변수에 해당 집단의 이름을 써 준다.
4. 가변수의 이름과 해당 집단의 이름이 동일한 경우 1로 나머지의 경우 0으로 코딩하여 준다.

1. 어느 집단을 기준으로 하든 해석하는 방식에 차이가 있을 뿐 기본적인 결과에는 차이가 없다. 그러나 종속변수의 평균이 가장 높거나 가장 낮은 집단을 기준집단으로 삼는 것이 좋다(James T. McClave, et al., 2004). 또한 독립변수가 질적변수일 때는 차이가 없으나 종속변수가 질적변수일 때는 사례수가 많은 집단을 기준집단으로 삼는 것이 좋다. 이에 대한 자세한 논의는 제10장 로지스틱 회귀모형에서 다시 다룬다. 여기서는 남부를 기준(reference)으로 한다.

2, 3. 이제 세 개의 가변수를 만들고 각 집단의 이름을 써준다.

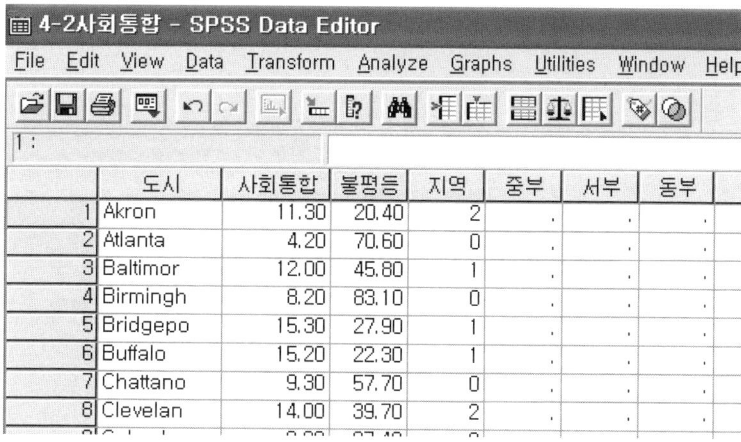

4-2사회통합 - SPSS Data Editor

File Edit View Data Transform Analyze Graphs Utilities Window Help

	도시	사회통합	불평등	지역	중부	서부	동부
1	Akron	11.30	20.40	2	.	.	.
2	Atlanta	4.20	70.60	0	.	.	.
3	Baltimor	12.00	45.80	1	.	.	.
4	Birmingh	8.20	83.10	0	.	.	.
5	Bridgepo	15.30	27.90	1	.	.	.
6	Buffalo	15.20	22.30	1	.	.	.
7	Chattano	9.30	57.70	0	.	.	.
8	Clevelan	14.00	39.70	2	.	.	.

4. 마지막으로 가변수의 이름에 해당하는 집단은 1로 나머지는 0으로 코딩해 준다. '지역' 변수에서 '0:남부, 1:동부, 2:중부, 3:서부'를 각각 나타내므로 다음과 같이 코딩할 수 있다.

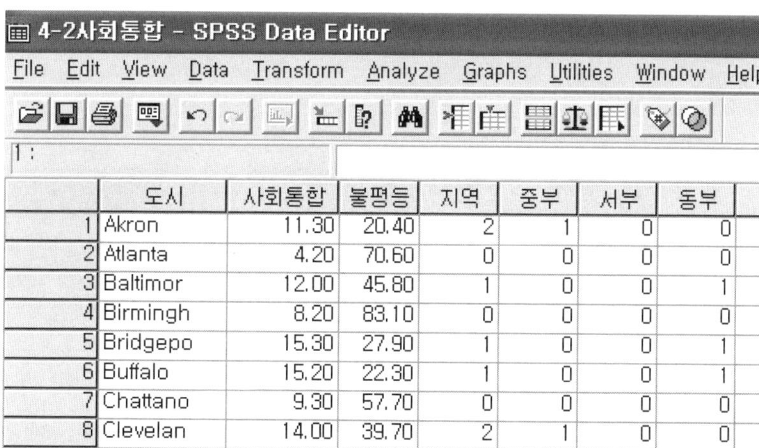

4-2사회통합 - SPSS Data Editor

File Edit View Data Transform Analyze Graphs Utilities Window Help

	도시	사회통합	불평등	지역	중부	서부	동부
1	Akron	11.30	20.40	2	1	0	0
2	Atlanta	4.20	70.60	0	0	0	0
3	Baltimor	12.00	45.80	1	0	0	1
4	Birmingh	8.20	83.10	0	0	0	0
5	Bridgepo	15.30	27.90	1	0	0	1
6	Buffalo	15.20	22.30	1	0	0	1
7	Chattano	9.30	57.70	0	0	0	0
8	Clevelan	14.00	39.70	2	1	0	0

그런데 사례수가 많은 경우 이와 같은 방식으로 일일이 수치를 대입해 주는 것은 엄청난 시간이 소요되는 작업이다. 따라서 SPSS에서는 Record기능을 이용하여 쉽게 가변수를 만들어 줄 수 있다. 우리의 예에서 '지역' 변수를 세 개의 가변수로 만들어 보자(원래 자료에는 이미 가변수들(남부, 동부, 중부, 서부)이 만들어져 있지만 연습을 위해 원래 가변수들을 다 제거하고 실행해 보자).

Transform ⇨ Record ⇨ Into Different Variables

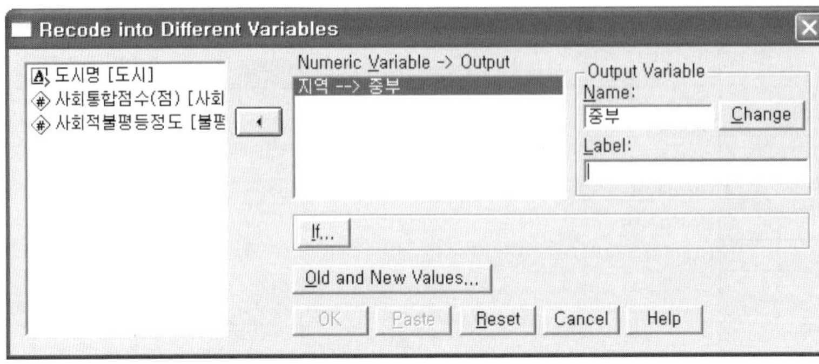

먼저 '중부'라는 가변수를 만들어 보자. 일단 '지역' 변수를 Numeric Variable→ Output이라는 칸으로 이동시키고 Output Variable에서 Name이라는 칸에 새로 만들 가변수의 이름을 적어준다. 그리고 Change 를 클릭하면 위와 같이 Numeric Variable→ Output이라는 칸에 '지역→중부'가 생성된다. 이는 '지역'이라는 기존 변수로부터 '중부'라는 새로운 변수를 만든다는 것을 의미한다. 이제 Old and New Values... 를 클릭하면 다음과 같은 창이 생성된다.

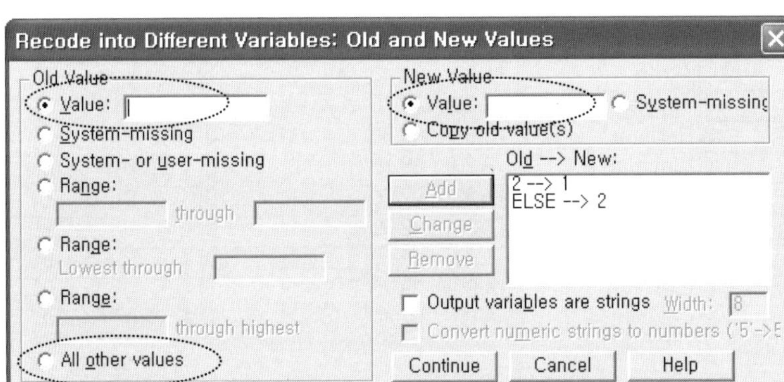

먼저 Old Value에서 Value를 클릭하고 '지역' 변수에서 중부를 나타내는 변수값 즉 2를 대입한다. 그리고 New Value에서 Value를 클릭하여 1을 대입하고 Add 를 클릭한다. Old→New라는 칸에 '2→1'이 생성되는 것을 볼 수 있다. 그런 다음 Old Value에서 All other values를 클릭하고 다시 New Vale에서 Value를 클릭하여 0을 대입하고

Add 를 클릭한다. 이제 Old→New라는 칸에 'ELSE→0'이 생성되는 것을 볼 수 있다.

이를 말로 풀어서 해석해 보면 '지역'이라는 기존 변수에서 '2'이라는 기존 변수값(old value)은 '중부'라는 새로운 변수(가변수)에서 '1'이라는 새 변수값(new value)으로 전환하고 '지역'이라는 기존변수에서 '2'를 제외한 나머지 기존 변수값들(all other values)는 '중부'라는 새로운 변수에서 '0'이라는 새 변수값(new value)으로 전환한다는 것을 의미한다.

즉 '중부'라는 새 변수는 '지역'이라는 기존 변수에서 2(중부)인 값들만 1로 코딩하고 나머지 값들은 전부 0으로 코딩한 가변수가 된다. 같은 방식으로 '서부'와 '동부'라는 가변수도 만들어 줄 수 있다. 가령 '서부'라는 변수에서는 '지역' 변수에서 서부를 표시했던 '3'을 '1'로 전환하고 나머지는 0으로 전환해 주면 된다.

이제 지역변수 대신 이렇게 만들어진 세 개의 가변수를 독립변수로 대입하여 중다회귀분석을 실행시켜보면 다음과 같은 결과를 얻을 수 있다.

Model Summary(b)

Model	R	R Square	Adjusted R Square	Std. Error of the Estimate
1	.801(a)	.641	.613	2.22148

ANOVA(b)

	Sum of Squares	df	Mean Square	F	Sig.
Regression	343.356	3	114.452	23.192	.000(a)
Residual	192.464	39	4.935		
Total	535.820	42			

Coefficients(a)

	Unstandardized Coefficients		Standardized Coefficients	t	Sig.
	B	Std. Error	Beta		
(Constant)	7.736	.594		13.029	.000
동부	7.631	.949	.879	8.040	.000
중부	4.543	.840	.603	5.410	.000
서부	2.781	1.084	.273	2.566	.014

새로운 회귀모형의 설명력은 64.1%로 지역을 양적변수로 취급하여 분석하였을 때 보다 무려 50% 이상 설명력이 향상되었다. 또한 회귀모형의 유의도는 0.000으로 역시 이전 모형보다 향상되었음을 알 수 있다. 위의 결과를 토대로 회귀식을 도출해 보면 다음과 같다.

$$사회통합 = 7.736 + (7.631 \times 동부 + 4.543 \times 중부 + 2.781 \times 서부)$$

위의 회귀식에서 독립변수의 수는 3개 이지만 이는 실제로 '지역'이라는 하나의 독립변수를 나타내기 위해서 세 개의 가변수로 표현한 것이다. 따라서 가변수를 해석할 때는 가변수 묶음을 하나의 독립변수로 생각하고 해석하는 것이 편리하다. 즉 우리가 코딩한 것을 토대로 각 집단이 가변수로 어떻게 표현되는지 다음과 같이 정리해 놓으면 가변수를 해석하는 데 큰 도움이 된다.

집단 \ 가변수	동부	중부	서부
동부	1	0	0
중부	0	1	0
서부	0	0	1
남부	0	0	0

$$동부: 7.736+(7.631\times\mathbf{1}+4.543\times\mathbf{0}+2.781\times\mathbf{0})=7.736+7.631=15.367$$
$$중부: 7.736+(7.631\times\mathbf{0}+4.543\times\mathbf{1}+2.781\times\mathbf{0})=7.736+4.543=12.279$$
$$서부: 7.736+(7.631\times\mathbf{0}+4.543\times\mathbf{0}+2.781\times\mathbf{1})=7.736+2.781=10.517$$
$$남부: 7.736+(7.631\times\mathbf{0}+4.543\times\mathbf{0}+2.781\times\mathbf{0})=7.736+0=7.736$$

결론적으로 지역의 차이에 따라 사회통합점수에 차이가 있다고 할 수 있다. 특히 동부는 남부에 비해 약 7.6점, 중부는 남부에 비해 약 4.5점 그리고 서부는 남부에 비해 약 2.7점 정도 더 높은 사회통합정도를 나타내며 이는 모두 통계적으로 유의미하다. 즉 각 가변수의 회귀계수는 결국 기준집단의 평균종속변수값과 각 집단의 평균종속변수값의 차이라는 것을 알 수 있다.

여기서 반드시 주의해야 할 것은 각 가변수들의 회귀계수는 기준집단과의 차이를 의미한다는 것이다. 간혹 연구자들 가운데 가변수의 회귀계수를 잘못 해석하는 경우를 종종 볼 수 있다. 가령 '동부'라는 가변수의 회귀계수가 +7.631일 때 이를 "동부가 나머지 지역에 비해 7.631점 높다"와 같이 해석하는 것이다. 다음 절에서 자세히 살펴보겠지만 이는 완전히 잘못된 해석이다.

> 각 가변수의 회귀계수는 기준집단과 그 가변수에 해당하는 집단들 간의 종속변수의 평균 차이를 나타낸다.

분산분석ANOVA과 회귀분석

그럼 집단간 차이를 분석하는 분산분석(ANOVA)과 가변수를 사용한 회귀분석 간에는 어떤 관계가 있을까? 같은 자료를 분산분석으로 분석해 보면 다음과 같은 결과를 얻을 수 있다.

ANOVA

	Sum of Squares	df	Mean Square	F	Sig.
Between Groups	343.356	3	114.452	23.192	.000
Within Groups	192.464	39	4.935		
Total	535.820	42			

Duncan

지역	N	Subset for alpha = .05		
		1	2	3
남부	14	7.7357		
서부	6		10.5167	
중부	14		12.2786	
동부	9			15.3667
Sig.		1.000	.092	1.000

먼저 분산분석과 회귀분석의 ANOVA table에 있는 모든 수치들이 정확히 일치하는 것을 알 수 있다. 이는 곧 가변수로 구성된 하나의 질적변수를 회귀모형에서 분석하면 정확

히 분산분석과 같은 과정을 통해 결과가 도출된다는 것을 의미한다. 또한 사후검증 결과를 보면 각 집단의 평균들이 회귀식으로 구한 각 집단의 예측 점수와 정확히 일치하는 것을 알 수 있다(소수점 이하에서 나는 차이는 반올림의 방식이 다르기 때문이다). 다시 말해서 회귀식에서 절편은 기준집단(남부)의 평균이고 각 회귀계수들은 기준집단과 각 집단들 간의 평균차이를 의미하는 것이다.

한편 우리 회귀식에서는 모든 가변수들의 회귀계수가 통계적으로 유의미하였다. 즉 '남부'와 나머지 지역은 사회통합점수에서 모두 유의미한 차이가 있다는 것이다. 그런데 분산분석의 사후검증 결과를 보면 '남부'는 다른 모든 지역과는 차이가 나지만 '서부'와 '중부'는 통계적으로 유의미한 차이가 없는 것으로 나타나고 있다. 회귀식에서 가변수를 해석 할 때 가장 많이 하는 실수 중 하나가 바로 회귀계수의 유의도를 잘 못 해석하는 것이다. 회귀계수의 유의도를 해석할 때 다음의 원칙을 꼭 기억하자.

> 가변수의 회귀계수는 기준집단과 그 가변수에 해당하는 집단들 간의 평균차이를 나타낸다. 따라서 회귀계수의 유의도 역시 기준집단과 그 가변수에 해당하는 집단들 간의 차이가 통계적으로 유의미한지 보여줄 뿐이다.

위의 회귀분석 결과에서 모든 회귀계수가 유의미하였다는 것은 '남부'와 다른 지역들 간의 차이가 모두 유의미하다는 것을 의미할 뿐이다. 가령 '동부'와 '서부' 또는 '서부'와 '중부' 간에도 통계적으로 유의미한 차이가 있는지 우리의 회귀식으로는 확인할 수 없다. 물론 주어진 회귀식으로 각 집단들간의 평균차이는 알 수 있다. 예컨대 '동부'와 '중부' 간 사회통합점수의 평균차이를 알고 싶으면 '동부'라는 가변수의 회귀계수에서 '중부'라는 가변수의 회귀계수를 빼주면 된다. 즉 7.613 - 4.543 = 3.07이다. 그러나 3.07이라는 차이가 통계적으로 유의미한 차이인지 확인할 수 없다는 것이다.

그럼 어떻게 나머지 집단들간의 통계적 유의도를 검증할 수 있을까? 바로 기준집단을 바꾸어서 다시 회귀분석을 실행시키면 된다. '남부' 대신 '서부'를 기준집단으로 해서 회귀식을 실행시키면 다음과 같은 결과를 얻을 수 있다.

Coefficients(a)

	Unstandardized Coefficients		Standardized Coefficients	t	Sig.
	B	Std. Error	Beta		
(Constant)	10.517	.907		11.596	.000
동부	4.850	1.171	.559	4.142	.000
중부	1.762	1.084	.234	1.625	.112
남부	-2.781	1.084	-.369	-2.566	.014

모든 결과는 똑같고 단지 회귀계수와 회귀계수의 유의도에서만 차이가 난다. 이제 기준집단이 '서부'가 되었기 때문에 '서부'의 평균 사회통합점수가 전체 회귀식의 절편이 되었다. 한편 '남부'와 '서부'의 차이는 정확히 2.781로 부호만 서로 바뀌었고 *Sig.*도 0.014로 앞의 회귀식과 일치한다.

그런데 '중부' 회귀계수의 유의도를 보면 0.112로 통계적으로 유의미하지 않다. 즉 '서부'와 '중부'의 사회통합점수 차이는 통계적으로 유의미하지 않다는 것이다. 이는 앞에서 확인한 분산분석의 결과와 일치한다. 그럼 이와 같은 경우 어떻게 해석해 주어야 할까?

보통 가변수들은 하나의 변수로 취급한다고 했다. 따라서 가변수의 회귀계수 중 어느 것 하나라도 통계적으로 유의미한 결과를 보이면 이는 곧 지역이 사회통합점수에 영향을 미친다고 볼 수 있다. 다만 분산분석의 사후검증과 마찬가지로 어느 집단간에 유의미한 차이가 있고 없는지를 반드시 기술해 주어야 한다.

그런데 만약 모든 가변수의 회귀계수가 유의미하지 않게 나온다면 어떻게 해야 할까? 이와 같은 경우는 다음의 두 가지로 나누어 볼 수 있다. 첫 번째는 정말로 모든 집단들 간에 통계적으로 유의미한 차이가 없는 경우이고 두 번째는 사실은 집단들 간에 통계적으로 유의미한 차이가 있는데 기준집단을 잘못 설정하여 개별 회귀계수들이 모두 유의미하지 않게 나오는 경우다.

SAS나 STATA와 같은 프로그램에서는 Type Ⅲ option을 통하여 기준집단과 상관없이 각 집단들 간에 유의미한 차이가 있는지 확인할 수 있기 때문에 두 번째와 같은 경우가 문제되지 않는다. 그러나 SPSS에서는 이와 같은 문제를 예방하기 위하여 종속변수의 평균이 가장 낮거나 가장 높은 집단을 기준집단으로 설정하는 것이 바람직하다. 개인적인 경험에 비추어 봤을 때 특히 종속변수의 평균이 중간에 위치하는 집단을 기준으로 삼으면 실제로는 일부 집단간(가령 평균이 가장 높은 집단과 가장 낮은 집단간에)에 차이가 있음에도 불구하고 모든 회귀계수가 유의미하지 않게 나오는 경우가 종종 있기 때문이다.

한편 어떤 가변수의 회귀계수가 유의미하지 않다고 해서 그 가변수를 회귀모형에서 제거해서는 절대로 안 된다. 이미 앞에서 설명한 바와 같이 가변수는 하나의 질적독립변수를 회귀식에서 분석하기 위하여 만들어 준 것이기 때문에 하나의 질적독립변수와 관련된 가변수들은 하나의 독립변수로 취급해 주어야 한다. 가령 우리의 회귀식에서 '중부'가 유의미하지 않다고 하여 회귀모형에서 제거하면 이렇게 추정된 회귀식으로는 중부의 예측치를 아예 계산할 수 없게 된다. 따라서 하나의 독립변수와 관련된 모든 가변수들은 통계적 유의미도와 상관없이 모두 분석에서 사용되어야 한다.

순위범주형변수와 가변수

종종 사회과학에서 어떤 변수를 질적변수로 구분할 것인지 아니면 양적변수로 구분할 것인지의 문제는 연구자의 판단에 따라 달라지기도 한다. 앞에서 지역이라는 변수는 대표적인 질적변수라고 소개하였다. 가령 아프리카, 남미, 동아시아, 북미/유럽을 각각 0, 1, 2, 3으로 코딩하였다고 가정해 보자. 물론 지역 자체는 크기나 순서가 없는 값들이다. 그런데 어떤 연구에서 지역이라는 변수를 통해 각 지역의 '경제적 발전 수준'을 강조하고 싶다면 사정은 조금 달라진다.

가령 아프리카에 비해서는 남미가 남미에 비해서는 동아시아가 그리고 동아시아에 비해서는 북미/유럽의 경제적 발전 수준에서 앞선다고 할 수 있을 것이다. 따라서 이와 같은 경우에 0, 1, 2, 3은 단지 각 지역을 상징할 뿐만 아니라 일정한 순서를 표현한다고 할 수 있다. 이처럼 변수값이 범주의 형태를 띠며 동시에 순서가 존재하는 변수를 가리켜 순위범주형변수(ordered category variable)라고 부른다. 따라서 순위범주형변수는 서열변수와 거의 동일한 개념이다(사실 서열변수의 다른 이름이라고 봐도 무방하다).

사회과학연구에서 순위범주형변수는 매우 많다. 예컨대 학력을 '초·중·고·대졸'로 표현한다거나 학교 부적응 문제의 형태를 문제의 강도에 따라 '유기정학·무기정학·퇴학'으로 표현한다면 이는 순위범주형변수 즉 서열변수라고 볼 수 있다. 한편 우리가 앞에서 다루었던 예에서 '지역' 변수도 연구자의 의도에 따라 순위범주형변수로 전환할 수 있다. 가령 지역이라는 변수을 통해 '사회적 개방성' 정도를 강조하고 싶다면 그리고 이미 이론적 검토에서 '남부·서부·중부·동부'의 순으로 사회적 개방성이 높다는 것이 밝혀졌다면

'지역' 변수를 순위범주형변수로 취급할 수 있다.

그렇다면 질적변수를 순위범주형변수로 취급하면 어떤 장점이 있을까? 가장 큰 장점은 양적변수와 똑같이 다룰 수 있다는 것이다. 즉 변수값의 수만큼 가변수를 만들 필요가 없기 때문에 변수의 수를 줄일 수 있고 따라서 해석이 좀더 용이하다. 예컨대 변수값이 7~8개의 집단으로 이루어진 변수를 가변수로 처리하려면 최소한 6~7개의 독립변수가 추가적으로 필요하다. 따라서 변수값의 개수가 많은 독립변수의 경우 순위범주형변수로 취급하면 보다 쉽게 결과를 해석할 수 있다.

그러나 순위범주형변수는 결국 질적변수를 양적변수인 것처럼 취급하는 것이기 때문에 집단 간의 정확한 관계성을 규명하는데 한계가 있다. 왜냐하면 순위범주형변수에서는 변수값들 사이에 순위는 존재하지만 순위간 거리가 일정하지 않기 때문이다. 따라서 전반적으로 집단의 변화가 종속변수에 영향을 주는지 여부는 파악할 수 있지만 자세한 집단간 차이는 파악할 수 없다.

그럼 질적변수를 어떤 경우에 가변수로 전환하고 어떤 경우에 순위범주형변수로 취급할까? 명확한 기준은 없다. 단지 연구자가 위에 언급한 장단점을 비교하여 연구 목적에 맞게 사용하면 된다. 그러나 보통 집단의 수가 7개 이상이며 동시에 집단간 일정한 순서가 있는 변수라면 순위범주형변수로 취급해도 문안하다. 그러나 무엇보다 중요한 사실은 질적변수를 순위범주형변수로 취급하기 위해서는 집단간 순서를 규정짓는 명확한 기준이 있어야 한다는 것이다. 그리고 그 기준은 역시 이론에 의해서 뒷받침되어야 한다는 것이다.

다시 우리의 예로 돌아가서 '지역'을 순위범주형변수로 취급하여 회귀모형에 대입해 보자. 여기서는 지역별로 개방성의 정도가 다음의 순서와 같다고 가정하고 '남부:0, 서부:1, 중부:2, 동부:3'으로 각각 코딩하였다.

Model Summary

Model	R	R Square	Adjusted R Square	Std. Error of the Estimate
1	.797(a)	.635	.626	2.18426

ANOVA(b)

	Sum of Squares	df	Mean Square	F	Sig.
Regression	340.209	1	340.209	71.308	.000(a)
Residual	195.611	41	4.771		
Total	535.820	42			

Coefficients(a)

	Unstandardized Coefficients		Standardized Coefficients	t	Sig.
	B	Std. Error	Beta		
(Constant)	7.718	.530		14.560	.000
지역2	2.455	.291	.797	8.444	.000

우선 새로운 회귀모형의 설명력은 63.5%로 가변수를 사용했을 때(64.1%)와 큰 차이가 없다. 오히려 독립변수의 수를 고려한 수정결정계수는 새로운 모형이 더 높다. 왜냐하면 이전 모형에 비해 독립변수의 수가 2개나 줄었기 때문이다. 한편 새로운 회귀모형도 역시 통계적으로 유의미하다. 이제 회귀계수를 비교해 보자.

여기서는 지역을 양적변수처럼 취급하기 때문에 지역변수가 1단위 증가할 때 마다 사회통합점수가 약 2.4점 증가하는 것으로 추정할 수 있다. 즉 남부(0)는 7.718점, 서부(1)는 10.173점, 중부(2)는 12.628점 그리고 동부(3)는 15.083점으로 각각 예측할 수 있다. 이 결과는 아래 표에서 보는 바와 같이 지역을 가변수로 취급한 회귀식의 결과와 거의 유사하다. 따라서 이 경우 지역이라는 변수를 순위범주형변수로 취급하여 종속변수를 예측하는데 큰 무리가 없다고 할 수 있다.

〈표 4-2〉 회귀분석 방법에 따른 예측치 비교

	가변수 사용시		순위범주형변수 사용시	
	예측치	집단간 차이	예측치	집단간 차이
남부	7.736	-	7.718	-
서부	10.517	+2.781	10.173	+2.455
중부	12.279	+1.762	12.628	+2.455
동부	15.367	+3.088	15.083	+2.455

그러나 역시 위의 회귀모형으로는 집단간 자세한 차이(예컨대 중부와 서부간에 통계적으로 유의미한 차이가 없다는 사실)를 확인할 수는 없다. 또한 위의 예에서처럼 집단간에 평균차이가 비교적 일정한 경우 가변수로 분석한 결과와 순위범주형변수로 분석한 결과에 큰 차이가 없지만 집단간 평균차이가 불규칙한 경우 두 분석 결과에 차이가 발생할 수 있으므로 주의를 필요로 한다.

4. 가변수를 포함한 회귀모형의 적용사례 : '지역차이가 사회통합에 미치는 영향 – 43개 도시간 비교'

이상에서는 분산분석(ANOVA)과 가변수를 사용한 회귀분석의 결과가 일치하는 것을 보았다. 그러나 '사회통합점수' 에 영향을 미칠 수 있는 다른 변수들을 통제지 않았기 때문에 '지역' 이라는 변수가 사회통합에 미치는 순수한 영향을 볼 수 없었다. 여기서는 다른 변수를 통제하였을 때 지역간 차이가 사회통합점수에 어떤 영향을 미치는지 알아보도록 하자.

연구자는 이론적 검토를 통해 '사회적 불평등 정도' 가 사회통합에 영향을 미치는 중요한 요소라는 것을 발견하고 이를 통제하고자 한다. '사회적 불평등 정도' 는 0~100사이의 값을 가지며 점수가 높을수록 불평등 정도가 높다는 것을 나타낸다. 이제 다음과 같은 연구모형을 만들어 회귀분석을 실시하였다.

종속변수		독립변수(지역)		통제변수
사회통합	=	(서부+중부+동부)	+	불평등

Model Summary(b)

Model	R	R Square	Adjusted R Square	Std. Error of the Estimate
1	.822(a)	.677	.642	2.13575

ANOVA(b)

	Sum of Squares	df	Mean Square	F	Sig.
Regression	362.485	4	90.621	19.867	.000(a)
Residual	173.335	38	4.561		
Total	535.820	42			

Coefficients(a)

	Unstandardized Coefficients		Standardized Coefficients	t	Sig.
	B	Std. Error	Beta		
(Constant)	10.292	1.373		7.498	.000
서부	1.031	1.348	.101	.765	.449
중부	3.042	1.090	.404	2.791	.008
동부	6.219	1.144	.717	5.437	.000
사회적불평등정도	-.049	.024	-.278	-2.048	.048

우선 회귀모형의 설명력은 67.7%였으며 이는 통계적으로 유의미하였다(*Sig.*=0.000). 이제 연구결과를 가지고 회귀식을 도출해 보면 아래와 같다.

$$\text{사회통합} = 10.292 + (1.031 \times \text{서부} + 3.042 \times \text{중부} + 6.219 \times \text{동부}) - 0.049 \times \text{불평등}$$

먼저 절편을 보면 불평등 점수가 0이라고 가정했을 때 남부의 사회통합 점수는 약 10.292점이라는 것을 나타낸다. 한편 괄호로 묶여 있는 가변수들은 실제 지역을 나타내는 하나의 변수라 할 수 있다. 따라서 불평등 정도를 통제했을 때 즉 불평등 정도가 같다는 가정하에서 각 지역의 사회통합점수가 남부와 얼마만큼 차이 나는지를 보여준다. 그러므로 위의 식에서 각 가변수의 회귀계수는 불평등 정도를 통제했을 때 지역차이가 사회통합에 미치는 순수한 영향력(pure effect)을 보여준다.

한편 회귀계수의 유의도를 살펴보면 '서부'만 제외하고 모두 통계적으로 유의미하다. 즉 남부와 서부간에는 사회통합 정도에서 통계적으로 유의미한 차이가 없다는 것이다. 이는 '불평등 정도'를 통제하지 않은 모형의 결과와 다른 것이다. 실제로 가변수들의 회귀계수를 보면 '불평등 정도'를 통제한 모형의 회귀계수들이 '지역' 변수만으로 구성된 모형의 회귀계수들보다 작아진 것을 발견할 수 있다. 이는 곧 '불평등 정도'을 통제하면

'지역' 차이가 '사회통합'에 미치는 영향력이 감소한다는 것을 보여준다. 마지막으로 각 지역의 사회통합점수를 식으로 나타내 보자.

남부 : 10.292+(1.031×**0**+3.042×**0**+6.219×**0**)-0.049×불평등
= 10.292-0.049×불평등
서부 : 10.292+(1.031×**1**+3.042×**0**+6.219×**0**)-0.049×불평등
= 11.323-0.049×불평등
중부 : 10.292+(1.031×**0**+3.042×**1**+6.219×**0**)-0.049×불평등
= 13.334-0.049×불평등
동부 : 10.292+(1.031×**0**+3.042×**0**+6.219×**1**)-0.049×불평등
= 16.511-0.049×불평등

각 지역의 사회통합점수는 절편은 다르고 기울기는 같은 네 개의 평행한 회귀선으로 표현할 수 있다. 이를 산점도 상에 도식화 해보면 아래 〈그림 4-3〉와 같다. 가장 위부터 실선은 '동부', 가는 점선은 '중부', 굵은 점선은 '서부' 그리고 파선은 '남부'의 회귀선을 각각 의미한다.

〈그림 4-3〉 네 집단의 회귀선

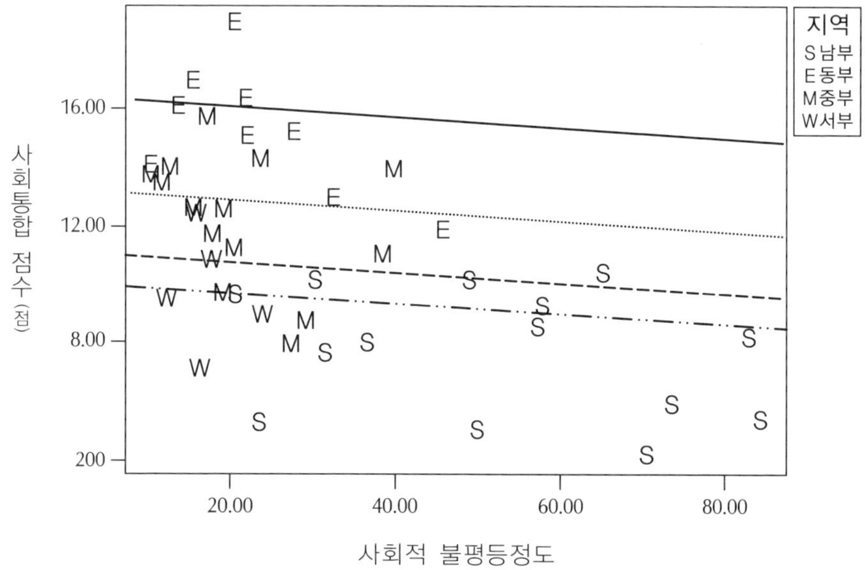

결국 가변수의 회귀계수는 각 집단의 절편으로 반영되는 것을 확인할 수 있다. 따라서 '동부(실선)' 나 '중부(가는 점선)' 처럼 기준변수인 '남부(파선)' 로부터 회귀선이 충분히 멀리 떨어져 있으면 회귀계수가 유의미한 것이고 '서부(굵은 점선)' 처럼 회귀선이 충분히 떨어져 있지 않으면 회귀계수가 유의미하지 않은 것을 의미한다. 한편 모든 회귀선의 기울기는 같기 때문에 지역에 상관없이 즉 지역을 통제했을 때 사회적 불평등정도가 사회통합에 미치는 영향은 -0.049로 일정하다고 할 수 있다.

결론적으로 지역을 통제했을 때 사회적 불평등 정도가 높을수록 사회통합 점수는 낮아지고 사회적 불평등 정도를 통제했을 때 지역차이 역시 사회통합에 영향을 미친다고 할 수 있다. 특히 '남부' 의 사회통합점수가 가장 낮으며 '서부·중부·동부' 로 갈수록 높은 사회통합점수를 보인다. 그러나 '남부' 와 '서부' 의 차이는 통계적으로 유의미하다고 할 수 없다.

2 심화편

5 _ 상호작용

6 _ 비선형관계 분석

7 _ 다중공선성

8 _ 회귀진단

5 _ 상호작용

interaction

1. 상호작용 분석의 필요성

서양건축사를 전공하는 어떤 연구자가 중세 성당의 특징을 연구하려고 한다. 특히 이 연구자는 성당의 '높이'와 '길이' 간에 어떤 관계가 있는지 알아보기 위하여 중세를 대표하는 25개 성당의 높이와 길이를 각각 측정하여 〈표 5-1〉과 같이 정리하였다(데이터 5-1 성당). 높이와 길이는 미터(m)로 측정하였으며 건축양식에 따라 로마네스크양식(0)과 고딕양식(1)으로 각각 구분하였다.

이제 성당의 '높이'와 '길이' 간에 어떤 관계가 있는지 알아보기 위하여 '높이'를 종속변수로 그리고 '길이'를 독립변수로 하는 회귀모형을 만들어 분석하였더니 이 모형은 통계적으로 유의미하였으며 다음과 같은 회귀식을 얻을 수 있었다.

$$\text{높이} = 11.815 + 0.086 \times \text{길이}$$

즉 성당의 길이가 1미터 증가할 때 높이는 0.086미터 증가한다는 것을 알 수 있다. 한편 〈표 5-1〉의 자료를 산점도 상에 표시하면 〈그림 5-1〉과 같다.

〈표 5-1〉 성당의 높이와 길이

성당이름	양식	높이	길이	성당이름	양식	높이	길이
Bath	1	22.86	68.58	Norwich	1	21.95	124.05
Bristol	1	15.85	91.44	Old_St._	1	31.39	186.23
Canterbu	0	24.38	159.11	Peterbor	0	24.38	137.46
Chichest	1	18.9	127.41	Ripon	1	26.82	89.92
Durham	0	22.86	153.01	Salisbur	1	25.6	144.17
Ely	0	22.56	166.73	Southwar	1	16.76	83.21
Exeter	1	20.73	124.66	St._Alba	0	21.34	167.94
Gloucest	0	20.73	129.54	St._Asap	1	13.72	55.47
Gloucest	1	26.21	129.54	Wells	1	20.42	126.49
Hereford	0	24.38	121.92	Winchest	0	23.16	161.54
Lichfiel	1	17.37	112.78	Winchest	1	31.39	161.54
Lincoln	1	24.99	154.23	York	1	30.48	158.19
Norwich	0	25.3	124.05				

(※ 일부 성당들은 이름이 같은 경우가 있으나 건축양식이 다른 성당들이다.)

〈그림 5-1〉 성당 높이와 길이의 산점도 I

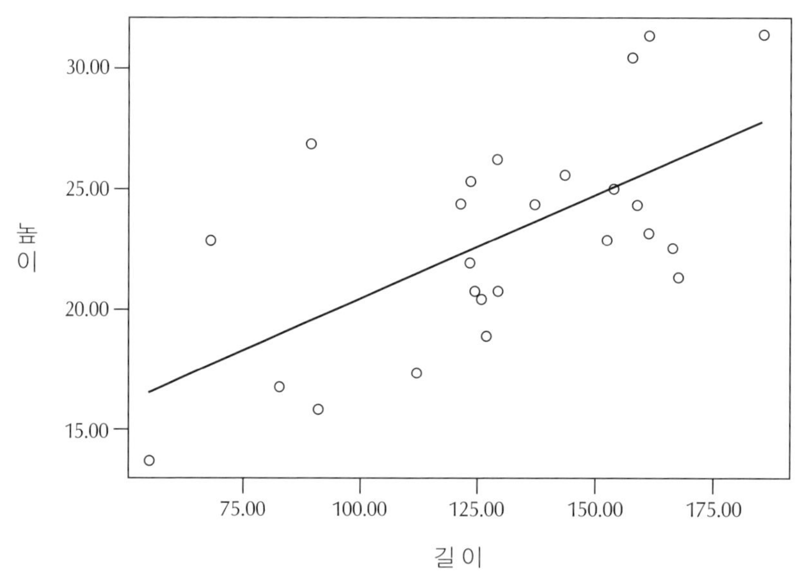

산점도를 보면 회귀식에서 확인한 것과 같이 길이와 높이 간에 정적 상관성(positive relationship)이 있음을 알 수 있다. 한편 연구자는 건축양식에 따라 어떤 차이가 발생하는지 확인하기 위하여 '건축양식'을 가변수로 포함하는 중다회귀모형을 분석하였다. 분석

결과 이 중다회귀모형은 통계적으로 유의미하였으며 회귀계수는 다음과 같았다.

Coefficients(a)

Model	Unstandardized Coefficients		Standardized Coefficients	t	Sig.
	B	Std. Error	Beta		
(Constant)	8.890	3.683		2.414	.025
길이	.098	.024	.713	4.111	.000
건축양식	2.118	1.598	.230	1.326	.198

$$\text{높이} = 8.890 + 0.098 \times \text{길이} + 2.118 \times \text{양식}$$

먼저 고딕양식(1)은 로마네스크양식(0)보다 평균적으로 2.118미터 높지만 이는 통계적으로 유의미하지 않다. 그리고 건축양식을 통제했을 때 즉 건축양식과 상관없이 성당의 길이가 1미터 증가할 때 높이는 0.098미터 증가한다는 것을 알 수 있다. 이는 곧 건축양식과 상관없이 성당의 길이는 높이와 정적 상관성을 갖는다는 것을 의미한다. 그렇다면 과연 이와 같은 분석만으로 "건축양식과 상관없이 성당의 길이가 길수록 높이가 높다"라고 확신할 수 있을까?

이번에는 건축양식을 구분하여 산점도 상에 높이와 길이의 관계를 표시하였다. 〈그림 5-2〉에서 동그라미로 표시된 성당들은 고딕양식의 성당들을 나타내고 삼각형으로 표시된 성당들은 로마네스크양식의 성당들을 나타낸다. 산점도에서 보는 바와 같이 고딕양식의 성당들에서는 성당의 길이가 증가할수록 높이도 증가하는 경향이 강하지만 로마네스크양식의 성당들에서는 반대로 길이가 증가할수록 높이가 감소하는 경향이 강함을 발견할 수 있다. 즉 로마네스크양식의 성당에서는 길이와 높이 간에 부적 상관성(negative relationship)이 있다는 것이다.

즉 '길이'와 '건축양식'이라는 두 개의 독립변수로 구성된 회귀식은 비록 통계적으로 유의미하다 할 지라도 원래 자료가 가지고 있는 중요한 정보 즉 건축양식에 따라 성당의 길이와 높이의 관계가 바뀌는 현상을 설명하는데 한계가 있음을 보여준다. 그렇다면 이와 같은 관계를 어떻게 회귀식으로 표현할 수 있을까? 그 해답은 바로 상호작용분석에 있다. 그럼 지금부터 상호작용이란 구체적으로 무엇이며 회귀식에서 어떻게 활용하고 해석하는지 알아보도록 하자.

〈그림 5-2〉 성당 높이와 길이의 산점도 Ⅱ

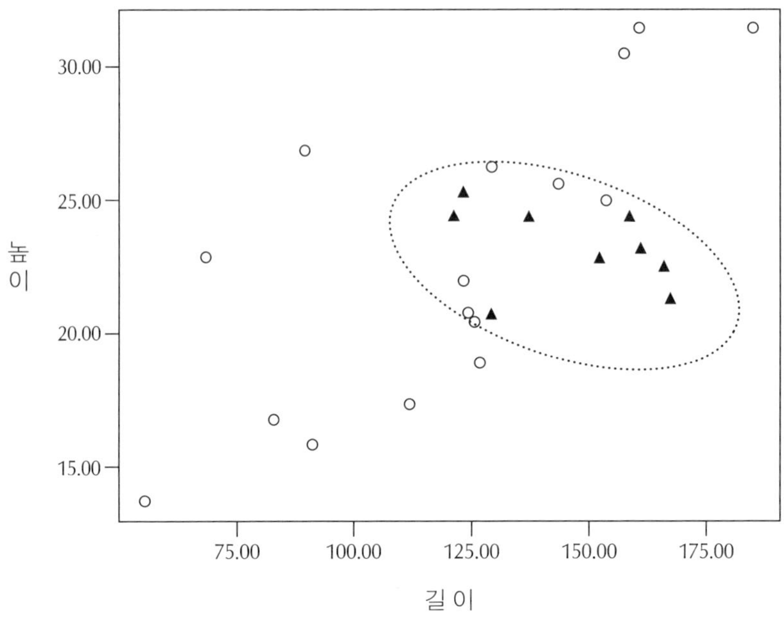

2. 상호작용의 이해

통계를 접해본 독자들에게 상호작용(interaction)이라는 용어는 꽤 익숙한 용어 중 하나일 것이다. 실제로 오늘날 많은 연구논문들에서 변수간 상호작용효과를 분석하고 있다. 그런데 안타깝게도 아직 몇몇 연구논문들에서 상호작용효과를 잘못 해석하거나 또는 그 속에 담긴 의미를 충분히 파악하지 못하는 경우를 종종 보게 된다. 이는 상호작용이라는 개념에 대한 정확한 이해가 부족하기 때문인 것 같다. 본 장에서는 상호작용의 의미와 상호작용항(interaction term)이 포함된 회귀식을 어떻게 해석하는지에 대해 자세히 알아보도록 하자.

상호작용이란 교호작용이라고도 불리며 이미 명칭에서 짐작할 수 있듯이 변수간에 서로 영향을 주고 받는 것을 의미한다. 특히 회귀분석에서 상호작용이란 독립변수들끼리 서로 영향을 주고 받아 종속변수에 미치는 이들 독립변수의 영향력이 변하는 것을 의미한다. 두 개의 독립변수로 구성된 회귀식을 생각해 보자. 지금까지 우리가 보아왔던 회귀식은 다음과 같은 형태를 취한다.

$$y = a + b_1x_1 + b_2x_2 + \cdots + b_nx_n$$

이와 같은 회귀식에서 종속변수에 대한 각 독립변수의 영향력은 언제나 일정하다. 즉 x_2에 상관없이 x_1이 1단위만큼 증가하면 y는 b_1만큼 증가하고 역시 x_1에 상관없이 x_2가 1단위만큼 증가하면 y는 b_2만큼 증가한다. 각 독립변수는 다른 독립변수들로부터 전혀 영향을 받지 않고 그야말로 '독립적으로' 종속변수에 영향을 미친다. 그런데 우리는 다른 독립변수가 바뀜에 따라 종속변수에 대한 어떤 독립변수의 영향력이 바뀌는 경우를 얼마든지 가정해 볼 수 있다.

가령 '근무연수'와 '교육연수'가 '임금'에 미치는 영향력을 생각해보자. 기본적으로 '근무연수'가 높고 '교육연수'가 높을수록 '임금'도 증가할 것이다. 그런데 '근무연수'에 따른 '임금'의 증가율은 아마도 '교육연수'에 따라 다를 수 있을 것이다. 예컨대 의사와 단순노동자를 비교해 보자. 의사의 경우 근무연수에 따른 임금 증가율이 단순노동자에 비해 훨씬 높을 것이다. 즉 '교육연수'가 높을수록 '근무연수'가 '임금'에 미치는 영향력 자체가 커진다고 할 수 있다.

다른 예로 '연령'과 '직종'이 '직무자율성'에 미치는 영향을 가정해 보자. 보통 '연령'이 증가하면 '직무자율성'도 증가할 것이다. 그러나 연령에 따른 직무자율성의 증가는 아마도 생산직에서 보다 관리직에서 더 클 것이다. 바로 이와 같은 경우에 '근무연수'와 '교육연수' 간에 그리고 '연령'과 '직종' 간에 종속변수에 대한 상호작용효과(interaction effect)가 있다고 한다. 앞에서 보았던 예도 바로 여기에 속한다. 성당의 '길이'가 '높이'에 미치는 영향은 성당의 '건축양식'에 따라 서로 다르기 때문이다.

> 회귀분석에서 상호작용(interaction)이란 어떤 독립변수가 다른 독립변수로부터 영향을 받아 종속변수에 미치는 영향력이 바뀌는 것을 말한다.

그렇다면 이러한 상호작용의 개념을 회귀식에서 어떻게 표현할 수 있을까? 회귀분석을 공부해본 독자라면 아마도 두 독립변수를 곱하여 이를 회귀식에 포함시킨다는 것 정도는 알고 있을 것이다. 그런데 정작 중요한 것은 왜 두 독립변수를 곱하냐는 것이다. 사실 상호작용에 대한 오해는 대부분 두 독립변수를 곱한 상호작용항(interaction term)이 어떤 원리에서 만들어지는지 잘 모르는 데서 출발하는 것 같다. 사정이 이렇다 보니 상호작용항이 포함된 회귀식의 결과를 해석할 때도 부적절한 결론을 내리는 경우가 종종 있다. 그러므로 상호작용을 제대로 이해하기 위해서는 상호작용항에 담긴 의미를 정확히 파악하는 것이 우선이라 하겠다.

앞에서 예로 들었던 '근무연수'와 '교육연수' 간의 관계를 살펴보며 논의를 진행시켜 보자. 우리의 회귀모형에서 상호작용을 분석한다는 것은 결국 '근무연수'가 '임금'에 미치는 영향력이 '교육연수'에 따라 변하는 회귀식을 만드는 것을 의미한다. 즉 종속변수에 대한 '근무연수'의 영향력이 '교육연수'에 종속되는 것을 말한다. 일단 상호작용항이 없는 보통 회귀식을 보면 다음과 같다.

$$\text{임금} = a + b_1\text{근무연수} + b_2\text{교육연수}$$

b_1과 b_2는 각각 '근무연수'와 '교육연수'의 회귀계수로 '임금'에 미치는 각 독립변수의 영향력을 나타낸다. 그런데 '근무연수'의 영향력(b_1)이 '교육연수'에 따라 변하는 것 즉 교육연수에 종속되는 것을 식으로 어떻게 표현할 수 있을까? 사실 이를 표현하는 방법은 여러 가지가 있을 수 있다. 그러나 우리는 이미 제2장에서 두 변수의 관계를 표현하는 가장 쉽고 단순한 방법은 바로 선형식(linear equation)을 사용하는 것이라고 배웠다. 따라서 '임금'에 대한 '근무연수'의 영향력(b_1)이 '교육연수'에 종속되는 것을 선형식으로 표현해 보면 다음과 같다.

$$b_1 = c + d\text{교육연수} + (e) \text{ — 식 ①}$$

이는 곧 '임금'에 대한 '근무연수'의 영향력 즉 근무연수의 회귀계수(b_1)를 종속변수로 하고 '교육연수'를 독립변수로 하는 회귀식이다. 이 식은 '교육연수'가 0일 때 종속변수에 대한 '근무연수'의 영향력(b_1)은 c이고 '교육연수'가 1단위 증가할 때 '근무연수'의 영향력은 d만큼 변화는 것을 나타낸다. 만약 의사와 단순노동자의 예에서처럼 '교육연수'가 증가할수록 '근무연수'가 '임금'에 미치는 영향력이 양의 방향으로 증가한다면 (가령 고학력자의 경우 근무연수가 1년 증가할 때 임금이 100만원 증가하는데 반해 저학력자의 경우 근무연수가 1년 증가할 때 임금이 30만원 증가하는 경우) d는 양의 값을 가질 것이고 그 반대라며 음의 값을 가질 것이다.

식 ①에서 주의해야 할 것은 '교육연수'는 원래부터 변수(variable)였지만 b_1은 원래 식에서는 상수(constant)였다는 것이다. 왜냐하면 보통 회귀식에서 회귀계수는 특정한 값으로 고정되어 있기 때문이다. 결론적으로 회귀모형에서 상호작용을 분석하려면 특정한 값으로 고정되어 있던 회귀계수를 다른 독립변수의 영향을 받는 변수(variable)의 형태로 전환해 주어야 한다. 여기서 또 한 가지 주의해야 할 점은 위의 식 ①은 방정식(equation)이 아니라 오차항(error term)을 가지고 있는 회귀식이라는 것이다(James T. McClave, et al., 2004). 만약 '근무연수'와 '교육연수'의 선형식이 오차가 전혀 없는 방정식이라면 극단적 다중공선성(extreme multicollinearity)이 발생해서 더 이상 분석을 할 수 없게 된다. 이에 대한 자세한 논의는 제7장에서 다룬다.

3. 상호작용항 interaction term

앞에서는 상호작용하는 두 변수를 식으로 표현하는 방법에 대해 알아보았다. 그럼 이를 전체 회귀식에 어떻게 접목시킬 수 있을까? 방법은 너무나도 간단하다. 단지 앞에서 구한 식 ①을 원래 식의 대신 대입하면 된다.

$$\text{임금} = a + (c + d\text{교육연수})\text{근무연수} + b_2\text{교육연수}$$

이제 위의 식을 풀어서 정리하면 다음과 같은 새로운 식을 얻을 수 있다.

$$\text{임금} = a + c\text{근무연수} + b_2\text{교육연수} + d(\text{근무연수} \times \text{교육연수})$$

새로운 식은 원래 식과 마찬가지로 '근무연수'와 '교육연수'가 독립변수로 포함되어 있다. 그런데 이에 더하여 '근무연수×교육연수'이라는 새로운 변수가 추가되었다. 이와 같이 상호작용을 분석하기 위하여 원래 회귀식에 새롭게 추가된 변수를 가리켜 상호작용항(interacntion term 또는 product term)이라고 부른다. 이제 우리는 하나의 절편(a)과 세 개의 회귀계수(c, b_2, d)를 추정함으로써 종속변수에 대한 '근무연수'와 '교육연수'의 상호작용효과가 어떻게 일어나는지 파악할 수 있다. 이 때 반드시 주의해야 할 것은 상호작용항을 구성하는 독립변수들이 회귀식에 모두 포함되어야 한다는 것이다(Leona S. Aiken & Stephen G. West, 1991).

> 두 독립변수의 상호작용을 보려면 두 독립변수를 곱한 상호작용항을 회귀식에 추가시켜 각 회귀계수를 추정하면 된다.
>
> $$y = a + b_1x_1 + b_2x_2 + b_3x_1x_2$$

그럼 실제 SPSS에서 어떻게 상호작용항을 만드는지 알아보자. (데이터 5-2 상호작용)을 열어보면 '교육연수', '소득' 그리고 '근무연수' 세 개의 변수가 있다. '교육연수'와 '근무연수'의 단위는 년(year)이고 '소득'의 단위는 만원이다. 이제 '소득'을 종속변수로 하여 '근무연수'와 '교육연수' 간의 상호작용효과 알아보려고 한다.

우선 메뉴바에서 Transform을 클릭하고 가장 위에 있는 Compute를 클릭하면 다음과 같은 창이 뜬다.

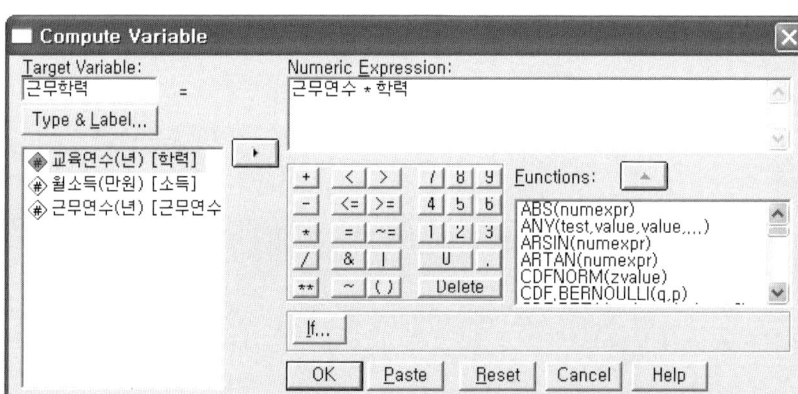

먼저 Target Variable이라는 칸에 새로 만들 상호작용항의 이름을 기입해 준다. 해석의 편의를 위해 곱하는 두 독립변수의 이름으로 변수명으로 지정해 주는 것이 좋다. 여기서는 '근무학력'이라는 이름으로 지정해 준다. 그리고 Numeric Expression이라는 칸에 상호작용을 보고 싶은 두 독립변수를 왼쪽 변수리스트로부터 가지고 온다. 마지막으로 이 두 변수를 곱해주고(*) 실행을 시키면 데이터창에 새로운 변수 즉 상호작용항이 생긴다.

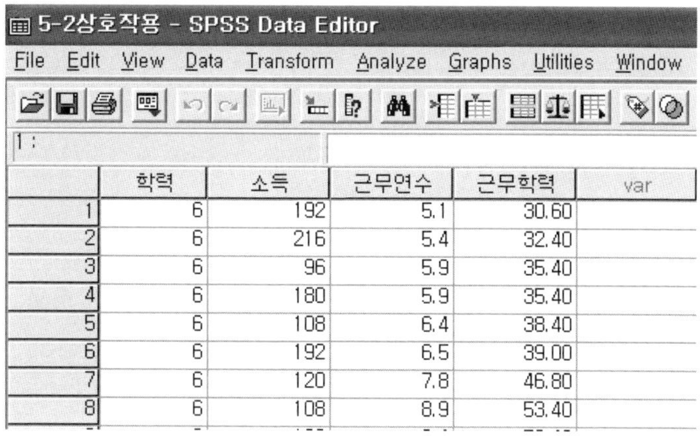

	학력	소득	근무연수	근무학력	var
1	6	192	5.1	30.60	
2	6	216	5.4	32.40	
3	6	96	5.9	35.40	
4	6	180	5.9	35.40	
5	6	108	6.4	38.40	
6	6	192	6.5	39.00	
7	6	120	7.8	46.80	
8	6	108	8.9	53.40	

새롭게 만들어진 변수(근무학력)의 변수값들은 단순히 '교육연수'와 '근무연수'의 변수값들을 곱한 값이다. 따라서 상호작용항의 변수값들은 특별한 단위가 없다. 단지 회귀식에서 독립변수들의 상호작용관계를 파악하기 위하여 사용될 뿐이다. 그럼 다음 절에서 상호작용이 포함된 회귀식의 결과는 어떻게 해석하는지 살펴보자.

4. 상호작용의 유형과 해석

유형 1: 양적변수와 양적변수

'근무연수'와 '교육연수'가 '소득'에 미치는 상호작용효과를 보기 위하여 '소득'을 종속변수로 하고 '근무연수', '교육연수' 그리고 '근무학력(상호작용항)'을 독립변수로 하는 중다회귀모형을 만들어 분석하면 다음과 같은 결과를 얻을 수 있다.

우선 회귀식의 설명력은 13.1%이고 본 회귀모형은 통계적으로 유의미하다. 이제 회귀계수를 살펴보자. 상호작용항이 포함된 회귀모형을 해석할 때 가장 먼저 해야 할 일은 바로 상호작용항의 유의도를 확인하는 것이다. 우리의 예에서 상호작용항 회귀계수의 유의도는 0.007로 통계적으로 유의미함을 알 수 있다. 이는 곧 우리 회귀모형에서 '근무연수'와 '교육연수' 간에 상호작용효과(interaction effect)가 존재한다는 것을 뜻한다.

Coefficients(a)

	Unstandardized Coefficients		Standardized Coefficients	t	Sig.
	B	Std. Error	Beta		
(Constant)	145.577	19.874		7.325	.000
근무연수(년)	-5.791	3.033	-.244	-1.909	.056
교육연수(년)	2.646	1.464	.149	1.807	.071
근무×교육연수	.619	.229	.372	2.702	.007

그렇다면 상호작용효과가 존재한다는 것은 무엇을 뜻하는 것일까? 바로 '근무연수'의 영향력이 '교육연수'에 종속된다는 것 다시 말해서 '교육연수'에 따라 '근무연수'가 '소득'에 미치는 영향력이 변한다는 것을 의미한다. 이는 또한 반대로 '근무연수'에 따라 '교육연수'가 '소득'에 미치는 영향력이 변한다는 것을 의미하기도 한다. 왜냐하면 상호작용항은 그 상호작용항을 구성하는 두 독립변수가 서로에게 종속되어 있음을 나타내기 때문이다. 그러나 실제로 상호작용효과를 해석해 줄 때는 두 가지 해석 중 연구자가 주로 관심을 갖는 하나에 초점을 맞추어 해석해 주면 된다(Leona S. Aiken & Stephen G. West, 1991). 우리의 예에서는 '교육연수'에 따라 '근무연수'가 '소득'에 미치는 영향력이 어떻게 변하는지를 보도록 한다.

그런데 만약 상호작용항의 회귀계수가 유의미하지 않다면 즉 통계적 유의도 *Sig.*가 0.05를 초과한다면 어떻게 해석해야 할까? 당연히 통계적으로 유의미한 상호작용효과가 존재하지 않는다고 해석하면 된다. 이는 곧 종속변수에 대한 어떤 독립변수의 영향력이 다른 독립변수로부터 영향을 받지 않는다는 것을 의미한다. 따라서 상호작용효과가 유의미하지 않다고 판단되면 상호작용항을 회귀식에서 제거하고 그냥 원래 독립변수만으로 구성된 회귀식을 분석해 주면 된다.

또 한가지 주의할 점은 원래 독립변수(근무연수, 교육연수)의 통계적 유의도에는 관심을 가질 필요가 없다는 것이다(Paul D. Allison, 1998). 위의 결과에서 보는 바와 같이 두 독립변수의 회귀계수는 모두 통계적으로 유의미하지 않다. 그러나 이와 같은 결과를 가지고 두 독립변수가 종속변수에 통계적으로 유의미한 영향을 미치지 않는다고 판단해서는 절대로 안 된다. 상호작용항을 빼고 두 독립변수로 소득을 다시 추정해 보면 다음과 같은 결과를 얻을 수 있다.

Coefficients(a)

Model	Unstandardized Coefficients		Standardized Coefficients	t	Sig.
	B	Std. Error	Beta		
(Constant)	96.479	8.064		11.965	.000
근무연수(년)	2.220	.640	.094	3.471	.001
교육연수(년)	6.385	.480	.359	13.300	.000

즉 '근무연수'와 '교육연수' 모두 '소득'에 통계적으로 매우 유의미한 영향을 미치는 것을 확인 수 있다. 따라서 상호작용항이 포함된 회귀식에서 상호작용항을 이루는 두 독립변수는 단지 상수항(절편)과 같이 취급해주면 된다. 우리는 지금까지 회귀식을 해석하면서 한 번도 상수항(절편)의 통계적 유의도에 대해서는 살펴보지 않았다. 다만 종속변수를 예측할 때 상수항(절편)을 사용하였을 뿐이다. 마찬가지로 상호작용항이 포함된 회귀식에서 두 독립변수는 상호작용효과를 해석할 때 단지 상수항(절편)처럼 이용하면 된다. 이제 상호작용항이 포함된 결과를 가지고 회귀식을 도출해 보면 다음과 같다.

$$\text{소득} = 145.577 - 5.791 \times \text{근무연수} + 2.646 \times \text{교육연수} + 0.619 \times (\text{근무연수} \times \text{교육연수})$$

그런데 여기서 한가지 이상한 점은 '근무연수'의 회귀계수가 음수라는 것이다. 이 결과를 보고 '근무연수'가 1단위 증가할수록 '소득'이 약 5.7만원 감소한다고 해석하는 것이 타당할까? 두 독립변수만으로 소득을 추정했을 때는 분명히 '근무연수'와 '소득' 간에 정적관계(positive relationship)가 있었다(b=2.220). 그런데 왜 상호작용항이 포함된 회귀식에서는 '근무연수'의 회귀계수가 음수로 나오는 것일까? 상호작용항이 포함된 회귀식을 해석할 때 반드시 기억해야 할 점은 바로 상호작용항을 구성하는 독립변수의 회귀계수는 보통 회귀계수를 해석하는 방식과 다르게 해석해 주어야 한다는 것이다.

상호작용모형에서 '근무연수'의 회귀계수 -5.791은 '교육연수가 0일 때 근무연수가 소득에 미치는 영향력'을 나타낸다. 마찬가지로 '교육연수'의 회귀계수 2.646은 '근무연수가 0일 때 교육연수가 소득에 미치는 영향력'을 나타낸다. 물론 우리의 자료에서 최저 교육연수는 6년 이므로 0~5년 사이의 교육연수 정보는 우리 자료에 없다. 또한 근무연수가 0년인 사람의 소득을 예측한다는 것은 말이 안 된다. 앞에서도 언급한 것처럼 상호작용항이 포함된 회귀식에서 두 독립변수의 회귀계수는 상수항(절편)처럼 취급하면 된다. 하지만 일반 회귀식에서 절편과 마찬가지로 이들 회귀계수는 종속변수의 예측값을 구할 때 반드시 계산에 포함시켜 주어야 한다.

이제 분석결과를 해석해 보자. 상호작용효과를 해석하는 가장 쉬운 방법은 '교육연수'에서 몇 개의 변수값을 대입하여 '근무연수'가 '소득'에 미치는 영향력이 어떻게 변하는지 살펴보는 것이다.

교육연수	회귀식	근무연수의 영향력
9	145.577 - 5.791 × 근무연수 + 2.646 × **9** + 0.619 × 근무 × **9** = 169.418 - 0.22 × 근무연수	-0.22
12	145.577 - 5.791 × 근무연수 + 2.646 × **12** + 0.619 × 근무 × **12** = 177.329 + 1.637 × 근무연수	1.637
14	145.577 - 5.791 × 근무연수 + 2.646 × **14** + 0.619 × 근무 × **14** = 182.621 + 2.875 × 근무연수	2.875
16	145.577 - 5.791 × 근무연수 + 2.646 × **16** + 0.619 × 근무 × **16** = 187.913 + 4.113 × 근무연수	4.113

교육연수가 바뀜에 따라 근무연수와 소득의 관계를 표현하는 회귀식이 모두 달라지는 것을 볼 수 있다. 두 독립변수로만 구성된 회귀식에서는 다른 독립변수의 변화는 단지 절편에만 영향을 주고 나머지 독립변수의 회귀계수는 언제나 일정하였다. 반면 상호작용항이 포함된 모형에서는 '교육연수'가 증가함에 따라 절편의 크기도 커지고 동시에 '근무연수'의 회귀계수도 커지는 것을 확인할 수 있다. 먼저 절편의 크기가 커지는 것은 '교육연수'가 '소득'에 정적인(positive) 영향을 미치기 때문이다. 즉 '교육연수'가 증가할수록 '소득'도 증가한다는 것이다. 또한 근무연수의 회귀계수가 커지는 것은 교육연수가 '소득에 대한 근무연수의 영향력(근무연수의 회귀계수)'에 역시 정적으로 영향을 미치기 때문이다.

예컨대 교육연수가 12년(고졸)인 경우 '근무연수'가 1단위(년) 증가할 때 '소득'은 약 1.6만원 증가하지만 교육연수가 16년(대졸)인 경우 '근무연수'가 1단위 증가할 때 '소득'은 약 4.1만원 증가한다. 한편 교육연수가 9년(중졸)인 경우 '근무연수'가 1년 증가할 때 오히려 '소득'은 0.2만원 감소하는 것으로 나타났다. 왜 이런 현상이 발생할까? 본 자료에 포함된 정보로는 더 이상의 분석은 불가능하다. 하지만 '근무연수'의 증가는 '연령'의 증가와 밀접한 관련이 있을 것이라 유추해 볼 수 있다. 한편 교육연수가 9년(중졸)인 집단이 주로 종사하는 직종의 특성상 '연령'의 증가는 '노동생산성'을 감소시켜 오히려 소득에 부정적인 영향을 줄 수도 있다. 따라서 교육연수가 낮은 집단에게서 '근무연수'의 증가는 곧 '노동생산성' 감소라는 잠재변수(latent variable)의 효과를 동반하여 약간의 소득 감소를 유발시켰다고 예측해 볼 수 있다.

결론적으로 '근무연수'와 '교육연수' 간에는 '소득'에 대한 상호작용효과가 있다고 할 수 있다. 특히 '교육연수'가 증가함에 따라 '소득'에 미치는 '근무연수'의 영향력이 양의 방향으로 증가한다고 할 수 있다.

상호작용효과(interaction effect)를 해석하는 방법

1. 상호작용항(intercantion term)이 통계적으로 유의미한지 확인한다(이 때 상호작용항에 포함된 개별 독립변수들의 유의도는 무시한다).
   만약 상호작용항의 회귀계수가 통계적으로 유의미하지 않으면 상호작용항을 제거하고 독립변수로만 구성된 주효과(main effect)만 분석해 준다.
2. 상호작용항의 회귀계수가 유의미하면 두 독립변수 중 하나를 선택하여 몇개의 변수값(value)들을 대입해 회귀식을 만들어 본다.
3. 위의 과정을 통해 만들어진 몇 개의 회귀식에서 나머지 독립변수의 회귀계수가 어떻게 변하는지 확인한다.

유형 2: 양적변수와 이분변수

이상에서는 양적변수와 양적변수 간에 상호작용효과를 분석해 봤다. 그러나 양적변수와 질적변수 즉 가변수(dummy variable)간에도 상호작용효과가 발생할 수 있다. 위의 내용을 이해하였다면 양적변수와 질적변수 간의 상호작용효과를 해석해 주는 것은 한결 쉬울 것이다. 여기서는 먼저 양적변수와 두 집단으로 구성된 이분변수(dichotomous variable) 간에 상호작용효과를 어떻게 분석하는지 알아보도록 하자.

(데이터 5-3 직무자율성)을 열어보면 '성별', '근무연수' 그리고 '직무자율성'이라는 변수들을 있다. 성별은 '남성:0, 여성:1'로 코딩된 가변수(dummy variable)이고 근

무연수와 직무자율성은 연속변수이다. 직무자율성은 100점 만점으로 점수가 높을수록 직무자율성이 높은 것을 의미한다.

연구자는 '직무자율성'을 종속변수로 하고 '근무연수'와 '성별'을 독립변수로 하여 회귀분석을 실시하였다. 분석결과 이 모형은 통계적으로 유의미하였으며 아래의 표와 같이 '근무연수'가 1년 증가할 때 직무자율성이 약 2점 증가하고 남성이 여성보다 약 12점 정도 높은 직무자율성을 보인다는 사실을 발견했다.

Coefficients(a)

Model	Unstandardized Coefficients		Standardized Coefficients	t	Sig.
	B	Std. Error	Beta		
(Constant)	-.102	1.110		-.092	.927
근무연수(년)	2.055	.080	.323	25.570	.000
성별	-12.327	.457	-.340	-26.963	.000

$$
\begin{aligned}
\text{남성}(0)\text{: 직무자율성} &= -0.102 + 2.055 \times \text{근무연수} - 12.327 \times \mathbf{0} \\
&= -0.102 + 2.055 \times \text{근무연수} \\
\text{여성}(1)\text{: 직무자율성} &= -0.102 + 2.055 \times \text{근무연수} - 12.327 \times \mathbf{1} \\
&= -12.429 + 2.055 \times \text{근무연수}
\end{aligned}
$$

남녀간 '근무연수'에 따른 '직무자율성'을 도식화해 보면 〈그림 5-3〉과 같이 평행한 두 개의 직선으로 나타낼 수 있다. 실선은 근무연수에 따른 남성의 직무자율성 변화를 보여주고 점선은 여성의 직무자율성 변화를 보여준다. 남녀간에 단지 절편에서 차이가 있을 뿐 '근무연수'의 회귀계수(기울기)는 2.055로 일정하다. 즉 남녀 모두 '근무연수'가 1년 증가할 때 '직무자율성'이 약 2점 정도 증가한다는 것을 의미한다.

그런데 어떻게 직무자율성이 음수가 나올 수 있을까? 실제로 이 자료에서 근무연수가 7년 미만인 사례는 전체 사례 중 0.5%도 못 미친다(7년째부터는 남녀 모두 직무자율성이 양수를 갖는다). 따라서 근무연수가 7년 미만인 경우는 분석에 실제적인 영향을 못 미쳤다고 볼 수 있다.

〈그림 5-3〉 남녀간 근무연수에 따른 직무자율성

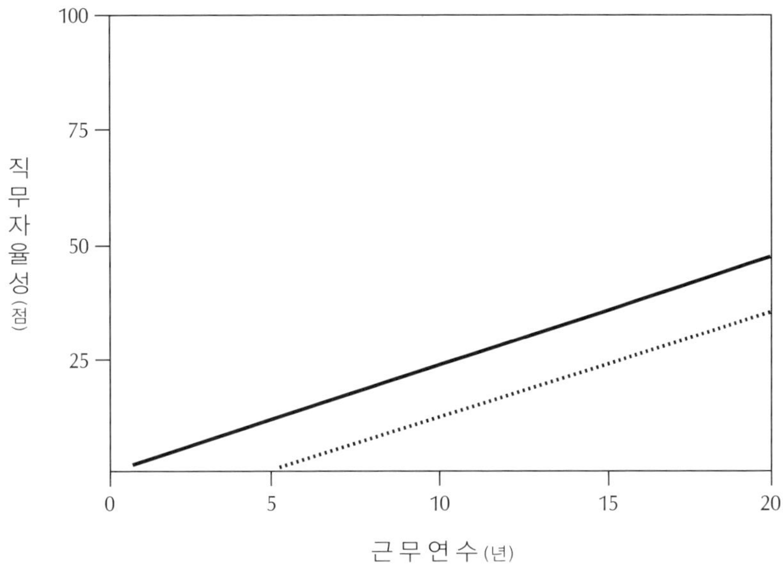

이제 '근무연수'가 '직무자율성'에 미치는 영향이 '성별'에 따라 다른지 알아 보고자 한다. 즉 '근무연수'와 '성별'이 '직무자율성'에 대해 상호작용효과를 갖는지 분석하려고 한다. 우선 연구모형을 만들어 보자. 앞에서와 똑같이 두 독립변수를 곱하여 상호작용항을 만들면 된다.

$$직무자율성 = a + b_1 근무연수 + b_2 성별 + b_3 (근무연수 \times 성별)$$

위의 식을 가지고 중다회귀분석을 해보면 이 모형은 통계적으로 유의미하며 다음과 같은 회귀계수를 얻을 수 있다.

Coefficients(a)

	Unstandardized Coefficients		Standardized Coefficients	t	Sig.
	B	Std. Error	Beta		
(Constant)	-5.718	1.369		-4.176	.000
근무연수(년)	2.479	.101	.389	24.627	.000
성별	2.900	2.242	.080	1.294	.196
근무연수×성별	-1.150	.166	-.434	-6.936	.000

우선 상호작용항의 유의도를 보면 $Sig.=0.000$으로 '근무연수'와 '성별' 간에는 유의미한 상호작용효과가 있음을 확인할 수 있다. 이제 결과를 해석해 보자. '성별'이라는 변수의 변수값은 항상 남성(0) 또는 여성(1)이기 때문에 위의 식을 다음과 같은 회귀식으로 표현할 수 있다.

남성(0): 직무자율성 = -5.718+2.479×근무연수+2.9×**0**-1.150×근무연수×**0**
= -5.718+2.479×근무연수

여성(1): 직무자율성 = -5.718+2.479×근무연수+2.9×**1**-1.150×근무연수×**1**
= -2.818+1.329×근무연수

남성의 경우 '근무연수'가 1년 증가할 때 '직무자율성'이 약 2.5점 증가하는 반면 여성은 약 1.3점 증가한다. 따라서 직무자율성에 미치는 근무연수의 영향력은 남성의 경우가 여성보다 두 배 가량 크다고 할 수 있다. 그러나 절편은 여성이 더 높다. 즉 근무연수가 아주 낮은 경우에는 여성이 남성보다 높은 직무자율성을 보인다. 이 둘의 관계를 도식화해 보면 다음과 같다.

〈그림 5-4〉 남녀간 근무연수에 따른 직무자율성: 상호작용

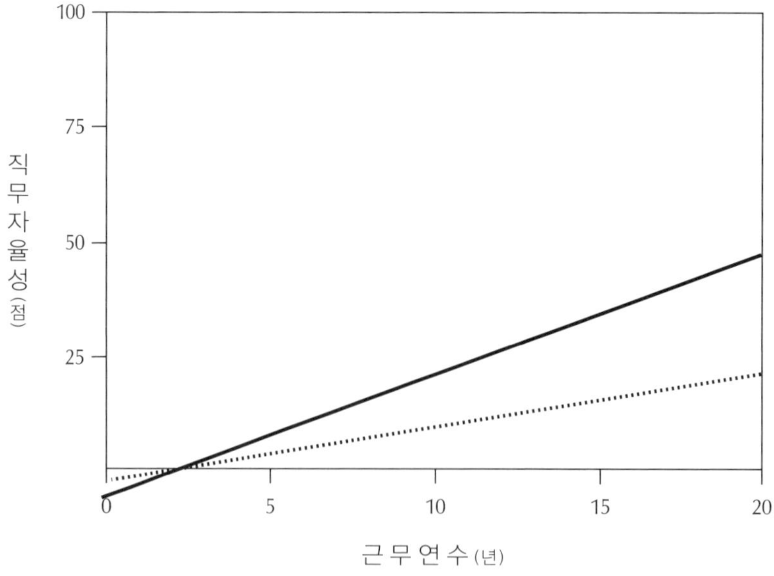

〈그림 5-4〉와 〈그림 5-3〉를 비교해 보면 상호작용이 어떤 차이를 발생시키는지 확연히 구분할 수 있다. 상호작용을 고려하지 않고 분석하였을 때 남녀간의 회귀선은 〈그림 5-3〉에서처럼 평행하였지만 상호작용을 고려하면 〈그림 5-4〉에서 보는 바와 같이 남녀간에 기울기가 서로 다른 회귀선(실선:남성, 점선:여성)이 그려진다. 즉 최초 2년까지는 여성의 직무자율성이 남성보다 높지만 2년이 지나면서부터 남성이 여성을 추월하여 근무연수가 증가할수록 남성과 여성의 직무자율성 간에 차이가 커진다.

결론적으로 '근무연수' 와 '성별' 간에는 '직무자율성' 에 대한 상호작용효과가 있다고 할 수 있다. 특히 남성의 경우 여성에 비해 '근무연수' 가 '직무자율성' 에 미치는 영향이 더 크다고 할 수 있다. 즉 근무연수가 2년 이상인 시점부터는 같은 근무연수를 가졌다 하더라도 남성이 여성보다 더 큰 직무자율성을 보이며 이 차이는 근무연수가 증가함에 따라 더욱 커진다.

이 결과가 상호작용항이 포함되지 않았던 앞의 회귀식과 근본적으로 다른 점은 무엇일까? 물론 상호작용항이 포함되지 않았던 회귀식의 결과에서도 남성이 여성보다 높은 직무자율성을 보이며 근무연수가 증가할수록 직무자율성도 증가한다. 하지만 상호작용항이 포함되지 않은 경우 근무연수와 상관없이 남성의 직무자율성이 여성보다 항상 2.055점 높다. 즉 '근무연수가 10년 차인 두 남녀' 와 '근무연수가 20년 차인 두 남녀' 간에 직무자율성 차이는 언제나 2.055점이라는 것이다.

반면에 상호작용항이 포함된 회귀식의 결과에서는 남녀 간의 직무자율성 차이가 근무연수에 영향을 받는다는 것을 보여준다. 즉 '근무연수가 10년 차인 두 남녀' 의 경우 남성의 직무자율성이 여성보다 8.6점 높지만 '근무연수가 20년 차인 두 남녀' 의 경우 남성의 직무자율성이 여성보다 20.1점 높게 나타난다.

그렇다면 이 두 결과 중 어떤 것이 옳은 것일까? 이는 옳고 그름의 문제가 아니다. 왜냐하면 연구자는 연구하고자 하는 의도에 따라 분석모형을 다르게 구축할 수 있기 때문이다. 다만 남녀 간에 주로 종사하는 직종의 차이라던가 직장 내에서의 지위 차이 등을 고려할 때 근무연수가 증가함에 따라 남녀간 직무자율성 차이가 증가한다는 주장이 좀 더 타당성 있어 보인다.

유형 3: 양적변수와 다분변수

이제 세 개 이상의 집단으로 이루어진 다분변수(polytomous variable)와 양적변수의 상호작용에 대해 알아보자. 이분변수는 하나의 가변수로 표현할 수 있지만 다분변수는 집단의 수에서 하나를 빼준 만큼의 가변수로 표현한다는 것을 이미 배웠다. 따라서 양적변수와 다분변수의 상호작용효과를 보기 위해서는 모든 가변수에 양적변수를 각각 곱해서 상호작용항을 만들어 주어야 한다. 즉 회귀식에 두 개 이상의 상호작용항이 필요하다.

앞에서 사용하였던 (데이터 5-2 직무자율성)을 다시 열어보면 '직종' 이라는 변수를 볼 수 있을 것이다. 직종은 세 집단으로 이루어진 다분변수이고 '0:사무직, 1:생산직, 2:서비스직' 으로 각각 코딩되어 있다. 이번에는 '근무연수' 와 '직종' 간에 상호작용효과가 있는지 알아보도록 하자.

우선 직종은 세 집단으로 이루어진 변수이기 때문에 두 개의 가변수가 필요하다. 여기서는 '사무직' 을 기준범주(reference categoty)로 하고 '생산직' 과 '서비스직' 이라는 두 개의 가변수를 만들었다. 상호작용효과를 보기에 앞서 '근무연수' 와 '직종' 으로만 이루어진 회귀모형을 분석해 보면 다음과 같은 결과를 얻을 수 있으며 이를 도식화해 보면 〈그림 5-5〉와 같다.

우선 세 집단 모두에서 '근무연수' 가 1년 증가할 때 '직무자율성' 이 약 2점 정도 증가하며 이는 통계적으로 유의미하다. 한편 '근무연수' 를 통제했을 때 '직종' 에 따라 '직무자율성' 에서 통계적으로 유의미한 차이가 있음을 알 수 있다. 특히 기준범주인 '사무직' 에 비해 '생산직' 은 약 3.4점 정도 그리고 '서비스직' 은 약 4.3점 정도 낮은 직무자율성을 보인다.

Coefficients(a)

	Unstandardized Coefficients		Standardized Coefficients	t	Sig.
	B	Std. Error	Beta		
(Constant)	-3.074	1.215		-2.530	.011
근무연수(년)	2.002	.086	.314	23.186	.000
생산직	-3.465	.574	-.087	-6.031	.000
서비스직	-4.318	.610	-.103	-7.074	.000

직무자율성 = -3.074 + 2.002 × 근무연수 - 3.465 × 생산직 - 4.318 × 서비스직

사무직 : -3.074 + 2.002 × 근무연수 - 3.465 × 0 - 4.318 × 0
= -3.074 + 2.002 × 근무연수
생산직 : -3.074 + 2.003 × 근무연수 - 3.465 × 1 - 4.318 × 0
= -6.539 + 2.002 × 근무연수
서비스직 : -3.074 + 2.003 × 근무연수 - 3.465 × 0 - 4.318 × 1
= -7.392 + 2.002 × 근무연수

〈그림 5-5〉 직종간 근무연수에 따른 직무자율성

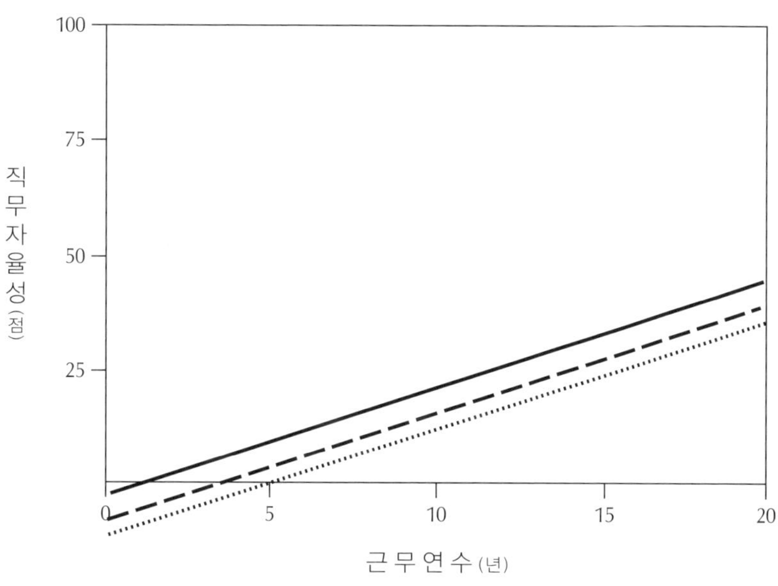

한편 위의 〈그림 5-5〉에서 실선은 '사무직', 굵은 점선은 '생산직' 그리고 가는 점선은 '서비스직'을 각각 나타낸다. 그림에서 보는 바와 같이 세 집단은 기울기가 같고 절편이 다른 세 개의 평행한 직선으로 표시할 수 있다.

이제 이들 변수들을 가지고 '직종'과 '근무연수' 간 상호작용항이 포함된 회귀모형을 만들어 보면 다음과 같다. 우리의 회귀식에서 두 개의 가변수들(생산직, 서비스직)은 실제로는 '직종'이라는 하나의 독립변수를 나타내기 위해 만들어진 변수들이다. 따라서 '근무연수'와 '직종'의 상호작용효과를 분석하기 위해서 각각의 가변수에 '근무연수'를

모두 곱하여 두 개의 상호작용항을 만들어 주어야 한다.

$$직무자율성 = a + b_1근무연수 + b_2생산직 + b_3서비스직 \\ + b_4(근무연수 \times 생산직) + b_5(근무연수 \times 서비스직)$$

이를 분석해 보면 이 회귀모형은 통계적으로 유의미하며 다음과 같은 회귀계수를 얻을 수 있다.

Coefficients(a)

Model	Unstandardized Coefficients		Standardized Coefficients	t	Sig.
	B	Std. Error	Beta		
(Constant)	-7.843	1.749		-4.485	.000
근무연수(년)	2.357	.127	.370	18.515	.000
생산직	1.818	2.799	.046	.650	.516
서비스직	8.192	2.842	.195	2.883	.004
근무연수×생산직	-.393	.203	-.137	-1.932	.053
근무연수×서비스직	-.970	.216	-.300	-4.502	.000

먼저 두 상호작용항의 통계적 유의도를 살펴보면 (근무연수×생산직)은 유의미하지 않고 (근무연수×서비스직)만 유의미한 것으로 나타났다. 그렇다면 이 결과를 어떻게 해석할 수 있을까? 직종의 기준범주는 '사무직'이었기 때문에 '사무직'과 '생산직' 간에는 '근무연수'에 대한 상호작용효과가 없고 '사무직'과 '서비스직' 간에는 '근무연수'에 대한 상호작용효과가 있다고 해석할 수 있다. 즉 '사무직'과 '생산직'에서는 근무연수가 직무자율성에 미치는 영향력이 같지만 '사무직'과 '서비스직'에서는 근무연수가 직무자율성에 미치는 영향력이 다르다는 것을 의미한다.

앞에서 설명한 것과 같이 상호작용항이 통계적으로 유의미하지 않으면 그 상호작용항을 제거하고 다시 회귀식을 추정하면 된다. 그런데 여기서 한 가지 주의해야 할 점은 '근무연수×생산직(상호작용항)'이 통계적으로 유의미하지 않다고 하여 '생산직'이라는 변수 자체를 회귀식에서 제거해서는 안 된다는 것이다. 왜냐하면 상호작용항이 유의미하지 않다는 것은 단지 '사무직'과 '생산직' 간에 '근무연수'에 대한 상호작용효과가 없다는 것이지 '생산직'이 '사무직'과 아무런 차이가 없다는 것을 의미하지는 않기 때문이다.

따라서 유의미하지 않은 상호작용항(근무연수×생산직)만 제외하고 나머지 변수들로 회귀식을 다시 추정하면 다음과 같은 결과를 얻을 수 있다.

Coefficients(a)

Model	Unstandardized Coefficients		Standardized Coefficients	t	Sig.
	B	Std. Error	Beta		
(Constant)	-5.772	1.382		-4.176	.000
근무연수(년)	2.203	.099	.346	22.189	.000
생산직	-3.474	.574	-.087	-6.057	.000
서비스직	6.121	2.633	.146	2.325	.020
근무연수×서비스직	-.816	.200	-.253	-4.076	.000

$$\text{직무자율성} = -5.722 + 2.203 \times \text{근무연수} - 3.474 \times \text{생산직} + 6.121 \times \text{서비스직} - 0.816 \times (\text{근무연수} \times \text{서비스직})$$

새로운 회귀식에서 상호작용항과 '생산직' 변수 모두 통계적으로 유의미한 회귀계수를 갖는다. 즉 '사무직'과 '생산직' 간에 통계적으로 유의미한 '직무자율성' 차이가 있으며 '사무직'과 '서비스직' 간에는 '근무연수'에 대한 상호작용효과 있다는 것을 확인할 수 있다. 이제 이 결과를 가지고 각 집단의 회귀식을 만들어 보면 다음과 같고, 이를 도식화해 보면 〈그림 5-6〉과 같다.

$$\begin{aligned}
\text{사무직} &: -5.722 + 2.203 \times \text{근무연수} - 3.474 \times 0 + 6.121 \times 0 - 0.816 \times \text{근무연수} \times 0 \\
&= -5.722 + 2.203 \times \text{근무연수} \\
\text{생산직} &: -5.722 + 2.203 \times \text{근무연수} - 3.474 \times 1 + 6.121 \times 0 - 0.816 \times \text{근무연수} \times 0 \\
&= -9.196 + 2.203 \times \text{근무연수} \\
\text{서비스직} &: -5.722 + 2.203 \times \text{근무연수} - 3.474 \times 0 + 6.121 \times 1 - 0.816 \times \text{근무연수} \times 1 \\
&= 0.399 + 1.387 \times \text{근무연수}
\end{aligned}$$

〈그림 5-6〉 직종간 근무연수에 따른 직무자율성: 상호작용

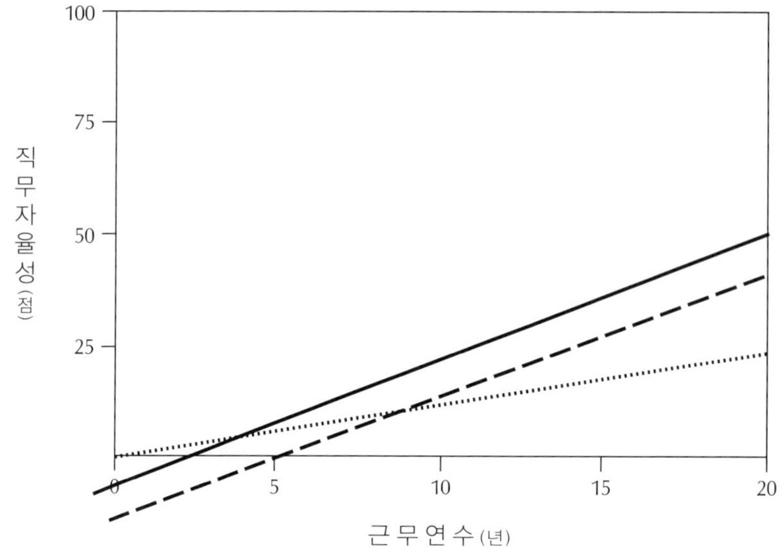

위의 그림에서 실선은 '사무직' 굵은 점선은 '생산직' 그리고 가는 점선은 '서비스직'을 각각 나타낸다. '사무직'과 '생산직'은 근무연수에 대한 상호작용효과가 없기 때문에 두 회귀선이 평행하다. 즉 두 집단에서는 모두 '근무연수'가 1년 증가할 때 '직무자율성'이 약 2.2점 정도 증가한다. 또한 '사무직'이 '생산직'보다 약 3.4점 정도 높은 직무자율성을 보이며 이는 그림에서 두 회귀선간 절편의 차이로 나타난다. 반면 '서비스직'은 '사무직'이나 '생산직'과 달리 근무연수가 1년 증가할 때 직무자율성이 약 1.3점 정도 증가한다. 즉 서비스직은 사무직이나 생산직에 비해 '근무연수'가 '직무자율성'이 미치는 영향력이 작다고 할 수 있다.

결론적으로 '근무연수'와 '직종' 간에는 '직무자율성'에 대한 상호작용효과가 있다고 할 수 있다. 특히 '사무직'과 '생산직'의 경우 '서비스직'에 비해 근무연수가 직무자율성에 미치는 영향이 더 크다고 할 수 있다. 즉 사무직과 생산직에서는 '근무연수'에 따른 '직무자율성'의 증가 정도가 큰데 반해 서비스직에서는 '근무연수'에 따른 '직무자율성'의 증가 정도가 상대적으로 작다 하겠다.

5. 상호작용의 활용

지금까지 상호작용에 대해 알아보았다. 실제로 상호작용분석은 회귀분석에서 굉장히 유용하게 사용될 수 있다. 특히 연구자는 상호작용효과를 분석해 봄으로서 변수들 간에 감추어진 보다 풍부한 역동성을 발견할 수 있다. '성별'에 따라 '근무연수'가 '임금'에 미치는 영향력이 다르다거나 '직종'에 따라 '근무연수'가 '직무자율성'에 미치는 영향력이 다르다는 것은 어찌 보면 너무나도 당연한 현실들이다. 그러나 만약 연구자가 상호작용효과을 분석하지 않는다면 이처럼 중요한 사실들을 간과할 수도 있다.

그렇다면 회귀식에 포함된 모든 독립변수들의 상호작용을 일일이 다 확인해야 하는 것일까? 가령 연구모형에 8개의 독립변수들이 있다면 이들 간의 상호작용효과을 모두 확인하기 위해 최소한 수십 개의 상호작용항을 분석해야 할 것이다. 하지만 이는 매우 비효율적일 뿐만 아니라 바람직하지도 않은 방법이다. 앞에서 강조했던 것처럼 모든 통계분석은 타당한 이론적 근거에 그 뿌리를 드리우고 있어야 한다. 상호작용분석도 마찬가지이다. 만약 연구자가 어떤 독립변수들 간에 상호작용효과을 분석하고자 한다면 왜 두 독립변수들 간에 상호작용이 의심되는지에 대한 충분한 이론적 검토가 선행되어야 한다.

한편 아무런 이론적 검토 없이 무조건 상호작용항을 회귀식에 포함시키는 것은 통계적인 측면에서도 바람직하지 않다. 왜냐하면 일반적으로 주어진 회귀식에서 상호작용항의 개수를 증가시킬수록 그 회귀식의 통계적 불안정성(instability) 역시 증가하기 때문이다(Aiken, L. S. & West, S. G., 1991). 통계에서 불안정성이란 어떤 변수에서의 사소한 변화가 실제 분석결과에서 비정상적으로 큰 변화를 초래하는 것을 의미한다(왜 이러한 불안정성이 문제가 되는지 제8장 다중공선성에서 보다 자세히 살펴 볼 것이다). 그러므로 무턱대고 상호작용항의 개수를 늘리는 것이 보다 정확한 모형을 만드는 방법이라 할 수 없다.

일반적으로 사회과학연구에서 상호작용분석이 가장 많이 활용되는 경우는 조절효과(moderating effect)를 검증할 때이다. 조절효과란 외부의 변인에 의해 독립변수와 종속변수의 관계가 변하는 것을 말한다. 예컨대 어떤 조직의 '임금수준'은 '직무만족도'에 긍정적인 영향을 줄 것이다. 그런데 각 조직이 가지고 있는 '조직문화'에 따라 '임금수준'이 '직무만족도'에 미치는 영향은 다를 수 있다. 즉 '임금'과 '직무만족도'의 관계는 '조직문화' 라는 외부변인에 의해서 조절을 받는다. 이 때 독립변수와 종속변수 사이에서 이 두 변수 간의 관계를 조절하는 변수를 가리켜 조절변수(moderating variable)라고 한다.

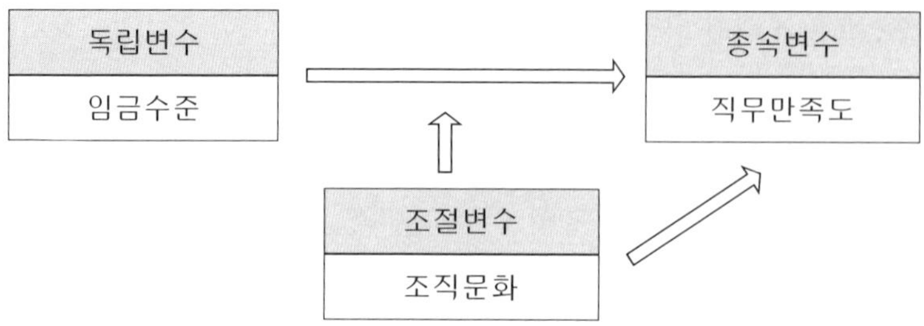

이는 우리가 상호작용에서 다루었던 논리와 거의 비슷한 내용이다. 사실 조절효과와 상호작용효과는 개념에서 약간의 차이가 있을 뿐 통계적으로 검증하는 방법은 비슷하다. 만약 '임금' 과 '조직문화' 간에 통계적으로 유의미한 상호작용효과가 있다면 '조직문화' 가 '임금' 과 '직무만족도' 의 관계를 조절한다고 판단할 수 있기 때문이다.

6. 상호작용항을 포함한 회귀모형의 적용사례 : '근무경력과 성별이 직무자율성에 미치는 영향'

지금까지는 상호작용하는 독립변수들과 상호작용항만으로 구성된 회귀모형을 분석하였다. 여기서는 실제로 다른 변수들을 통제한 가운데 '근무연수' 와 '성별' 이 '직무자율성' 에 어떻게 영향을 미치는지 알아보도록 하자. 상호작용항이 포함되었다는 것을 제외하면 일반 중다회귀모형을 해석하는 것과 큰 차이가 없다는 것을 미리 밝혀둔다.

연구자는 '연령', '직종', '근무연수' 그리고 '성별' 을 독립변수로 하고 '직무자율성' 을 종속변수로 하는 회귀모형을 구성하였다. 특히 다른 독립변수들(연령과 직종)을 통제한 상태에서 '근무연수' 와 '성별' 간에 상호작용효과를 분석하였다. 이 회귀모형은 통계적으로 유의미하며 다음과 같은 회귀계수를 얻을 수 있다.

$$\text{직무자율성} = \text{연령} + \text{직종}_{(\text{생산직, 서비스직})} + \text{근무연수} + \text{성별} + (\text{근무연수} \times \text{성별})$$

Coefficients(a)

Model	Unstandardized Coefficients		Standardized Coefficients	t	Sig.
	B	Std. Error	Beta		
(Constant)	-20.541	1.549		-13.262	.000
연령(세)	.415	.018	.270	22.551	.000
생산직	-2.782	.508	-.070	-5.480	.000
서비스직	-4.270	.539	-.102	-7.917	.000
근무연수(년)	2.535	.096	.398	26.454	.000
성별	.245	2.122	.007	.116	.908
근무연수×성별	-.933	.157	-.352	-5.945	.000

$$\text{직무자율성} = -20.541 + 0.415 \times \text{연령} - 2.782 \times \text{생산직} - 4.270 \times \text{서비스직} + 2.535 \times \text{근무연수} + 0.245 \times \text{성별} - 0.933 \times (\text{근무연수} \times \text{성별})$$

우선 '연령'과 '직종(생산직, 서비스직)' 모두 '직무자율성'에 통계적으로 유의미한 영향을 미치고 있다. 다른 조건들이 같다는 조건하에서 '연령'이 1세 증가할 때 '직무자율성'은 약 0.4점 정도 증가한다. 그리고 '사무직'에 비해 '생산직'은 2.7점 정도 그리고 '서비스직'은 4.2점 정도 낮은 직무자율성을 보인다. 한편 다른 변수들을 통제했을 때 '근무연수'와 '성별' 간에도 통계적으로 유의미한 상호작용효과가 있는 것을 확인할 수 있다.

중다회귀모형에서 상호작용효과를 분석할 때 상호작용항과 관련된 변수와 절편을 묶어서 정리하면 보다 쉽게 회귀식을 해석할 수 있다. 어차피 회귀식을 해석할 때 나머지 독립변수들은 모두 같은 조건이라는 가정하에서 해석하기 때문이다. 우리의 결과에서 상호작용과 관련된 변수는 '근무연수', '성별' 그리고 '근무연수×성별'이다. 따라서 이 세 변수와 절편을 묶어서 회귀식을 정리하면 다음과 같다. 이 때 연구자가 관심을 갖는 것은 '성별'에 따라 '직무자율성'에 대한 '근무연수'의 영향력이 어떻게 변하는지 파악하는 것이기 때문에 '근무연수'를 중심으로 변수들을 정리한다.

$$\text{직무자율성} = [\mathbf{(-20.541 + 0.245 \times 성별) + (2.535 - 0.933 \times 성별) \times 근무연수}] + 0.415 \times \text{연령} - 2.782 \times \text{생산직} - 4.270 \times \text{서비스직}$$

이제 성별에 따라서 근무연수가 어떻게 변하는지 쉽게 알아볼 수 있다. 남성은 0 그리고 여성은 1로 코딩되어 있기 때문에 이를 각각 성별에 대입해서 해석하면 된다.

$$
\begin{aligned}
\text{남성}(0):\ \text{직무자율성} &= [(-20.541+0.245\times\mathbf{0})+(2.535-0.933\times\mathbf{0})\times\text{근무연수}] \\
&\quad +0.415\times\text{연령}-2.782\times\text{생산직}-4.270\times\text{서비스직} \\
&= [-20.541+\boxed{2.535}\times\text{근무연수}]+0.415\times\text{연령}-2.782 \\
&\quad \times\text{생산직}-4.270\times\text{서비스직} \\
\text{여성}(1):\ \text{직무자율성} &= [(-20.541+0.245\times\mathbf{1})+(2.535-0.933\times\mathbf{1})\times\text{근무연수}] \\
&\quad +0.415\times\text{연령}-2.782\times\text{생산직}-4.270\times\text{서비스직} \\
&= [-20.296+\boxed{1.617}\times\text{근무연수}]+0.415\times\text{연령}-2.782 \\
&\quad \times\text{생산직}-4.270\times\text{서비스직}
\end{aligned}
$$

즉 연령과 직종이 같을 때 (연령과 직종을 통제하였을 때) 남성은 근무연수가 1단위 증가하면 직무자율성이 약 2.5점(=2.535-0.933×0) 증가하지만 여성은 약 1.6점(=2.535-0.933×1) 증가한다. 따라서 남성의 경우 여성에 비해 근무연수가 직무자율성에 미치는 영향이 더 크다고 할 수 있다.

상호작용분석의 실례

연구자는 '빈곤 스트레스'와 '가족갈등 스트레스'가 아동의 '적응'에 미치는 영향을 연구하고자 한다. 특히 아동의 '스트레스 대처방식'에 따른 상호작용효과에 초점을 두고 분석하고자 한다. '빈곤 스트레스'와 '가족갈등 스트레스'는 각각 기존의 척도를 사용하여 측정하였으며 아동의 '적응'은 '외현화 문제행동(공격, 비행)'과 '내현화 문제행동(위축, 불안)'으로 나누어 측정하였다. 이상의 변수들은 모두 연속변수로 취급하였다. 한편 아동의 '스트레스 대처방식'은 4개의 하위차원(적극적 대처행동, 소극적 대처행동, 공격적 대처행동 그리고 지지추구적 대처행동)으로 구성되어 있다. 이제 연구자는 각 '스트레스 대처방식'이 '빈곤 및 가족갈등 스트레스'와 어떻게 상호작용하는지 알아보기 위해 다음과 같은 분석을 실시하였다.

원래 논문에서는 남아와 여아를 구분하여 각 문제행동을 종속변수로 하고 개별 대처방식과 '빈곤 및 가족갈등 스트레스' 간의 상호작용을 모두 분석하였다. 하지만 여기서는 남아의 '비행' 문제를 종속변수로 하여 '지지추구 대처방식'과 '빈곤 및 가족갈등 스트레스'

간의 상호작용을 분석한 내용만 보도록 한다(참고로 ***는 *Sig.*=0.01수준, **는 *Sig.*=0.05수준 그리고 *는 *Sig.*=0.1수준에서 통계치가 유의미함을 의미한다).

우선 아래의 표와 같은 방식으로 회귀분석 결과를 제시해 주면 독자들이 쉽고 정확하게 모형의 유의도와 각 독립변수의 회귀계수를 알아볼 수 있다. 특히 이와 같은 방식은 여러 회귀모형의 결과들을 한 번에 제시할 때 매우 유용하다. 논문을 작성할 때 분석결과를 효과적으로 제시해 주는 것은 정확한 분석을 하는 것만큼이나 중요한 사항이다. 이런 점에서 아래의 결과 제시 방식은 모범적이라 하겠다.

	B	$S.E.$	β	t	R^2	ΔR^2	F
(상수)	1.28	.01		153.30***			
빈곤스트레스	.10	.02	.21	5.16***			
가족갈등스트레스	.13	.02	.27	6.75***			
빈곤스트레스× 지지추구대처방식	.11	.03	.12	2.98**	.167	.162	30.35***
가족갈등스트레스× 지지추구대처방식	-.08	.04	-.10	-2.63**			

이제 결과를 해석해 보면 표의 가장 오른쪽에 본 회귀모형의 *F*값(30.35)이 나와 있으며 이는 *Sig.*=0.01수준에서 통계적으로 유의미함을 알 수 있다. 한편 본 회귀모형의 결정계수(R^2)는 0.167이고 수정결정계수(ΔR^2)는 0.162이다. 즉 회귀모형에 포함된 독립변수들은 종속변수(남아의 비행)의 분산 중 16.7%를 설명한다는 것을 알 수 있다. 표의 가장 왼쪽부터 각 독립변수들의 비표준화회귀계수(B), 표준오차($S.E.$), 표준화회귀계수(β) 그리고 t점수와 통계적 유의도가 별표로 표시되어 있다.

마지막으로 각 독립변수들의 통계적 유의도를 살펴보면 두 개의 상호작용항이 모두 통계적으로 유의미함을 알 수 있다. 그런데 한 가지 이상한 점은 독립변수에 '지지추구 대처방식'이 없다는 것이다. 이미 앞에서 설명한 바와 같이 상호작용항에 포함된 변수는 반드시 회귀식에 독립변수로 포함되어야 하는데 위의 결과에는 상호작용항을 구성하는 '지지추구 대처방식'이 회귀식에 독립변수로 포함되어 있지 않다. 이는 많은 연구자들이 상호작용분석을 하면서 실수하는 부분 중 하나이다. 앞에서 배운 대로 위의 결과를 정리해 보면 다음과 같다.

비행 = 1.28 + 0.10빈곤스트레스 + 0.13가족갈등스트레스
+ 0.11(빈곤스트레스 × 지지추구) - 0.08(가족갈등스트레스 × 지지추구)

비행 = 1.28 + (0.10 + 0.11지지추구) × 빈곤스트레스
+ (0.13 - 0.08지지추구) × 가족갈등스트레스 — 식 ①

이 결과는 '지지추구 대처방식' 이 높을수록 '빈곤 스트레스' 가 '비행' 에 미치는 영향은 증가하고 '지지추구 대처방식' 이 높을수록 '가족갈등 스트레스' 가 '비행' 에 미치는 영향은 감소하는 것을 보여준다. 하지만 식 ①에서는 '지지추구 대처방식' 자체가 종속변수(비행)에 미치는 영향이 누락되어 있다. 만약 '지지추구 대처방식' 을 독립변수로 투입하여 회귀모형을 구성하였다면 다음과 같은 가상의 회귀결과를 얻을 수 있을 것이다.

$$비행 = a + b지지추구 + c빈곤스트레스 + d가족갈등스트레스 + e(빈곤스트레스 \times 지지추구) + f(가족갈등스트레스 \times 지지추구)$$

이제 이를 정리해 보면 다음과 같다.

$$비행 = a + b지지추구 + (c + e지지추구) \times 빈곤스트레스 + (d + f지지추구) \times 가족갈등스트레스 \text{ — 식 ②}$$

식 ②의 기본적인 형태는 식 ①과 유사하다. 다만 식 ①에서는 '지지추구 대처방식' 이 '빈곤 및 가족갈등 스트레스' 의 회귀계수에만 영향을 주는 반면 식 ②에서는 '지지추구 대처방식' 이 다른 변수들과 상호작용할 뿐만 아니라 '비행' 이라는 종속변수에 b라는 영향을 미친다. '지지추구 대처방식' 에 따라 '비행' 의 정도가 변화한다고 보는 것이 논리적으로 타당하기 때문에 식 ②가 식 ①보다 더 바람직한 모형이라 할 수 있다. 더군다나 회귀모형에서 상호작용분석이란 종속변수에 영향을 미치는 두 변수의 상호작용효과를 분석하는 것을 의미한다. 따라서 상호작용항을 구성하는 두 변수가 반드시 개별 독립변수로 회귀식에 포함되어야 한다.

'지지추구 대처방식' 을 투입하여 다시 회귀모형을 분석한다면 어떤 결과가 추정될지 알 수는 없다. 하지만 분명한 것은 위의 회귀결과와는 다른 결과가 도출된다는 것이다(그 차이는 클 수도 있고 작을 수도 있다). 그러므로 상호작용효과를 분석할 때 상호작용항을 구성하는 변수가 회귀모형에서 누락되지 않았는지 반드시 확인해야만 한다.

6 _ 비선형관계 분석

nonlinear relation

1. 비선형관계 분석의 필요성

〈표 6-1〉 엔진크기와 연비

차종	엔진크기	연비	차종	엔진크기	연비
ToyotaC	71.10	33.90	Merc280C	167.60	17.80
HondaC	75.70	30.40	Valiant	225.00	18.10
Fiat128	78.70	32.40	Hornet	258.00	21.40
FiatX19	79.00	27.30	Mer450se	275.80	16.40
LotusEur	95.10	30.40	Mer450sl	275.80	17.30
Datsun	108.00	22.80	MercSLC	275.80	15.20
ToyotaO	120.10	21.50	Maserati	301.00	15.00
Porsche	120.30	26.00	AMCJav	304.00	16.20
Volvo	121.00	21.40	DodgeCh	318.00	15.50
Merce230	140.80	22.80	Camaro	350.00	13.30
Ferrari	145.00	19.70	FordPant	381.00	18.80
Merc240D	146.70	24.40	HornetSp	360.00	18.70
Mazda	160.00	21.00	PlymDust	360.00	16.30
MazdaWag	160.00	21.00	Firebird	400.00	19.20
Merc280	167.60	19.20	ChryImp	440.00	17.70

자동차의 엔진크기와 연비간에는 어떤 관계가 있을까? 아마도 엔진의 크기가 커질수록 연비는 감소할 것이다. 〈표 6-1〉은 30여 종의 차량을 대상으로 엔진크기와 연비를 측정한 것이다(데이터 6-1 연비). '엔진크기'는 엔진의 전체 용적을 나타내고 '연비'는 1겔론(gallon)으로 주행할 수 있는 거리(mile)를 나타낸다. 한편 엔진크기와 연비의 관계를 산점도 상에 표시해 보면 〈그림 6-1〉과 같다.

〈그림 6-1〉 엔진크기와 연비의 산점도

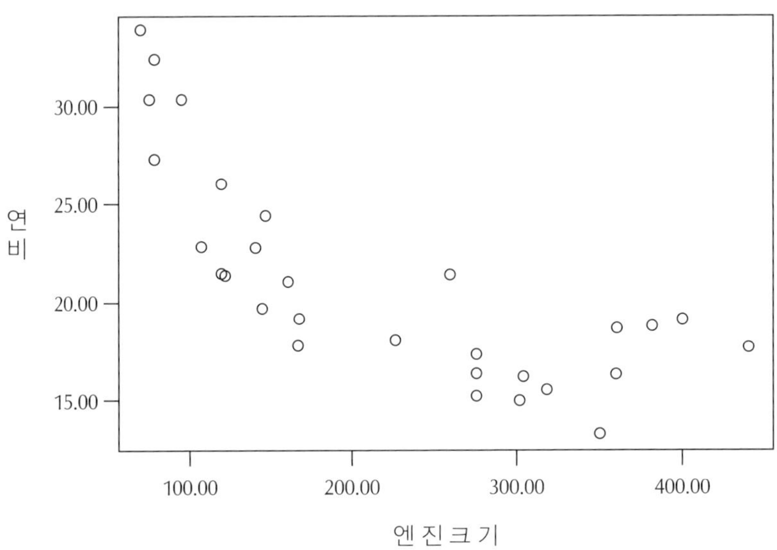

이미 예상했던 것과 같이 '엔진크기'와 '연비' 간에는 부적관계(negative relationship)가 있다. 이제 '연비'를 종속변수로 하고 '엔진크기'를 독립변수로 하여 회귀식을 추정해 보면 이 모형의 결정계수 0.577이며 이 모형은 통계적으로 유의미함을 알 수 있다. 한편 추정된 회귀식은 다음과 같으며 이를 산점도 상에 표시해 보면 〈그림 6-2〉와 같다.

$$\text{연비} = 28.904 - 0.036 \times \text{엔진크기}$$

〈그림 6-2〉 엔진크기와 연비의 회귀선: 선형회귀모형

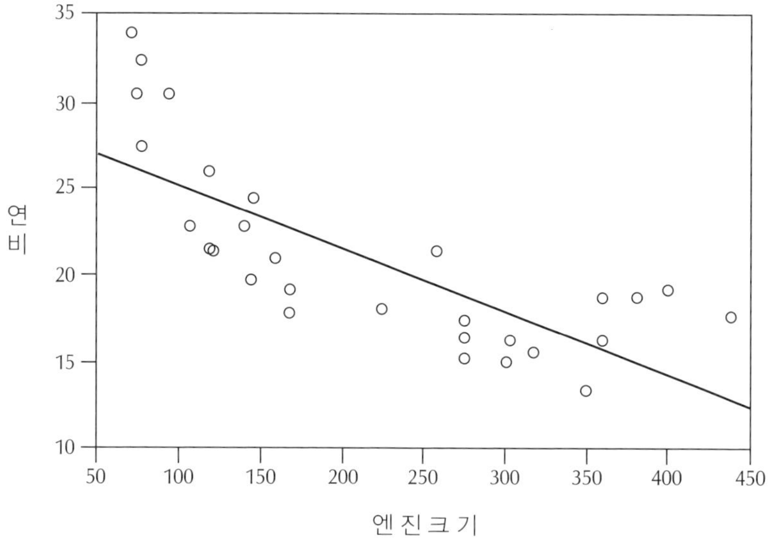

추정된 회귀모형은 모형의 설명력도 높고 통계적으로도 유의하며 전반적으로 두 변수간의 관계를 잘 설명한다고 할 수 있다. 즉 '엔진크기'가 1단위 증가할 때 '연비'는 0.036 겔론 씩 감소한다는 것을 보여준다. 그런데 만약 어떤 연구자가 '엔진크기'와 '연비'의 보다 자세한 정보를 얻기 원한다면 과연 이 결과에 만족할 수 있을까?

산점도를 좀 더 자세히 보면 알겠지만 엔진크기가 대략 300일 때까지는 엔진크기가 증가할 때 연비가 감소하지만 300 이후부터는 엔진크기가 증가할 때 오히려 연비가 약간 증가하는 것을 볼 수 있다. 즉 일정 수준까지는 두 변수가 부적관계(negative relationship)를 보이지만 일정수준을 넘어서면서부터 정적관계(positive relationship)로 바뀌는 경향이 있다. 이와 같은 현상은 연구의 목적에 따라서 대단히 중요한 정보일 수도 있다. 비록 위에서 추정한 회귀식이 통계적으로 유의미하고 모형의 설명력이 높다 할지라도 이와 같이 관계의 방향이 변하는 변수관계를 설명하는 데에는 한계가 있다. 왜냐하면 우리가 지금까지 추정한 회귀식은 모두 선형성(linearity)을 전제로 변수들의 관계를 설명하기 때문이다.

그럼 어떻게 이와 같은 관계를 회귀모형으로 추정할 수 있을까? 비선형 회귀분석을 배우는 이유가 바로 여기에 있다. 만약 〈그림 6-3〉과 같이 회귀선을 추정할 수 있다면 두 변수간의 관계를 보다 정확히 묘사할 수 있을 것이다. 실제로 동일한 자료를 가지고 〈그림

6-3〉과 같은 비선형 회귀분석을 해보면(자세한 방법에 대해서는 다음 절에서 다룬다) 이때 결정계수는 0.823으로 앞에서 분석하였던 선형회귀모형(=0.577)보다 설명력이 무려 25%나 증가한다. 다른 독립변수의 추가 없이 단지 추정방법을 바꿈으로써 설명력을 25%나 증가시킬 수 있다는 것은 비선형 분석이 매우 유용하다는 것을 보여주는 단적인 예이다.

〈그림 6-3〉 엔진크기와 연비의 회귀선: 비선형회귀모형

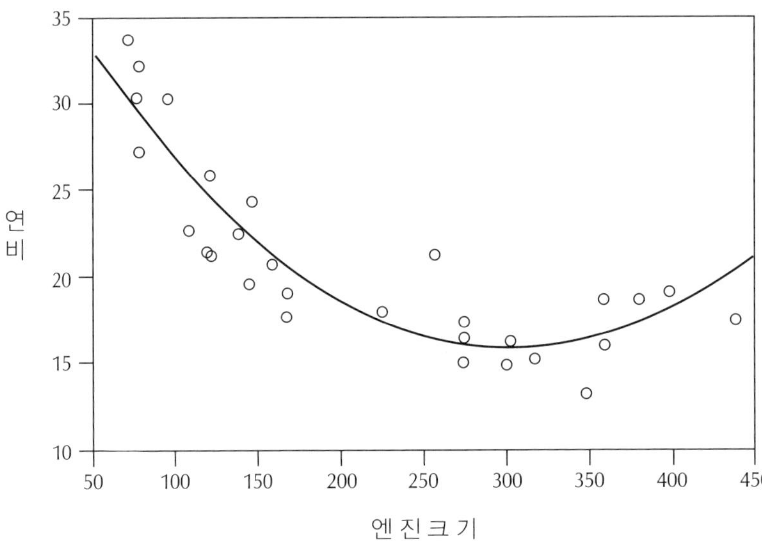

이 외에도 변수들 간에는 다양한 형태의 비선형관계가 있다. 가령 변수 들 간에 관계의 방향이 바뀌지는 않지만 변화율 자체가 변함에 따라 두 변수의 관계를 직선으로 표현하는데 한계가 있을 수도 있다. 또한 두 변수의 관계가 직각쌍곡선의 형태로 나타나는 경우도 있다. 변수들이 어떤 형태의 비선형 관계를 갖느냐에 따라 이를 분석하는 방법은 매우 다양하다. 따라서 한 장(chapter)에 이 내용들을 모두 담는 것은 불가능하다. 이에 본 장에서는 사회과학연구에서 가장 빈번하게 사용되는 몇 가지 비선형관계를 회귀모형으로 분석하는 방법에 대하여 중점적으로 살펴보도록 한다.

2. 비선형관계와 회귀모형

제2장에서 설명한 바와 같이 기본적으로 회귀모형은 변수들 간에 선형관계가 있다는 것을 전제하고 회귀식을 추정한다. 그러나 앞의 예에서처럼 변수들이 반드시 선형적인 관계로 이루어져 있는 것은 아니다. 그렇다면 선형성(linearity)을 전제한 회귀모형으로 이와 같은 비선형관계들을 어떻게 설명할 수 있을까?

가장 쉬운 방법은 그냥 선형회귀식으로 비선형관계를 추정하는 것이다. 이미 앞의 예에서 보았고 뒤에서 보다 자세히 살펴보겠지만 선형회귀식은 비록 최상의 방법은 아닐지라도 나름대로 비선형관계를 근사하게 추정할 수 있기 때문이다. 그러나 보다 바람직한 방법이 있다면 바로 그 대안을 사용하는 것이 연구자의 자세라 할 수 있을 것이다. 그럼 이제부터 본격적으로 선형회귀식을 변형해서 비선형관계를 분석하는 기법들에 대해서 알아보도록 하자.

지금까지 우리가 살펴보았던 회귀식의 기본적인 형태는 다음과 같다.

$$y = a + b_1x_1 + b_2x_2 + \cdots + b_kx_k + e$$

우리는 보통 이와 같은 모형을 가리켜 선형적(linear)이라고 하는데 회귀모형에서 '선형적'이란 종속변수가 각 독립변수들에 대해서 선형적이라는 것을 의미한다. 즉 어떤 독립변수가 1단위 증가할 때 종속변수는 어느 지점에서나 항상 회귀계수(b)만큼 변하고 이때 이들의 관계를 도식화해 보면 직선으로 나타나게 된다.

반면 회귀모형에서 '비선형적(non-linear)'이란 독립변수와 종속변수의 관계가 직선으로 나타나지 않는 것을 의미한다. 가령 독립변수의 크기에 따라 종속변수의 변화율 자체가 달라지거나 또는 일정수준까지는 꾸준히 증가하다가 어느 지점을 지나면서부터 감소하는 형태가 바로 여기에 속한다. 따라서 선형관계를 제외한 나머지 관계들은 모두 비선형관계라 할 수 있다.

그럼 회귀식에서 비선형관계를 어떻게 표현할 수 있을까? 회귀모형에서 비선형관계는 결국 종속변수와 독립변수의 문제이므로 둘 중 하나 또는 모두의 형태를 바꾸어 주면 된다. 한편 비선형관계는 매우 다양하기 때문에 변수의 형태를 바꾸어 주는 방법도 여러 가지가 있을 수 있다. 예컨대 y대신에 $log\ y$를 사용한다거나 또는 x대신에 x^2을 사용하면 선형회귀식의 기본적인 틀을 유지하면서 종속변수와 독립변수의 관계를 비선형적으로 표현할 수 있다. 이를 가리켜 변수의 변환(transformation)이라고 한다. 즉 독립변수와 종속변수가 어떤 유형의 비선형관계인지 파악하고 그에 따라 적절히 변수를 변환해 줌으로서 선형회귀모형으로 비선형관계를 표현할 수 있게 된다(George A. F. Seber & C. J. Wild, 2003).

그렇다면 종속변수와 독립변수가 비선형관계인지 아닌지 어떻게 파악할 수 있을까? 첫 번째 방법은 자료를 도식화해서 직접 변수들의 관계를 확인하는 것이다. 만약 어떤 독립변수와 종속변수의 산점도가 직선보다는 특정한 곡선에 가깝게 나타난다면 이 두 변수간에는 비선형성이 있다고 의심해 볼 수 있다. 그러나 산점도를 이용하는 방법에는 두 가지 단점이 있다. 먼저 사례수가 굉장히 많을 경우 육안으로 관계를 파악하기가 매우 어렵다는 것이고 또한 어디까지가 선형적이고 어디부터가 비선형적인지 판단할 수 있는 명확한 기준이 없다는 것이다.

비선형성을 판단하는 두 번째 방법은 선형성 검증(test for linearity)을 해보는 것이다. 실제로 사회과학영역에서 온전하게 선형관계로 표현되는 변수들은 거의 전무하다 해도 과언이 아니다. 따라서 선형성 검증에서는 우선 "두 변수의 관계가 선형적이지 않다"라고 가정한다. 그리고 두 변수가 '선형적이라고 가정했을 때'의 설명력과 '선형적이지 않다라고 가정했을 때'의 설명력을 비교하여 통계적으로 큰 차이가 없다면 선형성을 인정하는 것이다.

사실 어떤 관계를 선형적이라고 규정하는 것은 일종의 제약(constraint)을 가하는 것과 같다. 왜냐하면 어떤 변수들의 관계를 선형적으로 표현한다는 것은 결국 변수들 간에 존재하는 복잡한 역동성을 단지 절편(intercept)과 기울기(slope)만으로 설명하는 것이기 때문이다. 따라서 선형성을 가정했을 때의 설명력은 선형성을 가정하지 않았을 때 즉 제약이 작을 때의 설명력보다 항상 낮기 마련이다. 따라서 선형성 검증에서는 바로 이 설명력의 차이가 통계적으로 유의미한지 살펴봄으로써 간접적으로 선형성을 검증한다.

선형성 검증에서는 두 변수를 분산분석(ANOVA)으로 분석한 설명력(선형성을 가정하지 않음)과 회귀분석으로 분석한 설명력(선형성을 가정함)을 비교하는데 이 때 η^2(에타제곱)와 r^2는 각각 분산분석과 회귀분석에서의 설명력을 나타내며 공식은 다음과 같다.

$$F_{(k-2,\, n-k)} = \frac{(\eta^2 - r^2) / (k-2)}{(1-\eta^2)/(n-k)}$$

(k:독립변수의 범주수, n:사례수)

위의 식에서 독립변수의 범주(category)수란 분산분석을 위해 독립변수의 각 변수값(value)을 하나의 집단으로 취급했을 때 그 개수를 말한다. 예컨대 '교육연수'라는 양적변수의 변수값(value)범위가 0에서부터 16이라면 각 변수값(0, 1, 2, 3, ..., 16)을 하나의 개별 집단으로 구분하여 분산분석(ANOVA)을 하게 된다. 즉 양적변수를 질적변수로 취급하는 것이다.

위의 공식에서 알 수 있듯이 분산분석과 회귀분석의 설명력이 비슷하다면(선형적이라면) F값은 1에 가까워질 것이고 두 설명력의 차이가 크다면 (선형적이지 않다면) F값은 커질 것이다. 따라서 ANOVA table의 F값이 통계적으로 유의미하면 즉 0.05보다 작으면 두 변수는 비선형적이라고 할 수 있다. 선형성 검증은 SPSS에서 다음의 절차를 거쳐 실행할 수 있다.

Analyze ⇨ Compare Means ⇨ Means

Dependent List와 Independent List에 각각 종속변수와 독립변수를 대입하고 Options... 을 클릭하여 Anova table and eta와 Test for linearity를 선택하면 된다.

그러나 선형성 검증은 단지 두 변수가 선형적이지 않다는 것만 알려줄 뿐 구체적으로 어떤 비선형관계를 갖는지 알려주지는 못한다. 따라서 연구자는 단지 선형성 검증만 가지고는 어떤 형태로 변수를 전환해야 하는지 판단할 수 없다. 또한 개인적인 대부분 경험에 비추어 볼 때 선형성 검증을 해 보면 사회과학연구에서 사용되는 많은 자료들은 대부분 비선형적인 것으로 판단된다. 그렇다면 비선형적인 모든 변수들을 다 변환해야 하는 것일까? 그렇지 않다. 왜냐하면 우리는 이미 선형회귀식으로 자료를 추정할 때 비선형성으로 인해 발생하는 오차도 고려하기 때문이다.

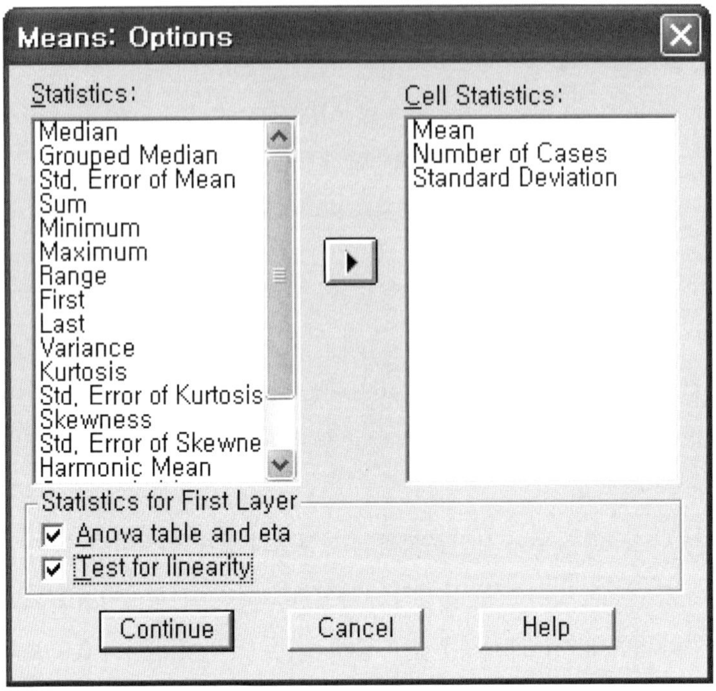

그럼 언제 어떤 유형의 비선형 회귀모형을 사용해야 할까? 그것은 바로 이론에 근거한 연구자의 의도에 달려있다. 앞서 상호작용에서도 언급한 바와 같이 연구자는 연구의 목적에 맞게 어떤 변수간에 특별한 비선형성이 있을 것이라 예단할 수 있다. 예컨대 임금피크제[4] 하에서 '연령'과 '임금'의 관계를 연구한다고 가정해 보자. 만약 이 연구자의 관심사가 다른 변수들을 통제하였을 때 임금이 최고치에 도달하는 연령을 밝히는 것이라면 원래식에 '연령'의 제곱을 추가하여 비선형 회귀모형을 추정하면 된다.

물론 엔진크기와 연비의 예에서처럼 비선형 회귀모형을 통해 보다 높은 설명력을 얻을 수 있다. 하지만 단지 모형의 설명력을 높이기 위해서 비선형 회귀모형을 사용하는 것은 바람직하지 않다. 즉 비선형 회귀모형을 사용할 때 가장 중요한 것은 변수간의 비선형관계가 이론을 통해 충분히 논의되어야 한다는 것이다.

4) 정년을 보장하거나 연장하는 대신 일정한 나이 이후 임금을 단계적으로 삭감하는 제도

3. 변수의 변환

로그변환의 이해

일반적인 선형회귀모형에서는 독립변수가 1단위 증가할 때 종속변수의 변화를 절대적 양의 변화로 표현하였다. 우리는 앞에서 "남성의 월소득이 여성보다 40만원 많다"거나 아니면 "교육연수가 1년 증가할 때 월소득은 7만원 증가한다"와 같은 방식으로 종속변수의 변화를 표현하였다. 그런데 실제로 보통 일상생활에서는 이와 같은 표현을 잘 사용하지 않는다. 특히 소득과 같은 재정적인 문제들을 다룰 때 우리는 절대 양의 변화로 표현하기 보다는 증가율(increasing rate) 또는 감소율(decreasing rate)과 같은 변화율(changing rate)을 주로 사용한다.

가령 "남성의 소득이 여성보다 15% 높다"거나 "교육연수가 1년 증가할 때 소득은 8% 증가한다"와 같은 방식으로 표현하는 것이 보다 일반적이다. 물론 종속변수의 변화를 절대 양의 변화로 계산하면 특정 연령에 속한 사람의 예상 소득을 쉽게 구할 수 있다. 그러나 때로 연구자는 종속변수의 예상치 자체에 관심이 두기 보다는 독립변수의 변화에 따른 종속변수의 변화율에 더 큰 관심을 가질 수 있다.

또한 경우에 따라서 종속변수의 변화를 퍼센트로 표현하면 보다 정확하게 자료의 정보를 분석할 수 있다. 예컨데 어떤 회귀식을 통해 남녀간의 월소득 차이를 40만원으로 추정했다고 가정해 보자. 이는 곧 소득수준에 상관없이 남녀간 월소득 차이가 평균적으로 40만원이라는 것을 의미한다. 그러나 월소득이 800만원인 집단에서 40만원 차이와 월소득이 100만원인 집단에서 40만원 차이는 분명 다른 의미를 지닌다. 따라서 이와 같은 경우 성별에 따른 소득 차이를 퍼센트로 표현해 주는 것이 보다 타당하다. 바로 이와 같은 경우에 자주 사용되는 변수변환방법이 종속변수에 로그(log)를 취해주는 것이다.

이와 같이 실수를 로그(log)로 변환해주는 것을 가리켜 로그변환(logarithm transformation)이라고 한다. 로그변환은 변수간 비선형관계를 다루는 방법으로 활용될 뿐만 아니라 이분산성(heteroscedasticity)을 줄이기 위한 수단으로 이용되기도 하고(이에 대한 자세한 내용은 제8장에서 다룬다) 로지스틱 회귀모형을 추정할 때 활용되기도 한다(이에 대한 자세한 내용은 제9장에서 다룬다). 또한 이 책에서 다루지는 않지만 생존분석

(survival analysis)에서 특히 *AFT*모형(accelerated failure time model)에서 생존시간(survival time)을 추정하거나 Cox모형에서 위험율(hazard rate)을 추정할 때도 모두 로그변환을 사용한다. 따라서 로그변환의 원리를 이해하고 그 해석방법을 숙지하는 것은 나중에 고급통계를 공부할 때에도 많은 도움이 된다.

그럼 로그변환을 이용한 회귀분석에 들어가기 앞서 로그의 기본적인 성질에 대해 몇 가지 알아 보도록 하자. 우리가 중고등학교 시절에 주로 배웠던 상용로그는 10을 밑(base)으로 하는 로그였다. 다음을 보며 기억을 더듬어 보자.

〈표 6-2〉 로그(log)의 예

밑(base)이 10일 때	밑이 2일 때
$\log 10 = \log 10^{1} = 1$ $\log 100 = \log 10^{2} = 2$ $\log 1000 = \log 10^{3} = 3$ $\log 1 = \log 10^{0} = 0$ $\log 0.01 = \log 10^{-2} = -2$	$\log 2 = \log 2^{1} = 1$ $\log 4 = \log 2^{2} = 2$ $\log 16 = \log 2^{4} = 4$ $\log 2.5 = \log 1/4 = \log 2^{-2} = -2$

로그는 한마디로 어떤 수를 밑(base)으로 정하고 정해진 밑의 제곱을 이용하여 숫자들을 표현하는 것이다. 가령 밑을 10으로 하는 상용로그에서 1000은 10(밑)의 3제곱이기 때문에 log1000은 곧 3이 된다. 그런데 통계학자들에 의해서 자연상수(natural constant) e(=2.7182...)를 밑으로 하는 로그(log)가 회귀분석에 가장 적합하다는 것이 판명되었다. 자연상수는 익스포넨셜(exponential)이라고 읽고 원주율(π)과 같이 수학에서 사용되는 상수(constant)라고 이해하면 된다. 특히 자연상수 e를 밑으로 한 로그를 가리켜 자연로그(natural logarithm)라 하고 일반적으로 *LN* 또는 소문자 *ln*으로 표시한다.

예컨대 자연로그(ln)값 3에 대응하는 실수를 찾고 싶다면 $\ln e^{3}$을 풀면 된다. 즉 $2.7182...^{3}(=e^{3})$으로 대략 20.08정도가 된다. 반대로 실수값 3에 대응하는 자연로그값을 찾고 싶다면 $\ln e^{x}=3$을 풀면 된다. 즉 $2.7182...^{1.098...}=3$이므로 대략 1.098정도가 된다. 공학용 계산기나 엑셀(Excel)프로그램을 이용하면 자연로그값과 그에 대응하는 실수값을 쉽게 구할 수 있다. 만약 자연로그값을 알고 그에 대응하는 실수로 구하고 싶다면 *Exp*이라는 함수에 자연로그값을 대입하면 되고 반대로 실수를 알고 그에 대응하는 자연로그값을 알고 싶다면 *LN*이라는 함수에 실수를 대입하면 된다. 아래 표는 실수와 그에 대응하는 자연로그값을 나타낸 것이다.

〈표 6-3〉 자연로그값과 실수와의 관계

$\ln e^x$	실수	$\ln e^x$	실수
1	2.718282	0	1
2	7.389056	0.693147	2
3	20.08554	1.098612	3
4	54.59815	1.386294	4
5	148.4132	1.609438	5

〈표 6-3〉에서 보는 바와 같이 자연로그값이 1단위씩 증가할 때 실수는 기하급수적으로 증가한다. 즉 자연로그값을 직선(선형)으로 표현하더라도 그에 대응하는 실수는 비선형으로 표현된다는 것이다. 바로 이와 같은 원리를 이용하여 로그변환을 통해 선형회귀식에서 비선형적인 관계를 설명하는 것이다.

로그변환모형의 적용과 해석

그럼 이제부터 본격적으로 종속변수에 로그(log)를 취해주면 어떤 변화가 발생하는지 알아보자. (데이터 6-2 비선형)을 열어보면 '연소득', '연령', '성별' 그리고 '학력'이라는 변수가 있다. '성별'을 제외한 나머지 세 변수는 모두 양적변수이고 '성별'은 남성을 0으로 여성을 1로 각각 코딩하였다. 연구자는 '연령'과 '성별'을 통제하고 '교육연수'가 '연소득'에 미치는 영향을 살펴보고자 한다. 우선 일반적인 회귀모형으로 분석해 보면 다음과 같은 결과를 얻을 수 있다.

Coefficients(a)

	Unstandardized Coefficients		Standardized Coefficients	t	Sig.
	B	Std. Error	Beta		
(Constant)	-1596.242	97.348		-16.397	.000
연령(세)	36.136	1.336	.229	27.058	.000
교육연수(년)	231.877	5.575	.352	41.591	.000
성별	-828.668	31.058	-.226	-26.681	.000

연소득=-1596.242+36.136×연령+231.877×교육연수-828.688×성별

모형의 설명력은 0.216이고 이 때 *F*값은 1005.371로 이는 통계적으로 유의미하다. 한편 회귀계수를 살펴보면 세 변수 모두 '월소득'에 통계적으로 유의미한 영향을 미치는 것을 알 수 있다. 특히 '연령'과 '성별'을 통제하였을 때 '교육연수'가 1년 증가하면 '연소득'은 약 231만원 증가한다. 이제 종속변수에 자연로그(ln)를 취해보자. 다음과 같은 방법으로 변수를 변환해 주면 된다.

Transform ⇨ Compute

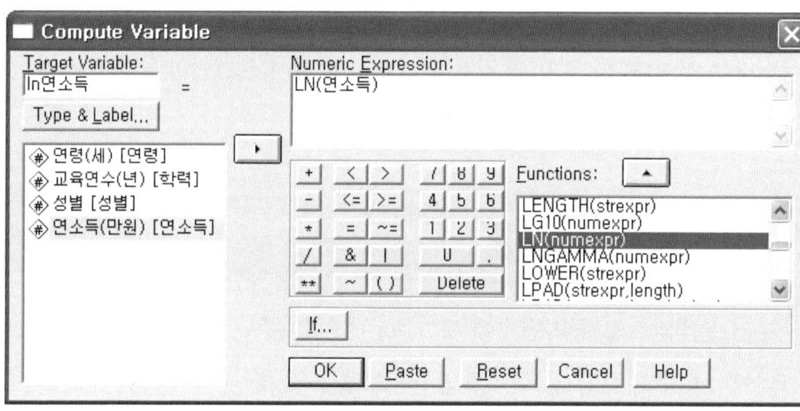

먼저 Target Variable에 새로 만들어질 변수의 이름을 기입한다. 여기서는 'ln연소득'이라고 하였다. 다음 Functions에서 LN(numexpr)이라는 함수를 찾아 클릭하고 위로 보내는 화살표를 눌러 Numeric Expression으로 보낸다. 그리고 왼쪽 변수리스트에서 로그로 변환시키고 싶은 변수를 선택하고 역시 Numeric Expression으로 보내어 실행시키면 된다. 아마 데이터 창에 새 변수 'ln연소득'이 생성될 것이다. 바로 이 변수가 '연소득'을 자연로그(ln)로 변환한 변수이다. 그럼 이제 자연로그로 변환된 새 변수를 종속변수로 하여 다시 회귀분석을 실행시키면 다음과 같은 결과를 얻을 수 있다.

Coefficients(a)

	Unstandardized Coefficients		Standardized Coefficients	t	Sig.
	B	Std. Error	Beta		
(Constant)	6.425	.029		221.032	.000
연령(세)	.011	.000	.231	27.478	.000
교육연수(년)	.072	.002	.363	43.181	.000
성별	-.262	.009	-.237	-28.207	.000

$$\ln 연소득 = 6.425 + 0.011 \times 연령 + 0.072 \times 교육연수 - 0.262 \times 성별$$

우선 로그모형의 설명력은 0.228이고 F값은 1081.640으로 역시 통계적으로 유의미하며 세 변수 모두 '연소득'에 통계적으로 유의미한 영향을 미친다. 두 모형(일반선형모형, 로그변환모형)을 모형 적합도(model fit) 측면에서만 보면 굳이 로그변환을 선호할 필요가 없다. 물론 우리의 예에서는 결정계수와 F값이 약간 향상되었지만 그리 의미 있는 수치는 아니다. 또한 로그변환을 한다고 해서 항상 모형 적합도가 향상되는 것도 아니다. 종종 일반선형모형보다 로그모형에서 약간 낮은 F값이 나타나기도 한다.

이제 회귀계수를 해석해 보자. 연령과 성별을 통제했을 때 '교육연수'가 1년 증가하면 '연소득'은 0.072 'log만원' 증가한다. 여기서 가장 중요한 것은 종속변수가 로그로 변환되었기 때문에 모든 회귀계수들의 단위는 'log만원'으로 해석해야 한다는 것이다. 가령 연령이 20세이며 남성(0)인 경우 연소득은 다음과 같이 계산할 수 있다.

$$\begin{aligned} \ln 연소득 &= 6.425 + 0.011 \times \mathbf{20} + 0.072 \times 교육연수 - 0.262 \times \mathbf{0} \\ &= 6.645 + 0.072 \times 교육연수 \end{aligned}$$

즉 연령이 20세이며 남성인 경우 '교육연수'가 0일 때 '연소득'은 6.645log만원이고 교육연수가 1년 증가함에 따라 연소득은 0.072log만원씩 증가한다. 그런데 0.072log만원씩 증가한다는 것이 무슨 뜻일까? 종종 연구논문들에서 로그모형의 회귀계수를 잘못 해석하는 경우를 볼 수 있는데 이는 로그변화와 실수변화에 대한 정확한 이해가 부족하기 때문이다.

이를 자세히 알아보기 위해 아래 〈표 6-4〉에서 연령이 20세이며 남성인 집단의 각 교육연수 별 예상 연소득을 'log만원' 으로 계산하고 이를 다시 원래 단위인 '만원' (실수)로 변환하였다. 한편 실수(만원)의 변화를 살펴보기 위해 변화량과 변화율을 함께 계산하였다.

아래의 표 두 번째 칸에서 보는 것과 같이 연령이 1세 증가할 때 'log만원' 은 항상 0.072씩 증가한다. 즉 'log만원' 과 '교육연수' 의 관계는 선형적이라는 것을 의미한다. 그런데 이를 원래 단위인 '만원' 으로 전환해 보면 표의 세 번째 칸에서 보는 것과 같이 '변화량' 이 일정하지 않고 '교육연수' 가 높아질수록 '변화량' 자체가 커진다. 예컨대 같은 1년 차이라 하더라도 '교육연수 6년과 7년 차이' 는 72만원인데 비해 '16년과 17년 차이' 는 149만원으로 전자에 비해 2배나 더 큰 차이를 보인다. 그런데 표의 가장 오른쪽 칸에서 보는 것과 같이 실수 '변화량' 의 '변화율' 을 계산해 보면 약 +7.4%로 항상 일정함을 알 수 있다.

〈표 6-4〉 20세 남성의 예상 연소득

교육연수	log만원	만원	변화량(만원)	변화율(만원)
1	6.524	681.298	-	-
2	6.596	732.160	+50.862	-
3	6.668	786.820	+54.659	+7.4%
4	6.740	845.560	+58.740	+7.4%
5	6.812	908.686	+63.125	+7.4%
6	6.884	976.524	+67.838	+7.4%
7	6.956	1049.427	+72.902	+7.4%
8	7.028	1127.773	+78.345	+7.4%
9	7.100	1211.967	+84.194	+7.4%
10	7.172	1302.447	+90.479	+7.4%
11	7.244	1399.682	+97.234	+7.4%
12	7.316	1504.175	+104.490	+7.4%
13	7.388	1616.470	+112.290	+7.4%
14	7.460	1737.148	+120.678	+7.4%
15	7.532	1866.835	+129.687	+7.4%
16	7.604	2006.205	+139.369	+7.4%
17	7.676	2155.979	+149.773	+7.4%
18	7.748	2316.934	+160.955	+7.4%
19	7.820	2489.905	+172.971	+7.4%
20	7.892	2675.790	+185.884	+7.4%

즉 일정하게 증가하는 로그값을 실수로 전환하면 실수의 '변화량' 자체는 일정하지 않지만 '변화율' 은 일정하다는 것을 보여준다. 따라서 우리는 '연령' 과 '성별' 을 통제했

을 때 '교육연수'가 1년 증가하면 '연소득'은 7.4% 증가한다는 말할 수 있다. 사실 소득과 같은 변수에서는 이와 같은 예측이 더 현실적이다. 일반적으로 '초등학교만 졸업한 사람과 중학교에 입학한 사람의 소득 차이' 보다 '고등학교만 졸업한 사람과 대학교에 입학한 사람의 소득 차이'가 더 클 것으로 예상되기 때문이다. 그렇다면 로그모형은 어떤 형태의 비선형으로 나타날까? 아래 〈그림 6-4〉는 '교육연수'에 따른 '연소득' 변화를 'log 만원'과 '만원'으로 각각 그린 것이다.

〈그림 6-4〉 교육연수와 연소득의 관계

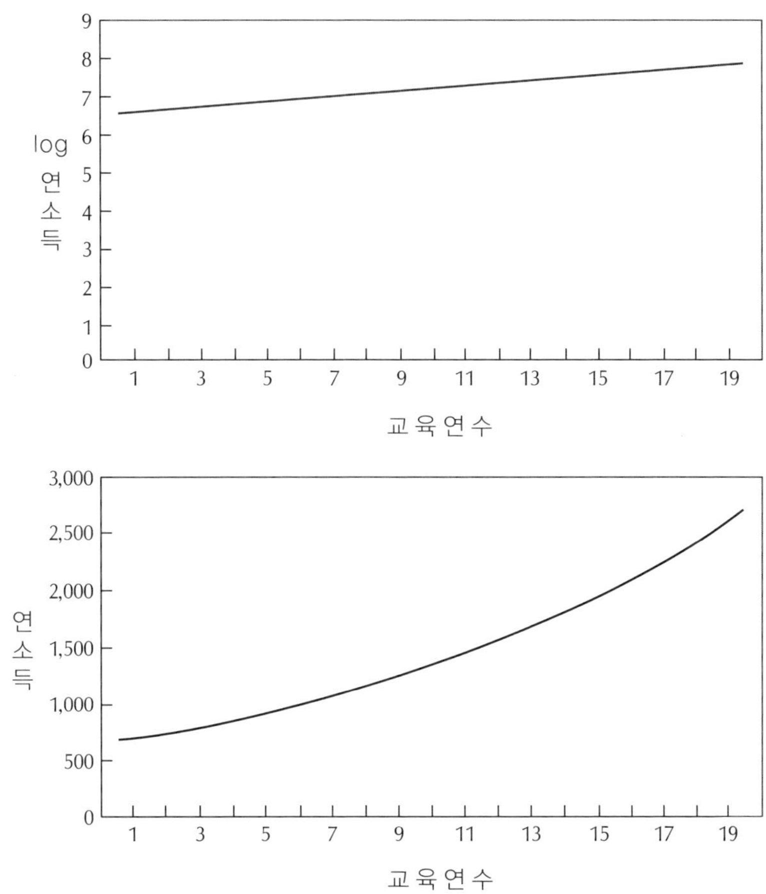

그림에서 보는 바와 같이 로그모형에서는 '교육연수'와 '연소득'의 관계가 완만한 직선으로 나타나는 반면 이를 원래 단위 즉 실수로 전환해 주면 처음에는 완만하게 증가하다가 점차 변화량이 커지는 곡선으로 표현된다. 즉 〈그림 6-4〉의 아래 그림과 같이 어떤 두

변수가 단조증가(monotone increasing)하는 곡선의 관계를 지닐 때 이 중 한 변수를 로그로 변환해 주면 이 두 변수의 관계를 위의 그림과 같이 직선으로 표현할 수 있게 된다. 바로 이러한 원리를 이용하기 위하여 회귀모형에서 종속변수를 로그로 전환해 주는 것이다.

이를 일반화 해보면 우선 아래의 식 ① 같이 로그모형을 사용하여 직선의 회귀식을 추정하고 이렇게 추정된 값에 식 ②와 같이 e(exponential)를 취하여 다시 원래의 실수값으로 전환해주면 된다.

$$\log y = a + bx \text{ — 식 ①}$$
$$y = e^{(a+bx)} = Exp(a + bx) \text{ — 식 ②}$$

그렇다면 로그모형에서 각 독립변수가 1단위 증가할 때 종속변수의 변화율을 어떻게 계산할 수 있을까? 굳이 앞에서와 같은 표를 만들지 않더라도 다음 공식에 대입하면 증가율을 쉽게 구할 수 있다(Paul D. Allison, 2003).

$$100(e^{b} - 1) = 100(Exp(b) - 1)$$

(b:로그모형에서 회귀계수)

예컨대 다른 변수들을 통제한 상태에서 '교육연수'가 1단위 증가할 때 '연소득'의 변화율을 구하고 싶으며 로그모형에서 '교육연수'의 회귀계수인 0.072를 위의 식에 대입해 주면 된다(간단하게 공학용 계산기나 엑셀프로그램에서 *Exp*라는 함수식에 로그모형의 회귀계수를 대입해 주면 e^{b}의 값을 얻을 수 있다).

$$100(e^{0.072} - 1) = 100(1.074 - 1) = 7.4\%$$

이는 앞의 〈표 6-4〉에서 실수의 변화량을 직접 계산한 값과 일치한다. 마찬가지로 다른 변수들을 통제한 상태에서 남녀간의 연소득 차이를 퍼센트로 계산하면 다음과 같다.

$$100(e^{-0.262}-1)=100(0.769-1)=-23.1\%$$

즉 '연령'과 '교육수준'이 같다고 가정했을 때 여성의 연소득은 남성보다 약 23.1%정도 낮다는 것을 알 수 있다. 보통 로그모형에서 회귀계수(b)가 작을 때(0.1 이하일 때)는 위의 공식을 통해 얻을 결과와 회귀계수 자체에 100을 곱해서 얻은 결과가 거의 비슷하다. 따라서 로그모형에서 회귀계수가 작을 때 대략적인 변화율을 파악하고자 한다면 단순히 회귀계수에 100을 곱해서 해석해도 무방하다. 로그변환과 관련된 내용들은 제10장에서 로지스틱 회귀모형(logistic regression model)을 해석할 때에도 매우 유용하게 사용된다.

로그모형의 해석방법

로그모형을 통해 추정된 회귀계수(b)는 독립변수가 1단위 증가할 때 변하는 종속변수의 변화량을 로그단위로 나타내는 것이다. 따라서 이를 원래 종속변수의 단위로 바꾸려면 Exp(b)를 계산해 주어야 한다. 한편 100[Exp(b)-1] 공식에 대입하여 독립변수가 1단위 증가할 때 변하는 종속변수의 변화율(%)을 원래 단위로 표현할 수 있다.

다항모형이해

로그변환은 단조증가(monotone increasing)하거나 단조감소(monotone decreasing)하는 곡선을 회귀모형에서 직선으로 표현할 수 있었다. 단조(monotone)란 증가율이 절대로 0또는 반대 방향으로 변하지 않는 것을 의미한다. 즉 독립변수의 값이 증가함에 따라 종속변수의 값이 계속 증가하거나 아니면 계속 감소하는 것을 말한다. 따라서 단조증가나 단조감소에서는 최대값이나 최소값이 있을 수 없다. 그러나 실제 사회현상에서는 독립변수가 증가할 때 종속변수가 어느 지점까지는 증가하다가 그 이상부터 증가를 멈추거나 아니면 감소로 돌아서는 경우들이 있다.

가령 '노동공급'과 '임금'의 관계를 생각해 보자. '시간당 임금'이 증가한다면 노동자는 '노동시간'을 늘릴 것이다. 그러나 시간당 임금이 계속 오른다고 해서 노동시간이 계속 늘어날까? 시간당 임금이 어느 지점을 넘어서게 되면 오히려 노동자는 여가(leisure)에서 더 큰 효용을 찾고 노동시간을 줄일 것이다. 왜냐하면 노동시간을 줄여도 시간당 임금이 올랐기 때문에 총수입에는 변화가 없기 때문이다. 이와 같은 경우 시간당 임금증가에 따른 노동시간의 증가율을 보면 초기에는 양수이나 나중에는 음수로 바뀌게 된다.

이처럼 증가율의 방향 자체가 변화는 변수들의 관계를 회귀모형에서 표현하기 위해 다항모형(polynomial model)을 활용한다. 이미 우리는 중고등학교시절 다항함수에 대해 배웠다. 그 중 가장 대표적인 다항함수는 바로 다음과 같은 이차방정식(quadratic)이다.

$$y = a + bx + cx^2$$

물론 이 외에도 x를 세번 제곱한 삼차방정식(cubic)이나 네번 제곱한 사차방정식(quartic)들도 모두 다항모형에 포함된다. 그러나 실제로 회귀분석에서 주로 사용되는 다항모형은 이차방적식이고 아주 특별한 경우 삼차방정식이 사용되기도 한다. 왜 이차방정식이 주로 사용될까?

첫 번째 이유는 다른 다항모형에 비해 이차방정식이 결과를 해석할 때 좀더 용이하다는 것이다. 물론 고차방정식으로 갈수록 모형의 설명력은 증가하는 경향이 있다. 그러나 그만큼 결과가 복잡해지고 회귀식을 일상적인 용어로 해석하기가 어려워진다. 또 다른 이유는 대부분의 사회과학자료들은 이차방정식으로도 충분히 설명할 수 있다는 것이다. 특별한 의도를 가지고 고차방정식을 사용하지 않는 한 이차방정식은 고차방정식들의 충분한 근사값을 제공한다. 즉 해석이 단순하면서도 일반선형식에 비해서는 설명력이 높기 때문에 이차방정식을 적용한 이차회귀모형이 가장 보편적으로 사용되는 것이다(Fox, John., 1997).

그럼 이차회귀모형을 살펴보기에 앞서 역시 중고등학교 시절에 배웠던 이차방정식에 대해 간략히 살펴보도록 하자. 기본적으로 이차방정식은 하나의 굴곡(bend)을 갖는다. 바로 이 굴곡을 기준으로 증가율의 방향이 변하는 것이다. 〈그림 6-5〉에서 보는 것처럼 이차항이 음수라면 위로 볼록한 곡선(curve)이 그려지고 양수라면 아래로 오목한 곡선이 그려진다.

한편 위로 볼록한 곡선에서는 증가율의 방향이 변화는 점 즉 굴곡(bend)에서 최대값을 가지며 아래로 오목한 곡선에서는 굴곡에서 최소값을 갖는다.

〈그림 6-5〉 이차방정식의 예

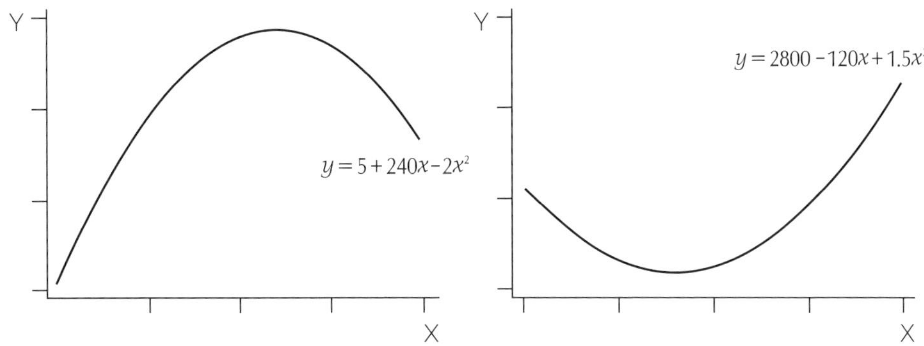

그렇다면 이 때 최대값 또는 최소값의 위치는 어떻게 찾을 수 있을까? 바로 이차방정식을 미분(differential)해주면 된다. 곡선을 미분해 주면 곡선상 모든 접점(point of contact)에서의 기울기를 알 수 있다. 그런데 이차방정식에서 최대값 또는 최소값은 기울기의 방향이 변하는 지점이기 때문에 이 접점을 지나는 접선(tangent line)의 기울기는 0이 된다. 따라서 우선 이차방정식을 미분해서 각 접점에서의 기울기를 나타내는 미분식(y')을 구하고 이 때 이 식이 0되는 x값을 찾아주면 된다.

> $y = a + bx + cx^2$를 미분해 주면
> $y' = b + 2cx$

〈그림 6-5〉에서 위에 있는 그림을 공식대로 미분해 주면

$$y = 5 + 240x - 2x^2 \Rightarrow y' = 240 - 4x$$

즉 미분된 식이 $0 = 240 - 4x$를 만족시키는 x값을 찾으면 된다. 따라서 x가 60일 때 이차방정식은 최대값을 가지며 그 때 최대값은 원래 식에 60을 대입해 주면 된다($5 + 240 \times 60 - 2 \times 60 \times 60 = 7205$). 바로 이차방정식의 이와 같은 원리를 적용하여 증가율의 방향이 변화는 자료를 회귀식으로 표현하는 것이다.

다항모형의 적용과 해석

그럼 이제 이차회귀식에 대해 본격적으로 알아보자. 앞에서 '연소득'을 종속변수로 그리고 '연령', '성별', '교육수준'을 독립변수로 한 회귀모형을 분석했을 때 다음과 같은 결과를 얻을 수 있었다.

$$연소득 = -1596.242 + 36.136 \times 연령 + 231.877 \times 교육연수 - 828.688 \times 성별$$

그런데 연구자는 이론적 검토를 통해 '연령'과 '연소득' 간에는 비선형관계 있다는 것을 발견하고 이를 회귀식에서 분석하려고 한다. 바로 이럴 경우 이차회귀모형을 만들어주면 된다. 이차회귀모형을 만드는 방법은 다음과 같이 아주 간단하다.

1. 종속변수와 비선형관계가 예측되는 독립변수를 선택한다.
2. 그 독립변수를 제곱한 새로운 독립변수를 만들어 준다.
3. 원래 식에 새로운 독립변수를 추가하여 분석한다.

여기서 중요한 것은 이차회귀모형을 만들 때 원래 독립변수와 제곱한 독립변수를 반드시 함께 회귀모형에 포함시켜야 한다는 것이다. 이는 상호작용효과를 분석할 때 상호작용항을 구성하는 독립변수들을 모두 회귀식에 포함시켜야 하는 것과 같은 원리이다. SPSS에서 독립변수를 제곱하는 방법은 로그변환과정과 유사하다. Target Variable에 새 변수의 이름을 정해주고 Numeric Expression에서 제곱하고자 하는 변수를 두 번 곱해주면 된다.

Transform ⇨ Compute

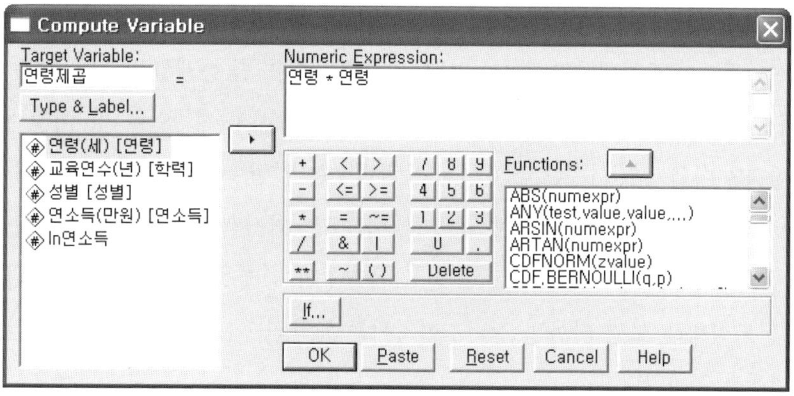

이제 원래 회귀모형에 제곱한 변수를 추가하여 분석하면 다음과 같은 결과를 얻을 수 있다.

Coefficients(a)

	Unstandardized Coefficients		Standardized Coefficients	t	Sig.
	B	Std. Error	Beta		
(Constant)	-3467.901	187.731		-18.473	.000
연령(세)	134.948	8.596	.855	15.698	.000
연령제곱	-1.153	.099	-.634	-11.634	.000
교육연수(년)	225.781	5.566	.343	40.563	.000
성별	-834.392	30.873	-.227	-27.026	.000

$$\text{연소득} = (-3467.901 + 134.948 \times \text{연령} - 1.153 \times \text{연령}^2) + 225.781 \times \text{교육연수} - 834.392 \times \text{성별}$$

우선 이차회귀모형의 설명력과 *F*값은 일반선형회귀모형과 거의 비슷하며 각 회귀계수들의 유의도도 모두 통계적으로 유의미하다. 특히 이차회귀모형에서는 이차항의 유의도부터 확인하여야 한다. 위의 예에서처럼 이차항이 유의미하다면 이는 해당 독립변수와 종속변수간에 비선형성관계가 있다는 것을 의미한다. 그러나 이차항이 유의미하지 않다면 이는 비선형성을 의심할 충분한 근거가 없다는 것이 되고 이럴 경우 이차항을 제거하고 일반회귀모형으로 다시 추정해 주면 된다.

이제 회귀계수를 해석해 보면 '연령'과 '성별'을 통제할 때 '교육연수'가 1년 증가하면 '연소득'은 약 225만원 증가하고 '연령'과 '교육연수'를 통제할 때 '남성(0)'의 연소득은 '여성(1)'보다 830만원 높은 것으로 나타난다. 그럼 이제 '연령'은 어떻게 해석해 주어야 할까? 아쉽게도 다항으로 표현된 독립변수는 일반 독립변수처럼 해석해 줄 수가 없다. 단지 증가율의 방향이 어떻게 되고 최고점 또는 최저점이 어디인지 판단할 수 있을 뿐이다. 로그모형에서와 마찬가지로 우선 교육연수와 성별을 고정시키고 연령과 연소득의 관계를 도식화해 보면 다음과 같다. 여기서는 교육연수가 16년(대졸)이며 남성(0)인 집단을 대상으로 하였다.

$$\text{연소득} = -3467.901 + 134.948 \times \text{연령} - 1.153 \times \text{연령}^2 + 225.781 \times \mathbf{16} - 834.392 \times \mathbf{0}$$
$$= 144.595 + 134.948 \times \text{연령} - 1.153 \times \text{연령}^2 \text{ — 식 ①}$$

〈그림 6-6〉 이차회귀모형에서 연령과 연소득의 관계

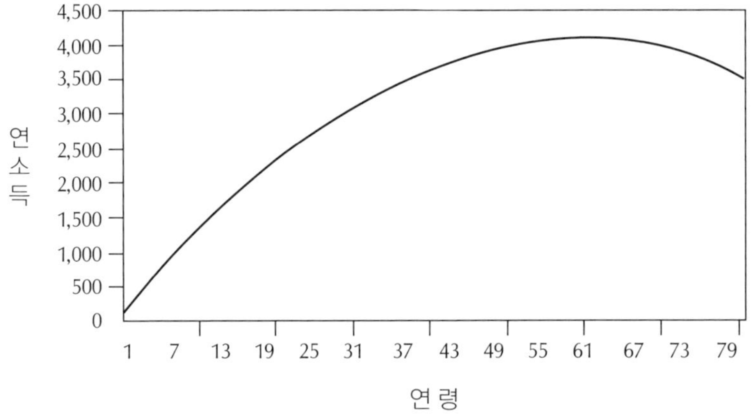

이제 식 ①을 도식화 해보면 위의 〈그림 6-6〉과 같다. 그림에서 보는 바와 같이 연령이 증가하면 연소득도 증가하다가 60세를 전후해서 연소득이 감소하기 시작한다. 그럼 정확히 몇 세 때부터 연소득이 감소하는 것일까? 앞에서 배운 것처럼 이차회귀식을 미분해주고 미분방정식이 0일 때의 값을 찾으면 된다. 원래 이차회귀식(식 ①)을 미분해 주면 다음과 같다.

$$y' = 134.948 - 2.306 \times \text{연령}$$

이 식을 풀면 연령이 약 58세일 때 이 0이 된다. 따라서 '교육연수'와 '성별'을 통제한 상태에서 사람들은 약 58세 때 인생에서 가장 많은 연소득을 벌고 그 이후부터는 연소득이 감소한다고 할 수 있다. 한편 이 때의 연소득을 구하려면 식 ① '연령'과 '연령²'에 58을 대입해 주면 된다(대략 4,090만원 정도이다).

만약 '교육연수'나 '성별'이 바뀌면 어떻게 될까? 어차피 '교육연수'와 '성별'의 회귀계수는 절편으로 흡수되기 때문에 곡선의 모양과 최고점의 위치는 절대 변하지 않는다. 단지 '교육연수'나 '성별'이 바뀜에 따라 곡선자체가 위 또는 아래로 평행하게 이동할 뿐이다. 예를 들어 교육연수 16년인 여성집단의 그래프를 그리려면 남성의 그래프를 아래로 834만원(성별의 회귀계수)만큼 평행 이동시키면 된다.

그럼 로그변환과 다항모형을 함께 사용할 수 있을까? 물론 이론상으로는 가능하다. 즉 종속변수를 로그로 변환해주고 독립변수를 이차항으로 바꾸어 주면 로그의 증가율 자체가 변화는 관계를 설명할 수 있다. 그러나 문제는 해석이 매우 복잡해 진다는 것이다.

〈그림 6-4〉에서 보는 것처럼 선형식에서 종속변수가 로그일 때 종속변수를 실수로 전환해 주면 변화율이 일정하고 단조증가하는 곡선이 된다. 따라서 독립변수가 1단위 증가할 때 종속변수의 '변화율'로 결과를 해석해 줄 수 있었다. 왜냐하면 이 경우 변화율은 항상 일정하기 때문이다. 그런데 종속변수에 로그를 취해주고 동시에 독립변수를 다항모형으로 전환해 주면 로그항을 더 이상 선형적으로 해석해 줄 수 없다. 따라서 비선형적인 로그항을 실수로 전환하면 '변화량'도 일정하지 않고 '변화율'로 일정하지 않게 된다. 그러므로 결과를 직관적으로 해석하는데 많은 제한이 있다.

가변수의 활용

다항모형은 증가율의 방향이 변화는 변수관계를 설명하는데 매우 유용한 방법이다. 그러나 한가지 단점은 결과를 해석하기 어렵다는 것이다. 즉 '연령'이 1세 증가할 때 '연소득'이 얼만큼 증가하는지 직관적으로 알기 어렵다. 물론 이차회귀식을 미분해주고 각 접점에서의 기울기를 구하면 증가량을 알 수 있지만 모든 점에서 증가량이 변하기 때문에 이를 전반적인 증가량으로 계산하는 것이 매우 어렵다.

다항모형의 이와 같은 단점을 보완하며 곡선(curve)관계를 설명하기 위해 우리는 가변수를 활용할 수 있다. 앞서 배운 바와 같이 보통 가변수는 질적변수를 회귀식에서 분석할 때 사용한다. 즉 다른 변수들을 통제했을 때 집단간의 차이가 얼마나 나며 이 차이가 통계적으로 유의미한지 판단할 때 사용한다. 그럼 어떻게 가변수로 비선형관계를 표현할 수 있을까? 바로 연속변수를 몇 개의 집단으로 묶어주는 것이다.

가령 '연령'을 '20대, 30대, 40대, 50, 60대'로 나누어 준다고 가정해보자. 21~30세는 20대 그리고 31~40세는 30대와 같은 식으로 집락화(grouping)할 수 있다. 즉 연속변수를 임의로 정한 몇 개의 집단으로 재분류하는 것이다. 이 때 각각의 집단들은 마치 '한국, 일본, 중국' 처럼 아무런 순위가 없는 독립적인 집단들로 가정된다. 따라서 우리는 종속변수와 독립변수간에 선형성을 가정할 필요가 없다. 한마디로 연속변수를 가변수로 전환하면 종속변수와 독립변수의 관계가 선형성(linearity)이라는 제약(constrain)으로부터 자유로워진다는 것이다.

그렇다면 왜 다항모형 대신 가변수를 사용할까? 가장 중요한 이유는 회귀결과를 해석하기 쉽기 때문이다. 앞에서 배운 것처럼 가변수의 회귀계수는 기준집단과의 평균차이를 나타낸다. 따라서 각 집단이 기준집단보다 큰지 작은지 그리고 얼마나 차이가 나는지를 동시에 파악할 수 있다는 장점을 지닌다.

그러나 가변수를 활용한 회귀식의 가장 큰 단점은 집단의 구분이 임의적이라는 것이다. 예컨대 '20~40세' 그리고 '40세 이상'과 같은 방식으로 집단을 구분하여 회귀식을 추정한다면 '20대, 30대, 40대, 50대, 60대'로 집단을 구분하여 회귀식을 추정했을 때의 결과와 다를 수 밖에 없다. 따라서 집단을 구분할 명쾌한 기준이 없는 상황에서는 다소 의외의 결과가 나올 수 있다.

또 다른 문제점은 특정 집단의 사례수가 매우 작아질 수 있다는 것이다. 예컨대 연구자의 표본에서 60세 이상인 사람들이 많지 않다면 '60대' 집단은 이상점(outlier)에 의해 크게 영향을 받아 결과를 왜곡시킬 수 있다. 따라서 연속변수를 가변수로 변환할 때는 집단을 구분하는 타당한 근거가 있어야 하고 또한 각 집단이 충분한 사례로 구성되었는지 반드시 확인해야 한다.

가변수를 활용한 회귀모형의 적용과 해석

(데이터 6-2 비선형)에는 '연령2635' 또는 '연령3645' 등과 같은 변수들이 있다. 이 변수들은 연령을 가변수로 전환한 것이다. 가령 '연령2635'라는 변수는 연령이 25세에서 35

세까지의 집단을 의미한다. 원래 연령 대신 이들 가변수를 대입하여 회귀분석을 해보면 다음과 같은 결과를 얻을 수 있다.

Coefficients(a)

	Unstandardized Coefficients		Standardized Coefficients	t	Sig.
	B	Std. Error	Beta		
(Constant)	-928.905	91.276		-10.177	.000
연령2635	473.398	59.065	.124	8.015	.000
연령3645	1038.226	59.669	.264	17.400	.000
연령4655	1318.320	62.845	.291	20.977	.000
연령5665	1268.820	71.330	.211	17.788	.000
연령6680	1633.972	138.057	.107	11.836	.000
교육연수(년)	226.229	5.592	.344	40.457	.000
성별	-831.002	30.969	-.227	-26.833	.000

$$\text{연소득} = -928.905 + (473.398 \times \text{연령2635} + 1038.226 \times \text{연령3645} + 1318.320 \times \text{연령4655} + 1268.820 \times \text{연령5665} + 1633.972 \times \text{연령6680}) + 226.229 \times \text{교육연수} - 831.002 \times \text{성별}$$

우선 모형 적합도에서는 일반회귀모형과 큰 차이가 없다. 또한 표에서 보는 바와 같이 모든 회귀계수들이 통계적으로 유의미하다. 이제 '연령'이 '연소득'에 미치는 영향을 살펴보자. 우리의 모형에서 기준집단은 18~25세이다. 따라서 '교육연수'와 '성별'을 통제할 때 연령이 26~35세인 집단은 기준집단보다 연소득이 473만원 정도 높다. 같은 방식으로 나머지 집단들의 연소득을 추정해 보면 46~55세인 집단까지는 연소득이 증가하다가 56~65세인 집단에서 감소하고 다시 66~80세인 집단에서 최고치를 보인다. 이를 도식화해 보면 〈그림 6-7〉와 같다. 역시 '교육연수'는 16년으로 고정해 주고 '성별'은 남성으로 고정해 주었다.

〈그림 6-7〉 가변수활동모형에서 연령과 연소득의 관계

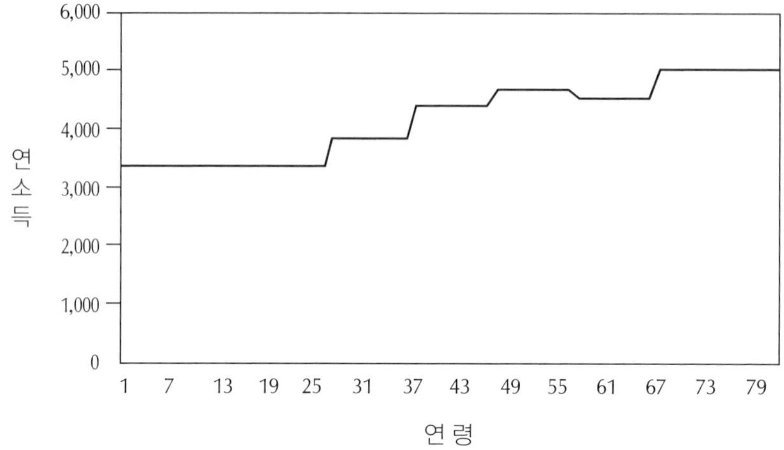

그림에서 보는 바와 같이 '연령'이 증가함에 따라 '연소득'이 계속 증가하다가 56~65세 사이에서 조금 감소하지만 다시 증가하여 66~80세에 최고치에 도달한다. 앞에서 이차회귀식으로 추정했을 때는 58세를 정점으로 연소득이 감소하였는데 왜 가변수를 사용하면 다른 결과가 나올까? 자료를 확인해 보면 알겠지만 총 10,981사례 중에서 66세~80세 집단에 속한 사례는 고작 200사례이다. 또한 이 집단에서는 연소득이 1억에 가까운 대상자가 20명 정도나 된다. 이 집단의 평균 연소득이 4,900여 만원이라는 것을 고려할 때 연소득 1억은 분명 특별할 값이라 할 수 있다. 즉 66~80세인 집단은 극단치의 영향을 받아 연소득이 과대추정(over estimate)되었다고 할 수 있다.

이와 같이 연속변수를 가변수로 전환하면 회귀계수를 쉽게 해석할 수 있지만 집단을 나누는 방법에 따라 회귀분석의 결과가 바뀌고 극단치의 영향을 더 심하게 받는 단점이 있다. 사실 연속변수를 보다 낮은 수준의 가변수로 전환하는 것은 자료가 담고 있는 정보의 일부분을 포기하는 것과 같다. 따라서 연속변수를 가변수로 바꾸고자 한다면 그렇게 함으로 얻게 되는 충분한 이익이 있는지 가늠해 보아야 한다. 그리고 그와 같은 판단은 연구목적을 고려한 연구자의 몫이다.

4. 변수변환을 통한 비선형 회귀모형의 적용사례: '남녀간 연령에 따른 임금의 변화: 이차회귀식의 상호작용'

우리는 제5장에서 상호작용을 통해 '연령'이 '임금'에 미치는 영향력이 남녀간에 다를 수 있다는 것을 보았다. 그렇다면 다항모형에서도 상호작용효과를 분석할 수 있을까? 본 절에서는 비선형관계가 있는 모형에서 어떻게 상호작용효과를 분석할 수 있는지 알아보자. 지금까지의 분석을 통해 '연령'과 '연소득' 간의 관계가 비선형적이라는 것을 알 수 있었고 특히 58세를 기점으로 소득이 감소한다는 것을 알았다. 그렇다면 과연 남녀 모두 58세에서 소득이 감소할까? 일반적으로 여성의 근무연수가 남성보다 짧다는 것을 감안할 때 '연령'과 '연소득'의 비선형관계 역시 성별에 따라 차이가 있을 것이라 예상할 수 있다.

이를 검증하기 위해 '연령'과 '성별'의 상호작용을 분석해 보면 된다. 일반회귀모형에서 상호작용을 분석할 때는 상호작용이 의심되는 두 변수를 곱해주면 되었다. 그런데 그 중 한 변수가 다항식으로 표현되어 있다면 어떻게 해 주어야 할까? 상호작용을 보고자 하는 변수를 원래 독립변수와 제곱한 독립변수에 각각 곱해 주면 된다. 즉 '연령'과 '성별'의 상호작용을 보려면 다음과 같은 회귀모형을 만들어 주면 된다.

$$\text{연소득} = \text{연령} + \text{연령}^2 + (\text{성별} + \text{연령}) \times \text{성별} + (\text{연령}^2 \times \text{성별}) + \text{교육수준}$$

다항식으로 표현된 독립변수와 어떤 변수와의 상호작용효과를 분석하려면 어떤 변수를 원래 독립변수와 다항으로 표현된 독립변수에 모두 곱해준다.

$$y = x_1 + x_1^2 + x_2 + x_1x_2 + x_1^2x_2$$

이제 위의 회귀모형을 분석해 보면 다음과 같은 결과를 얻을 수 있다.

Coefficients(a)

	Unstandardized Coefficients		Standardized Coefficients	t	Sig.
	B	Std. Error	Beta		
(Constant)	-4170.888	228.357		-18.265	.000
연령(세)	161.947	10.656	1.026	15.198	.000
연령제곱	-1.358	.122	-.747	-11.120	.000
성별	961.396	366.988	.262	2.620	.009
연령성별	-65.158	17.860	-.748	-3.648	.000
연령2성별	.467	.207	.266	2.261	.024
교육연수(년)	224.086	5.547	.340	40.399	.000

$$\text{연소득} = -4170.888 + 161.947 \times \text{연령} - 1.358 \times \text{연령}^2 + 961.396 \times \text{성별} \\ - 65.158 \times (\text{연령} \times \text{성별}) + 0.467 \times (\text{연령}^2 \times \text{성별}) + 224.086 \times \text{교육연수}$$

우선 상호작용항들의 회귀계수를 보면 모두 통계적으로 유의미하다. 즉 '연령' 과 '성별' 간에 상호작용효과가 있다는 것이다. 또한 '교육연수' 도 통계적으로 유의미하다. 그럼 이제 회귀계수를 해석해 보자. 이와 같은 분석에서 연구자가 주로 관심을 갖는 것은 '성별' 에 따라서 '연소득' 에 미치는 '연령' 의 영향력이 다른지 확인하는 것이다. 따라서 '연령' 으로 상호작용항들을 묶어주면 다음과 같이 정리할 수 있다.

$$\text{연소득} = -4170.888 + (161.947 - 65.158 \times \text{성별}) \times \text{연령} \\ + (-1.358 + 0.467 \times \text{성별}) \times \text{연령}^2 + 961.396 \times \text{성별} + 224.086 \times \text{교육연수}$$

위의 식에 각각 남녀를 대입하면 성별에 따른 회귀식을 구할 수 있다. 여기서도 역시 '교육연수' 를 16년이라고 가정해 보자.

$$\text{남성}: -4170.888 + (161.947 - 65.158 \times \mathbf{0}) \times \text{연령} + (-1.358 + 0.467 \times \mathbf{0}) \times \text{연령}^2 \\ + 961.396 \times \mathbf{0} + 224.086 \times \mathbf{16} \\ = -585.512 + 161.947 \times \text{연령} - 1.358 \times \text{연령}^2$$

$$\text{여성}: -4170.888 + (161.947 - 65.158 \times \mathbf{1}) \times \text{연령} + (-1.358 + 0.467 \times \mathbf{1}) \times \text{연령}^2 + 961.396 \times \mathbf{1} + 224.086 \times \mathbf{16} = 375.884 + 96.789 \times \text{연령} - 0.891 \times \text{연령}^2$$

한편 이를 도식화해 보면 아래 〈그림 6-8〉와 같다.

〈그림 6-8〉 이차회귀모형에서 연령과 연소득의 관계: 상호작용

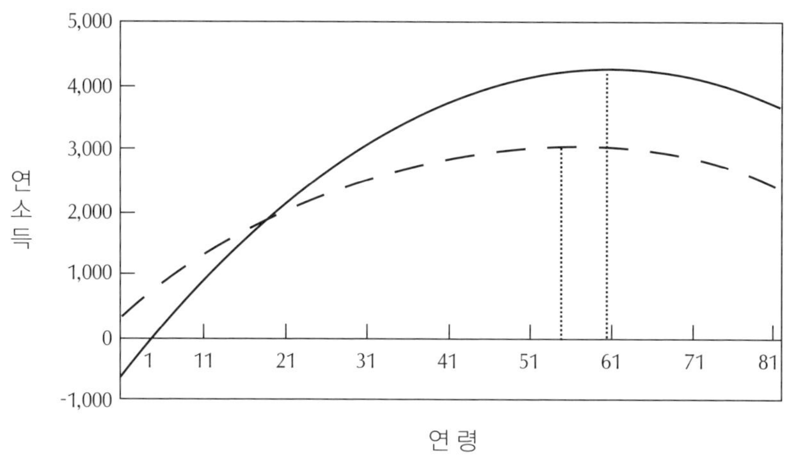

여성(점선)은 대략 55세를 전후해서 연소득이 감소하고 남성(실선)은 대략 60세를 전후해서 연소득이 감소한다. 또한 남녀의 소득격차는 연령이 증가할수록 더욱 심해진다. 성별에 따라 최고 연소득을 기록하는 정확한 나이를 알고 싶다면 위의 이차회귀식을 다음과 같이 미분해주면 된다.

$$\text{남성}: y'_{\text{남성}} = 161.947 - 2.716 \times \text{연령}(59.6\text{일 때 } 0)$$
$$\text{여성}: y'_{\text{여성}} = 96.789 - 1.782 \times \text{연령}(54.3\text{일 때 } 0)$$

즉 남성은 59.6세일 때 그리고 여성은 54.3세일 때 각각 생애에서 가장 많은 연소득을 번다고 할 수 있다. 따라서 여성의 임금감소 연령이 남성보다 약 5년 정도 더 빠르다는 것을 알 수 있다. 한편 이 때 남성의 최고 소득은 약 4,200만원이며 여성의 최고소득은 약 3,000만원이다.

7 _ 다중공선성

multicollinearity

1. 다중공선성 분석의 필요성

우리는 제3장에서 "중다회귀모형의 F값이 통계적으로 유의미하면 회귀모형에 포함된 독립변수 중 최소한 하나 이상은 종속변수에 통계적으로 유의미한 영향을 미친다"라고 배웠다. 왜냐하면 F검증(F-test)에서 영가설(null hypothesis)은 다음과 같기 때문이다.

> 회귀모형에 포함된 모든 독립변수의 회귀계수는 0이다.
>
> $b_1 = b_2 = b_3 \ldots = b_n = 0$

따라서 F값이 통계적으로 유의미하다는 것은 위의 영가설을 기각(reject)할 수 있다는 것이고 이는 곧 독립변수들의 회귀계수 중 반드시 하나 또는 그 이상은 0이 아니라는 것을 의미한다. 그리고 회귀모형이 유의미할 때 즉 F값이 통계적으로 유의미할 경우 어느 독립변수가 종속변수에 통계적으로 유의미한 영향을 미치는지 파악하기 위하여 각 회귀계수의 t값을 확인해 주면 되었다.

이제 가상의 자료 (데이터 7-1 다중공선성)을 열고 'y'를 종속변수로 그리고 'x_1'과 'x_2'를 독립변수로 하여 중다회귀분석을 실행해 보자. 다음과 같은 결과를 얻을 수 있다.

ANOVA(b)

	Sum of Squares	df	Mean Square	F	Sig.
Regression	291911.393	2	145955.696	22.155	.000(a)
Residual	296455.086	45	6587.891		
Total	588366.479	47			

Coefficients(a)

	Unstandardized Coefficients		Standardized Coefficients	t	Sig.
	B	Std. Error	Beta		
(Constant)	-249.706	125.282		-1.993	.052
x_1	-20.594	42.202	-1.021	-.488	.628
x_2	35.093	42.635	1.722	.823	.415

우선 ANOVA table에서 F값의 통계적 유의도를 살펴보면 $Sig.=0.000$으로 위의 회귀모형은 통계적으로 매우 유의미함을 알 수 있다. 그런데 개별 회귀계수의 유의도를 살펴보면 두 변수 모두 통계적으로 매우 유의미하지 않음을 알 수 있다. 이 결과는 곧 "회귀모형은 유의미한데 회귀모형을 구성하는 어떤 독립변수도 유의미하지 않다"라는 것을 의미한다. 통계적으로 유의미한 독립변수가 하나도 없는데 어떻게 회귀모형 자체는 유의미할 수 있을까?

이제 x_1과 x_2를 각각 따라 분리하여 단순회귀분석을 실행하면 다음과 같은 결과를 얻을 수 있다.

$$y = a_1 + b_1x_1 \text{ — 식 ①}$$
$$y = a_2 + b_2x_2 \text{ — 식 ②}$$

ANOVA(식 ①)

	Sum of Squares	df	Mean Square	F	Sig.
Regression	287448.009	1	287448.009	43.941	.000(a)
Residual	300918.471	46	6541.706		
Total	588366.479	47			

ANOVA(식 ②)

	Sum of Squares	df	Mean Square	F	Sig.
Regression	290342.579	1	290342.579	44.814	.000(a)
Residual	298023.900	46	6478.780		
Total	588366.479	47			

Coefficients(식 ①)

	Unstandardized Coefficients		Standardized Coefficients	t	Sig.
	B	Std. Error	Beta		
(Constant)	-227.309	121.862		-1.865	.069
x_1	14.098	2.127	.699	6.629	.000

Coefficients(식 ②)

	Unstandardized Coefficients		Standardized Coefficients	t	Sig.
	B	Std. Error	Beta		
(Constant)	-239.449	122.479		-1.955	.057
x_2	14.314	2.138	.702	6.694	.000

단순회귀분석의 결과를 통하여 우리는 두 가지 특이한 점을 발견할 수 있다. 첫 번째는 중다회귀분석의 결과와 달리 x_1과 x_2는 모두 통계적으로 매우 유의미하다는 것이고 두 번째는 두 모형의 통계치가 서로 비슷하다는 것이다(F값, 회귀계수(b), t값). 다시 말해서 x_1과 x_2는 매우 유사한 특성을 가지고 있다는 것을 유추해 볼 수 있다. 실제로 이 두 변수간 상관계수(r)를 계산해 보면 0.999로 매우 높은 상관성이 있음을 확인할 수 있다. 결론적으로 x_1과 x_2로 구성된 중다회귀모형의 분석결과는 정상적인 결과가 아니라는 것을 짐작할 수 있다.

이와 같이 중다회귀모형에 포함된 독립변수들이 서로 지나치게 밀접한 관계를 가짐으로 인해 분석결과를 왜곡시키는 경우가 발생하는데 이러한 현상을 가리켜 다중공선성(multicollinearity)의 문제라고 부른다. 따라서 연구자는 이와 같이 중다회귀모형의 분석결과가 왜곡되는 것을 방지하기 위하여 반드시 다중공선성을 분석해 주어야 한다.

2. 다중공선성의 이해

회귀분석을 사용하는 많은 연구자들에게 다중공선성(multicollinearity)은 매우 익숙한 용어일 것이다. 실제로 다중공선성은 회귀분석을 사용하여 연구논문을 작성할 때 가장 빈번히 부딪치는 문제 중 하나이다. 특히 사회과학영역의 자료들에서 다중공선성의 문제는 언제나 도사리고 있는 위험이라고 해도 과언이 아닐 정도이다.

그에 반해 많은 연구자들이 다중공선성에 대해 비교적 한정된 지식을 갖고 있는 듯 하다. 다중공선성에 관해 알려진 것은 단지 '독립변수들 간에 상관관계가 높을 때 발생하는 나쁜 것' 정도이다. 과연 그것이 전부일까? 본 장에서는 회귀분석에서 매우 중요함에도 불구하고 쉽게 지나쳐 버리는 다중공선성 문제에 대해 좀 더 심도 있게 논의해 보고자 한다.

다중공선성의 개념

엄밀히 말해서 다중공선성 문제는 두 가지 형태로 나눌수 있다. 하나는 극단적(extreme) 다중공선성이고 다른 하나는 준극단적(near extreme) 다중공선성이다(Paul D. Allison, 1998). 먼저 극단적인 다중공선성이란 회귀모형에 포함된 두 개 이상의 독립변수들 간에 완벽한 선형관계가 있는 것을 의미한다. 가령 다음의 회귀모형을 추정한다고 가정해 보자.

$$y = a + b_1x_1 + b_2x_2 + b_3x_3 + e$$

그런데 알고 보니 두 변수 x_1과 x_2가 다음과 같은 관계를 가지고 있다고 가정해 보자.

$$x_1 = 5 + 2x_2$$

이는 이미 우리가 제5장 상호작용(interaction)에서 다루었던 내용과 비슷한 형태이다. 그러나 상호작용과 구분되는 가장 큰 특징은 위의 식에서는 오차항(error term)이 없다는 것이다. 즉 상호작용에서는 두 독립변수가 선형관계를 갖지만 기본적으로 '완벽하지 않은' 관계 즉 오차가 존재하는 선형관계였다. 하지만 여기서는 오차가 없는 완벽한 선형관계를 의미하며 따라서 두 변수(x_1과 x_2)의 상관계수는 1또는 -1이다. 이처럼 두 변수가 완벽한 선형관계를 지닐 때 극단적인 다중공선성(extreme multicollinearity)이 발생한다.

사실 사회과학영역에서 극단적인 다중공선성이 발생하는 경우는 극히 드물다. 가령 '달러($)'로 측정된 소득을 '원화'로 바꾸어 주었는데 실수로 이 두 변수를 함께 회귀식에 포함시킨다면 이 때 극단적 다중공선성이 발생할 것이다. 그러나 실제로 이런 실수보다는 가변수를 잘못 사용할 때 극단적인 다중공선성이 발생할 수 있다. 우리는 이미 앞에서 질적변수를 가변수로 전환할 때 (집단수 - 1)개 만큼의 가변수(dummy variable)를 만들어야 한다고 배웠다. 그 이유는 바로 극단적인 다중공선성을 제거하기 위해서이다.

제4장에서 다루었던 (데이터 4-2 사회통합)을 다시 한번 열어보자. 제4장에서는 '지역(4개 지역)'과 '사회적 불평등'이 '사회통합점수'에 미치는 영향을 보기 위하여 기준집단을 제외한 3개의 가변수를 회귀모형에 대입하였었다. 그런데 이번에는 4개의 가변수(남부·중부·서부·동부)를 모두 회귀모형에 투입하여 분석해 보자. 다음과 같은 결과를 얻을 수 있다.

Coefficients(a)

	Unstandardized Coefficients		Standardized Coefficients	t	Sig.
	B	Std. Error	Beta		
(Constant)	10.292	1.373		7.498	.000
사회적불평등정도	-.049	.024	-.278	-2.048	.048
중부	3.042	1.090	.404	2.791	.008
서부	1.031	1.348	.101	.765	.449
동부	6.219	1.144	.717	5.437	.000

Excluded Variables(b)

	Beta In	t	Sig.	Partial Correlation	Collinearity Statistics
					Tolerance
남부	.(a)	.	.	.	.000

원래 회귀결과에 더하여 Excluded Variables이라는 새로운 표가 추가된 것을 볼 수 있

다. 또한 분명히 4개의 지역을 투입하였는데 지역과 관련된 실제 회귀계수는 3개만 추정되었다. 만약 회귀분석에서 극단적인 다중공선성이 발생한다면 대부분의 통계프로그램들은 위와 같이 극단적 다중공선성을 갖는 변수 중 임의로 하나를 제거하고 분석한다. 여기서는 '남부' 가 제외되었다.

그렇다면 4개의 가변수를 다 대입하는 것이 왜 극단적 다중공선성을 유발하는 것일까? 우리의 자료에서 모든 사례들은 4개의 지역 중 하나에 반드시 포함된다. 즉 이를 퍼센트(%)로 바꾸면 다음과 같이 표현할 수 있다.

$$100 = \text{남부} + \text{중부} + \text{서부} + \text{동부}$$

그런데 만약 이 4개의 가변수를 회귀식에서 모두 사용한다면 그 중 하나는 다음과 같은 선형식으로 표현할 수 있게 된다.

$$\text{남부} = 100 - \text{중부} - \text{서부} - \text{동부}$$

즉 가변수 중 어떤 하나의 변수는 100에서 나머지 변수들을 빼준 선형식(linear equation)으로 표현할 수 있게 되고 따라서 이 변수는 나머지 변수들과 극단적 다중공선성을 지니게 된다.

중다회귀분석의 기본원리를 기억해 보면 왜 극단적인 다중공선성이 발생할 때 하나의 변수를 제거해야만 하는지 쉽게 이해할 수 있다. 중다회귀분석은 다른 독립변수들을 통제한 가운데 특정 독립변수가 종속변수에 미치는 영향을 분석하는 것이다. 이 때 다른 독립변수들을 통제한다는 것은 이미 앞에서 배운 바와 같이 특정 상수로 고정시키는 것을 의미한다. 그런데 만약 어떤 독립변수들 간에 완벽한 선형관계가 있다면 그 중 하나를 고정시킬 때 나머지 독립변수도 자동적으로 고정되게 된다. 따라서 각각의 독립변수가 종속변수에 미치는 영향을 따로 분석하는 것이 불가능해 진다.

그렇다면 극단적인 다중공선성이 발생하면 어떻게 해야 할까? 해답은 너무나도 간단하다. 왜냐하면 극단적인 다중공선성이 발생하면 대부분의 통계프로그램에서 자동적으로 관련 변수를 제거하고 회귀식을 추정하기 때문이다. 따라서 연구자는 단지 어떤 변수들에서 극단적인 다중공선성이 발생하였는지 확인만 해 주면 된다.

그런데 여기서 중요한 점은 극단적인 다중공선성은 완벽한 상관관계가 있는 독립변수들에게만 영향을 미친다는 것이다. 이는 뒤에서 다룰 준극단적 다중공선성에서도 마찬가지이다. 가령 x_1과 x_2가 완벽한 선형관계를 갖고 x_3는 그렇지 않다고 가정해 보자. x_1과 x_2는 완벽한 선형관계이기 때문에 둘 중 하나를 통제하면 종속변수에 대한 나머지 하나의 영향력도 완전히 통제되어 더 이상 분석을 할 수가 없다. 그러나 x_1과 x_2를 통제해도 x_3는 이들과 완벽한 상관성이 없기 때문에 얼마든지 그 영향력을 분석할 수 있다. 이 경우 x_1과 x_2는 하나의 변수와 같기 때문에 둘 중 하나를 통제하고 나머지 변수들은 얼마든지 분석할 수 있게 된다.

극단적인 다중공선성의 좋은 점은 연구자가 쉽게 발견할 수 있다는 것이다. 위의 예에서처럼 극단적인 다중공선성이 발생하면 통계프로그램은 자동적으로 문제가 되는 변수를 제거하고 그 결과를 제시해 준다. 반면에 준극단적 다중공선성은 연구자가 세심한 관심을 기울이지 않는다면 쉽게 놓칠 수 있을 뿐만 아니라 연구 결과를 잘못 해석하는 오류를 범하게 만든다. 따라서 실제 연구에서는 극단적 다중공선성보다 준극단적 다중공선성이 더 큰 문제로 지목된다.

준극단적 다중공선성(near extreme multicollinearity)이란 독립변수들 사이에 완벽하지는 않지만 상당히 강한 선형관계가 있는 것을 의미한다. 원래 우리가 중다회귀모형에서 분석하는 대부분의 독립변수들은 변수들끼리 어느 정도 선형관계를 가지고 있기 마련이다. 오히려 독립변수들이 서로 '완전히 독립적'이라면 즉 선형관계가 '전혀' 없다면 통계적 통제를 목적으로 중다회귀모형을 사용할 필요가 없다. 왜냐하면 독립변수들간에 전혀 관계가 없기 때문에 어떤 독립변수가 종속변수에 미치는 영향을 파악하기 위하여 굳이 다른 독립변수를 통제할 필요가 없기 때문이다. 즉 실제 모든 독립변수들은 어느 정도 다중공선성을 가지고 있다고 할 수 있다. 따라서 문제가 되지 않는 일반 다중공선성과 구분하기 위하여 '준극단적(near extreme)'이란 표현을 앞에 사용한 것이다.

문제가 되는 것은 그 관계의 정도가 너무 강할 때 이다. 앞에서 살펴본 극단적 다중공선성은 두 변수가 '완전히' 일치하기 때문에 하나를 통제하면 다른 변수에 남은 부분이 '전혀' 없어서 문제가 되었다. 반면 준극단적 다중공선성은 두 변수가 완전히 일치하지는 않지만 '상당히' 일치하여 하나를 통제하면 나머지 변수에 남는 부분이 '거의' 없어서 문제가 된다. 회귀분석에서 다른 변수들을 통제하였을 때 어떤 변수에 남는 부분이 거의 없다면 그 변수는 실제로 중요한 변수임에도 불구하고 마치 종속변수에 전혀 영향을 미치지 않는 것처럼 보이게 된다. 앞 절에서 살펴 보았던 예가 바로 이와 경우에 속한다. 그렇기 때문에 준극단적 다중공선성이 회귀분석에서 중요한 문제로 지목되는 것이다.

> 준극단적 다중공선성(near extreme multicollinearity) 문제의 핵심
> 실제로는 중다회귀모형에서 종속변수에 중요한 영향을 미치는 독립변수가 분석결과에서는 유의미하지 않게 나타남

만약 두 개의 독립변수들로만 이루어진 회귀모형이라면 준극단적 다중공선을 발견하기가 매우 쉽다. 즉 두 독립변수들의 상관계수가 1또는 -1에 가까울 때 준극단적 다중공선성이 발생한다고 보면 된다. 그렇다면 두 변수간의 관계가 얼마나 강할 때 즉 상관계수가 얼마나 높을 때 다중공선성이 문제가 될까? 언제나 그렇듯 정도의 문제이지 정확한 기준이 있는 것은 아니다. 그러나 보통 두 변수간 상관계수의 절대값이 0.6 또는 0.7을 초과할 때 준극단적 다중공선성을 의심한다. 중요한 점은 상관계수의 절대값이 1에 가까워질수록 준극단적 다중공선성 문제는 심각해 진다는 것이다.

그러나 독립변수의 개수가 3개 이상인 회귀모형에서는 문제가 약간 복잡해 진다. 따라서 보통 회귀식에서 준극단적 다중공선성을 진단한다 함은 결국 3개 이상의 독립변수들로 구성된 중다회귀모형에서 준극단적 다중공선성을 찾아내는 과정이라 할 수 있다. 이제부터 회귀식에서 준극단적 다중공선성을 진단하는 방법에 대해 본격적으로 알아보자. 이 후부터 다중공선성이라는 용어는 준극단적 다중공선성을 의미한다.

다중공선성의 진단

다중공선성(multicollinearity)을 진단하는 가장 고전적인 방법은 회귀모형에 포함된 모든 독립변수들 간의 상관관계를 확인하는 것이다. 거의 대부분의 연구논문들에서 변수들의 상관관계 매트릭스(matrix)를 제시하고 있는데 이는 바로 다중공선성을 확인하기 위한 한 절차이다. 그런데 한 가지 명심해야 할 것은 다중공선성은 독립변수들 간의 문제이지 종속변수와 관련된 문제가 아니라는 것이다. 물론 뒤에서 다룰 로지스틱 회귀분석(logistic regression)에서는 독립변수와 종속변수의 상관관계가 지나치게 높을 때 비수렴(nonconvergence)이라는 문제가 발생한다. 그러나 일반적인 선형회귀모형(linear regression)에서는 어떤 독립변수와 종속변수의 상관관계가 높다고 해서 전혀 문제 될 것이 없다. 따라서 다중공선성을 진단하기 위한 상관관계 매트릭스에 종속변수를 포함시키기 않아도 크게 문제될 것은 없다.

이제 (데이터 7-2 GPA)를 열어보자. 이 데이터에는 '어휘능력', '공감각능력', '문법능력', '수리능력' 점수와 '평점(GPA)'이 있다. 이제 연구자는 네 가지 능력 중에서 어떤 변수가 '평점'에 가장 많은 영향을 미치는지 알아보기 위하여 '평점'을 종속변수로 그리고 나머지 네 가지 능력을 독립변수로 하는 회귀모형을 구축하였다. 평점은 4.5만점이며 각 능력들은 80점 만점으로 측정되었다.

먼저 각 독립변수의 상관관계 매트릭스를 확인해 보면 다음과 같다. 우선 '어휘점수'와 '문법점수'의 상관계수가 0.813으로 매우 높은 것을 확인할 수 있다. 이와 같이 두 변수 간에 높은 상관관계가 있을 때 일단 다중공선성을 의심해 볼 필요가 있다. 앞에서도 언급했지만 상관계수가 얼마 이상일 때 다중공선성을 의심해야 하는지 명확히 정해진 기준은 없다. 왜냐하면 독립변수의 수 그리고 다른 변수들과의 상관성에 따라 얼마든지 달라질 수 있기 때문이다. 그러나 보통 두 변수간 상관계수가 0.7 또는 좀 더 보수적으로 0.6이상이라면 다중공선성을 의심해 보는 것이 좋다.

Correlations

	어휘점수	공감각점수	문법점수	수리점수
어휘점수	1	.050	.813	.351
공감각점수		1	-.166	.287
문법점수			1	.321
수리점수				1

그러나 독립변수의 개수가 2개 이상인 중다회귀모형에서는 상관관계 매트릭스를 이용한 방법만으로 다중공선성을 발견하는데 한계가 있다. 실제로 변수들 간의 상관계수가 그리 높지 않은 경우(0.5이하)에도 다중공선성이 얼마든지 발생할 수 있기 때문이다. 이와 같은 현상을 이해하기 위하여 회귀모형에서 다중공선성이 어떻게 발생하는지 좀 더 자세히 살펴볼 필요가 있다.

다중공선성은 한 마디로 두 개 이상의 독립변수들이 심하게 중복되어 있는 것을 말한다.

따라서 독립변수가 두 개일 때 상관계수는 이를 측정하기 위한 좋은 방법이 될 수 있다. 왜냐하면 상관계수가 높다는 것은 결국 두 독립변수가 공유하는 부분이 크다는 것을 의미하기 때문이다. 중다회귀모형에서 독립변수들 간에 공유부문이 지나치게 크면 다른 변수들을 통제할 때 어떤 변수에 남는 부분이 없어서 더 이상 종속변수를 설명할 수 없게 되는데 이것이 바로 다중공선성 문제의 핵심이라는 것을 이미 배웠다.

〈그림 7-1〉 변수들간 다중공선성의 예

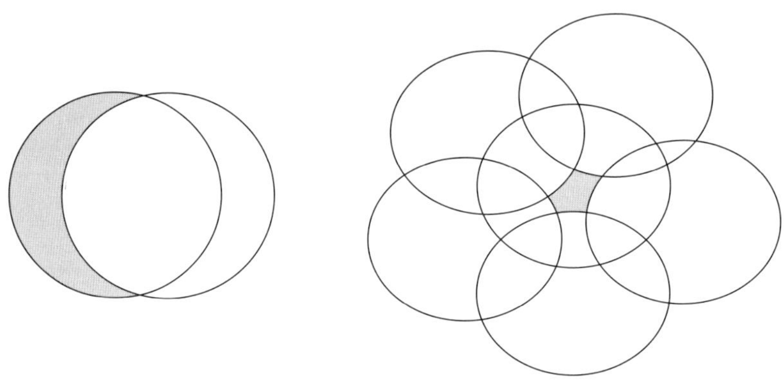

〈그림 7-1〉에서 왼쪽 그림은 두 변수의 상관관계가 높을 때의 모습이고 오른쪽 그림은 어떤 두 변수간에도 특별히 높은 상관관계가 있지는 않지만 주변에 위치한 5개의 변수(원)들이 가운데 변수(원)와 공유하는 부분이 많을 때의 모습이다. 중다회귀모형에서는 오른쪽과 같은 상황에서 다중공선성이 발생할 수 있다.

즉 두 변수간 상관관계가 높지는 않지만 다른 독립변수들이 전반적으로 어떤 독립변수를 너무 많이 설명할 때 나머지 독립변수들을 통제하면 그 독립변수가 종속변수에 미치는 영향을 제대로 파악할 수 없게 된다. 가령 오른쪽 그림에서 주변의 5개 변수를 통제하면 실제 가운데 변수에서는 회색부분만 남게 되고 회귀모형에서 이 독립변수와 종속변수의 관계를 제대로 파악할 수 없게 되는 것이다. 따라서 중다회귀모형에서는 독립변수간 상관관계만 파악하는 것이 아니라 각각의 독립변수가 나머지 독립변수들에 의하여 얼마나 설명되는지 확인할 필요가 있다. 그럼 어떻게 이를 확인할 수 있을까?

제3장에서 부분상관관계(partial correlation)를 파악하기 위해 했던 것처럼 각각의 독립변수를 종속변수로 하고 나머지 독립변수들을 독립변수로 하는 회귀모형을 만들어서 분

석해 주면 된다. 왜냐하면 이 때 이 회귀모형의 결정계수는 바로 나머지 독립변수들이 어떤 독립변수(각 회귀식에서 종속변수로 사용된 독립변수)를 설명하는 정도를 나타내기 때문이다. 여기서 중요한 것은 회귀식을 만들 때 종속변수는 반드시 제외시켜야 한다는 것이다. 다시 한 번 강조하지만 다중공선성 문제는 독립변수들 간의 문제이다. 그럼 우리의 예에 이와 같은 방법을 적용해 보자. 총 4개의 회귀식을 만들어 분석해 보면 다음과 같은 결정계수를 얻을 수 있다.

$$\text{어휘} = \text{공간} + \text{문법} + \text{수리} \qquad r^2 = 0.697$$
$$\text{공간} = \text{어휘} + \text{문법} + \text{수리} \qquad r^2 = 0.226$$
$$\text{문법} = \text{어휘} + \text{공간} + \text{수리} \qquad r^2 = 0.714$$
$$\text{수리} = \text{어휘} + \text{공간} + \text{문법} \qquad r^2 = 0.224$$

'어휘' 라는 변수는 나머지 세 독립변수에 의해서 약 69.7%가 설명되고 '문법' 역시 나머지 독립변수들에 의해서 약 71.4%가 설명되고 있음을 알 수 있다. 이는 곧 나머지 세 변수들을 통제할 때 '어휘' 라는 변수의 남는 부분은 30.3%(=1-0.697)이고 '문법' 이라는 변수의 남는 28.6%(1-0.714)라는 것을 의미한다. 왜냐하면 회귀식에서 결정계수란 결국 종속변수가 독립변수들로 설명되는 부분을 나타내기 때문에 (1-결정계수)는 독립변수들로 설명 안 되는 부분을 나타내게 된다.

그렇다면 결정계수가 얼마나 높을 때 문제가 되는 것일까? 가장 일반적인 기준은 0.6이다. 즉 나머지 독립변수들을 통제하였을 때 어떤 독립변수의 전체 부분 중 최소한 40% 정도는 남아 있어야 한다는 것이다. 다행히 연구자가 이 과정을 직접 계산할 필요 없이 많은 통계프로그램에서 위의 결과를 제공해 준다. 다음과 같이 회귀모형을 만들어 분석해 보자.

$$\text{평점} = \text{어휘} + \text{공간} + \text{문법} + \text{수리}$$

이 때 회귀분석창에서 [Statistics...]를 클릭하고 Collinearity diagnostics를 선택하여 실행시키면 원래 회귀결과에 더하여 다음과 같은 두 개의 표가 추가적으로 생성된다.

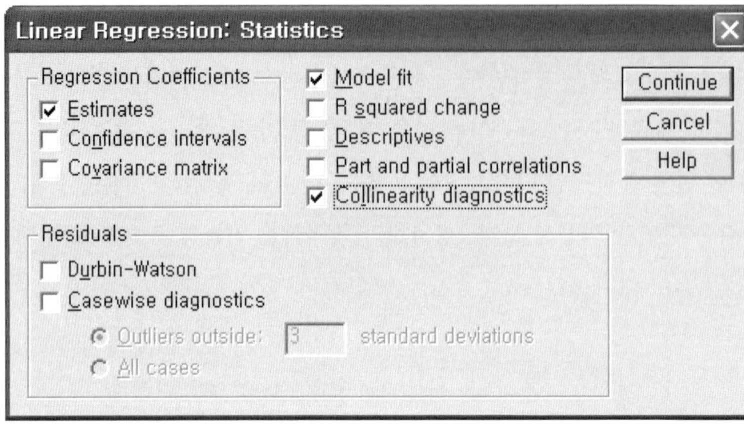

Coefficients(a)

	Unstandardized Coefficients	Standardized Coefficients	t	Sig.	Collinearity Statistics	
	B	Beta			Tolerance	VIF
(Constant)	1.018		5.594	.000		
어휘점수	.037	.439	5.347	.000	.303	3.304
공감각점수	.011	.280	5.463	.000	.774	1.292
문법점수	.004	.072	.857	.392	.286	3.503
수리점수	.006	.068	1.319	.188	.776	1.289

Collinearity Diagnostics(a)

Dimension	Eigenvalue	Condition Index	Variance Proportions				
			(Constant)	어휘	공간	문법	수리
1	4.676	1.000	.00	.00	.01	.00	.00
2	.255	4.286	.00	.00	.71	.01	.00
3	.037	11.227	.00	.05	.14	.06	.81
4	.024	13.827	.97	.02	.02	.06	.18
5	.007	25.134	.02	.93	.13	.88	.01

먼저 회귀계수를 보면 '문법점수'와 '수리점수'가 '평점(GPA)'에 유의미한 영향을 미치지 않는 것으로 나왔다. 그리고 가장 오른쪽 Collinearity Statistics에는 Tolerance와 *VIF*라는 수치가 나와 있다. Tolerance는 '허용값'이라고 하며 바로 앞에서 우리가 구하였던 각 회귀식의 결정계수들을 1에서 빼준 값들이다(앞에서 얻은 결정계수들을 모두 1에

서 빼주면 표에서 제시된 허용값과 정확히 일치하는 것을 확인할 수 있다). 이는 곧 나머지 독립변수들을 통제할 때 어떤 독립변수에서 남는 부분 즉 회귀식에서 실제로 분석할 수 있는 부분을 의미한다. 그래서 이를 가리켜 잔여분산(residual deviance)이라고도 부른다.

한편 VIF는 '분산팽창인자(variance inflation factor)' 라고 하는데 이는 단순히 허용값(tolerance)에 역수를 취해준 것이다(왜 역수를 취해준 값을 동시에 제시해 주는지 다음 절에서 설명한다).

$$\text{허용값(tolerance)} = (1 - r_i^2), \qquad \text{분산팽창인자}(VIF) = \frac{1}{(1 - r_i^2)}$$

(r_i^2: 어떤 회귀모형에서 x_i라는 독립변수를 종속변수로 하고 나머지 독립변수들을 독립변수로 한 회귀식의 결정계수)

앞에서 다중공선성을 의심하는 기준은 보통 결정계수가 0.6 이상일 때 라고 하였다. 따라서 일반적으로 허용값이 0.4 이하일 때 또는 분산팽창인자가 2.5(1/0.4) 이상일 때 다중공선성을 의심하게 된다. 그러나 허용값이나 분산팽창인자만으로는 과연 어떤 독립변수 때문에 다중공선성이 발생하였는지 알 수 없다. 따라서 이에 대한 추가적인 조사가 필요하다.

물론 우리의 예에서처럼 독립변수의 수가 작고 상관계수가 눈에 띄게 높은 변수들이 있다면 바로 그 변수들간에 다중공선성이 발생하였을 확률이 매우 높다. 그러나 독립변수가 복잡하게 얽혀있는 경우에는 상태지수(condition index)와 분산비율(variance proportion)을 통해 문제가 되는 변수들을 확인해야 한다. 사실 이 개념을 설명하기 위해서는 고유근(eigen value)과 고유벡터(eigen vector)에 대한 수학적 이해가 필수적이다. 그러나 굳이 그 내용을 모르더라도 결과를 해석하는데 크게 지장은 없다. 따라서 여기서는 결과표를 해석하는 방법을 위주로 설명하도록 한다.

우선 Collinearity Diagnostics이라는 결과표의 두 번째 칸에 (독립변수+1)개 만큼의 고유근(eigen value)이 만들어 진다. 따라서 여기서는 총 5개의 고유근이 생성되었다. 이제 컴퓨터는 각각의 고유근을 가지고 상태지수(condition index)를 계산해 낸다. 연구자가 관심을 가져야 할 부분은 바로 상태지수와 분산비율(variance proportion)이다. 먼저 고유근 중에서 상태지수가 15이상인 고유근은 다중공선성의 문제가 있다고 의심해야 한다(서혜선 외, 2001). 여기서는 다섯 번째 고유근의 상태지수가 25.134로 다중공선성이 의심된다.

이제 다중공선성이 의심되는 고유근(eigen value)의 분산비율(variance propotion)을 살펴본다. 다섯 번째 고유근에서 '어휘' 와 '문법' 변수의 분산비율이 각각 0.93과 0.88이다. 이는 다섯 번째 고유근에 의해 '어휘' 변수가 93% 그리고 '문법' 변수가 88% 설명되고 있다는 것을 뜻한다. 즉 하나의 고유근에 의해서 두 개 이상의 독립변수가 높게 설명될 때 이 독립변수들간에 다중공선성이 있다고 의심할 수 있다. 보통 다중공선성 문제를 의심하는 분산비율의 기준은 90%이다(서혜선 외, 2001). 그러나 여기서는 고유근의 상태지수가 15보다 훨씬 크고 '문법' 변수의 분산비율이 거의 90%에 가깝기 때문에 두 변수간에 다중공선성을 충분히 의심해 볼 수 있다.

다중공선성의 영향

그렇다면 다중공선성이 구체적으로 회귀식에 어떤 영향을 미칠까? 다음 장에서 다루겠지만 다중공선성은 그 자체로 회귀모형의 기본가정(assumption)을 위반하지는 않는다. 따라서 다중공선성이 있다 하더라도 최소제곱법으로 여전히 유효한 회귀식을 추정할 수 있다. 그렇다면 다중공선성의 문제는 무엇일까?

만약 어떤 독립변수가 다른 독립변수들과 매우 높은 상관관계를 갖는다면 그 독립변수의 표준오차(standard error)가 증가하게 된다. 우리는 앞에서 회귀계수의 통계적 유의도를 판단하기 위해 t점수를 사용하는데 t점수를 구하기 위해 회귀계수를 표준오차로 나누어 준다고 배웠다. 따라서 같은 회귀계수라 하더라도 표준오차가 커지면 커질수록 그만큼 t점수는 작아지게 되고 이는 곧 통계적 유의도를 발견하는 것이 어렵게 된다는 것을 의미한다. 이처럼 다중공선성으로 인해 표준오차가 증가된 정도를 나타내는 것이 바로 분산팽창인자(VIF)이다(Samprit Chatterjee, et al., 1999).

보다 정확히 말해서 분산팽창인자에 제곱근을 씌워주면 그 값이 곧 표준오차가 증가한 정도를 나타내게 된다. 예컨대 우리의 예에서 '문법점수' 의 분산팽창인자는 3.503이고 이 값에 제곱근을 씌워주면 1.87이 된다. 즉 현재 회귀식에서 '문법' 이라는 변수의 표준오차는 다중공선성이 전혀 없을 때의 표준오차보다 약 1.87배 팽창했다는 것을 의미한다. 이는 곧 신뢰구간(confidence interval)이 1.87배 정도 넓어졌다는 것을 의미하고 따라서 통계적 유의도를 잡아낼 수 있는 확률이 그만큼 감소했다는 것을 뜻한다.

그렇기 때문에 회귀모형에서 다중공선성 문제가 발생하면 실제로는 유의미한 변수가 통계적으로 유의미하지 않게 추정되는 것이다. 우리의 예를 통해 직접 회귀계수의 표준오차가 어떻게 변하는지 살펴보자. 다중공선성을 진단해 본 결과 '어휘' 변수와 '문법' 변수가 간에 심한 다중공선성이 있다는 것을 발견하였다. 따라서 두 변수 중 하나를 제거하고 나머지 세 개의 변수로 각각 회귀모형을 만들어 분석해 보면 다음과 같은 결과를 얻을 수 있다.

Coefficients(원래 모형)

	Unstandardized Coefficients		Standardized Coefficients	t	Sig.
	B	Std. Error	Beta		
(Constant)	1.018	.182		5.594	.000
공감각점수	.011	.002	.280	5.463	.000
수리점수	.006	.004	.068	1.319	.188
어휘점수	.037	.007	.439	5.347	.000
문법점수	.004	.005	.072	.857	.392

Coefficients(어휘점수 제외)

	Unstandardized Coefficients		Standardized Coefficients	t	Sig.
	B	Std. Error	Beta		
(Constant)	1.286	.183		7.038	.000
공감각점수	.014	.002	.359	7.000	.000
수리점수	.007	.004	.082	1.535	.126
문법점수	.025	.003	.437	8.434	.000

Coefficients(문법점수 제외)

	Unstandardized Coefficients		Standardized Coefficients	t	Sig.
	B	Std. Error	Beta		
(Constant)	1.039	.180		5.760	.000
공감각점수	.010	.002	.263	5.577	.000
수리점수	.006	.004	.076	1.507	.133
어휘점수	.042	.004	.495	10.268	.000

우선 '어휘점수'를 제외하고 회귀식을 분석해 보면 '문법점수'가 통계적으로 매우 유의미한 것을 볼 수 있다. 분명 원래 모형에서는 '문법점수'가 통계적으로 유의미하지 않았다. 그런데 '어휘점수'를 제거한 회귀모형에서 '문법점수'는 통계적으로 유의미할 뿐만 아니라 표준화 회귀계수(standardized coefficient)도 0.072에서 0.437로 증가하여 '평점'에 가장 많은 영향을 미치는 독립변수로 나타나고 있다.

또한 기존의 회귀식에서 '문법점수'의 표준오차는 0.005이었는데 새로운 회귀식에서는 0.003으로 감소하였다. 0.005는 0.003의 약 1.87배이며 이는 '문법점수'의 분산팽창인자(VIF=3.504)에 제곱근을 씌어진 값과 동일하다. 또한 원래 회귀계수 자체도 0.004에서 0.025로 매우 높게 증가한 것을 볼 수 있다.

한편 '문법점수'를 제외한 회귀식을 분석해 보면 역시 '어휘점수'의 결과 또한 변한 것을 볼 수 있다. 우선 원래 회귀식에서 '어휘점수'의 표준오차는 0.007이었는데 새로운 회귀식에서는 0.004로 감소하였다. 0.007은 0.004의 약 1.81배이며 이는 역시 '어휘점수'의 분산팽창인자(VIF=3.304)에 제곱근을 씌워준 값과 동일하다. 그러나 '어휘점수'의 회귀계수 자체는 0.037에서 0.042로 그리 크게 증가하지 않았고 표준화회귀계수도 0.439에서 0.495로 그다지 크게 증가하지 않았다. 즉 '어휘점수'는 다중공선성 하에서도 표준오차만 팽창되었을 뿐 회귀계수는 크게 영향 받지 않았다는 것을 확인할 수 있다(왜 이와 같은 현상이 발생하는지 조금 뒤에 설명한다).

반면 '공감각점수'와 '수리점수'는 회귀계수와 유의도에서 미세한 변화가 있을 뿐 표준오차에서는 전혀 변화가 없다. 이는 앞에서 설명한 바와 같이 다중공선성 문제는 공선성이 높은 변수들에게만 영향을 미치고 나머지 독립변수들에는 거의 영향을 미치지 않는다는 것을 보여주는 예라 하겠다.

이와 같이 다중공선성 문제가 발생하면 실제로 종속변수에 매우 중요한 영향을 미치는 독립변수가 분석결과에서는 거의 중요하지 않은 변수로 나타나게 된다. 그런데 위의 결과에서 한 가지 이상한 점은 '어휘점수'의 허용값(tolerance=0.303)과 '문법점수'의 허용값(tolerance=0.286)이 비슷하게 낮기 때문에 두 변수 모두 원래 회귀식에서 회귀계수가 작게 나와야 하는데 유독 '문법점수'의 회귀계수만 실제보다 훨씬 작게 추정되었다는 것이다. 즉 '어휘점수'는 다중공선성 하에서도 통계적으로 유의미하였다.

우리의 예에서 '어휘점수'와 '평점'의 상관계수는 0.5이고 '문법점수'와 '평점'의 상관계수는 0.4로 두 변수간 상관계수의 차이는 0.1정도이다. 그런데 두 변수를 하나의 회귀식에 함께 대입하였을 때 '어휘점수'의 표준화회귀계수는 0.439이고 '문법점수'의 표준화회귀계수는 0.072로 '어휘점수'의 1/6밖에 되지 않는다.

종속변수에 대한 두 변수의 상관관계 차이를 고려할 때 두 변수의 표준화회귀계수 차이는 이상할 정도로 크다고 할 수 있다. 이와 같은 현상을 가리켜 '티핑 효과(tipping effect)'라고 부른다. 즉 독립변수들간에 다중공선성의 문제가 있을 때 종속변수와 조금이라도 더 높은 상관성을 갖는 독립변수의 회귀계수가 확대되는 현상이 발생한다(Paul D. Allison, 1998). 따라서 '어휘점수'에 비해 종속변수와 상관계수가 낮은 '문법점수'의 경우 다중공선성의 영향으로 회귀계수가 작게 추정된 반면 종속변수와 상관계수가 비교적 높은 '어휘점수'의 경우 회귀계수가 크게 추정되는 왜곡이 발생한 것이다.

이는 다중공선성의 문제 하에서 추정된 독립변수들의 회귀계수가 통계적 불안정성(instability)을 내재하고 있다는 것을 의미한다. 일반적으로 다중공선성이 발생하면 회귀모형 자체가 작은 오차(error)에 지나치게 민감하게 반응하게 되며 그 영향으로 종종 이해할 수 없는 결과가 도출되기도 한다. 예컨대 표준화회귀계수(standardized coefficient)가 1을 초과한다거나 분명이 종속변수와 부적관계에 있는 독립변수가 양수의 회귀계수를 갖는 경우가 바로 그것이다. 따라서 이와 같은 현상이 발생하면 연구자는 다중공선성을 반드시 의심해 봐야 한다.

다중공선성의 원인과 해결

그렇다면 어떤 경우에 다중공선성 문제가 잘 발생할까? 정확한 해답이 있는 것은 아니지만 특정한 자료형태에서 다중공선성이 잘 발생하는 것으로 알려져 있다. 가장 대표적인 형태가 그룹 데이터(group level data)이다. 그룹 데이터의 특징은 분석의 단위(unit of analysis)가 개인(individual)이 아니라 개인들의 집합이라는 것이다. 따라서 각 변수들은 개인들의 특징을 평균한(average) 값이 된다. 앞에서 다루었던 국가간 여성의 기대수명(데이터 3-2 기대수명)이 바로 그룹 데이터의 전형이다. 왜냐하면 이 데이터에서는 한 여성이 출산한 아이의 수와 그 여성의 수명을 분석하는 것이 아니라 국가단위로 여성의 '평균 출산율'과 '평균 수명'을 계산하여 이 수치를 분석에 활용하기 때문이다.

Correlations

변수의 결합 형태	여성 1인당 출산율	인구1만명당 의사수	인구수	도시화 정도
여성 1인당 출산율	1	-.736	-.128	-.599
인구1만명당 의사수		1	.020	.685
인구수			1	-.083
도시화 정도				1

위의 표는 독립변수들간의 상관계수를 보여주고 있다. 출산율-의사수, 출산율-도시화 그리고 의사수-도시화간에 모두 높은 상관관계가 나타나고 있음을 알 수 있다. 보통 그룹 데이터를 회귀분석하면 비교적 높은 결정계수가 나오는 경우가 많다. 위의 예에서도 결정계수는 0.761이다. 그러나 다중공선성으로 인해 신뢰할 만한 회귀계수를 추정하기 어려울 때도 많다. 다행히 우리의 예에서는 변수간 높은 상관관계가 있지만 아래 결과에서 보는 바와 같이 상태지수(condition index)와 분산비율(variance proportion)을 고려할 때 심각한 다중공선성의 문제가 의심되지는 않는다.

Coefficients(a)

	Unstandardized Coefficients	Standardized Coefficients	t	Sig.	Collinearity Statistics	
	B	Beta			Tolerance	VIF
(Constant)	71.239	2.808	25.367	.000		
인구수	-.003	.004	-.674	.502	.943	1.060
도시화 정도	.100	.029	3.389	.001	.510	1.959
여성 1인당 출산율	-2.897	.408	-7.107	.000	.424	2.357
인구1만명당 의사수	.266	.076	3.511	.001	.373	2.679

Collinearity Diagnostics(a)

Dimension	Eigenvalue	Condition Index	Variance Proportions				
			Constant	인구수	도시화 정도	여성 1인당 출산율	인구1만명당 의사수
1	3.344	1.000	.00	.01	.01	.00	.01
2	.905	1.923	.00	.91	.00	.00	.00
3	.645	2.277	.00	.00	.01	.05	.15
4	.085	6.266	.00	.01	.72	.08	.65
5	.022	12.431	.99	.07	.27	.87	.18

그렇다면 만약 다중공선성이 발생하면 어떻게 이 문제를 해결해야 할까? 다중공선성을 해결하는 방법에는 여러 가지가 있다. 중요한 것은 무엇보다 먼저 어떤 상황에서 다중공선성이 발생하였는지 파악하는 것이다. 다중공선성이 발생하는 경우는 크게 다음의 두 가지로 구분해 볼 수 있다.

1. 높은 공선성(collinearity)을 보이는 변수들이 같거나 유사한 개념을 다르게 측정한 경우
2. 높은 공선성(collinearity)을 보이는 변수들이 개념적으로 다른 경우

먼저 유사한 개념을 다르게 측정한 경우는 비교적 쉽게 다중공선성을 제거할 수 있다. 이와 같은 경우 가장 기본적인 방법은 문제가 되는 변수를 제거하는 것이다. '평점'의 예에서와 같이 '어휘점수'와 '문법점수'는 언어능력이라는 개념을 다른 방식으로 측정한 것이라고 볼 수 있다. 따라서 이와 같은 경우에 두 변수 중 하나를 제거하면 다중공선성 문제를 쉽게 해결할 수 있다. 그러나 어떤 변수를 제거한다는 것은 원래 자료가 담고 있는 정보(information)를 훼손시키는 것과 같다. 따라서 변수를 제거하고자 할 때에는 같은 개념을 측정한 다른 변수들간에 매우 높은 상관관계가 있어야 한다. 왜냐하면 변수들간에 상관관계가 높을수록 회귀식에 남아있는 변수가 제거된 변수의 정보를 최대한 간직하고 있다고 볼 수 있기 때문이다.

반면 다중공선성을 유발시킨 변수들간에 상관관계가 매우 높지 않다면 변수를 제거하는 것은 좋은 방법이 아니다. 예컨대 같은 언어능력을 측정하였다 하더라도 분명히 '어휘능력'과 '문법능력'은 다른 것일 수 있다. 더군다나 '어휘점수'와 '문법점수'의 상관관계가 매우 높지 않다면 둘 중 한 변수를 제거하는 것은 중요한 정보를 손실하는 것이 된다. 따라서 이와 같은 경우 변수들을 하나의 변수로 통합하는 것이 보다 바람직한 해결책이 될 수 있다. 즉 공선성(collinerity)이 높은 변수를 한 변수로 묶어 줌으로서 다중공선성 문제를 해결하고 동시에 원래 자료가 지니고 있는 정보는 최대한 보호할 수 있게 된다.

그렇다면 변수들이 개념적으로 다른 경우 어떻게 접근해야 할까? 가령 재취업에 영향을 미치는 요인에 대해 연구한다고 가정해 보자. '건강상태'와 '근로의지'이라는 두 독립변수의 상관계수가 -0.75이었다. '건강상태'와 '근로의지'가 이와 같이 높은 상관관계

를 보이는 것은 지극히 당연한 현상일 수 있다. 그러나 '건강상태'와 '근로의지'를 하나의 개념으로 취급하여 둘 중 하나를 제거하거나 또는 두 변수를 하나의 변수로 통합하는 것은 논리적으로 타당하지 않다. 아쉽게도 이러한 경우에 특별한 해결책은 없다. 단지 두 변수를 따로 대입한 두 개의 회귀식을 만들어 두 결과를 함께 보고하는 것 정도가 좋은 방법이라 할 수 있다.

물론 이와 같은 경우에 주성분회귀분석(principal component regression)이나 능형회귀분석(ridge regression)이라는 방법을 사용할 수도 있다(김두섭·강남준, 2000). 하지만 이러한 방법들은 추정과정에서 회귀계수 자체에 편의(bias)를 발생시키거나 결과를 얻었다 하더라도 이를 직관적으로 해석하기 어려운 경우가 많다.

8 _ 회귀진단

regression diagnosis

1. 회귀모형의 가정

통계기법 사정의 기준

회귀분석을 다루는 대부분의 책에서 회귀분석의 가정(assumptions)에 대해 설명하고 있다. 또한 회귀분석을 어느 정도 공부해 본 독자라면 회귀모형이 올바르게 작동하기 위해서는 회귀분석의 기본 가정들이 충족되어야 한다는 것을 배웠을 것이다. 그러나 실제로 많은 연구자들에게서 이 기본 가정들이 정확히 무엇을 뜻하고 이들이 어떤 경우에 위반되며 그리고 만약 이 가정들이 위반될 때 어떤 문제가 발생하는지에 대해 몇 가지 오해가 있는 것 같다. 그리고 그 오해의 발단은 여러 가지 원인에서 찾을 수 있다.

먼저 가정들을 단순히 수학적 공식으로 나열하는 경우가 많기 때문에 가정에 담긴 실제적 의미를 이해하지 못하는 경우가 많다. 또 다른 이유는 마치 모든 가정들이 똑같이 중요하다고 생각하는 데에서 기인한다. 사실 어떤 가정은 다른 가정들에 비해 훨씬 중요한 반면 그렇지 못한 가정들도 있다. 마지막으로 통계학자들간에 회귀분석의 기본가정에 대해 정확히 일치된 의견이 아직 없다는 것이다. 물론 모든 통계학자들 사이에서 중요하다고 여겨지는 공통분모가 있지만 완벽하게 일치되는 것은 아니다.

본 절에서는 회귀진단을 살펴보기에 앞서 회귀모형의 기본 가정들에 대해 알아본다. 다른 통계기법들과 마찬가지로 회귀분석도 어떤 조건에서는 잘 작동하는 반면 어떤 조건에는 작 작동하지 않는다. 회귀분석의 가정(assumptions)이란 바로 회귀식이 잘 작동하는 여건들을 기술해 놓은 것이라 할 수 있다. 가정들에 대해 논의하기에 앞서 우선 통계기법이 잘 작동한다는 것이 무엇을 의미하는지 짚어보자.

어떤 통계기법을 통해 얻은 결과가 좋은지 또는 좋지 못한지를 평가할 때 통계학자들은 크게 두 가지 기준에 의존한다. 그것은 바로 불편성(unbiasedness)와 효율성(efficiency)이다(Paul D. Allison, 1998). 먼저 어떤 통계기법을 통해 얻은 결과가 불편의(unbiased)하다면 우리는 그 통계기법을 바람직한 것이라 여긴다. 편의(bias)가 없는 결과란 추정치가 일관되게(systematic) 너무 높거나 너무 낮게 나타나지 않는 것을 의미한다. 추정된 값이 원래값(true value)보다 높게 나타나는 것을 가리켜 과대추정(overestimate)이라 하고 낮게 나타나는 것을 가리켜 과소추정(underestimate)이라 한다. 어느 통계기법을 막론하고 우리가 예측한 추정값(estimate)은 원래값이 아닌 이상 과대추정값이나 과소추정값이 된다. 그리고 어떤 통계기법을 사용하더라도 원래값만을 정확히 예측하는 것은 불가능하다. 따라서 불편의 추정(unbiased estimate)이란 모든 추정값이 원래값과 같아야 한다는 것을 의미하는 것이 아니라 과대추정값과 과소추정값이 있지만 이들이 서로 상쇄되어 예측치들의 전체적인 평균이 원래값에 근접하는 것을 의미한다.

그러나 불편의(unbiased)한 것만으로 어떤 추정방식의 좋고 나쁨을 평가하는 것은 충분하지 않다 가령 '절반은 30만큼 과대추정 되고 나머지 절반은 30만큼 과소추정 된 경우'와 '절반은 5만큼 과대추정 되고 나머지 절반은 5만큼 과소추정 된 경우'를 비교해 보자. 불편성의 측면에서만 본다면 둘 다 좋은 추정이라고 할 수 있다. 그러나 효율성의 측면을 고려한다면 후자가 더 바람직한 추정이라고 할 수 있다. 효율성(efficiency)이란 추정된 값들이 원래값에 얼마만큼 가깝게 분포하는지를 의미한다. 따라서 우리는 효율성을 표준오차(standard error)로 측정할 수 있다. 즉 효율적인 추정방법이란 표준오차를 최대한 작게 추정하는 방식을 말한다.

당연히 어떤 통계기법을 사용할 때 여러 가지 제약(constraint)을 가할수록 불편성과 효율성은 높아질 것이다. 그러나 이는 어떤 통계기법을 사용할 때 그만큼 제한이 많아진다는 것을 의미한다. 따라서 연구자는 최소한의 제약만으로 불편성과 효율성을 동시에 확보하기 원한다. 이제부터 회귀모형에서 이러한 목적을 달성하기 위해 어떤 조건들이 필요한지 알아보자.

회귀모형의 기본가정

회귀분석에서 불편의(unbiased)하고 효율적인(efficient) 추정값(estimate)을 얻기 위해서는 다음의 다섯 가지 조건이 충족되어야 한다. 우선 그 다섯 가지 가정이 무엇이며 식으로 어떻게 표현하는지 간략히 살펴보고 이후에 각 가정들에 대해 자세히 논의한다.

〈표 8-1〉 회귀모형의 가정

가정	수식
1. 선형성(lineartiy)	1. $y_i = a + bx_i + e_i$
2. 독립성(mean independence)	2. $E(e_i) = 0$
3. 등분산성(homoscedasticity)	3. $\text{var}(e_i) = \sigma^2$
4. 비상관성(uncorrelated error)	4. $\text{cov}(e_i, e_j) = 0$
5. 정규성(normality)	5. $e_i \sim Normal$

선형성 linearity

첫 번째 가정은 이미 우리가 제2장에서 다루었던 내용이다. 즉 회귀모형은 종속변수와 독립변수의 관계를 추정할 때 두 변수가 선형적(linear)이라는 것을 가정한다는 것이다. 여기서 우리가 반드시 기억해야 할 것은 거의 대부분의 회귀모형이 선형성의 가정을 완전히 충족시키지는 못 한다는 것이다. 그럼에도 불구하고 앞에서 배운 것처럼 약간의 변형을 통해 선형식으로 비선형관계도 근사하게 추정할 수 있기 때문에 우리는 이 가정에 크게 신경 쓰지 않는다.

이미 제2장과 제3장에서 언급한 것처럼 선형성을 나타내는 수식을 보면 절편과 기울기 외에 오차(e)가 반드시 포함된다. 즉 우리가 회귀식에서 종속변수를 예측할 때 독립변수가 미치는 영향과 오차가 미치는 영향을 함께 고려한다는 것이다. 그러므로 회귀식에서 오차항(error term)은 종속변수에 직접적인 영향을 미치는 중요한 요소 중 하나이다. 위의 표에서 나머지 네 가정들의 식을 보면 모두 오차항 e와 관련되어 있는 것을 알 수 있다. 만약 오차항을 전혀 예상할 수 없거나 오차항에 아무런 제약을 주지 않는다면 회귀식이 우리에게 주는 정보를 그리 유용한 것이 못 된다(David G. Kleinbaum, et al., 1998). 따라서 나머지 네 가정은 모두 오차항과 관련된 것들이다.

독립성 mean independence

회귀모형의 두 번째 가정이자 오차항에 관한 첫 번째 가정은 오차항이 독립변수의 값들과 관련되어 있지 않다는 것이다. 따라서 이를 "독립변수들에 대해 오차항이 독립적이다"라고 표현한다. 가끔 독립성의 가정과 뒤에서 다룰 비상관성의 가정을 혼동하는 경우가 있다. 독립적이란 어떤 독립변수의 모든 변수값(value)에 대해서 오차항이 항상 일정하다는 것을 말하며 특히 연구자는 모든 변수값에서 오차항의 평균이 항상 0으로 일정하기를 원한다. 바로 이 가정은 앞에서 말한 불편성(unbiaseness)과 직결되는 가정이다.

가령 '교육연수'로 '임금'을 예측하는 회귀식을 만들었다고 가정해 보자. 그리고 이 회귀식을 통해 임금을 예측할 때 발생하는 오차를 전부 구하였다고 가정해 보자. 최소제곱법(OLS)을 사용하여 추정하였기 때문에 당연히 전체 오차들의 전체평균은 0이다. 그런데 독립성 가정은 이에 더하여 모든 변수값 즉 각 교육연수(0, 1, 2, 3, ..., 20년)에서의 오차 평균도 0이어야 한다는 것이다.

개념적으로 예를 들어 보자. 교육연수가 6년인 집단의 오차평균은 +1.4, 표준편차는 0.8이고 12년인 집단의 오차평균은 -0.9, 표준편차는 0.5라면 두 집단에서 모두 95% 신뢰수준으로 오차평균이 0이라고 가정할 수 있다. 그러나 아쉽게도 통계프로그램을 통해 독립성을 검증할 수 있는 방법은 없다. 단지 측정오류(measurement error)가 없거나 이론에 근거해 회귀모형에 중요한 변수가 모두 포함되고 필요 없는 변수는 포함되지 않았다면 독립성의 가정이 충족된 것으로 여긴다(Paul D. Allison, 1998).

등분산성 homoscedasticity

세 번째 가정은 등분산성이다. 이는 어떤 독립변수의 모든 변수값에 대해 오차들의 분산이 일정해야 한다는 것을 의미한다. 반대로 모든 변수값에 대해 오차들의 분산이 일정하지 않은 것을 가리켜 이분산성(heteroscedasticity)이 있다고 한다. 등분산성과 이분산성의 차이는 〈그림 8-1〉을 통해 쉽게 이해할 수 있다.

〈그림 8-1〉 등분산성과 이분산성

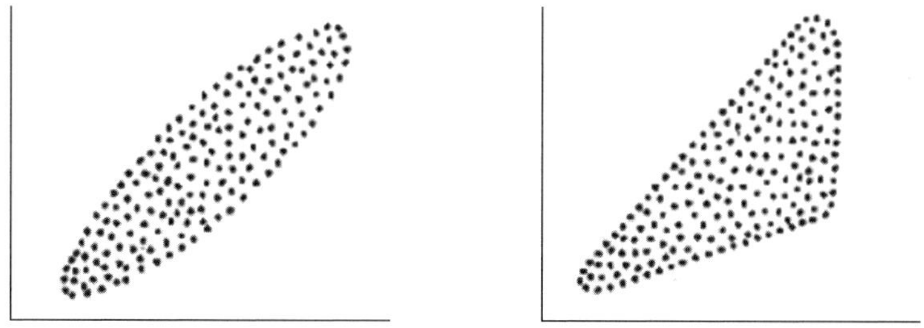

왼쪽 그림은 x의 값에 상관없이 y의 퍼진 정도가 일정하지만 오른쪽 그림은 x의 값이 커질수록 y의 퍼진 정도도 커진다. 사실 이분산성은 매우 다양한 형태로 나타날 수 있다. 즉 그림과 반대로 x의 값이 커질수록 y의 퍼진 정도가 감소할 수도 있고 증가했다가 다시 감소할 수도 있다. 결국 등분산하지 않은 나머지 관계는 모두 이분산한 것으로 보면 된다.

독립성 가정과 달리 이분산성은 통계프로그램에서 쉽게 확인할 수 있다(이에 대한 자세한 내용은 뒤에서 다시 다룬다). 사실 이분산성 자체만으로는 회귀모형에서 어떤 편의(bias)도 발생하지 않는다. 다만 이분산성이 있으면 최소제곱법으로 추정한 추정치(estimate)가 더 이상 최소의 표준오차를 갖는다고 확신할 수 없게 된다. 즉 등분산성의 가정은 불편성(unbiaseness)과 관련된 문제가 아니라 효율성(efficiency)과 직결되는 문제이다(William D. Berry, 1993).

최소제곱법에서는 모든 관측치들에 똑같은 가중치(weight)를 주어 회귀식을 추정한다. 그런데 오차의 분산이 큰 관측치는 오차의 분산이 작은 관측치에 비해 정보를 덜 갖고 있다고 할 수 있다. 따라서 이분산성이 있을 경우 오차의 분산이 작은 관측치 즉 더 많은 정보를 갖고 있는 관측치에 보다 많은 가중치를 주어 계산하는 것이 바람직하다. 바로 이와 같은 방식으로 회귀계수를 추정하는 방법을 가리켜 가중최소제곱법(weight least squares, WLS)이라고 한다. 그러나 사실 가중최소제곱법을 사용하기 위해서는 고려해야 할 사항과 다른 가정들이 매우 많다. 그리고 그 내용은 보통 알려진 대로 한 두 장에 걸쳐 설명할 수 있는 분량이 아니다. 따라서 이 책에서 자세한 내용은 생략한다.

가중최소제곱법(WLS) 대신 이분산성문제를 해결하는 또 다른 방법은 변수를 변환해 주는 것이다. 가령 '소득'과 같은 변수에 로그를 씌어준다거나 아니면 '부부싸움 횟수'와 같은 변수에 제곱근을 취해주는 것이다. 왜도(skewness)가 심한 원래 변수를 로그나

제곱근을 통해 변환해 주면 이분산성을 어느 정도 줄일 수 있다. 이와 같은 방법을 가리켜 분산안정화변환(variance stabilization transformation)이라고 한다.

종종 연구자들이 필요 이상으로 이분산성 문제에 예민한 것을 볼 수 있다. 그러나 이분산성이 표준오차를 크게 왜곡시키지 않는 한 그 자체로는 흔히 알려진 것과 같이 그리 심각한 문제를 유발하지는 않는다. 물론 표준오차를 증가시키기는 하지만 앞에서 배웠던 다중공선성(multicollinearity)만큼 심하게 왜곡시키지는 않는다(Paul D. Allison, 1998). 사실 우리가 통계적으로 확인을 못해서 그렇지 오히려 앞에서 설명한 '독립성 가정'이 회귀분석에서는 더 중요한 문제이다. 왜냐하면 '독립성 가정'이 지켜지지 않는다면 추정된 회귀계수 자체가 아예 편의(bias)를 갖기 때문이다.

개인적인 견해에서 이분산성이 의심된다고 무조건 변수변환이나 가중최제곱법(WLS)을 사용하기 보다는 주변의 통계 전문가에게 반드시 상의해 보라고 권하는 바이다.[5] 특히 요즘 SAS와 같은 통계프로그램에서는 일반적인 표준오차 대신 로버스트 표준오차(robust standard error)를 사용하여 이분산성 문제를 간단히 해결할 수 있다. "감기에서 오는 두통을 고치기 위해 굳이 뇌수술까지 받을 필요는 없다"

비상관성 uncorrelated error

비상관성은 모든 개체(individual)들의 오차가 서로 상관이 없다는 것을 의미한다. 그렇다면 어떤 경우에 개체들간의 오차에서 상관성이 발견될까? 가령 150쌍의 부부 총 300명을 대상으로 결혼만족도를 조사했다고 가정해보자. 한 쌍의 부부 즉 남편과 부인은 결혼만족도에서 아마도 비슷한 특징들을 보일 것이다. 따라서 이와 같은 경우 남편과 부인의 오차는 서로 상관되어 있다고 의심해 볼 수 있다.

또 다른 예는 동일한 개체를 일정한 시간을 두고 반복 측정하는 경우이다. 예컨대 상담프로그램이 스트레스를 얼마나 줄이는지 연구한다고 가정해 보자. 모든 참여자들에게 프로그램을 제공하고 2주에 한 번씩 총 6회에 걸쳐 스트레스지수를 측정하였다. 이때 어떤 사람의 스트레스점수는 바로 전에 측정한 스트레스점수와 매우 밀접한 관련이 있을 것이다. 특히 이러한 경우는 패널연구(panel study)와 같은 시계열(time series)자료에서 흔

5) 사실 이는 필자의 개인적 견해라기 보다는 필자에게 통계의 많은 부분을 가르쳐 주었던 Pual D. Allison교수가 늘 강조하던 바이다.

히 볼 수 있는데 이를 가리켜 특별히 자기상관(auto correlation) 또는 자기회귀(auto regression)라고 부른다.

〈그림 8-2〉 자기상관관계에서 오차의 분포

AR(1)RHO = +0.9

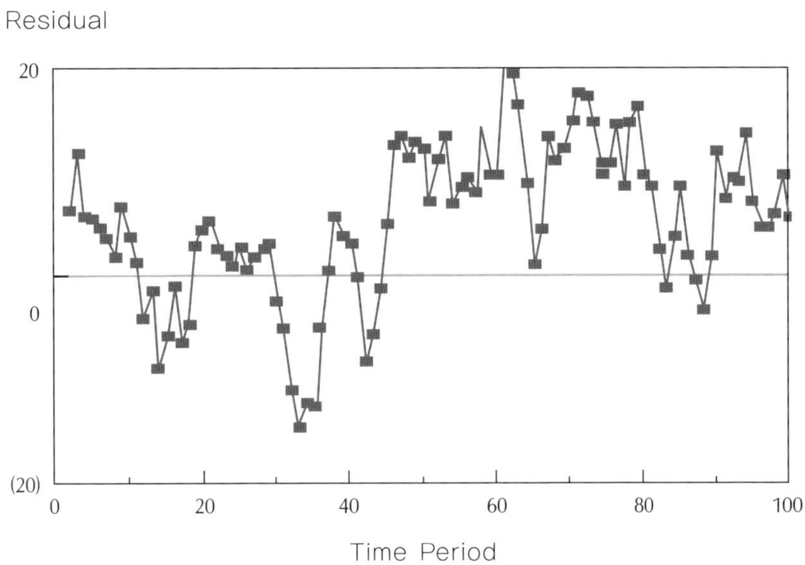

AR(1)RHO = -0.9

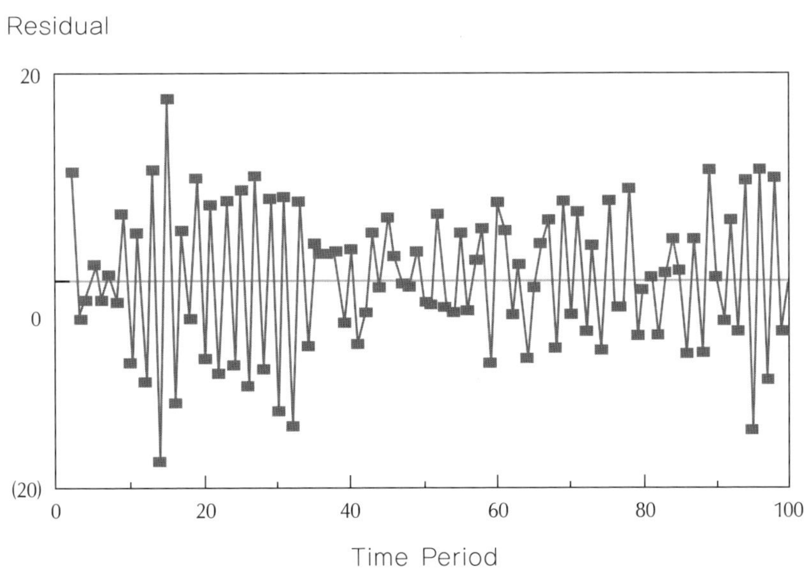

〈그림 8-2〉는 시계열 자료에서 자기상관이 발생한 경우 오차의 분포를 나타내고 있다. 위의 그림은 정적(positive)인 자기상관관계를 그리고 아래 그림은 부적(negative)인 자기상관관계를 보여준다. 자기상관이 정적으로 발생한다는 것은 어떤 시점(t)과 바로 그 전 시점(t-1)에서 관측치의 오차가 거의 같은 방향(+, + 또는 -, -)으로 나타나는 것을 말하며 부적인 자기상관이 발생한다는 것은 어떤 시점과 바로 그 전 시점에서 관측치의 오차가 거의 다른 방향(+, -)으로 나타나는 것을 의미한다.

그렇다면 오차항들 간에 상관성이 있으면 어떤 문제가 발생할까? 이분산성(heteroscedasticity)이 있을 때와 비슷한 결과가 유발된다. 즉 회귀계수 자체에 편의(bias)가 발생하지는 않지만 일반적인 최소제곱법(OLS)으로는 더 이상 타당한 표준오차를 추정할 수 없게 된다. 특히 다중공선성과 반대로 실제로는 유의미하지 않은 회귀계수가 통계적으로 유의미하게 판단되는 오류가 자주 발생한다(William D. Berry, 1993).

오차들간의 일반적인 상관성을 검색하는 방법은 몇 가지가 있기는 하지만 극히 일부 통계프로그램에서만 사용이 가능하다. 단 자기상관(auto correlation)의 경우 더빈-왓슨(Durbin-Watson)검증으로 비교적 쉽게 발견해 낼 수 있다. 만약 더빈-왓슨(Durbin-Watson)검증에서 자기상관의 문제가 발견된다면 이 문제를 완화하기 위해 일반화최소제곱법(generalized least squares, GLS)을 사용할 수 있는데 이 역시 가중최소제곱법(WLS)만큼 간단하지 않다.

사실 오차간의 상관성 문제는 연구모형을 구축하는 방식 특히 표본설계(sampling design)와 밀접하게 연관되어 있다. 만약 단순 무작위 표본추출(simple random sampling)을 한다면 오차간의 상관성 문제를 상당 부분 제거할 수 있다. 반면에 군집추출(clustering sampling)을 한다면 즉 개인을 뽑는 것이 아니라 우선 집단(조직이나 학교 등)을 뽑고 그 집단 안에서 개인을 뽑는 경우라면 오차간 상관성 문제에 주의를 기울여야 한다. 따라서 연구모형을 결정하는 과정에서부터 오차간 상관성을 미리 염두에 두는 것이 바람직하다.

지금까지 우리는 회귀분석이 잘 작동하기 위하여 필요한 4개의 조건들에 대해 알아 보았다. 앞에서 설명한 4개의 가정들 즉 선형성, 독립성, 등분산성 그리고 비상관성 가정이 모두 충족된다면 우리는 이를 가리켜 최적선형불편추정(best linear unbiased estimation)이라 하고 간단히 BLUE라고 표현한다.

정규성normality

마지막 가정은 오차의 정규성이다. 많은 사람들이 이 정규성 가정을 종속변수나 독립변수에 적용하는 것을 볼 수 있다. 흔히들 회귀분석에 포함되는 변수들은 모두 정규분포를 이루고 있어야 한다고 오해한다. 어디에서 그런 오해가 생겼는지 모르지만 아마도 이분산성을 감소시키는 과정과 헷갈린 듯 하다. 앞에서 변수의 왜도(skewness)가 심할 경우 분산안정화변환(variance stabilization transformation)을 통해 이분산성을 감소시킨다고 설명하였다. 그런데 어떤 변수의 분산을 안정화 시킨다는 것은 결국 정규분포에 가깝게 만들어 주는 것을 의미한다. 따라서 사람들은 마치 종속변수나 독립변수의 정규성이 매우 중요한 요소인양 오해하는 것 같다.

그러나 회귀모형에서 정작 변수들이 어떤 분포를 갖는지는 그리 중요한 문제가 아니다. 물론 모든 변수들이 정규분포를 이룬다면 더할 나위 없이 좋은 것이다. 하지만 보다 중요한 것은 회귀식을 통해 추정된 '오차의 분포'가 정규성을 가져야 한다는 것이다. 오차의 정규성 가정은 불편성(unbiaseness)이나 효율성(efficiency)과는 전혀 상관이 없는 문제이다. 왜냐하면 이미 앞의 네 가정만 충족되면 최적선형불편추정(BLUE)을 할 수 있기 때문이다. 대신 오차의 정규성은 회귀계수의 통계적 유의도를 판단할 때 영향을 미친다. 앞에서 설명한 바와 같이 회귀계수의 통계적 유의도는 t값으로 판단하는데 만약 오차가 정규분포를 따르지 않는다면 이 때 t분포(t distribution)로 정확한 예측을 할 수 없게 된다.

사실 표본의 크기가 충분히 크다면 오차의 정규성은 크게 고려할 필요가 없다. 왜냐하면 오차의 분포가 정규분포(normal distribution)를 따르지 않더라도 표본의 크기가 충분히 클 경우 중심극한정리(central limit theorem)에 의해서 비정규성이 보정되기 때문이다. 그러나 표본의 크기가 작다면 회귀계수의 정확한 신뢰구간(confidence interval)과 유의도를 측정하기 위하여 오차의 분포가 정규성을 갖추어야 한다. 그렇다면 큰 표본과 작은 표본의 기준은 무엇일까? 명확한 기준은 없다. 그것은 독립변수의 수 그리고 실제 오차의 분포형태 등에 따라 달라질 수 있기 때문이다. 그러나 일반적으로 사례수가 200개를 넘으면 오차의 정규성이 어느 정도 확보된다고 할 수 있다. 또한 사례수가 100개 정도라 하더라도 독립변수의 수가 3개 내지 4개 이하라면 크게 문제 될 것이 없다.

그러나 사례수가 100개가 안 되거나 독립변수가 많을 경우 오차의 정규성 가정에 주의를 기울여야 한다. 이후에 살펴보겠지만 많은 통계프로그램에 오차의 정규성을 확인하는 방법들이 있다. 하지만 사례수가 적을 때 이 방법들은 신뢰할만한 결과를 주지 못하는 경향이 있다. 따라서 보다 좋은 방법은 표본의 크기가 작을 때 결과를 '보수적'으로 해석하라는 것이다. 즉 정규성의 가정이 충족되지 못해 신뢰구간과 유의도가 정확하게 계산되지 않았다고 전제하고 회귀계수의 유의도를 확인할 때 *t*값의 유의수준을 0.05 대신 0.01로 적용하여 통계적 유의미성을 판단하라는 것이다(Paul D. Allison, 1998).

그런데 아쉽게도 일부 연구자들 가운데 오히려 이와 반대로 결과를 해석하는 것을 볼 수 있다. 즉 표본의 크기가 작을 경우 회귀계수의 유의도를 판단할 때 0.1과 같이 오히려 더 유연한 기준을 적용한다. 이는 아마도 표본의 크기가 작을 경우 유의미한 결과를 얻는 것이 어렵기 때문일 것이다. 그러나 반드시 명심해야 할 것은 오차분포의 정규성이 확보되지 않으면 유의미하지 않은 결과가 유의미한 것처럼 나올 수도 있다는 것이다.

지금까지 회귀분석의 가정에 대해 살펴보았다. 이 가정들이 우리에게 전달하는 핵심 내용은 무엇일까? 회귀분석이 올바로 작동하기 위해서는 통계기법 자체도 중요하지만 그 전에 다음과 같은 요소들이 충분히 고려되어야 한다는 것이다.

1. 이론에 근거해 구축된 견고한 연구모형
2. 정교하고 체계적인 표본추출방법
3. 오류를 최소화한 정확한 측정
4. 충분한 크기의 표본

일부 연구자들 가운데 위의 사항들에 큰 주의를 두지 않고 회귀분석을 사용하는 경우를 볼 수 있다. 물론 복잡한 통계기법을 동원해서 회귀가정에 위배되는 문제들을 보완할 수도 있다. 그러나 중요한 것은 어떤 통계적 보정도 좋은 자료를 대신하지 못한다는 것이다.

Nested Model

앞에서 오차들의 상관성을 설명하면서 어떤 집단안에 개인들이 포함되어 있는 형태의 자료가 있다고 하였다. 이를 가리켜 통계적 용어로 nested data라고 한다. 가령 한 고등학교에서 30명씩 50개의 고등학교를 뽑아서 '학교생활만족도'를 조사했다고 가정해 보자. 이 때 같은 학교에 속한 학생들은 그 학교만의 특징(선생님들 수준, 지역사회의 분위기 등)을 공유할 것이다. 따라서 같은 학교에 속한 학생들끼리 비슷한 '학교생활만족도'를 보일 가능성이 높다. 이런 경우 실제 조사대상자는 1,500명이지만 이들이 서로 독립되어 있다기 보다는 30명씩 상관되어 있다고 볼 수 있다. 바로 이와 같은 경우에 오차의 비상관성 가정이 위반되게 된다.

실제로 사회과학연구에서는 이와 같은 nested model을 자주 사용하게 된다. 예컨대 조직문화와 직원들의 능률성을 파악하기 위하여 100개의 조직에서 10명씩을 뽑는 경우라던가 새로 개발된 수술기법의 효과성을 조사하기 위해 30개의 병원에서 20명씩의 환자를 뽑는 경우가 바로 여기에 속한다. 이처럼 nested model에서는 각 개인들의 오차 속에 그 개인이 속한 집단의 특징으로 말미암아 발생한 오차들이 포함되게 된다. 따라서 특정한 집단에 속한 개인들의 오차가 서로 상관되는 현상이 발생하는 것이다 (Douglas A. Luke, 2004). 그 결과 회귀계수들의 표준오차가 비정상적으로 과소추정되고 유의미하지 않은 회귀계수가 유의미하게 나타나게 된다.

이러한 nested model을 보다 정확히 추정하기 위해 Linear Mixed Model이라는 방법을 주로 사용한다. Mixed라는 이름이 붙은 이유는 주어진 회귀식에 fixed effect와 random effect을 동시에 포함시키기 때문이다. 즉 우리가 보통 사용하는 회귀식과 마찬가지로 회귀계수(fixed effect)들을 추정함과 동시에 개인차이와 집단차이에서 발생하는 오차를 random effect로 계산해 주는 것이다. 최근이 자주 사용되는 위계모형(Hierrarchical Linear Model: HLM)이라던 성장모형(Growth Model)이 바로 Linear Mixed Model에 속하는 통계기법들이다(Marija J. Norusis, 2004).

일반적으로 Linear Mixed Model을 사용하여 nested model을 분석하면 일반회귀모형으로 분석했을 때 보다 큰 표준오차가 계산되는 것을 볼 수 있다. 대신 회귀계수는 어떤 방식으로 분석하던 차이가 거의 없다(Shenyang Guo, 2005). 그러므로 일반회귀모형에서는 유의미하던 변수들이 Linear Mixed Model에서는 유의미하지 않게 보고되는 경우가 발생한다. 그래서 오히려 Linear Mixed Model 사용하면 연구자에게 실망을 주는 결과가 나올 수도 있다. 하지만 회귀모형의 기본가정을 고려할 때 nested model에서는 Linear Mixed Model을 사용하는 것이 바람직하다.

2. 회귀진단의 적용사례: '사회경제지수(SEI)에 영향을 미치는 요인'

잔차 분석

회귀모형의 가정에서도 알 수 있듯이 회귀분석을 사용하는 연구자에게 오차(error)는 매우 중요한 관심사이다. 여기서는 오차를 분석하는 몇 가지 방법에 대해 알아본다. 보통 오차를 다른 말로 잔차(residual)라고도 하며 특히 '오차분석' 보다는 '잔차분석' 이라는 표현을 더 일반적으로 사용한다. 따라서 본 절에서도 오차 대신 잔차라는 용어를 사용하도록 한다.

잔차분석의 궁극적인 목적은 잔차들의 분포가 회귀가정에 위반되는 지를 검색해 내는데 있다. 하지만 앞에서 설명한 대로 잔차 분석을 통해 정확하게 회귀가정의 위반여부를 판단하는 데에는 한계가 있다. 그럼에도 불구하고 연구자들이 잔차를 분석하는 이유는 잔차의 대략적인 형태를 파악함으로써 분석시 주의해야 할 부분을 미리 염두에 두기 위해서이다.

따라서 잔차분석은 회귀가정에서 잔차와 직접 관련된 세 가정(등분산성, 상관성, 정규성)을 검증하는데 초점을 맞춘다. 물론 두 번째 독립성 가정도 잔차와 관련된 가정이지만 앞에서 언급한 바와 같이 이를 통계적으로 검증해 낼 방법이 없기 때문에 보통 잔차분석에서 제외한다. 또한 오차간 상관성의 문제는 연구모형을 잘 구축하고 표분추출(sampling)에 주의를 기울인다면 충분히 예방할 수 있는 문제이다.

물론 패널연구(panel study)와 같은 시계열(time series)자료에서 발생하는 자기상관(auto correlation)문제는 연구자가 사전에 통제할 수 있는 부분이 아니다. 따라서 연구자는 시계열자료를 사용할 경우 반드시 자기상관성을 검증해 보아야 한다. 그러나 시계열자료가 아니라면 자기상관에 대해 크게 염려할 필요는 없다. 따라서 본 절에서는 등분산성과 정규성을 검증하는 방법에 대해서만 알아보도록 한다.

등분산성의 검증

등분산성(homoscedasticity)을 검증하는 전형적인 방법은 산점도를 그려보는 것이다. 단순회귀분석에서는 독립변수가 하나이기 때문에 단순히 독립변수와 종속변수를 각각 X축과 Y축으로 하는 산점도를 그려보면 되지만 중다회귀모형에서는 조금 다른 접근이 필요하다.

(데이터 8-1 사회경제지수)를 열어보자. '학력' 은 조사대상자의 교육연수, '부학력', '모학력' 은 각각 조사대상자 부모의 교육연수, 'SEI' 는 조사대상자의 사회경제지수 그리고 'PASEI' 는 조사대상자 아버지의 사회경제지수를 각각 나타낸다. 사회경제지수(social economic index)는 직업, 소득 등을 고려해 개인의 사회경제적 지위를 나타내는 지수로서 범위는 0부터 100점이고 점수가 높을수록 높은 사회경제지위를 나타낸다. 한편 조사대

상자의 '사회경제지수(SEI)'에 영향을 미치는 요인을 알아보기 위하여 '본인의 학력', '부父의 학력', '모母의 학력' 그리고 '부父의 사회경제지수'를 독립변수로 하는 회귀모형을 구축하여 분석하였다.

등분산성이란 독립변수의 모든 변수값에 상관없이 오차의 분산이 일정한 것을 말한다. 따라서 하나의 독립변수로 이루어진 단순회귀모형에서는 독립변수와 종속변수의 산점도를 그려보면 된다고 하였다. 만약 '사회경제지수'를 종속변수로 하고 '교육연수'를 독립변수로 하여 단순회귀분석을 실행 할 경우 X축을 독립변수로 그리고 Y축을 종속변수로 하는 산점도를 그리면 된다.

〈그림 8-3〉 종속변수와 독립변수의 산점도

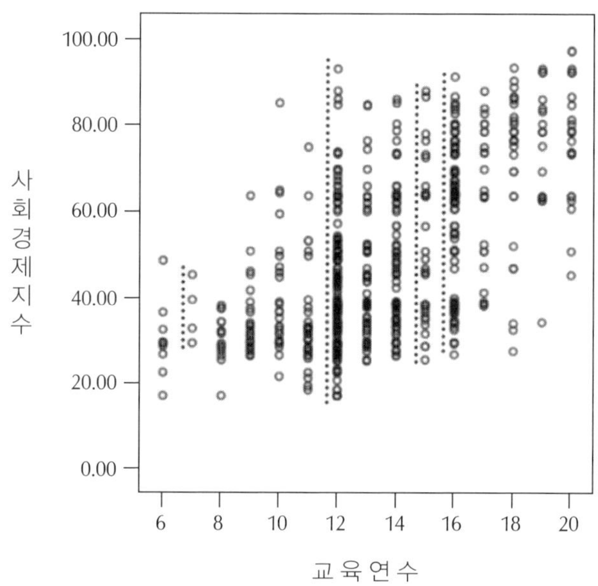

그림에서 보는 바와 같이 '교육연수'와 상관없이 '사회경제지수'가 비교적 고르게 펴져 있는 것을 알 수 있다. 가령 교육연수가 15년인 집단과 16년인 집단에서는 사회경제지수가 펴져 있는 정도(점선으로 표시된 부분) 즉 분산이 거의 비슷하다. 물론 교육연수가 12년인 집단은 다른 집단들에 비해 분산이 크고 7년인 집단은 다른 집단들에 비해 분산이 작지만 사회과학자료에서 이 정도의 이분산성은 충분이 감수할 만한 것이다.

그러나 중다회귀모형에서는 독립변수가 여러 개이기 때문에 독립변수와 종속변수를 일일이 대응해 볼 수 없다. 대신 종속변수의 관측치(observed value)와 회귀식을 통해 추정된 종속변수의 예측치(predicted value)를 통해 등분산성을 확인한다. 어떻게 종속변수의 관측치와 예측치만으로 독립변수의 오차를 확인할 수 있을까? 회귀식에서 종속변수는 독립변수값들의 조합으로 이루어진 것이다. 따라서 종속변수의 값은 모든 독립변수의 값들을 아우르는 수치라 할 수 있다. 만약 종속변수의 관측치에 상관없이 예측치들이 일정하게 분포한다면 이는 곧 독립변수들의 어떤 변수값에 상관없이 오차들이 일정하게 분포한다는 것을 의미한다. 따라서 종속변수의 예측치와 관측치를 비교하는 것이다.

그럼 직접 실행시켜보자. 회귀분석 창에서 Save... 를 클릭하고 Predicted Values에서 Unstandardized를 선택하여 실행시킨다. 데이터 창에 pre_1이라는 새로운 변수가 생기는데 이 변수가 회귀식을 통해 예측된 종속변수의 값이다.

〈그림 8-4〉 종속변수의 예측치와 관측치의 산점도

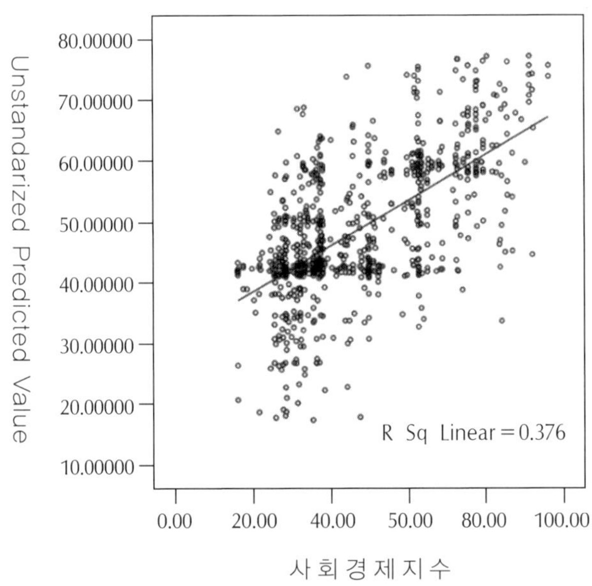

이제 원래 종속변수를 X축으로 그리고 새로 만들어진 예측값을 Y축으로 하는 산점도를 그려보자. 산점도를 그리는 방법은 이미 앞에서 설명하였다. 여기서는 산점도를 쉽게 보기 위하여 산점도 상에 회귀선을 추가하는 방법을 잠시 소개한다. 우선 결과창에서 산점도를 더블 클릭하면 Chart Editor라는 창으로 전환된다. 이 때 산점도 상 중간 즈음에 마우스 화살표를 올리고 마우스의 오른쪽 버튼을 누르면 작은 창이 생긴다. 이 창에는 산점도를 편집할 수 있는 여러 기능들이 포함되어 있는데 그 중 Add Fit Line at Total을 누르고 Linear를 선택하면 〈그림 8-4〉처럼 회귀선이 포함된 산점도가 그려진다.

그림에서 보는 바와 같이 회귀선을 중심으로 종속변수의 관측치와 상관없이 예측치가 고르게 분포하는 것을 알 수 있다. 즉 잔차(residual)의 분산이 등분산성을 위반한다고 보기 어렵다.

그런데 SPSS에는 이 방법 말고 회귀분석과정에서 직접 산점도를 그릴 수 있는 기능이 있다. 다시 회귀분석 창으로 가서 Plots... 을 누르면 다음 같은 창이 뜬다.

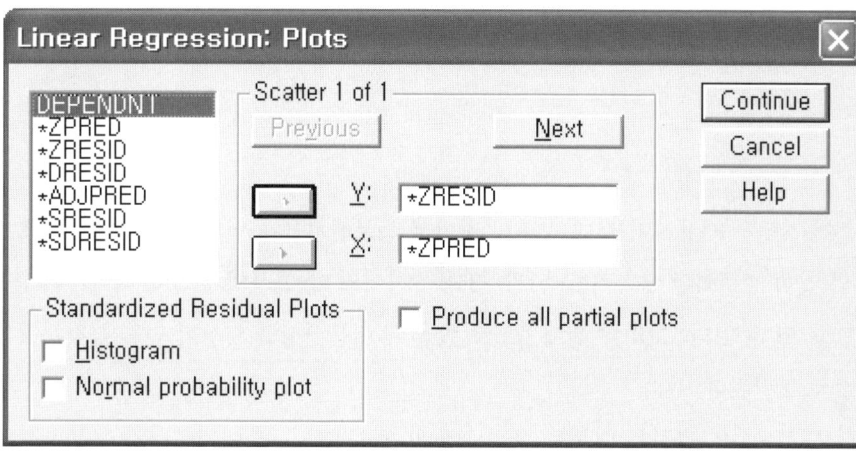

Plots창은 잔차와 관련된 다양한 그래프를 만들 수 있도록 구성되어 있다. 먼저 왼쪽 창에는 다양한 약자들이 있는데 RESID는 잔차(residual)를 그리고 PRED는 예측치(predicted value)를 각각 나타낸다. 한편 Z는 표준화(standardize)된 것을 의미하고 S는 스튜던트화(studentized)된 것을 의미한다. 표준화는 이미 앞에서 여러 번 나왔기 때문에 익숙할 것이다. 바로 어떤 값에서 평균을 빼주고 표준편차로 나누어준 값이다. 스튜던트화는 표준화와 거의 비슷한 개념인데 t분포에 보다 적합하도록 변형시킨 형태를 말한다. 그러나 두 값은 거의 일치한다.

등분산성을 분석할 때는 보통 X축에 '표준화된 예측치(ZPRED)' 그리고 Y축에 '표준화된 잔차(ZRESID)'를 넣어주면 된다. 이를 실행시키면 〈그림 8-5〉와 같은 결과를 얻을 수 있다.

〈그림 8-5〉 표준화 예측치와 표준화 잔차의 산점도

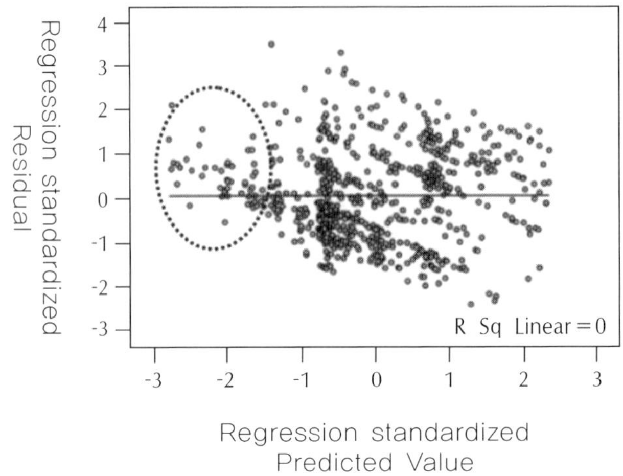

표준화 값들을 사용하면 보다 정확히 잔차의 등분산성을 확인할 수 있다. 그림에서 보는 바와 같이 표준화된 예측치(X축)가 -3과 -2사이일 때 잔차의 분산이 나머지 부분보다 작은 것을 알 수 있다. 그러나 전체적으로 봤을 때 이분산성을 의심할 만큼 심각하지는 않은 것으로 판단된다.

사실 등분산성의 가정은 대부분 산점도에 의존하기 때문에 어디부터가 이분산적인 것인지 정확한 기준을 제시할 수는 없다. 그러나 이미 앞에서 언급한 바와 같이 이분상성이 표준오차를 크게 왜곡하지 않는다면 그리 크게 염려할 문제는 아니다. 따라서 명백하게 등분산성을 위반하지 않는 이상 검증과정에서 까다로운 기준을 적용할 필요는 없다.

정규성

다시 한번 강조하지만 회귀가정에서 정규성(normality)이란 회귀식의 오차들이 정규분포를 이룬다는 것을 의미한다. 정규분포(normal distribution)란 평균을 중심으로 좌우대칭의 종모양을 이루는 분포를 말한다. 정규분포의 가장 큰 특징은 좌우 1표준편차(1SE) 안에 전체사례의 약 68%가 그리고 좌우 2표준편차(2SE) 안에 전체사례의 약 95%가 존재한다는 것이다. 제3장에서 회귀계수의 95% 신뢰구간(confidence interval)을 구할 때 표준오차를 2배 해주고 이 값을 평균에서 각각 더해주고 빼주었다. 이 때 표준오차를 2배 해준 이유는 바로 정규분포에서 2표준편차(2SE) 안에 전체 사례의 약 95%가 포함되기 때문이다.

그러므로 만약 오차들의 분포가 정규분포를 따르지 않는다면 회귀계수의 유의도 검증 자체가 신뢰할 만하지 못하게 된다. 유의도 검증이 신뢰할 만 하지 못하다는 것은 한마디로 유의미한 결과가 유의미하지 않게 나올 수 도 있고 그 반대일 수도 있다는 것이다. 그런데 보통 오차의 분포가 정규분포를 따르지 않을 때 유의도 검증을 하게 되면 1종 오류(Type1 error) 즉 α-오류가 커지는 경향이 있다. 따라서 유의미하지 않은 결과를 마치 유의미한 것처럼 보고하고 경우가 발생한다. 앞에서 설명한 대로 표본의 크기가 충분히 클 때 (200개 이상일 때)는 굳이 오차의 정규성에 신경을 쓸 필요가 없다. 그러나 만약 표본의 크기가 작거나 독립변수의 수가 많다면 반드시 오차의 정규성을 확인해야 한다(David G. Kleinbaum, et al, 1998).

오차의 정규성을 확인하는 기본적인 방법은 오차항의 분포를 직접 그려보는 것이다. 다시 회귀분석창으로 가서 Save... 를 클릭하고 Residuals에서 Unstandardized를 선택하고 실행시키면 데이터창에 res_1이라는 오차항이 생긴다. 이제 이 오차항의 히스토그램을 그려보면 다음과 같은 결과를 얻을 수 있다.

〈그림 8-6〉 오차항의 분포

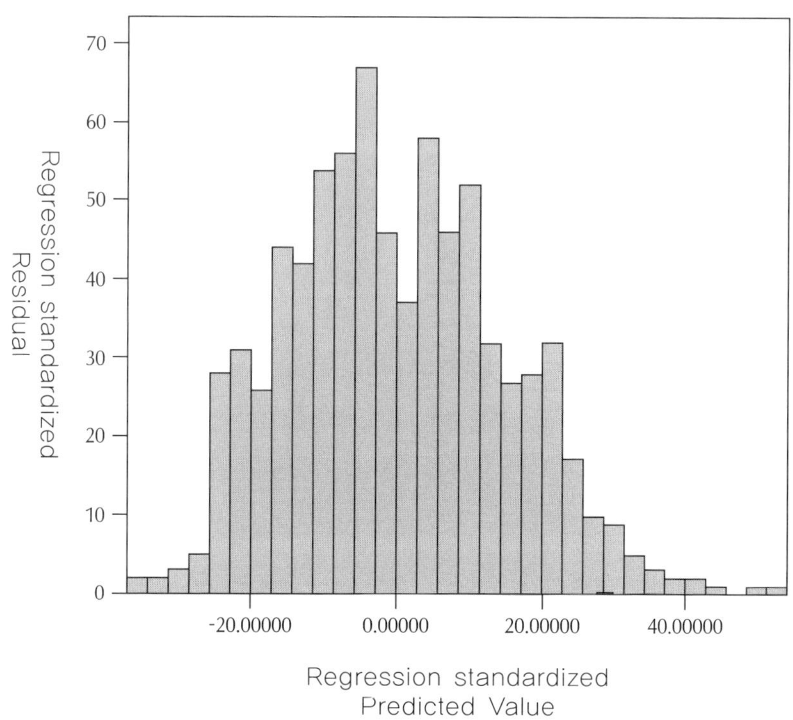

그림에서 보는 바와 같이 약간 오른쪽으로 처진 분포(right skewed)가 나타난다. 이를 좀 더 정확하게 알아보기 위하여 SPSS에서 Plots... 기능을 사용해 보자. 역시 회귀분석창에서 Plots을 클릭하고 Standardized Residual Plots에서 Histogram과 Normal probability plot을 선택하고 실행시키면 〈그림 8-7〉과 〈그림 8-8〉과 같은 그래프를 얻을 수 있다.

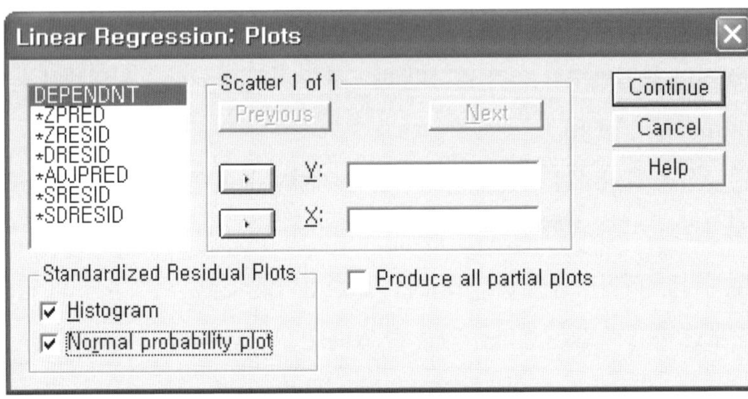

〈그림 8-7〉 표준화 오차의 분포

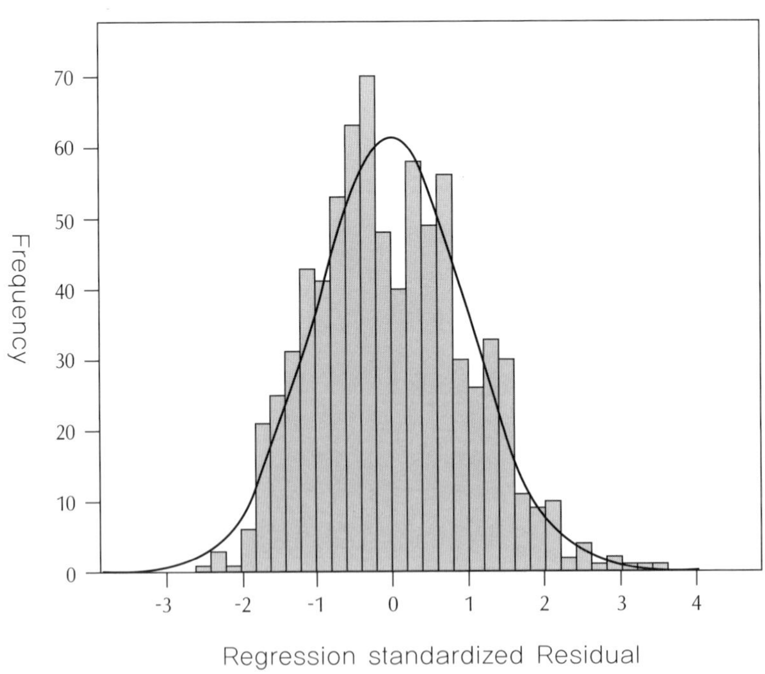

〈그림 8-8〉 정규확률플롯(p-p plot)

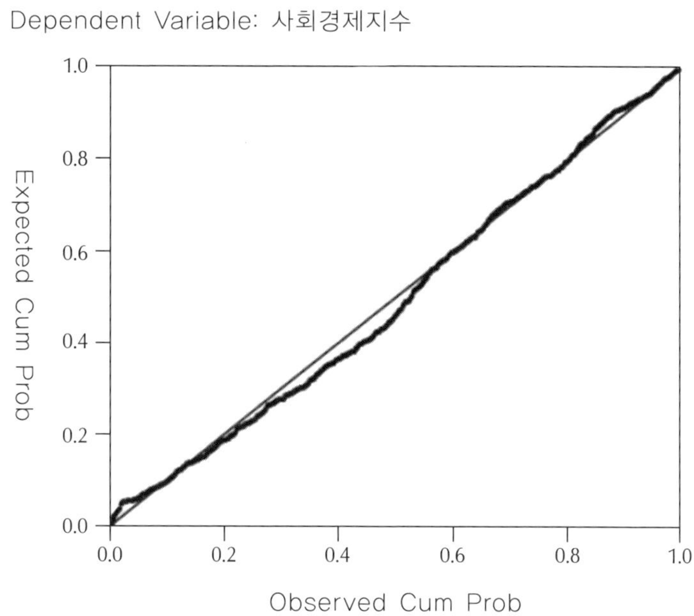

〈그림 8-7〉은 〈그림 8-6〉과 일치한다. 단지 X축에 비표준화잔차(unstandardized residual) 대신 표준화잔차(standardized residual)를 사용했다는 것이 다를 뿐이다. 이에 더하여 히스토그램에 기초해 대략적인 정규분포의 모양을 곡선(curve)으로 표시해 주고 있다. 그러나 히스토그램만으로 정규성을 판단하기는 어렵다.

〈그림 8-8〉은 정규확률플롯(normal probability plot)이며 보통 P-P Plot이라고 부른다. 이는 관측된 누적확률(cumulative probability)과 예측된 누적확률을 그래프상에서 비교한 것이다. 관측된 누적확률이란 실제 오차분포상에 오차들이 분포된 모습을 나타낸 것이고 예측된 누적확률이란 정교분포표상의 분포 모습을 나타낸 것이다. 따라서 만약 오차항이 완벽하게 정규분포를 따른다면 관측된 누적확률과 예측된 누적확률이 동일해야 한다. 즉 원점에서 45도로 우상향하는 직선상에 모든 점들이 표시되어야 한다. 그런데 그림에서 보는 바와 같이 실제 점들은 직선에서 약간씩 이탈되어 있는 것을 알 수 있다. 만약 이 이탈의 정도가 크다면 정규성이 심하게 훼손되었다고 의심해 볼 수 있다. 실제로 〈그림 8-8〉 정도라면 오차의 분포가 상당히 정규성에 근접했다고 볼 수 있다.

이분산성과 마찬가지로 오차의 정규성을 판단하는 명확한 기준은 없다. 다만 JMP와 같은 통계프로그램에서는 Shapiro-Wilk W test(보통 W검증이라고도 부른다)를 통해 정규확률분포의 적합도(goodness of fit)를 제공한다(Rudolf J. Freund, et al., 2003). 하지만 정규확률플롯을 통한 정규성 검토는 특히 사례수가 작을 때 그리 정확하지 않은 것으로 알려져 있다.

사실 우리의 경우처럼 표본이 충분히 크다면(770사례) 오차의 정규성에 크게 주의를 기울일 필요가 없다. 그러나 표본의 크기가 작거나(100사례 이하) 그에 비해 독립변수의 수가 많다면(5~6개 이상) 정규성을 반드시 확인해야 한다. 더 나아가 비정규성에 대한 의심이 많이 갈 경우 회귀계수의 유의도를 확인할 때 보수적인 유의수준(0.01)를 적용해서 결과를 해석하는 것이 가장 바람직한 방법이다.

이상점 분석

이상점(outlier)이란 한 마디로 전체로부터 멀리 떨어져 있는 값을 의미한다. 그런데 이상점과 관련해서 연구자가 특히 관심을 갖는 경우는 추정된 회귀식으로부터 예측된 종속변수값(예측치)과 실제 관측된 종속변수값(관측치)의 차이가 많이 발생할 때 즉 오차(error)가 클 때이다. 왜 이와 같은 경우에 문제가 되는지 직접 자료를 분석해 보며 더 논의해 보자.

(데이터 1-3IQ)를 열고 'IQ'를 독립변수로 '학업능력'을 종속변수로 회귀분석을 해보자. 이 때 잔차분석에서 배운대로 Plots을 클릭하여 X축에 표준화된 예측치(ZPRED) 그리고 Y축에 표준화잔차(ZRESID)를 넣어주고 Normal probability plot을 선택하여 실행시켜 보자. 이 때 결정계수는 0.36이고 IQ의 회귀계수는 1.116이다. 즉 IQ가 1단위 증가할 때 학업능력점수는 약 1.1점 증가한다는 것을 알 수 있다. 한편 오차들의 분포와 정규확률플롯을 보면 다음과 같다.

오차의 산점도

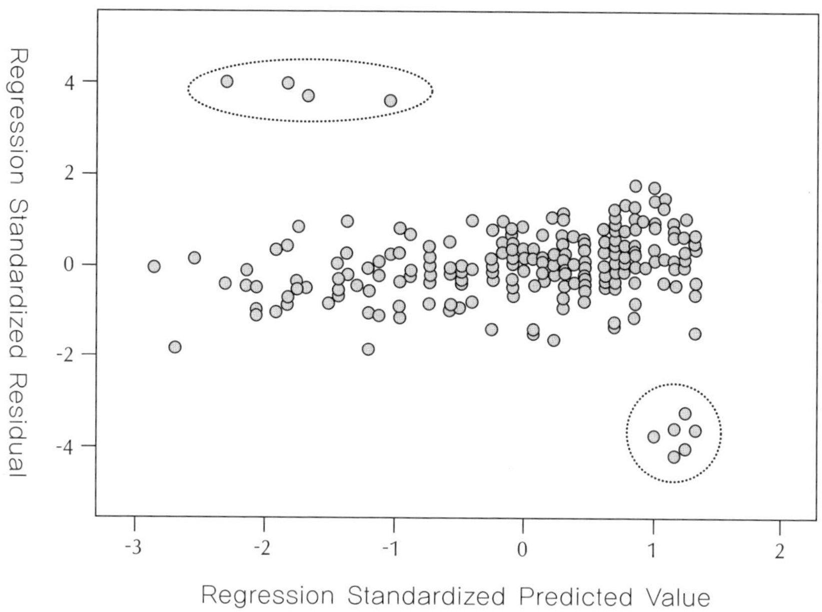

정규확률 플롯

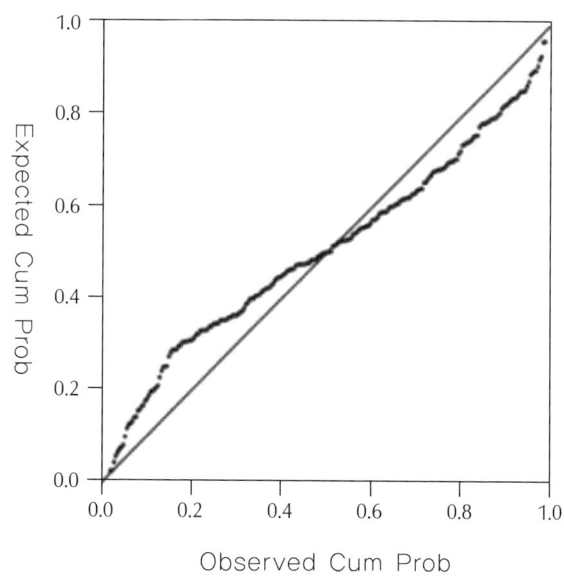

먼저 표준화된 오차들의 분포를 보면 점선으로 표시된 동그라미 안에 들어 있는 10개의

사례들이 나머지 집단으로부터 멀리 떨어져 있는 것을 볼 수 있다. 즉 위에 있는 4개의 사례는 실제 점수(관측치)가 회귀식을 통한 예상한 점수(예측치)보다 매우 큰 것을 의미하고 아래에 있는 6개의 사례는 반대로 관측치가 예측치보다 작은 것을 의미한다. 한편 이 때 정규확률플롯을 보면 오차분포의 정규성이 많이 왜곡되어 있는 것을 볼 수 있다.

이제 저 10개의 이상점(outlier)들을 제거하면 어떻게 되는지 알아보자. 우선 10개의 이상점이 어떤 사례인지 찾아야 한다. 다시 회귀분석창으로 가서 Statistics... 를 클릭하고 Casewise diagnostics 선택해 보자. 이 때 Outliers outside에 숫자를 입력할 수 있는데 기본값은 3으로 설정되어 있다. 이는 표준화잔차(standardized residual)의 절대값이 3이상인 사례를 이상점으로 인식한다는 것을 의미한다. 위의 그림에서 보면 10개의 사례는 표준화잔차의 절대값이 3과 4사이에 존재하는 점들이다. 만약에 더 엄격한 기준을 적용하고 싶으면 이 값을 2로 변경하면 되고 보다 유연한 기준을 적용하고 싶으면 4로 변경하면 된다. 그러나 표준화잔차가 3 이상인 값을 이상점으로 의심하는 것이 일반적이다.

이제 이를 실행시켜보면 다음과 같은 사례진단 결과를 얻을 수 있다. 가장 왼쪽에 각 사례의 번호가 적혀있고 그 옆으로 각 사례의 표준화잔차가 나온다. 그리고 가장 오른쪽에는 실제 잔차의 크기가 나온다. 이제 데이터 창에서 10개의 사례들을 제거하고 다시 동일한 방법으로 회귀식을 실행시켜보자. 주의할 점은 사례를 제거할 때는 가장 아래(245)부터 제거해 나아가야 한다는 것이다.

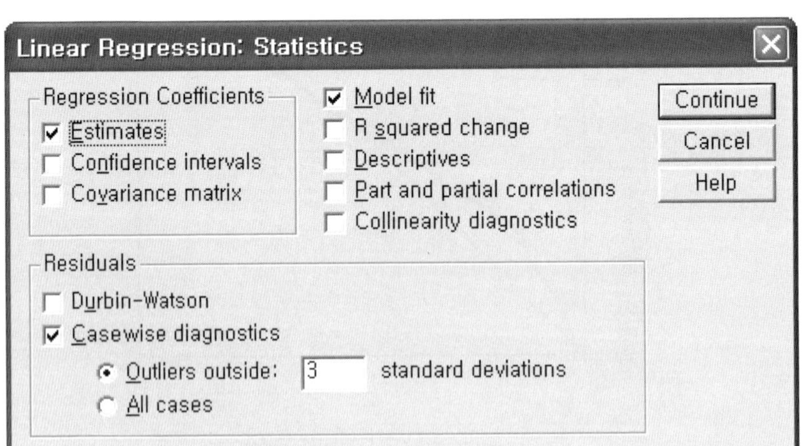

Casewise Diagnostics(a)

Case Number	Std. Residual	학업능력점수	Predicted Value	Residual
5	4.026	230	154.88	75.117
16	3.989	236	161.58	74.419
23	3.709	233	163.81	69.186
44	3.605	240	172.75	67.255
210	-3.740	132	201.77	-69.772
222	-4.181	126	204.01	-78.005
228	-3.592	137	204.01	-67.005
234	-4.027	130	205.12	-75.122
240	-3.223	145	205.12	-60.122
245	-3.604	139	206.24	-67.238

이상점(outlier)을 제거한 회귀모형의 결과를 보면 우선 결정계수가 0.714로 기존모형(0.36)에 비해 무려 2배 정도 증가한 것을 볼 수 있다. 또한 회귀계수를 보면 1.463으로 역시 기존모형에 비해 0.3정도 증가하였다. 총 246개 사례 중에서 단 10개의 사례를 제거하였는데 설명력이 두 배로 높아졌다는 것은 이상점이 모형 전체에 미친 영향이 얼마나 컸는지 보여주는 단적인 예이다.

다행히 우리의 예에서 4개의 이상점은 양수로 그리고 6개의 이상점은 음수로 나와 서로의 영향력이 상쇄되었기 때문에 회귀계수 자체에는 큰 변화가 없었다. 그러나 만약 이상점의 대부분이 음수로 또는 양수로 나온다면 회귀식의 기울기 즉 회귀계수 자체에도 큰 영향을 미칠 수 있다. 왜냐하면 양수인 이상점은 회귀선을 위로 끌어 올리고 음수인 이상점은 회귀선을 아래로 끌어 내리는 효과가 있기 때문이다.

그런데 표준화잔차(standardized residual)만으로 이상점을 판단하는 데에는 한계가 있다. 다음의 예를 보며 무엇인 문제인지 살펴보자. 가상자료 (데이터 8-2 이상점)을 열어보자. 이제 y를 종속변수로 그리고 x를 독립변수로 하여 회귀분석을 실행해 보자. 이 때 이미 앞에서 배운 것처럼 [Statistics...]를 클릭하여 Casewise diagnostics을 선택하고 역시 [Save...]를 클릭하여 Standardized residual을 선택하여 실행시킨다. 분석결과를 보면 우선 이 모형은 통계적으로 유의미하지 않다는 것을 알 수 있으며 추정된 회귀식은 다음과 같다.

$$y = 2.353 - 0.206x$$

즉 x가 1단위 증가할 때 y는 -0.2정도 감소한다. 한편 결과창에 Casewise Diagnostics table이 제시되지 않는다. 즉 이 자료에는 표준화잔차(standardized residual)의 절대값이 3을 초과하는 이상점이 없다는 것이다. 실제로 데이터 창에 새로 생성된 표준화잔차를 확인해 보면 8번째 사례의 표준화잔차가 -1.57181로 가장 크지만 이상점을 판단하는 통상적인 기준(절대값이 2 또는 3보다 큼)에 비추어 봤을 때 큰 문제는 없어 보인다. 그렇다면 이와 같은 표준화잔차(standardized residual)분석만으로 정말 이상점이 없다고 확신할 수 있을까? 이제 두 변수의 회귀선을 산점도 상에 표시해 보면 다음과 같다.

〈그림 8-9〉 가상자료의 산점도와 회귀선

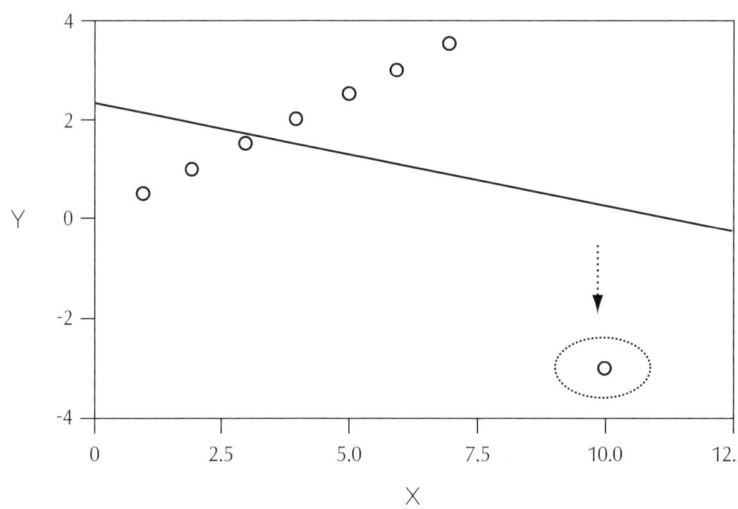

전반적으로 두 변수간에는 상당히 강한 양적관계가 있다고 할 수 있다. 다만 우측 하단에 있는 마지막 사례(8번째 사례)가 회귀선을 아래로 끌어 내린 것이다. 따라서 이렇게 추정된 회귀선은 사실 이상점으로부터 엄청난 영향을 받은 것이라 할 수 있다. 왜냐하면 회귀계수의 부호 자체가 아예 바뀐 것이기 때문이다. 실제로 8번째 사례를 제거하고 다시 추정해 보면 $y=0.5x$라는 결정계수 1의 완벽한 회귀식을 얻을 수 있다.

이 예를 통해서 우리는 표준화잔차(standardized residual)분석만으로는 이상점을 파악하는데 한계가 있다는 것을 알 수 있다. 왜냐하면 표준화잔차는 기본적으로 이미 '추정된 회귀식'으로부터 측정되기 때문이다. 따라서 회귀식을 추정하는 과정에서 어떤 이상점이 영향력(influence)을 발휘해서 회귀식을 왜곡시킨다면 결국 왜곡된 회귀식에 기초해서 잔차를 측정하는 것이 된다. 따라서 이렇게 측정된 표준화잔차 역시 왜곡된 정보를 갖게 된다. 그렇다면 이와 같은 문제를 어떻게 해결할 수 있을까?

자료에 포함된 각 사례들이 회귀식에 미치는 영향력과 잔차의 크기를 동시에 고려해 주면 된다. 이 때 각 사례들이 회귀식에 미치는 영향력을 가리켜 지레값(leverage)이라고 한다. 지레값이란 한마디로 어떤 사례(case)가 회귀선 자체를 자신에게로 끌어 당기는 정도를 표현한 것이다. 즉 어떤 사례의 지레값이 크다는 것은 곧 그 사례가 회귀계수에 큰 영향을 미친다는 것을 의미한다. 위의 예에서 8번째 사례가 바로 지레값이 큰 경우이다. 그러므로 보다 정확한 진단을 위하여 각 사례의 지레값을 고려한 잔차를 구해주어야 한다. 이러한 원리를 반영하여 고안된 개념이 바로 제거잔차(deleted residual)이다(David G. Kleinbaum, et al,, 1998).

제거잔차를 구하는 방법은 간단하다. 가령 어떤 자료에 100개의 사례가 포함되어 있다고 가정해 보자. 먼저 사례1을 제거하고 나머지 사례들로 회귀식을 추정한다. 이렇게 추정된 회귀식을 회귀식①이라고 하면 회귀식①을 기준으로 사례1의 잔차를 구한다. 바로 이 잔차가 사례1의 제거잔차(deleted residual)이다. 같은 방식으로 사례2을 제거하고 역시 회귀식을 추정한다. 이제 회귀식②를 기준으로 사례2의 잔차를 구하면 이것이 곧 사례2의 제거잔차(deleted residual)가 된다. 이와 같은 방식으로 모든 사례의 제거잔차를 구할 수 있다.

제거잔차(deleted residual)가 왜 표준화잔차보다 이상점을 파악하는데 더 유용할까? 〈그림 8-9〉에서 첫 번째 사례를 제거하고 회귀식을 추정했다고 가정해 보자. 이 때 추정된 회귀선은 위의 그림과 큰 차이가 없을 것이다. 따라서 첫 번째 사례의 제거잔차는 표준화잔차와 큰 차이가 없게 된다. 그런데 마지막 사례를 제거하고 회귀식을 추정하면 전혀 다른 회귀선 즉 $y=0.5x$와 같이 우상향하는 회귀선이 그려진다. 따라서 이 때 마지막 사례의 제거잔차는 매우 커지게 된다.

그럼 SPSS에서 직접 확인해 보도록 하자. 회귀분석창에서 Save를 클릭하고 Residuals이라는 칸에서 Standardized와 Studentized deleted를 선택하여 실행시키면 데이터 창에 다음과 같은 변수가 새로 생성된다. 이 때 그냥 Deleted 대신 Studentized deleted를 선택한 이유는 표준화잔차처럼 제거잔차를 표준화 시키기 위해서이다.

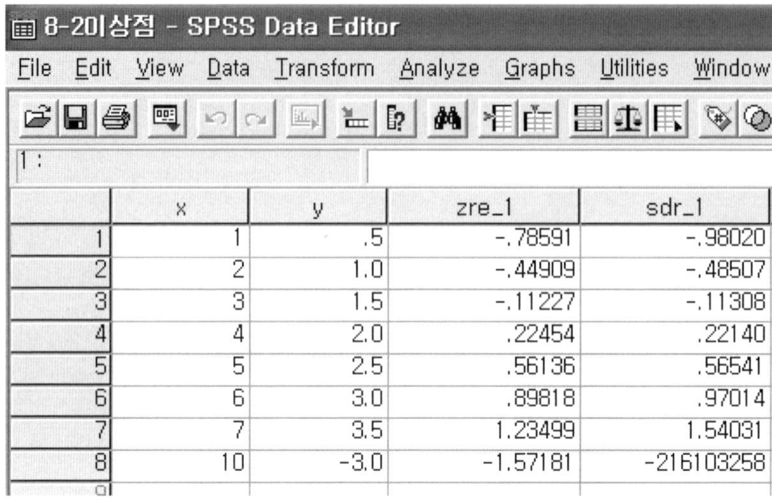

	x	y	zre_1	sdr_1
1	1	.5	-.78591	-.98020
2	2	1.0	-.44909	-.48507
3	3	1.5	-.11227	-.11308
4	4	2.0	.22454	.22140
5	5	2.5	.56136	.56541
6	6	3.0	.89818	.97014
7	7	3.5	1.23499	1.54031
8	10	-3.0	-1.57181	-216103258

사례1에서부터 7까지는 '표준화잔차(zre_1)'와 '표준화된 제거잔차(sdr_1)' 간에 차이가 별로 없다. 그러나 사례8의 경우 표준화잔차는 약 -1.5로 크게 문제되지 않은 반면 표준화된 제거잔차는 약 -2억 1천 6백만으로 두 통계치 간에 엄청난 차이가 발생한다. 즉 표준화잔차는 사례8이 이상점으로서 문제가 된다는 사실을 알려주지 못하지만 제거잔차는 이를 알려주는 것이다.

따라서 잔차를 분석할 때는 항상 표준화잔차와 제거잔차를 함께 고려해 주어야 한다. 특히 이 두 통계치 간에 큰 차이가 있는 경우 그 사례는 이상점으로 대단히 의심되는 사례라 할 수 있다.

이상에서 설명한 것과 같이 이상점은 회귀모형의 설명력과 회귀계수에 직접적인 영향을 미칠 뿐만 아니라 회귀가정 특히 오차의 비정규성 문제에도 직접적인 영향을 미친다. 다음 그림은 '학업적성능력-IQ'의 예에서 10개의 이상점을 제거한 회귀모형의 정규확률플롯이다. 기존 회귀모형의 정규확률플롯에 비해 비정규성이 많이 개선된 것을 볼 수 있다.

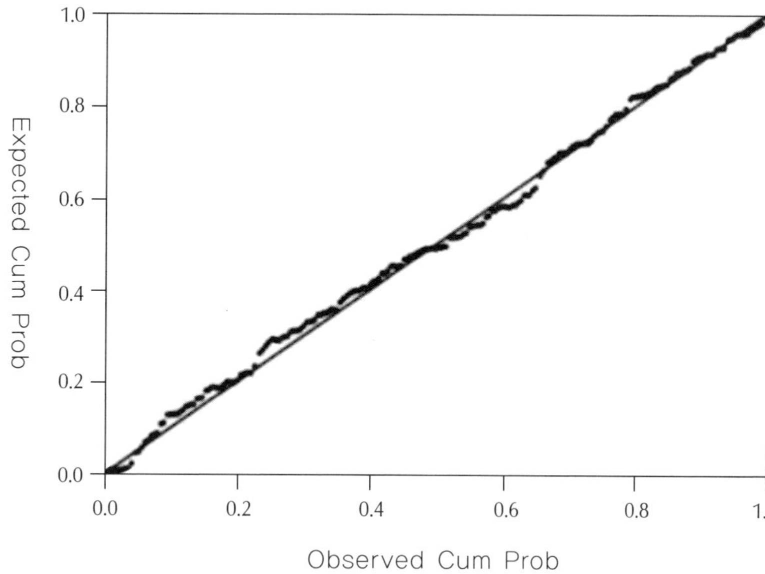

이와 같이 이상점 문제는 회귀모형을 여러 측면에서 왜곡하기 때문에 주의를 기울여야 한다. 그렇다면 어떻게 이상점 문제를 처리할 수 있을까? 이 질문에 답하기 전에 먼저 왜 이상점이 생기는지에 대해 알아보자. 이상점을 발생시키는 원인은 크게 다음의 세 가지로 요약해 볼 수 있다.

1. **자료상의 오류**: 자료를 입력하는 과정에서 에러가 발생하거나 표집(sampling)과정에서 모집단에 포함되지 않는 사례가 표본으로 선택되었을 때 (예: 초등학생의 몸무게를 조사하는 연구에서 중학생이 측정된 경우)
2. **본성적 변이(natural variability)**: 원래 자료에 나타나는 현상 자체가 극한값을 갖는 경우. 주로 모집단의 분포가 편포(skewed distribution)를 갖는 변수에서 발생 (예: 빌 게이츠나 워렌 버핏이 포함된 연소득 자료)
3. **회귀모형 자체에서 발생하는 경우**: 위의 두 경우에 해당하지 않는데 회귀식을 추정하는 과정에서 발생하는 경우

앞의 두 가지 경우는 사실 크게 문제 될 것이 없다. 먼저 자료상에 문제가 있다면 검토를 통해 얼마든지 수정할 수 있기 때문이다. 또한 자료 자체가 극한값을 갖는 경우 연구의 목적에 맞게 상한치(upper bound)나 하한치(lower bound)를 설정해 주면 된다. 가령 연소득의 경우 1억원을 상한치로 설정하여 그 이상인 사례들의 값을 전부 1억원으로 바꾸어 주면 된다. 또한 자료의 분포가 심한 편포를 이룰 경우 로그전환을 하거나 제곱근을 씌워주면 된다.

문제는 세 번째 경우이다. 즉 자료에 오류도 없고 본성적 변이가 없는데도 불구하고 회귀식을 추정하는 과정에서 자체적으로 발생한 이상점들이다. IQ와 학업적성능력의 예가 바로 이런 경우에 속한다고 할 수 있다. 상식적으로 IQ가 높은 학생 중에 유독 학업적성능력이 떨어지거나 반대로 IQ는 낮지만 학업적성능력은 높을 수 있기 때문이다. 이런 경우 회귀식의 측면에서만 본다면 이상점을 제거하고 분석하는 것이 맞다. 그러나 이와 같은 경우에 이상점은 오히려 중요한 정보를 숨기고 있는 열쇠일 수도 있다.

종종 이상점을 부정적인 것으로만 간주하고 바람직한 회귀모형을 유도하기 위해 함부로 이상점을 제거하는 경우를 볼 수 있다. 그러나 이는 본말이 전도된 것이다. 우리가 회귀분석을 하는 이유는 주어진 자료의 특징을 회귀모형으로 분석하기 위해서이지 주어진 자료를 회귀모형에 맞추려는 것이 아니기 때문이다. 만약 자료 자체에 심각한 오류가 없음에도 불구하고 이상점이 발생하였다면 무조건 제거하기보다는 그 속에 담긴 의미가 무엇인지 찾으려 노력해야 한다. 특히 종속변수에 영향을 미칠 수 있는 중요한 독립변수가 누락되었는지 반드시 살펴보아야 한다. 그리고 연구 논문을 작성할 때 이상점을 제거한 분석결과와 원래 분석결과를 함께 제시해 주는 것도 좋은 방법이 될 수 있다. 그러나 이상점의 영향을 최소화할 수 있는 가장 좋은 방법은 역시 표본의 크기를 크게 하는 것이다.

3 로지스틱편

9 _ 로지스틱 회귀모형의 기초

logistic regression

1. 로지스틱 회귀모형의 이해

지금까지 우리는 종속변수가 양적변수(quantitative variable)인 자료들을 선형회귀모형(linear regression model)에서 분석하는 방법에 대해 알아보았다. 그러나 이미 앞에서 본 것처럼 사회과학영역에서 사용되는 변수들은 질적변수(qualitative variable)인 경우가 많다. 다행히 독립변수가 질적변수라면 가변수(dummy variable)를 활용하여 선형회귀식에서 쉽게 분석할 수 있었지만 만약 종속변수가 질적변수라면 어떻게 분석해야 할까?

실제로 사회과학 연구자들은 종속변수가 질적변수인 연구모형을 매우 자주 사용한다. 가령 연구자는 재취업에 성공하거나 실패하는데 영향을 미치는 요인을 밝히거나 또는 특정 정당을 지지하는 사람들의 특성을 파악하길 원한다. 이와 같은 경우에 종속변수는 두 개 또는 몇 개의 범주(category)로 구성된 질적변수가 된다. 본 장에서는 종속변수가 질적변수일 때 사용하는 로지스틱 회귀모형(logistic regression)의 기본원리에 대해 알아본다.

물론 종속변수가 질적변수일 때 반드시 로지스틱 회귀모형을 사용해야 하는 것은 아니다. 프로빗 모형(probit model)이나 Complementary Log-Log 모형 또는 로그선형모형(log-linear model)을 사용할 수도 있다. 그러나 로지스틱 회귀모형은 오늘날 사회과학 분야에서 질적종속변수를 분석할 때 가장 활발하게 사용되는 통계기법이다. 거기에는 여러 가지 이유가 있겠지만 무엇보다 로지스틱 회귀모형은 사회과학 자료를 분석하는데 매우 효과적이라는 사실이 이미 많은 연구자들에 의해 검증되었기 때문이다. 따라서 이 책에서는 질적종속변수를 분석하는 가장 대표적 통계기법인 로지스틱 회귀모형에 대해서 알아보도록 한다.

일반선형회귀모형의 문제점

오늘날 많은 연구자들이 종속변수가 질적변수일 때는 로지스틱 회귀모형을 사용해야 한다는 것을 알고 있다. 그렇다면 일반선형회귀모형(ordinary linear regression)으로는 종속변수가 질적변수인 모형을 전혀 분석할 수 없는 것일까? 왜 독립변수가 질적변수일 때는 가변수를 사용하여 분석하였는데 종속변수가 질적변수일 때는 가변수를 사용할 수 없는 것일까? 로지스틱 회귀모형을 본격적으로 설명하기 전에 앞에서 배웠던 일반선형회귀모형으로 질적종속변수를 분석할 때 어떤 결과가 나오며 또 그 문제점은 무엇인지 먼저 짚고 넘어가고자 한다. 로지스틱 회귀모형은 결국 선형회귀모형이 가지고 있는 한계를 극복하기 위하여 고안된 통계기법이다. 따라서 선형회귀모형의 문제를 파악하는 것은 곧 로지스틱 회귀모형의 원리를 보다 정확히 이해하는데 좋은 단초가 될 수 있다.

70년대 후반이나 80년대 초반에 쓰여진 연구논문들 중에는 종속변수가 질적변수 특히 이분변수(dichotomous variable)일 때 일반선형회귀모형을 사용하여 자료를 분석한 논문들을 종종 볼 수 있다. 물론 오늘날 질적종속변수를 선형회귀모형으로 분석하는 논문은 더 이상 찾아볼 수 없다. 그렇다면 70, 80년대에 쓰여진 논문들의 결과는 모두 잘못된 것들일까? 그렇지 않다. 뒤에서 실제로 분석해 보겠지만 종속변수가 이분변수일 때 선형회귀모형은 로지스틱 회귀모형과 매우 흡사한 결과를 산출한다. 그럼에도 불구하고 로지스틱 회귀모형을 사용하는 궁극적인 이유는 학문적 엄격성 때문이다. 더 좋은 방법을 알지 못하던 시절[6]에는 차선책을 사용하는 것이 문제 되지 않았지만 보다 바람직한 방법이 보급된 지금 최선의 방법을 사용하는 것은 연구자의 의무이다. 그렇다면 종속변수가 질적변수일 때 선형회귀모형을 사용하는 것이 왜 문제가 되는지 보다 자세히 알아보자.

우리는 바로 앞장에서 선형회귀모형의 기본 가정(assumption)에 대해 살펴보았다. 다

6) 보다 엄밀히 말해서 로지스틱 모형에 대한 이론 자체가 부재했던 것이 아니라 실제 자료분석 과정에서 이를 계산(computation)해 낼 수 있는 기술적 역량(특히 컴퓨터의 성능과 관련된)이 부족하였다고 할 수 있다.

섯 가지의 가정을 다시 한번 적어보면 다음과 같다. 이 중에서 선형성(linearity, 가정1)과 독립성(mean independence, 가정2)은 불편성(unbiaseness)의 문제와 직접적으로 관련된 가정이고 등분산성(homoscedasticity, 가정3)과 비상관성(uncorrelated error, 가정4)은 효율성(efficiency)의 문제와 연관된 가정이며 마지막으로 정규성(normality, 가정5)은 회귀계수의 통계적 검증과 관계 있다는 것을 배웠다.

〈표 9-1〉 선형회귀모형의 가정

가정	수식
1. 선형성(lineartiy)	1. $y_i = a + bx_i + e_i$
2. 독립성(mean independence)	2. $E(e_i) = 0$
3. 등분산성(homoscedasticity)	3. $\text{var}(e_i) = \sigma^2$
4. 비상관성(uncorrelated error)	4. $\text{cov}(e_i, e_j) = 0$
5. 정규성(normality)	5. $e_i \sim Normal$

그런데 만약 종속변수가 질적변수라면 위의 선형회귀가정들이 어떻게 위반될까? 여기서는 가장 단순한 형태의 질적변수인 이분변수(dichotomous variable)를 사용하여 확인해 본다. 즉 y는 0 또는 1이라는 두 값 중 하나만 갖는다고 가정해 보자.

어떤 선형회귀모형의 종속변수가 0 또는 1의 값만 가질 때 우리는 이를 가리켜 특별히 선형확률모형(linear probability model)이라고 부른다. 왜냐하면 이와 같은 상황에서 추정된 회귀결과는 결국 종속변수가 1이라는 값을 가질 확률로 해석할 수 있기 때문이다. 가령 어떤 독립변수의 회귀계수가 0.13라면 이는 곧 독립변수가 1단위 증가할 때 종속변수가 1을 가질 확률이 13%증가한다는 것을 의미한다. 만약 '0-반대, 1-찬성' 으로 코딩했다면 "어떤 독립변수가 1단위 증가하면 찬성할 확률이 13%증가한다"와 같이 해석할 수 있다.

종속변수가 0 또는 1값만 갖는다 해도 즉 선형확률모형에서도 가정1, 2, 4는 여전히 유효하다. 선형성(linearity, 가정1)은 회귀모형이 각 독립변수들의 기울기(slope)와 절편(intercept) 그리고 오차항(error term)으로 이루어져 있다는 것을 의미하기 때문에 종속변수가 어떤 값을 갖던 상관이 없다. 또한 독립성(mean independence, 가정2)은 독립변수들의 모든 값에서 오차항의 평균은 0이라는 것을 의미하기 때문에 역시 종속변수의 형태와는 상관없는 부분이다. 마지막으로 비상관성(uncorrelated error, 가정4)은 오차항들이 서로 독립적이라는 것을 의미하며 이 역시 종속변수와는 무관하게 성립될 수 있는 가정이다.

그러나 종속변수가 0 또는 1이며 동시에 가정 1, 2, 4가 참이라면 가정3과 가정5는 반드시 거짓이 된다(Fred C. Pampel, 2000; Scott Menard, 2001). 먼저 등분산성(homoscedasticity, 가정3)은 오차들의 분산이 모든 독립변수들의 값에서 항상 일정하다는 것을 의미한다. 한편 우리는 이를 검증하기 위해서 종속변수의 모든 관찰치(observation)에서 오차들의 분산이 일정한지를 분석하였다(〈그림 8-5〉를 확인해 보자). 그런데 종속변수가 이분변수일 때는 앞에서 언급한 것처럼 회귀모형 자체가 확률모형(probability model)이 된다. 따라서 오차의 분산 역시 확률분포(probability distribution)를 따르게 되고 이 때 분산은 다음의 공식을 통해 구해진다.

$$\mathrm{var}(e_i) = p_i(1 - p_i)$$

(p_i: i번째 관찰치가 1일 확률)

사실 이를 보다 정확하게 이해하기 위해서는 이항확률분포(binomial probability distribution)에 대한 이해가 선행되어야 한다. 그러나 여기서는 대략적인 개념만 짚고 넘어간다. 위의 식은 종속변수가 어떤 확률을 갖느냐에 따라 분산 자체가 변한다는 것을 보여준다. 특히 종속변수의 확률(p)이 0.5일 때 최대값을 갖고 0 또는 1에 가까워 질수록 오차의 분산은 점차 작아진다. 따라서 종속변수가 질적변수일 때는 등분산성의 가정이 충족될 수 없다.

한편 종속변수의 값이 0 또는 1이기 때문에 이를 선형식(가정1)에 각각 대입하면 다음과 같은 오차들을 얻을 수 있다.

$$0 = a + bx + e \Rightarrow e = -a - bx$$
$$1 = a + bx + e \Rightarrow e = 1 - a - bx$$

즉 종속변수가 이분변수일 때 오차의 값은 단 두 개의 값으로 고정된다는 것을 알 수 있다. 같은 논리로 만약 종속변수가 다분변수(polytomous variable)라면 오차의 값은 범주(category) 수만큼으로 고정된다. 따라서 종속변수가 질적변수일 때 오차항이 정규분포

(normal distribution)를 갖는다는 것은 불가능하다. 그러므로 종속변수가 질적변수인 선형회귀모형은 오차의 정규성 가정에 위반된다.

그렇다면 등분산성(가정3)과 정규성(가정5)이 위반될 때 어떤 결과가 발생할까? 기본적으로 가정3과 가정5는 회귀계수의 불편성(unbiaseness)과는 무관하기 때문에 이 두 가정이 위반된다고 해서 편의가 있는 회귀계수(biased coefficient)가 추정되지는 않는다. 더군다나 오차의 비정규성 문제는 제8장에서 배운 것처럼 사례수가 충분히 크다면(최소 200사례 이상) 중심극한정리(central limit theorem)를 통해 극복할 수 있다.

그러나 표본의 크기가 작을 경우에는 회귀계수의 통계적 유의도를 제대로 검증할 수가 없게 된다. 간혹 사례수가 작은 경우에 일반선형회귀모형으로 분석한 결과와 로지스틱 회귀모형으로 분석한 결과가 다른 것을 볼 수 있다. 예컨대 선형회귀분석에서는 유의미한 독립변수가 로지스틱 회귀분석에서는 유의미하지 않은 것으로 추정되거나 또는 그 반대 현상이 발생하는 경우가 있다. 이는 종속변수가 질적변수일 때 선형회귀모형의 오차항이 정규분포를 따르지 않아서 t값의 유의도를 정확히 판단할 수 없기 때문이다(David W. Hosmer & Stanley Lemeshow, 2000).

한편 등분산성 가정이 위반되면 선형회귀식을 통해 추정된 회귀계수가 더 이상 효율적인 추정치라고 장담할 수 없게 된다. 다른 말로 표현해서 보다 작은 표준오차를 갖는 회귀계수를 추정하는 것이 가능하다는 것이고 이는 곧 선형회귀식을 통한 추정이 최선의 방법이 아니라는 반증이 된다.

그러나 이 보다 더 중요한 문제는 이분산성(heteroscedasticity)이 발생하면 회귀계수의 표준오차를 추정하는 과정에서 편의(bias)가 발생할 수 있다는 것이다(여기서 주의할 점은 이분산성은 회귀계수 자체를 추정하는 데에는 편의를 유발시키지 않는다는 점이다). 즉 회귀계수의 유의도를 판단하는데 사용되는 t값 자체가 잘못 추정될 수 있기 때문에 회귀계수의 유의도를 정확히 판단할 수 없게 된다(제3장에서 배운 것처럼 t값은 회귀계수를 표준오차로 나누어서 구한다). 그러나 이러한 문제점들은 표본의 크기가 충분히 클 경우 회귀결과를 그다지 크게 왜곡시키지는 않는다(Paul D. Allison, 2003).

선형회귀식이 질적종속변수를 추정하는데 타당하지 않은 보다 직접적인 이유는 예측치(predicted value)가 0보다 작거나 1보다 클 수 있기 때문이다. 앞서 언급한 바와 같이 선형확률모형은 결국 1이 될 확률을 구하는 것이다. 가령 '재취업실패-0, 재취업성공-1'로 코딩된 자료에서 선형회귀식을 통한 예측치가 0.78이었다면 이는 곧 어떤 사람의 독립변수를 고려할 때 그 사람이 재취업에 성공할 확률은 78%라는 것을 의미한다. 이를 통계 용어로 조건부 확률(conditional probability)이라고 한다. 즉 어떤 조건(독립변수가 특정 값을 가질 때)에서 종속변수가 1이 될 확률을 표현하는 것이다.

그런데 문제는 종속변수가 질적변수일 때 선형회귀식을 통한 예측치는 1.2 또는 -0.7과 같이 0과 1사이 밖에 있는 값을 취할 수도 있다는 것이다. 왜냐하면 종속변수는 0과 1사이의 값으로 고정되어 있는 반면 독립변수들은 특히 연속변수(continuous variable)일 경우 모든 범위의 값을 지닐 수 있기 때문이다. 개념적으로 확률은 항상 0과 1사이의 값이어야 하기 때문에 이 범위 밖에 있는 수는 확률로 해석해 줄 수가 없다. 따라서 선형확률모형에서는 〈그림 9-1〉과 같이 0보다 작은 예측치들은 0으로 그리고 1보다 큰 예측치들은 1로 전환해 주어야 한다.

그러나 이와 같이 결절된 모형은 수학적으로 계산하기 어려울 뿐만 아니라 이론적으로도 설명하기 곤란하다. 선형회귀모형으로 질적종속변수를 추정할 때 발생하는 이런 문제점들 때문에 개념적으로 보다 타당하고 통계적으로 보다 안정적인 접근이 필요하며 이 요구에 부응하여 고안된 방법이 바로 로지스틱 회귀모형이다.

〈그림 9-1〉 선형확률모형

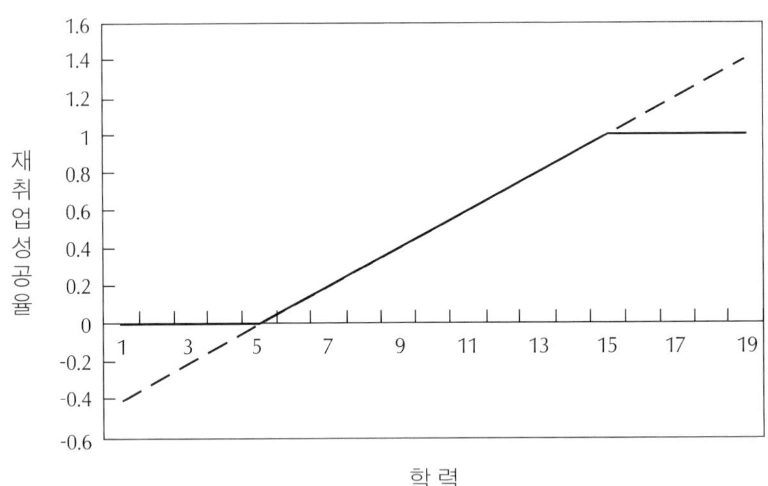

승산odds와 승산비odds ratio

로지스틱(logistic)이라는 용어는 보통 로짓(logit)이라고도 불리며 로그 오즈(log odds)의 줄임 말이다. 결국 로지스틱 회귀분석의 핵심은 오즈(odds)에 로그(log)를 취해준 값을 추정하는 것이다. 로그의 기본적인 성질에 대해서는 이미 제6장에서 배웠다. 이제 오즈(odds)가 무엇인지만 이해한다면 로지스틱 회귀분석의 원리를 보다 쉽게 이해할 수 있고 또한 로지스틱 회귀분석의 결과를 정확히 해석할 수 있을 것이다.

우리말로 오즈(odds)는 승산이라고 표현한다. 종종 승산(odds)과 승산비(odds ratio)를 혼동하는 경우가 있는데 조금 뒤에 설명하겠지만 승산비는 승산의 비(ratio)를 의미한다. 승산(odds)이란 한마디로 확률을 표현하는 또 다른 방법이라 할 수 있다. 우리가 보통 사용하는 확률(probability)은 다음과 같이 정의된다.

$$\text{확률}P(A) = \frac{\text{사건 A가 발생하는 경우의 수}}{\text{발생할 가능성이 동일한 전체 경우의 수}}$$

가령 어떤 재취업 프로그램에 참가한 100명의 참가자 중에서 60명이 재취업하였다면 재취업에 성공한 확률은 0.6(60%)가 된다. 따라서 일반적인 확률은 항상 0과 1사이의 값을 지닌다. 즉 확률이 0이란 어떤 사건이 전혀 발생하지 않은 것을 의미하고 확률이 1이란 모든 경우에서 어떤 사건이 발생한 것을 의미한다. 반면 승산(odds)은 다음과 같이 정의된다.

$$\text{승산(odds)} = \frac{\text{사건이 발생활 확률}}{\text{사건이 발생하지 않을 확률}} = \frac{P(A)}{1-P(A)}$$

즉 승산(odds)이란 '사건이 발생할 확률($P(A)$)'이 '사건이 발생하지 않을 확률($1-P(A)$)'에 비해 얼마나 큰지를 나타나는 것이라 할 수 있다. 예컨대 100명 중에서 60명이 재취업하였다면 재취업에 성공하는 확률은 0.6이지만 재취업에 성공하는 승산(odds)은 1.5(=60/(1-60)=60/40)가 된다. 다시 말해서 재취업에 '성공하는 확률'이 '실패하는 확률'의 1.5배라는 것이다. 물론 반대로 재취업에 실패하는 승산(odds)을 표현할 수도 있다. 이 경우 '재취업 실패'가 사건이 발생한 것이기 때문에 40/60=0.66이 된다. 즉 재취업에 '실패하는 확률'은 '성공하는 확률'의 0.66배라는 것이다. 우리는 위의 식을 다음과 같이 정리해서 승산(odds)을 확률로 쉽게 전환할 수 있다.

$$확률(P) = \frac{odds}{1+odds}$$

가령 '재취업에 성공하는 승산(odds)'이 1이라면 이 때 '재취업에 성공하는 확률'은 1/(1+1)=0.5가 된다. 즉 승산(odds)이 1이라는 것은 재취업에 '성공하는 확률'과 '실패하는 확률'이 같다는 것을 의미하고 따라서 이 때 재취업에 성공하는 확률은 당연히 50%가 되는 것이다.

〈표 9-2〉 확률과 승산(odds)과의 관계

확률(P)	승산(odds)	확률(P)	승산(odds)
0	0	0.6	1.50
0.1	0.11	0.7	2.33
0.2	0.25	0.8	4.00
0.3	0.43	0.9	9.00
0.4	0.67	0.99	99.00
0.5	1.00	1	∞

위의 〈표 9-2〉에서 보는 바와 같이 확률 0.5는 승산(odds) 1과 같으며 확률이 0일 때 승산(odds)도 역시 0이 된다. 또한 확률이 0.5보다 작으면 승산(odds)은 0과 1사이의 값을 갖지만 확률이 0.5보다 크고 1에 가까워질수록 승산(odds)은 급격하게 증가하게 되며 특히 확률이 1일 때 승산(odds)은 무한대의 값을 갖는다. 즉 확률과 마찬가지로 승산(odds)도 역시 0이라는 최저한계(lower bound)를 갖지만 확률과 다르게 승산(odds)에서는 최고한계(upper bound)가 없다는 것을 알 수 있다.

여기서 중요한 것은 확률변화의 크기와 승산(odds)변화의 크기가 비례하지 않는다는 것이다. 예컨대 확률이 0.1에서 0.2로 0.1만큼 증가할 때 승산(odds)은 0.14만큼 증가한다. 그런데 확률이 0.8에서 0.9로 역시 0.1만큼 증가할 때 승산(odds)은 5만큼 증가한다. 이를 통해 우리는 확률이 1에 가까울수록 확률변화에 따른 승산(odds)변화의 크기가 급증한다는 것을 알 수 있다. 즉 확률이 커지면 커질수록 확률(probability)상의 미세한 변화가 승산(odds)에서는 매우 큰 변화로 바뀐다는 것을 의미한다.

승산(odds)은 확률과 달리 최고한계가 없기 때문에 어떤 값들을 곱셈(multiplication)으로 표현하는 것이 훨씬 자유롭다. 가령 A라는 재취업 프로그램의 재취업 확률이 0.4라고 가정해 보자. 이 때 "B프로그램의 재취업 확률이 A프로그램의 재취업 확률보다 2배 높다"고 말한다면 우리는 쉽게 B프로그램의 재취업 확률이 0.8이라는 것을 알 수 있다. 그런데 만약 A라는 재취업 프로그램의 재취업 확률이 0.7이라면 이보다 2배 높은 재취업 확률은 표현할 수 없게 된다(개념적으로 1을 초과하는 확률이란 없기 때문이다). 즉 확률(probability) 자체로는 곱셈으로 서로의 크기를 비교하는데 한계가 있다는 것이다.

그러나 확률을 승산(odds)으로 전환해주면 얼마든지 자유롭게 곱셈을 통하여 표현할 수 있게 된다. 예컨대 확률 0.7은 승산(odds)으로 2.33(0.7/0.3)이고 이를 2배 해주면 승산(odds)은 4.66이 된다. 이제 다시 승산(odds) 4.66을 확률로 전환해 주면 0.82(=4.66/1+4.66)가 된다. 이처럼 곱셈을 자유롭게 사용할 수 있다는 것은 승산(odds)의 가장 큰 장점 중 하나이다. 따라서 회귀계수와 독립변수의 곱($b \times x$)으로 어떤 관계를 표현하는 회귀식에서는 확률보다는 승산(odds)이 더 유용하다.

한편 두 집단의 관계를 승산(odds)의 비율로 표현한 것을 가리켜 승산비(odds ratio)라고 한다. 아래 〈표 9-3〉는 두 종류의 재취업 프로그램 결과를 보여주고 있다.

〈표 9-3〉 재취업 프로그램에 따른 재취업 현황

	재취업 성공	재취업 실패	계
A프로그램	80	30	110
B프로그램	60	40	100
계	140	70	210

A프로그램의 재취업 승산(odds)은 80/30=2.66이고 B프로그램의 재취업 승산(odds)은 60/40=1.5이다. 그러므로 A와 B프로그램의 재취업 승산비(odds ratio)는 2.66/1.5=

1.77이 된다. 즉 A프로그램의 재취업 승산(odds)이 B프로그램의 재취업 승산(odds)보다 1.77배 크다는 것을 의미한다. 따라서 우리는 A프로그램이 B프로그램 보다 재취업에 더 효과적이라는 것을 알 수 있다.

같은 방법으로 B프로그램을 기준으로 해서 비교할 수도 있다. B와 A프로그램의 재취업 승산비는 1.5/2.66=0.56이다. 즉 B프로그램의 재취업 승산(odds)이 A프로그램의 재취업 승산(odds)의 0.56배라는 것을 의미한다. 그러므로 역시 우리는 A프로그램이 B프로그램보다 재취업에 더 효과적이라는 것을 알 수 있다. 따라서 어떤 집단(category)을 기준(reference)으로 삼느냐에 따라 해석의 결과는 같지만 수치는 다른 승산비(odds ratio)를 구할 수 있다.

만약에 승산비(odds ratio)가 1이라면 이는 곧 두 집단의 승산(odds)이 똑같다는 것을 의미하고 승산비(odds ratio)가 0과 1사이라면 분모가 되는 집단에서 어떤 사건이 발생할 승산(odds)이 더 크다는 것을 의미하며 승산비(odds ratio)가 1보다 크다면 분모가 되는 집단에서 어떤 사건이 발생할 승산(odds)이 더 작다는 것을 의미한다. 승산비(odds ratio)의 이러한 특징은 로지스틱 회귀모형의 결과를 해석할 때 매우 중요하게 사용된다. 다시 한번 강조하지만 승산(odds)과 승산비(odds ratio)를 반드시 구별할 줄 알아야 로지스틱 회귀모형의 결과를 정확히 해석할 수 있다.

로지스틱 모형

선형회귀식으로 질적종속변수를 추정할 때 앞의 〈그림 9-1〉과 같이 결절된 그래프가 그려지는 것을 보았다. 그 이유는 회귀식의 왼편 항(종속변수)은 0과 1사이의 값으로 고정되어 있는 반면 오른편 항(독립변수)은 그러한 제약이 없기 때문이다. 또한 이 때 회귀식의 예측치(predicted value)는 종속변수가 1이 될 확률로 해석할 수 있기 때문에 선형확률모형(linear probability model)이라고 부른다는 것을 배웠다.

$$y_{0,1} = a + bx_i \Rightarrow \pi_i = a + bx_i$$

그런데 만약 종속변수를 승산(odds)으로 전환해 주면 어떻게 될까? 바로 위에서 배운 것처럼 확률(probability)을 승산(odds)으로 전환해 주면 최고한계치를 제거할 수 있고 따라서 회귀식의 오른편 항이 1보다 큰 경우에도 이를 얼마든지 자유롭게 표현할 수 있게 된다.

그러나 여기서 문제는 회귀식의 오른쪽 항이 0보다 작은 값 즉 음수를 가질 때이다. 왜냐하면 승산(odds)으로도 음수는 표현할 수 없기 때문이다. 그 해결책으로 고안해낸 방법이 바로 승산(odds)에 로그(log)를 취해주는 것이다. 이미 제6장에서 배운 바와 같이 로그에서는 양수의 값만으로도 모든 음수를 표현할 수 있다. 왜냐하면 〈그림 9-2〉에서 보는 바와 같이 log0=-∞이기 때문이다.

결론적으로 우리는 확률(probability)을 승산(odds)으로 바꿔줌으로써 최고한계(1)를 제거할 수 있고 다시 승산(odds)에 로그(log)를 취해줌으로써 최저한계(0) 또한 제거할 수 있게 된다. 즉 확률(probability)을 로그오즈(log odds)로 전환해 주면 -∞에서부터 +∞까지 모든 값들을 자유롭게 표현할 수 있게 된다는 것이다.

〈그림 9-2〉 로그(log)그래프

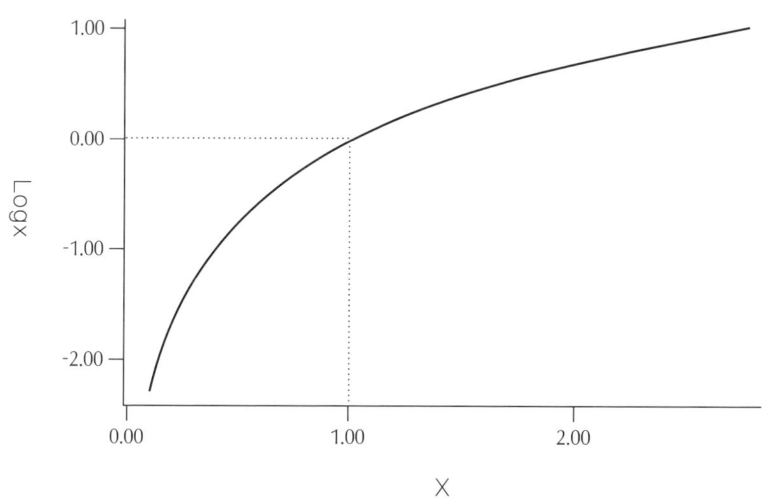

0 ≤ 확률(P) ≤ 1
0 ≤ 승산(odds) ≤ +∞
-∞ ≤ 로그오즈(log odds) ≤ +∞

승산(odds)에 로그(log)를 취하는 것을 가리켜 통계적 용어로 로지스틱(logistic) 또는 로짓(logit)이라고 부른다. 아래 〈표 9-4〉는 확률과 승산(odds) 그리고 로그오즈(log odds)값들이 어떻게 연관되어 있는지 보여준다. 확률이 0.5일 때 즉 어떤 사건이 발생하거나 발생하지 않을 확률이 동일할 때 로그오즈(log odds)는 0이고 확률이 0.5보다 작으면 로그오즈(log odds)는 음수값을 그리고 확률이 0.5보다 크면 양수값을 각각 취하게 된다. 또한 확률이 0또는 1일 때 각각 무한대(-∞, ∞)의 값을 갖는다. 즉 확률을 로그오즈(log odds)로 전환해 주면 모든 범위의 실수값을 표현할 수 있게 된다.

〈표 9-4〉 확률, 승산(odds), 로그오즈(log odds)의 관계

확률	승산(odds)	로그오즈(log odds)
0	0	-∞
0.01	0.010101	-4.59512
0.1	0.111111	-2.19722
0.2	0.25	-1.38629
0.3	0.43	-0.84585
0.4	0.666667	-0.40547
0.5	1	0
0.6	1.5	0.40547
0.7	2.33	0.84586
0.8	4	1.38629
0.9	9	2.19722
0.99	99	4.59512
1	+∞	+∞

한편 로그오즈(log odds)값은 확률 0.5를 기준으로 정확히 대칭(symmetry)한다는 것을 알 수 있다. 즉 0.5를 기준으로 확률이 0.6으로 0.1만큼 증가하면 로그오즈(log odds)는 약 0.40547만큼 증가하고 반대로 확률이 0.4로 0.1만큼 감소하면 로그오즈(log odds)는 약 0.40547만큼 감소한다. 또한 승산(odds)과 마찬가지로 확률변화의 크기와 로그오즈(log odds)값의 변화 크기는 비례하지 않는다. 가령 확률이 0.1에서 0.2로 0.1만큼 증가할 때 로그오즈(log odds)는 0.8만큼 증가한다. 그런데 확률이 0.4에서 0.5로 역시 0.1만큼 변할 때 로그오즈(log odds)는 0.4만큼 증가한다. 즉 확률이 0.5에 가까워질수록 확률변화에 따른 로그오즈(log odds)의 변화는 작아진다. 따라서 이를 그래프로 그려보면 다음과 같다.

로지스틱 회귀분석을 공부해본 독자들에게 〈그림 9-3〉은 너무나도 익숙한 그래프일 것이다. 여기서 주의해야 할 점은 Y축은 '확률'을 나타내고 X축은 '로그오즈(log odds)'를 나타낸다는 것이다.

〈그림 9-3〉 로지스틱(logistic) 그래프

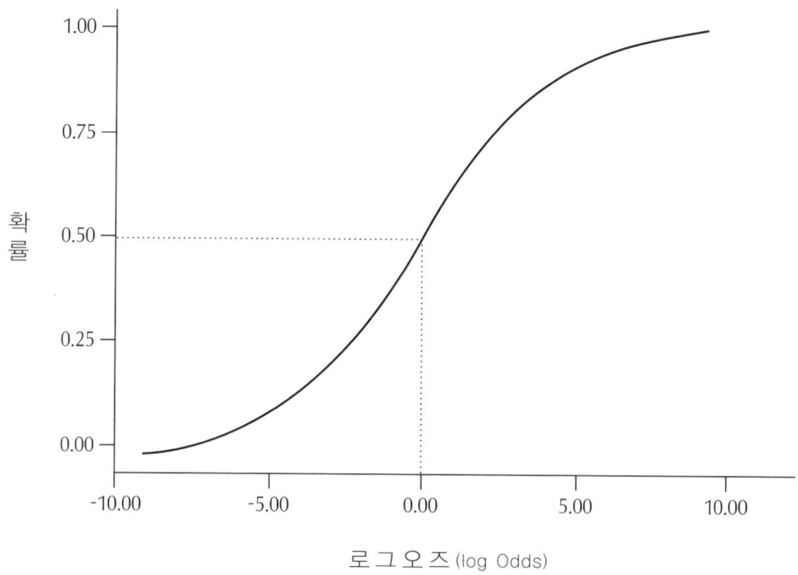

그러므로 로지스틱 모형에서는 선형확률모형과 달리 0또는 1에 가까워질수록 기울기가 완만해지지만 결코 0또는 1을 초과하지 않는 S자형의 곡선(curve)이 그려지게 된다. 또한 이 곡선은 확률이 0.5일 때 즉 로그오즈(log odds)가 0인 점에서 가장 큰 기울기를 갖고 확률이 0또는 1에 근접할수록 접선(tangent line)의 기울기가 점차 감소한다. 따라서 로지스틱 회귀결과에서 로그오즈(log odds)를 해석할 때는 반드시 특정 확률로 고정시켜주어야 한다. 이에 대한 자세한 내용은 제10장에서 다룬다.

사실 이런 형태로 0과 1을 초과하지 않는 S형 곡선을 만드는 방법은 매우 다양하다. 대표적으로 프로빗 모형(probit model)에서처럼 누적정규분포(cumulative normal distribution)를 사용하여 이와 유사한 형태의 곡선을 만들 수도 있고 Complementary Log-Log Model처럼 log[P/(1-P)]대신 log[-log(1-P)]을 사용할 수도 있다. 물론 각각의 모형들은 나름대로의 장단점을 가지고 있다. 하지만 로지스틱 모형의 가장 큰 장점은 역시 다용도로 응용이 가능하다는 것이다. 예컨대 제10장에서 다루겠지만 로지스틱 모형은 종속변수가 다범주(multinomial)일 경우에도 비교적 쉽게 적용할 수 있으며 이 책에서 다루지는 않지만 이산시간분석(discrete time analysis)과 같은 생존분석(survival anaylsis)에서도 직접 사용할 수 있다는 장점이 있다(프로빗 모형(probit model)은 이것이 불가능하다).

또한 로지스틱 모형에서는 종속변수에서 어떤 사건을 경험한 사례(event case)보다 사건을 경험하지 않은 사례(non-event case)가 지나치게 많은 경우 가령 사건과 비사건의 비율이 3%:97%인 경우 사건과 비사건의 비율을 조종해 줄 수 있다. 즉 사건을 경험한 사례(event case)는 분석에서 모두 사용하고 사건을 경험하지 않은 사례(non-event case)는 무작위 표본(ramdom sample)을 추출하여 그 중 일부만 분석에서 사용하여 둘의 비율을 적당히 맞추어 주는 것이다.

이와 같은 방법(이를 통계적 용어로 response-based sampling이라고 한다)을 통하여 사건과 비사건의 비율차이를 감소시키면 보다 정확한 결과를 얻을 수 있게 된다. 이 때 중요한 것은 Complementary Log-Log Model과 달리 로지스틱 모형은 response-based sampling 하여도 편의 없는(unbiased) 결과를 산출한다는 것이다. 물론 이 때 효율성은 약간 손실 되지만 그 효과는 매우 미미한 것을 밝혀져 있다. 이와 관련된 자세한 내용은 R. L. Prentice & R. Pyke(1979)와 Yu Xie & Charles F. Manski(1989)에 잘 소개되어 있다.

로지스틱 회귀모형의 추정

로지스틱 회귀모형의 추정 방법을 알아보기 전에 통계용어에 대해 몇 가지 정리해 보자. 지금까지 우리는 선형회귀모형(linear regression model)이라던가 로지스틱 회귀모형(logistic regression model) 또는 프로빗 모형(probit model)등과 같이 모형(model)이라는 용어를 많이 사용하였다. 통계에서 모형(model)이란 자료(data)가 어떻게 생성되었는지에 대한 확률적 가정(probabilistic assumption)을 말한다. 이를 보다 쉽게 표현하면 "우리가 믿거나 혹은 가정하고 싶은 바를 어떤 공식(equation)을 사용하여 표현하는가?"와 관련된 사항이다. 예컨대 선형회귀모형에서는 단순히 절편과 기울기 그리고 오차항으로 종속변수가 설명될 것이라 가정하였고 이를 다음과 같은 식으로 표현하였다.

$$y = a + b_1x_1 + \cdots + b_Kx_K + e$$

우리는 또한 추정방법(estimation method)에 대해서도 몇 차례 논의하였다. 우리가 지금까지 선형회귀모형에서 주로 사용한 추정방법은 최소제곱법(ordinary least square, OLS)이었다. 그런데 이 외에도 이분상선(heteroscedasticity)이 심할 때 사용하는 가중최소제곱법(weighted least square, WLS)이 있다는 것을 배웠다. 추정방법이란 한마디로 알려지지 않은 모수(unknown parameter)의 근사값(approximation)을 얻기 위하여 표본의 자료를 분석하는 방법을 의미한다. 가령 최소제곱법(OLS)에서는 오차제곱항들을 최소화시키는 방법으로 모수의 근사값을 구했고 가중최소제곱법(WLS)에서는 오차제곱항들을 최소화시키되 분산이 작은 관측치에 더 많은 가중치(weight)를 주는 방법으로 모수를 추정하였다. 물론 모형에 따라 사용할 수 있는 추정방법은 다양하다. 다만 어떤 추정방법이 다른 추정방법에 비해 절대적으로 우수한 것이 아니라 표본의 크기 또는 자료의 분포나 형태 등에 따라 각 추정방법들은 모두 장점과 단점을 지닌다.

- **모형**(model): 자료(data)에 대한 가정(assumption)을 표현한 공식(equation)
- **추정방법**(estimation method): 모수(parameter)의 근사값을 구하기 위해 자료(data)를 분석하는 방법

종속변수가 질적변수일 때 로지스틱 회귀모형을 사용하는 이유는 오즈(odds)에 로그(log)를 취해준 식 즉 로지스틱(logistic)으로 표현한 식이 질적 종속변수라는 자료의 특징을 가장 잘 설명한다고 믿기 때문이다. 이미 앞에서 로지스틱이라는 개념을 배웠기 때문에 이 개념을 가지고 로지스틱 회귀모형을 쉽게 만들 수 있다. 우리가 보통 알고 있는 선형식의 왼쪽 항에 단지 로지스틱을 대입해 주면 된다(개념의 명확성을 위해 이제부터 승산이라 용어 대신 오즈(odds)란 용어로 표현하도록 한다).

$$\log\left(\frac{p}{1-p}\right) = a + b_1x_1 + \ldots + b_kx_k$$

즉 로지스틱 회귀모형은 로지스틱 값에 대한 선형식이 되는 것이다. 가령 로지스틱 회

귀분석에서 어떤 독립변수의 회귀계수(b)가 0.3이라면 이는 곧 "어떤 독립변수가 1단위 증가할 때 종속변수가 로그오즈(log odds)로 0.3단위 증가한다"는 것을 의미한다. 여기서 주의해야 할 것은 로지스틱 회귀분석에서 추정된 회귀계수를 오즈(odds)나 확률(probability)로 해석하면 안 된다는 것이다. 이는 많은 연구자들이 로지스틱 회귀분석의 결과를 해석할 때 실수하는 부분이다. 이러한 문제는 회귀식을 통해 추정된 값의 정체를 제대로 파악하지 못하였기 때문에 발생한다. 회귀계수를 해석하는 방법에 대해서는 다음 장에서 자세히 다룬다.

이제 남은 과정은 어떤 추정방법을 사용할 것인지 결정하는 것이다. 선형회귀모형과 마찬가지로 로지스틱 회귀모형에서도 최소제곱법(OLS)이나 가중최소제곱법(WLS)을 사용하여 모집단을 추정할 수 있다. 그러나 최소제곱법(OLS)이나 가중최소제곱법(WLS)을 사용하기 위해서는 자료가 반드시 그룹 데이터(group level data)로 구성되어 있어야 한다(그룹 데이터의 개념에 대해서는 이미 제7장에서 설명하였다). 반면 개별 데이터(individual level data)로 구성된 자료에서는 최소제곱법(OLS)이나 가중최소제곱법(WLS)을 사용할 수 없다. 왜냐하면 그룹 데이터에서는 각 개인들의 종속변수가 이분변수(dichotomous variable)라 할지라도 각 개인들을 그룹으로 묶는(aggregate) 과정에서 그 그룹에 속한 개인들의 확률을 그 그룹의 평균으로 계산할 수 있기 때문이다(Paul D. Allison, 2003).

가령 '투표여부'에 영향을 미치는 요인을 연구한다고 가정해보자. 종속변수는 '투표여부(0-투표 안 함, 1-투표 함)'이고 분석단위(unit of analysis)가 개인(individual)이라면 모든 개인들의 종속변수는 0또는 1의 값만 가질 것이다. 그러나 분석단위가 지역이라면 비록 종속변수가 이분변수이지만 특정 지역의 투표여부는 실제 확률(투표한 사람/전체 대상)로 계산될 수 있다. 따라서 그룹 데이터(group level data)에서는 최소제곱법(OLS)이나 가중최소제곱법(WLS)을 사용하여 모수를 추정하는 것이 가능하다. 그러나 종속변수가 질적변수이며 개별 데이터(individual level data)인 경우 최소제곱법(OLS)이나 가중최소제곱법(WLS)을 더 이상 사용할 수 없기 때문에 다른 추정방법이 필요하다.

따라서 로지스틱 회귀모형에서는 보통 최대우도법(maximum likelihood estimation, ML)이라는 추정방법을 사용한다. 최대우도법(ML)은 최소제곱법(OLS)과 달리 사람의 손으로 계산하는 것 자체가 불가능하다. 즉 회귀계수를 추정하는 과정에서 컴퓨터를 이용한 반복적(iterative) 계산이 필수적이다. 사실은 이런 이유 때문에 컴퓨터의 사양이 개선

되고 컴퓨터를 사용한 통계프로그램이 널리 보급된 20여 년 전부터 최대우도법(ML)을 사용한 로지스틱 회귀모형이 각광을 받게 된 것이다. 여기서는 최대우도법(ML)에 대한 개략적 개념만 설명하고 자세한 계산 과정 및 컴퓨터 알고리즘(algorism)에 대해서는 생략하도록 한다.

최대우도법(ML)은 한마디로 가장 큰 우도(likelihood)를 찾는 것을 의미한다. 우도(likelihood)란 어떤 모집단에서 우리가 관측하는 표본이 추출될 가능성을 의미한다. 그런데 이 때 그 가능성은 하나의 값으로 정해지는 것이 아니라 확률분포(probability distribution)를 이루게 되고 이 분포와 독립변수들의 값을 이용하여 우도함수(likelihood function)를 만들 수 있다. 그리고 이렇게 만들어진 함수가 최대값을 갖는 조합을 찾아내면 바로 그 조합이 종속변수를 설명하는 최적의 회귀식이 되는 것이다(Scott R. Eliason, 1993). 바로 이 최대값을 찾는 과정 즉 최대화(maximization) 과정에서 반복적인 컴퓨터 알고리즘(algorism)이 요구된다.[7]

최대우도법을 통해 확률모형을 추정하면 표준오차(standard error)를 효율적으로 추정할 수 있을 뿐만 아니라 정규성(normality)을 확보하는 것이 용이해진다. 따라서 선형회귀모형으로 확률모형을 추정할 때 발생하였던 두 가지 문제점(이분산성, 비정규성)을 상당히 완화시킬 수 있어 보다 바람직한 추정이 가능해진다.

2. 선형확률모형과 로지스틱 회귀모형간 비교: ‘여성의 낙태권 지지에 영향을 미치는 요인’

본 절에서는 앞에서 배운 내용을 토대로 종속변수가 질적변수인 회귀모형을 직접 추정해 보자. 먼저 선형확률모형을 통해 회귀식을 추정해 보고 그 결과를 로지스틱 회귀모형의 결과와 비교해 볼 것이다.

---

7) 최대우도를 추정하는 계산(computation)방법에도 여러 가지 알고리즘(algorism)이 있는데 Iterative proportional fitting, Newton-Raphson 그리고 EM algorithm이 가장 보편적으로 사용된다. 한편 SPSS에서는 Newton-Raphson 방식을 약간 변형하여 사용한다(서혜선 외, 2001).

선형확률모형을 통한 분석

(데이터 9-1 낙태권)을 열면 다음과 같은 6개의 변수가 있으며 본 데이터의 표본크기는 919사례이다.

변수명	변수내용(단위)
연령	연령(세)
학력	교육연수(년)
보수성	보수성 지수: 점수가 높을수록 보수성이 강함(7점 만점)
성별	0: 남성 1: 여성
결혼여부	0: 미혼 1: 기혼
낙태	0: 반대 1: 찬성

이제 여성의 낙태에 대한 태도(찬성, 반대)에 영향을 미치는 요인을 파악하기 위하여 다음과 같은 연구모형을 구축하였다.

$$낙태(반대:0,\ 찬성:1) = 연령 + 학력 + 보수성 + 성별 + 결혼여부$$

먼저 이 연구모형을 선형확률모형(linear probability model)으로 분석해보자. 앞에서 설명한 것과 같이 선형확률모형이란 단순히 종속변수가 이분변수(dichotomous variable)일 때 이를 일반선형회귀식(ordinary linear regression)으로 분석하는 것을 의미한다. 이미 '낙태' 라는 변수가 0과 1로 코딩되어 있기 때문에 보통 중다회귀식을 분석하는 절차와 동일하게 실행시키면 된다.

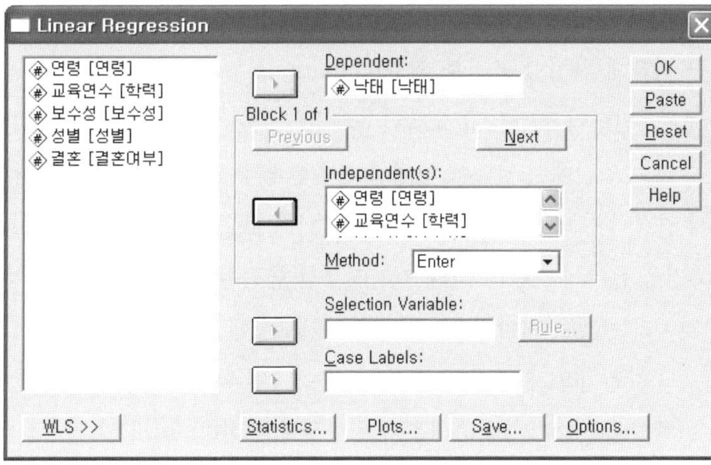

이 때 Save... 를 클릭하여 Predicted Values에서 Unstandardized를 선택하고 실행시킨다. 우리는 앞에서 종속변수가 이분변수(0,1)일 때 회귀식을 통해 추정된 예측치(predicted value)는 독립변수가 특정한 값일 때 종속변수가 1이 될 조건부 확률(conditional probability)이라는 것을 배웠다. 따라서 우리의 회귀식에서 추정된 예측치는 독립변수가 특정한 값일 때 '낙태에 찬성할 확률'을 나타낸다. 왜냐하면 우리 자료에서는 '0:반대, 1:찬성'으로 코딩하였기 때문이다. 만약 서로 바꾸어 코딩하였다면(0:찬성, 1:반대) 이 때 예측치는 낙태에 반대할 확률을 의미하게 된다. 이제 회귀식을 실행시키면 다음과 같은 결과를 얻을 수 있다. 먼저 데이터 창을 확인해보자.

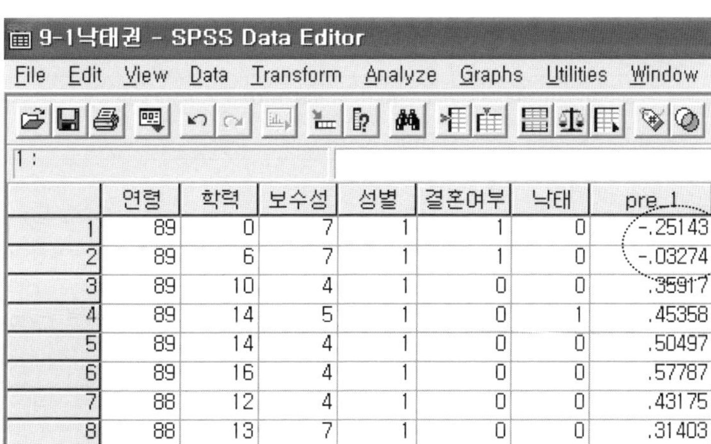

위의 그림은 전체 데이터 창의 일부이다. 가장 오른쪽에 있는 pre_1이 바로 회귀식의 예측치이며 곧 낙태에 찬성할 조건부 확률(conditional probability)을 나타낸다. 가령 3번째 사례를 보자. 연령이 89세이고 교육연수가 10년이며 보수성 점수가 4점이고 여성(1)이며 미혼(0)이라는 조건에서 낙태에 찬성할 확률은 약 0.35 즉 35%라는 것이다. 이는 다르게 표현해서 연령이 89세이고 교육연수가 10년이며 보수성 점수가 4점이고 여성이며 미혼인 사람 100명을 뽑아서 여성의 낙태 지지여부를 묻는다면 그 중 찬성에 답하는 사람은 35명 정도일 것이라는 것을 의미한다. 즉 선형확률모형에서는 추정된 회귀식(아래 식 ①)에 각 독립변수의 값을 대입해 주면 바로 종속변수가 1일 확률을 구할 수 있다.

그런데 첫 번째와 두 번째 사례의 예측치는 모두 음수이다. 이미 앞에서 설명한 것처럼 개념적으로 확률은 항상 0과 1사이의 값만 취해야 하고 그 범위를 벗어난 값들은 해석해 줄 수가 없다. 다행히 우리 자료에서는 0미만이거나 1을 초과하는 예측치가 10사례 밖에 없다(pre_1을 빈도분석 해보면 쉽게 파악할 수 있다). 하지만 0미만이거나 1을 초과하는 예측치가 있다는 사실 자체만으로도 선형회귀식이 확률모형을 추정하는데 그리 적합한 방법이 아니라는 것을 알 수 있다.

이제 모형 적합도와 회귀계수를 살펴보자. 선형회귀식에서 확률모형을 추정하는 방법은 최소제곱법(OLS)이다. 따라서 모형의 유의도를 해석하는 방법도 앞에서 우리가 다루었던 일반선형회귀분석과 동일하다. 먼저 결정계수는 0.091이고 *F*값의 유의도는 0.000으로 본 회귀식은 통계적으로 유의미하다고 할 수 있다. 한편 회귀계수를 살펴보면 다음과 같다.

Coefficients(a)

	Unstandardized Coefficients		Standardized Coefficients	t	Sig.
	B	Std. Error	Beta		
(Constant)	.231	.105		2.200	.028
연령	.000	.001	.012	.355	.723
교육연수	.036	.005	.219	6.663	.000
보수성	-.051	.012	-.143	-4.425	.000
여성	-.059	.032	-.059	-1.849	.065
기혼	-.092	.032	-.093	-2.896	.004

$$P(낙태찬성) = 0.231 + 0 \times 연령 + 0.036 \times 교육연수 - 0.051 \times 보수성 \\ -0.059 \times 여성 - 0.092 \times 기혼 — 식 ①$$

여성의 낙태권 지지에 통계적으로 유의미한 영향을 미치는 요소는 '교육연수', '보수성' 그리고 '결혼여부'이며 '연령'과 '성별'의 영향력은 통계적으로 유의미하지 않다. 이를 해석해 보면 다른 독립변수들을 통제했을 때 '교육연수'가 1년 증가 할수록 여성의 낙태권을 지지할 확률은 약 3.6% 증가하고 '보수성'이 1단위 증가 할수록 여성의 낙태권을 지지할 확률은 약 5.1% 감소한다. 그리고 역시 다른 조건이 동일할 때 '기혼'인 경우가 '미혼'이 경우에 비해 낙태권을 지지할 확률이 9.2% 낮다.

선형확률모형의 가장 큰 장점은 회귀계수의 의미를 쉽게 이해할 수 있다는 것이다. 즉 회귀계수를 독립변수의 변화에 따른 종속변수의 확률 변화로 직접 해석해 줄 수 있고 또한 확률에 대한 선형식이기 때문에 어느 점에서나 확률의 변화를 일정하게 해석해 주면 된다. 가령 교육연수가 '6년과 7년'인 경우나 '11년과 12년'인 경우 모두 1년 차이로 동일하기 때문에 낙태권을 지지할 확률의 차이는 두 경우에서 모두 3.6%로 동일하다.

로지스틱 회귀모형을 통한 분석

이제 동일한 연구모형을 로지스틱 회귀분석을 통하여 분석해 보자. 로지스틱 회귀분석을 실행시키는 절차는 다음과 같다. 이 때 binary logistic을 선택하는 이유는 종속변수가 이분변수(dichotomous variable)로 되어 있기 때문이다. 다음 장에서 다루겠지만 종속변수가 다분변수(polytomous variable) 즉 세 개 이상의 집단으로 구성되어 있을 경우에는 multinomial logistic을 사용해야 한다(이에 대한 자세한 내용은 제10장에서 다룬다).

Analyze ⇨ Regression ⇨ Binary Logistic

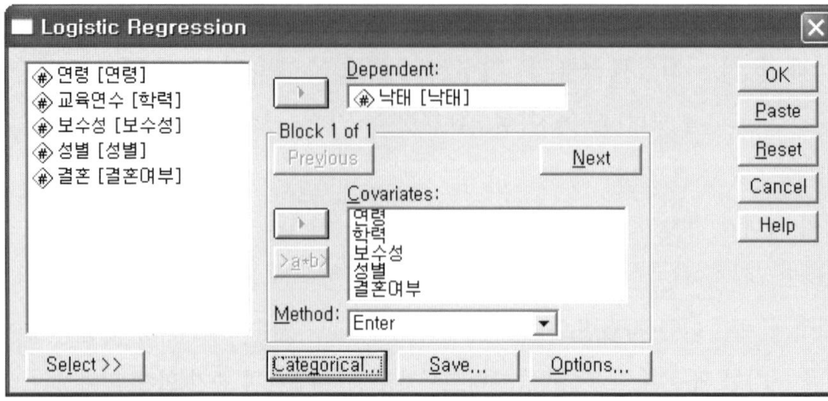

Dependent라는 칸에 종속변수를 투입하고 Covariates라는 칸에 독립변수들을 투입하면 된다. 이항로지스틱 회귀분석(binary logistic regression)에서는 선형회귀분석과 달리 독립변수가 질적변수(qualitative variable)일 때 따로 가변수(dummy variable)를 만들어 주지 않아도 된다. 즉 독립변수가 어떤 형태의 변수이든 상관없이 일단 Covariate라는 칸에 모두 투입해 주면 된다. 그리고 질적변수를 구분해 주기 위하여 아래에 있는 Categorical... 을 클릭해주면 다음과 같은 창이 생성된다.

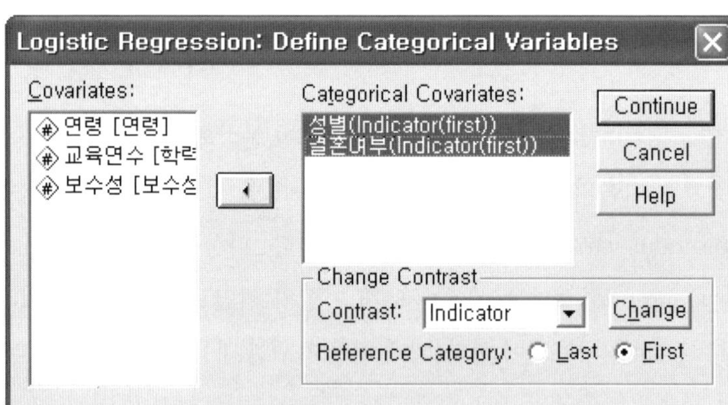

왼쪽 Covariates에는 투입된 모든 독립변수들이 열거되어 있으며 이 중 질적변수만 선택해서 오른편 Categorical Covariates로 이동시켜주면 된다. 이 때 주의해야 할 것은 기준범주(reference category)를 무엇으로 정하였는지 분명히 기억해야 한다는 것이다. 여기서는 First를 선택하고 Change를 클릭하였다. First는 가장 작은 숫자를 가진 집단을 기준범주로 한다는 것을 의미하고 Last는 가장 큰 숫자를 가지 집단을 기준범주로 한다는 것을 의미한다. 가령 우리의 예에서 성별은 '0:남성, 1:여성'으로 코팅되어 있다. 따라서 First를 선택하게 되면 남성이 기준범주가 된다. 같은 논리로 결혼여부는 '0:미혼, 1:기혼'으로 코딩되어 있기 때문에 미혼집단이 기준범주가 된다.

우리의 예에서처럼 독립변수가 이분변수일 때는 기준범주가 바뀌어도 회귀계수의 절대값은 일정하다. 단 부호만 반대로 바뀔 뿐이다. 그러나 3개 이상의 집단으로 구성된 독립변수에서는 기준범주가 바뀌면 회귀계수 자체도 바뀌게 된다. 어떤 집단을 기준범주로 결정할지는 연구자의 선택에 달려 있다. 그러나 개인적인 경험에 비추어 봤을 때 가장 작은 숫자로 코딩된 집단을 기준범주로 삼는 것이 해석하기에 보다 용이하다.[8)]

이제 [Categorical...] 옆에 있는 [Save...] 를 클릭하여 Predicted Values에서 Probabilities를 선택하고 실행시킨다. 선형확률모형에서는 추정된 회귀식에 독립변수의 값들을 대입하면 바로 종속변수가 1일 확률을 구할 수 있었다. 그러나 로지스틱 회귀모형에서는 회귀식에 독립변수의 값들을 대입하면 로그오즈(log odds)값이 나온다. 그런데 Probabilities를 선택하면 로그오즈(log odds)값으로 나온 예측치를 확률로 전환해 준다. 전환 과정에 대해서는 다음 장에서 자세히 다룬다. 그럼 이제 데이터 창을 확인해 보자.

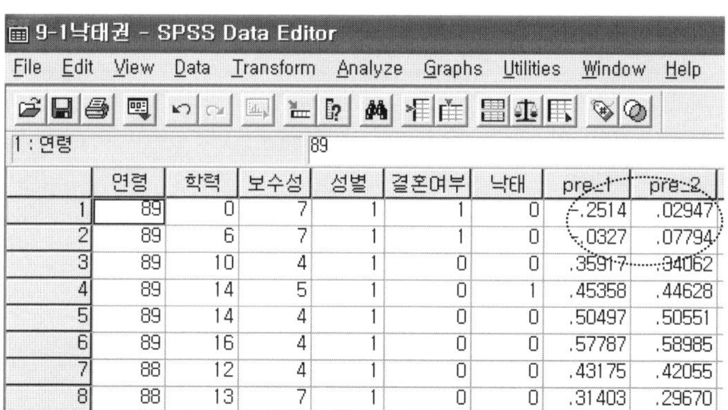
9-1낙태권 - SPSS Data Editor

File Edit View Data Transform Analyze Graphs Utilities Window Help

1 : 연령 89

	연령	학력	보수성	성별	결혼여부	낙태	pre_1	pre_2
1	89	0	7	1	1	0	-.2514	.02947
2	89	6	7	1	1	0	-.0327	.07794
3	89	10	4	1	0	0	.35917	.34062
4	89	14	5	1	0	1	.45358	.44628
5	89	14	4	1	0	0	.50497	.50551
6	89	16	4	1	0	0	.57787	.58985
7	88	12	4	1	0	0	.43175	.42055
8	88	13	7	1	0	0	.31403	.29670

pre_1은 바로 전에 보았던 선형확률모형의 예측치이고 pre_2는 로지스틱 회귀모형으로 추정한 예측치이다. 데이터 창에서 보는 바와 같이 선형확률모형으로 추정했을 때와 로지스틱 회귀모형으로 추정했을 때의 예측치들이 거의 비슷하다. 그러나 가장 눈에 띄는

8) 따라서 로지스틱 회귀분석에서는 다분변수인 독립변수를 코딩할 때 사례수가 가장 많은 집단을 가장 작은 변수값으로 설정하는 것이 좋다.

차이는 선형확률모형으로 추정했을 때는 첫 번째와 두 번째 사례의 예측확률이 음수였는데 로지스틱 회귀모형으로 추정하면 0에 가까운 양수로 전환된다는 것이다. 실제로 pre_2를 빈도분석 해보면 0미만이거나 1을 초과하는 사례가 전혀 없다는 것을 확인할 수 있다(선형확률모형에서는 0미만이거나 1을 초과하는 사례가 10개였다). 이미 앞에서 이론적으로 설명하였고 실제 분석결과에서 보는 바와 같이 로지스틱 회귀모형의 가장 큰 장점은 0미만이거나 또는 1을 초과하는 예측치 즉 확률적으로 해석 불가능한 예측치가 발생하지 않는다는 것이다.

이제 회귀계수를 살펴보자. 결과창에는 선형회귀모형에서보다 더 많은 결과표들이 나와 있는 것을 볼 수 있다. 각각의 결과표들이 무엇을 의미하는지는 다음 장에서 자세히 살펴보도록 하고 여기서는 가장 아래 부분에 위치하고 있는 Variables in the Equation이라는 결과표만 우선 살펴 보도록 하자. 바로 이 결과표가 선형회귀식에서 회귀계수와 회귀계수의 유의도를 표시해 주었던 Coefficients표와 같은 역할을 한다. 이 둘의 차이점과 공통점을 보기 위해 선형회귀식의 Coefficients표를 함께 제시하였다.

Coefficients(a)(선형확률모형)

	Unstandardized Coefficients		Standardized Coefficients	t	Sig.
	B	Std. Error	Beta		
(Constant)	.231	.105		2.200	.028
연령	.000	.001	.012	.355	.723
교육연수	.036	.005	.219	6.663	.000
보수성	-.051	.012	-.143	-4.425	.000
여성	-.059	.032	-.059	-1.849	.065
기혼	-.092	.032	-.093	-2.896	.004

Variables in the Equation(로지스틱 회귀모형)

	B	S.E.	Wald	df	Sig.	Exp(B)
연령	.001	.004	.095	1	.757	1.001
교육연수	.171	.026	41.983	1	.000	1.186
보수성	-.238	.053	19.803	1	.000	.788
성별(1)	-.268	.143	3.526	1	.060	.765
결혼여부(1)	-.414	.143	8.454	1	.004	.661
Constant	-1.261	.471	7.168	1	.007	.283

$$\log\left[\frac{P(\text{찬성})}{1-P(\text{찬성})}\right] = -1.261+0.001\times\text{연령}+0.171\times\text{교육연수}-0.238\times\text{보수성}$$
$$-0.268\times\text{여성}-0.414\times\text{기혼}$$

우선 선형회귀분석의 결과와 비교해 봤을 때 로지스틱 회귀분석의 결과표에는 표준화 회귀계수(standardized coefficients)와 *t*값이 없는 대신 Wald값과 df(자유도) 그리고 Exp(B)가 추가되어 있는 것을 볼 수 있다. 이들이 각각 어떤 수치들인지 대해서는 다음 장에서 설명한다.

한편 각 독립변수들의 유의도를 보면 두 모형의 결과가 거의 일치하는 것을 볼 수 있다. 두 모형 모두에서 '교육연수', '보수성' 그리고 '결혼여부가' 여성의 낙태권 지지여부에 유의미한 영향을 미치는 것으로 분석되었으며 *Sig*. 값도 거의 유사한 것을 볼 수 있다. 다만 회귀계수의 의미하는 바가 다르기 때문에 로지스틱 회귀모형에서는 다음과 같이 결과를 해석해 주어야 한다. 그러나 전반적으로 선형회귀모형과 로지스틱 회귀모형의 추정결과에는 큰 차이가 없다는 것을 알 수 있다.

로지스틱 회귀모형의 해석 방법 1

다른 독립변수들을 통제했을 때:

- 교육연수가 1년 증가 할수록 여성의 낙태권을 지지할 로그오즈(log odds)는 0.171씩 증가한다.
- 보수성이 1단위 증가 할수록 여성의 낙태권을 지지할 로그오즈(log odds)는 0.238씩 감소한다.
- 기혼인 경우가 미혼인 경우에 비해 여성의 낙태권을 지지할 로그오즈(log odds)가 0.414 낮다.

그렇다면 왜 굳이 질적종속변수일 때 로지스틱 회귀모형을 사용할까? 우리의 예(919사례)에서처럼 표본의 크기가 큰 경우 자료의 특성과 상관없이 이분산성이나 비정규성 문제가 상당히 완화되는 경향이 있다. 따라서 선형회귀식으로 추정한다 해도 예측치가 0미만이거나 1을 초과하는 것 말고는 큰 문제가 없다.

그러나 표본의 크기가 작고 동시에 독립변수의 수가 많을 경우 선형회귀식으로 질적종속변수를 추정하면 왜곡된 결과가 발생할 가능성이 높아진다. 즉 소표본(small sample)

에서는 선형확률모형의 결과와 로지스틱 회귀모형의 결과 간에 비교적 큰 차이가 발생할 수 있다. 그리고 무엇보다 중요한 것은 비록 선형회귀식의 결과가 로지스틱 회귀모형과 유사하다 할 지라도 학문적 엄격성을 고려할 때 선형회귀식으로 질적종속변수를 추정하는 것은 바람직하지 않다.

10_ 로지스틱 회귀모형의 실제

1. 로지스틱 회귀모형의 해석

우리는 앞장에서 로지스틱 회귀모형을 이해하는데 필요한 기본 개념과 원리를 살펴보았다. 또한 SPSS를 활용하여 로지스틱 회귀분석을 실행시키는 절차에 대해서도 알아보았다. 이제 분석을 통해 나온 결과를 어떻게 해석하는지 자세히 알아보자. 본 절에서는 제9장에서 분석하였던 연구모형(낙태권 지지에 영향을 미치는 요인)을 가지고 계속 논의를 진행시킨다.

로지스틱 회귀모형의 유의도 검증

로지스틱 회귀분석을 실행시키면 결과창에 먼저 아래와 같은 세 종류의 결과표가 제시된다. 이 표들은 데이터의 기본적인 상태를 보여주는 결과치들이다. 가장 위에 있는 표 Case Processing Summary는 분석된 사례수와 결측(missing)사례를 알려주고 그 다음 표 Dependent Variable Encoding은 종속변수의 코딩(coding)상태를 그리고 마지막 세 번째 표 Categorical Variables Codings는 질적변수(qualitative variable)로 분류된 독립변수와 그 코딩상태를 각각 알려준다.

Case Processing Summary

Unweighted Cases(a)		N	Percent
Selected Cases	Included in Analysis	919	100.0
	Missing Cases	0	.0
	Total	919	100.0
Unselected Cases		0	.0
Total		919	100.0

Dependent Variable Encoding

Original Value	Internal Value
반대	0
찬성	1

Categorical Variables Codings

		Frequency	Parameter coding
			(1)
결혼	미혼	439	.000
	기혼	480	1.000
성별	남성	400	.000
	여성	519	1.000

특히 두 번째 표를 통하여 우리 회귀식의 결과는 종속변수가 1일 로그오즈(log odds) 즉 '낙태에 찬성할 로그오즈(log odds)'를 나타낸다는 것을 알 수 있다. 또한 세 번째 표를 통하여 결혼변수에서는 '미혼'이 그리고 성별변수에서는 '남성'이 각각 기준집단(reference category)이라는 것을 알 수 있다.

이제 아래를 보면 Block0: Beginning Block이라는 제목 밑으로 다음과 같이 세 개의 표가 제시되어 있는 것을 볼 수 있다. Beginning Block에서는 독립변수 없이 종속변수의 평균만으로 종속변수를 예측했을 때의 결과를 보여준다. 첫 번째 표 Classification Table은 종속변수의 실제 관찰치와 종속변수의 평균만으로 예측했을 때 예측치를 보여주고 두 번째 표 Variables in the Equation은 이 때 회귀식을 구성하는 변수를 그리고 세 번째 표 Variables not in the Equation은 이 때 회귀식에서 제외된 변수를 각각 표시해 준다.

Block 0: Beginning Block

Classification Table(a,b)

Observed			Predicted		
			낙태		Percentage Correct
			반대	찬성	
Step 0	낙태	반대	526	0	100.0
		찬성	393	0	.0
Overall Percentage					57.2

Variables in the Equation

	B	S.E.	Wald	df	Sig.	Exp(B)
Constant	-.291	.067	19.112	1	.000	.747

Variables not in the Equation

			Score	df	Sig.
Step 0	Variables	연령	6.759	1	.009
		학력	52.543	1	.000
		보수성	28.405	1	.000
		성별(1)	5.824	1	.016
		결혼여부(1)	9.646	1	.002
Overall Statistics			83.464	5	.000

종속변수가 이분변수(dichotomous variable)일 때 종속변수의 평균으로 종속변수를 예측한다는 것이 무엇을 의미하는 것일까? Classification Table을 보면 우리 자료에서 전체 919명 중 낙태에 찬성하는 사람은 393명(42.8%)이다(observed칸을 보라). 따라서 낙태에 찬성(1)할 종속변수의 평균은 0.428이라고 할 수 있다. 만약 반대로 '낙태반대'를 1로 코딩하였다면 이 때 종속변수의 평균은 0.572가 된다.

즉 전체 표본 중에서 낙태에 반대하는 사람이 더 많다는 것이다. 그러므로 이와 같은 경우 다른 정보를 전혀 모르는 상태에서 그 집단에 속한 어떤 사람이 낙태에 찬성하는지 또는 반대하는지 예측해야 한다면 당연히 낙태 반대자로 예측하는 것이 최선의 예측일 것이다. 이는 제2장에서 다루었던 내용과 똑같은 논리이다.

따라서 이와 같은 경우에 종속변수의 평균만으로 종속변수를 예측한다는 것은 곧 모든 사람들을 낙태 반대자라고 예측하는 것이 된다. 그러므로 위의 표에서 보는 것처럼 모든 예측치는 낙태 반대가 된다(predicted칸을 보라). 한편 이 때 예측의 적중도(percentage correct)는 57.2%이다. 여기서는 모든 사례를 낙태 반대로 예측하였기 때문에 결국 57.2%는 전체 사례수 중 실제 낙태 반대자의 비율과 같다.

한편 두 번째 표를 보면 회귀식이 상수(constant)항 만으로 구성되어 있는 것을 볼 수 있다. 종속변수의 평균으로 종속변수를 예측하는 것을 회귀식으로 표현하면 상수항으로만 회귀식을 구성하는 것이 된다. 때문에 연구자에 따라서는 이를 가리켜 "상수항만으로 종속변수를 예측한다"라고 표현하기도 한다. 이 말은 곧 자료에 포함된 모든 사람들의 낙태 찬성 확률이 같다고 가정하는 것을 의미한다. 이 때 낙태찬성확률은 종속변수의 평균으로 종속변수를 예측한 것 즉 (낙태찬성자/전체 사례수)와 같다.

이처럼 상수항만으로 구성된 회귀모형을 널모형(null model)이라고 부른다. 이미 제2장에서 배운 것과 같이 선형회귀모형에서는 어떤 회귀모형의 통계적 유의미성을 판단하기 위해 '종속변수의 평균만으로 종속변수를 예측한 모형의 오차제곱합'과 '원래 회귀모형의 오차제곱합'을 서로 비교하였다. 이 때 '종속변수의 평균만으로 종속변수를 예측한 모형'을 가리켜 바로 널모형((null model)이라고 부른다.

널모형(null model)이란?

형태: 상수항만으로 구성
내용: 종속변수의 평균만으로 종속변수를 예측하는 것
의미: 독립변수가 전혀 없는 상태에서 최상의 예측방법

즉 선형회귀모형과 마찬가지로 로지스틱 회귀모형에서도 널모형(null model)과 회귀모형을 비교하여 모형의 적합도(goodness of fit)를 판단하게 된다. 다만 널모형(null model)과 회귀모형을 비교하는 방식이 서로 다를 뿐이다. 만약 어떤 회귀식이 유의미하다면 그 회귀식을 통해 종속변수를 예측할 때의 설명력이 종속변수의 평균만으로 예측했을 때의 설명력보다 통계적으로 충분히 커야 한다. 결국 우리가 널모형(null model)과 회귀모형을 비교하는 이유는 다음 질문을 통계적으로 테스트하기 위해서이다.

> 널모형(null model)의 설명력과 회귀모형의 설명력 간에는 통계적으로 유의미한 차이가 없나?

따라서 연구자는 "아니, 차이가 있다"라는 대답을 듣고 싶어한다. 만약 두 모형간 설명력의 차이가 없다면 이는 곧 회귀모형에 포함된 독립변수들이 종속변수를 유의미하게 설명하지 못한다는 것을 의미하기 때문이다. 즉 널모형(null model)과 회귀모형의 설명력 간에 통계적으로 유의미한 차이가 있을 때 투입된 독립변수가 종속변수에 대한 설명력을 증가시켰다고 볼 수 있고 더 나아가 회귀모형은 널모형(null model)과는 다른 의미 있는 모형이라고 판단할 수 있게 된다.

이제 Block 1: Method=Enter라는 제목 밑으로 네 개의 표가 제시되는 것을 볼 수 있다. 첫 번째 표부터 차례대로 살펴보자.

Block 1: Method = Enter

Omnibus Tests of Model Coefficients

		Chi-square	df	Sig.
Step 1	Step	89.291	5	.000
	Block	89.291	5	.000
	Model	89.291	5	.000

Omnibus Tests of Model Coefficients는 선형회귀분석에서 ANOVA 테이블과 같은 역할을 한다. 선형회귀분석에서는 통계적 유의미성을 판단하기 위하여 '널모형(null model)의 오차제곱합'과 원래 '회귀모형의 오차제곱합'을 비율로서 비교하였다. 그리고 이 때 이 비율의 통계적 유의도를 F분포(F distribution) 상에서 결정하였기 때문에 그 비율을 가리켜 F값(F value)이라고 하고 이 과정을 F검증(F-test)이라고 하였다(잘 이해되지 않는다면 제2장의 내용을 다시 한번 확인해 보자).

그런데 로지스틱 회귀분석에서는 선형회귀분석과 달리 오차를 비교해서 모형의 좋고 나쁨을 판단하지 않는다. 대신 우도(likelihood)라는 개념을 통하여 데이터가 모형에 얼마나 적합한지 판단하다. 왜냐하면 제9장에서 설명한 것처럼 로지스틱 회귀분석은 회귀식을 추정할 때 최소제곱법(OLS)이 아닌 최대우도법(ML)을 사용하기 때문이다. 그러므로 널모형(null model)과 회귀모형을 비교할 때도 오차가 아닌 우도(likelihood)를 비교하는 것이다.

그런데 이 때 그냥 우도(likelihood)를 사용하여 모형을 비교하는 것이 아니라 우도(likelihood)에 로그(log)를 취하고 -2를 곱해준 값을 사용하는데 이를 가리켜 -2 log likelihood라 하고 보통 -2LL로 표시한다. -2LL값은 항상 양수 값을 가지며 크기가 작을수록 즉 0에 가까워질수록 모형이 데이터를 잘 설명한다고 볼 수 있다.

그렇다면 왜 우도(likelihood) 대신 -2LL을 사용하는 것일까? 최대우도법(ML)으로 추정된 두 모형간 -2LL 차이는 두 모형간 독립변수의 개수 차이만큼을 자유도(df)로 갖는 카이제곱분포(chi-square distribution)를 따르기 때문이다(David W. Hosmer & Stanley Lemeshow, 2000). 결국 로지스틱 회귀분석에서는 카이제곱검증(chi-square test)을 통하여 모형 간 설명력을 비교한다. 특히 이 때 카이제곱값을 가리켜 제1장에서 설명한 것과 같이 likelihood ratio chi-square라 부르고 G^2로 표시한다.

〔널모형(null model)의 -2LL〕 - 〔회귀모형의 -2LL〕
~ 카이제곱분포(chi-square distribution)

그러므로 위의 표에서 Chi-square라는 칸에 있는 통계치 89.291은 널모형(null model)과 회귀모형의 -2LL 차이를 의미한다. 한편 이 때 자유도(df)는 5이다. 왜냐하면 회귀모형에는 5개의 독립변수가 포함되어 있지만 널모형(null model)에는 독립변수가 하나도 포함되어 있지 않기 때문이다. 이제 자유도가 5일 때 카이제곱값(chi-square score) 89.291의 통계적 유의도를 카이제곱분포표(chi-square distribution table)에서 확인하면 된다. 그러나 따로 표를 찾아볼 필요 없이 *Sig*.라는 칸에서 유의도(*Sig*.=0.000)를 제공해준다.

이 때 *Sig*.가 0.05보다 작으면 "널모형(null model)의 설명력과 회귀모형의 설명력 간에는 통계적으로 유의미한 차이가 없다"라는 영가설(null hypothesis)을 기각할 수 있다.

그러므로 5개의 독립변수 중 하나 이상의 독립변수가 종속변수에 대한 설명력을 통계적으로 유의미하게 증가시켰다고 할 수 있다.

한편 결과를 해석할 때 Model이라는 칸의 수치를 읽어준다는 점에 유의하자. Step과 Block은 독립변수를 단계적으로 투입하거나(Step) 또는 몇 개의 집단으로 나누어(Block) 분석할 때 사용된다. 그러나 모든 독립변수를 한번에 분석하는 Enter 방식에서는 세 수치가 항상 같다.

아래 Model Summary에는 우리 회귀모형의 -2LL와 모형의 설명력이 나와 있다. 우선 회귀모형의 -2LL는 1165.398이다. 그러므로 널모형(null model)의 -2LL는 1254.689 (=1165.398 + 89.291)이라는 것을 간접적으로 알 수 있다. SPSS에서는 널모형(null model)의 -2LL값을 직접 제시해 주지 않지만[9] SAS나 STATA에서는 널모형(null model)의 -2LL값을 제시해 준다. 똑같은 회귀모형을 SAS나 STATA로 분석해 보면 널모형(null model)의 -2LL값이 정확히 1254.689임을 확인할 수 있다.

Model Summary

Step	-2 Log likelihood	Cox & Snell R Square	Nagelkerke R Square
1	1165.398(a)	.093	.124

가운데 칸에 있는 Cox & Snell R Square는 선형회귀모형에서 결정계수(r^2)와 비슷한 개념이다. 실제로 똑같은 모형을 선형회귀분석으로 분석했을 때 결정계수는 0.091로 두 수치가 거의 비슷함을 알 수 있다. Cox & Snell R Square는 다음의 공식을 통해 산출된다.

$$\text{Cox \& Snell } r^2 = 1 - \left(\frac{L(0)}{L(B)} \right)^{\frac{2}{N}}$$

여기서 L(0)은 널모형(null model)의 우도(likelihood), L(B)는 회귀모형의 우도(likelihood) 그리고 N은 사례수를 각각 나타낸다. 한편 Nagelkerke R Square는 Cox & Snell

9) 조금 뒤에 다루겠지만 SPSS에서도 Iteration history를 실행시키면 널모형의 -2LL을 확인할 수 있다.

R Square를 약간 변형시킨 것이다. Cox & Snell R Square는 최대값이 1에 도달하지 못한다는 개념적 한계를 지닌다. 따라서 이를 극복하기 위하여 Nagelkerke가 제안한 통계량이며 항상 Cox & Snell R Square보다 항상 큰 값을 지닌다. 그러나 사회과학 연구논문에서는 Nagelkerke R Square에 크게 신경 쓰지 않아도 된다(Paul D. Allison, 2003).

Classification Table(a,b)

Observed			Predicted		
			낙태		Percentage Correct
			반대	찬성	
Step 0	낙태	반대	424	102	80.6
		찬성	222	171	43.5
Overall Percentage					64.7

Classification Table은 추정된 로지스틱 회귀식을 통해 종속변수를 예측했을 때의 결과를 보여준다. 앞에서 종속변수의 평균만으로 예측할 때는 예측치(predicted value)가 모두 낙태 반대였다. 그러나 5개의 독립변수가 포함된 회귀식으로 예측하면 643명(424+222)이 반대 그리고 273명(102+171)이 찬성하는 것으로 분류된다. 회귀식으로 종속변수를 예측하는 원리는 간단하다.

우선 추정된 로지스틱 회귀식에 각 사례들의 독립변수값을 대입하여 개별 사례들의 예측된 로그오즈(log odds)를 구하고 이를 다시 확률(probability)로 전환해 준다. 이제 어떤 사례의 예측된 확률이 0.5보다 작으면 그 사례는 낙태 반대로 그리고 0.5보다 크면 낙태 찬성으로 분류(classification)하는 것이다.

한편 이 때 예측의 적중도를 보면 64.7%로 종속변수의 평균만으로 예측했을 때(57.2%) 보다 적중도가 향상된 것을 알 수 있다. 적중도는 전체 사례 중에서 관측치와 예측치가 일치하는 사례의 비율을 나타낸다. 즉 전체사례 중에서 반대라고 예측했는데 실제도 반대(424사례)이거나 찬성이라고 예측했는데 실제도 찬성(171사례)인 사례의 비율을 의미한다. 따라서 우리의 회귀모형이 널모형(null model)보다 종속변수를 더 정확히 예측한다는 것을 확인할 수 있다. 하지만 이는 우도(likelihood)와는 다른 개념이라는 것을 명심하자.

이제 마지막 표를 보면 이미 제9장에서 보았던 결과표이다.

Variables in the Equation

		B	S.E.	Wald	df	Sig.	Exp(B)
Step 1(a)	연령	.001	.004	.095	1	.757	1.001
	학력	.171	.026	41.983	1	.000	1.186
	보수성	-.238	.053	19.803	1	.000	.788
	성별(1)	-.268	.143	3.526	1	.060	.765
	결혼여부(1)	-.414	.143	8.454	1	.004	.661
	Constant	-1.261	.471	7.168	1	.007	.283

선형회귀분석과 마찬가지로 로지스틱 회귀분석에서도 회귀모형이 통계적으로 유의미하다고 해서 모든 독립변수가 유의미한 것은 아니다. 따라서 어떤 독립변수가 종속변수에 유의미한 영향을 미치는지 확인해 주어야 한다. 선형회귀분석에서는 t값(회귀계수(b)/표준오차(s.e.))으로 각 회귀계수의 유의도를 판단하였다. 즉 t값이 충분히 클 때 회귀계수가 0이 아니라고 자신할 수 있었다.

로지스틱 회귀분석에서는 t값 대신 Wald통계량(Wald statistics)이라는 것을 사용한다. Wald 통계량은 단순히 t값을 제곱해 준 것이다. 따라서 Wald 통계량을 구하는 공식은 다음과 같다.

$$Wald = \left(\frac{\text{회귀계수}(b)}{\text{표준오차}(\text{s.e.})}\right)^2$$

이 때 Wald 통계량은 자유도(df)가 1인 카이제곱분포(chi-square distribution)를 따른다. 따라서 로지스틱 회귀모형에서는 회귀계수의 통계적 유의도를 판단하기 위해 t검증(t-test)이 아닌 카이제곱검증(chi-square test)을 사용한다. 로지스틱 회귀분석에서 t값 대신 Wald 통계량을 사용하는 이유는 추정의 정확성을 위해서이다. 따라서 SPSS나 SAS에서는 Wald 통계량을 사용하여 회귀계수의 유의도를 구한다. 그러나 이미 제9장에서 확인한 것과 같이 t값으로 유의도를 검증한 결과(*Sig.*)나 Wald 통계량으로 검증한 결과(*Sig.*)는 거의 동일하다고 봐도 무방하다. 그런 이유에서 STATA와 같은 통계프로그램에서는 그냥 t값(보다 엄밀히 말해서 z값)을 사용한다(J. Scott Long, 2003).

회귀계수의 해석

이제 회귀계수를 해석해 보자. 이미 제9장에서 로지스틱 회귀식을 해석하는 가장 단순한 방법에 대해 알아보았다. 다시 한번 정리해 보면 로지스틱 회귀분석을 통해 추정된 회귀계수(b)는 독립변수가 1단위 증가할 때 변화하는 종속변수의 로그오즈(log odds)를 의미하다. 가령 학력이 1단위 증가할 때 낙태에 찬성할 로그오즈(log odds)는 0.171만큼 증가한다. 여기서 중요한 것은 어느 지점에서나 로그오즈(log odds)는 0.171만큼 변한다는 것이다. 왜냐하면 로지스틱 회귀모형은 로그오즈(log odds)에 대한 선형식이기 때문이다. 그러나 로그오즈(log odds)가 0.171만큼 변한다는 것이 어떤 변화인지 직관적으로 이해하기 어렵다. 따라서 이를 보다 알기 쉽게 해석해 줄 필요가 있다.

먼저 로그(log)를 제거한다면 해석이 한결 쉬워질 것이다. 이미 제6장에서 배운 것처럼 익스포넨셜(Exp)을 취해주면 로그를 제거할 수 있다. 따라서 원래식의 양변에 익스포넨셜(Exp)을 취해주면 왼쪽 항은 로그(log)가 제거되고 오른쪽 항은 다음과 같이 전환된다.

$$\log\left[\frac{P(\text{찬성})}{1-P(\text{찬성})}\right] = -1.261 + 0.001\times\text{연령} + 0.171\times\text{학력} - 0.238\times\text{보수성}$$
$$-0.268\times\text{여성} - 0.414\times\text{기혼} \text{ — 식 ①}$$

$$\frac{P(\text{찬성})}{1-P(\text{찬성})} = \text{Exp}(-1.261 + 0.001\times\text{연령} + 0.171\times\text{학력} - 0.238\times\text{보수성}$$
$$-0.268\times\text{여성} - 0.414\times\text{기혼}) \text{ — 식 ②}$$

종속변수에서는 로그가 제거되었고 대신 원래 독립변수들의 회귀계수는 모두 Exp(회귀계수)로 전환되었다. 이제 공학용 계산기나 엑셀(Excel)프로그램을 이용하여 Exp(회귀계수)의 값들을 계산해 주면 된다. 그런데 친절하게도 위의 표 가장 오른쪽에 Exp(회귀계수)의 계산결과를 함께 제시해 주고 있다. 가령 '학력' 변수의 원래 회귀계수는 0.171이고 Exp(0.171)을 계산하면 정확히 1.186을 얻을 수 있다. 그렇다면 이 값이 의미하는 바는 무엇일까? 아래 〈표 10-1〉은 '학력'의 변화에 따라 낙태에 찬성할 로그오즈(log odds)와 오즈(odds)가 어떻게 변하는지 보여주고 있다.

〈표 10-1〉 학력에 따른 로그오즈(log odds)와 오즈(odds)의 변화

학력	로그오즈(log odds)	오즈(odds)	오즈(odds) 변화량	오즈(odds) 변화율
1	0.171	1.1864	-	-
2	0.342	1.4077	+0.2212	-
3	0.513	1.6702	+0.2625	+18.6%
4	0.684	1.9817	+0.3114	+18.6%
5	0.855	2.3513	+0.3695	+18.6%
6	1.026	2.7898	+0.4385	+18.6%
7	1.197	3.3101	+0.5202	+18.6%
8	1.368	3.9274	+0.6173	+18.6%
9	1.539	4.6599	+0.7324	+18.6%
10	1.710	5.5289	+0.8690	+18.6%
11	1.881	6.5600	+1.0311	+18.6%
12	2.052	7.7834	+1.2233	+18.6%
13	2.223	9.2349	+1.4515	+18.6%
14	2.394	10.9572	+1.7222	+18.6%
15	2.565	13.0006	+2.0434	+18.6%
16	2.736	15.4251	+2.4245	+18.6%

로그오즈(log odds)는 '학력' 변수의 회귀계수 0.171에 '학력'의 각 값들을 곱하여 구한 것이고 오즈(odds)는 각 로그오즈(log odds)값에 Exp를 취해서 계산한 값이다.

위의 표에서 보는 것처럼 학력이 1단위 증가할 때 로그오즈(log odds)는 항상 0.171만큼 증가한다. 즉 '학력'과 로그오즈(log odds)의 관계는 선형적이라는 것이다. 그러나 Exp(b)를 통하여 로그오즈(log odds)를 오즈(odds)로 전환해 주면 '학력'에 따른 오즈(odds)의 '변화량'은 일정하지 않게 된다. 그러나 '변화율'은 +0.186으로 일정함을 알 수 있다. 즉 '학력'과 오즈(odds)로 표현된 종속변수의 관계는 '변화율'이 일정한 비선형관계이다. 이를 그래프로 그려보면 〈그림 10-1〉과 같다. 이는 제6장 로그변환에서 다루었던 내용과 똑같은 것이다.

〈그림 10-1〉 학력에 따른 로그오즈(log odds)와 오즈(odds)

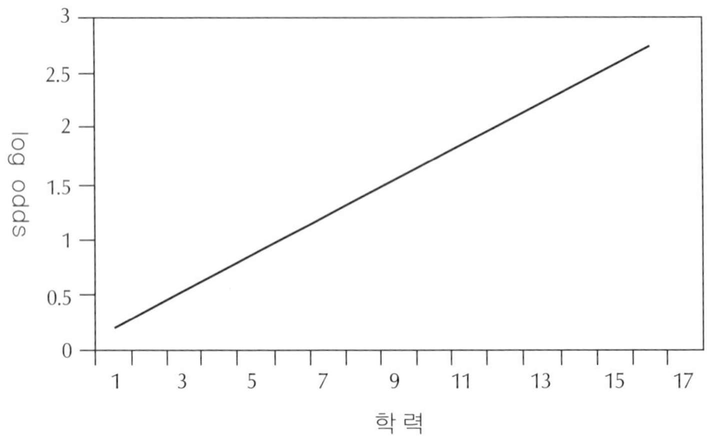

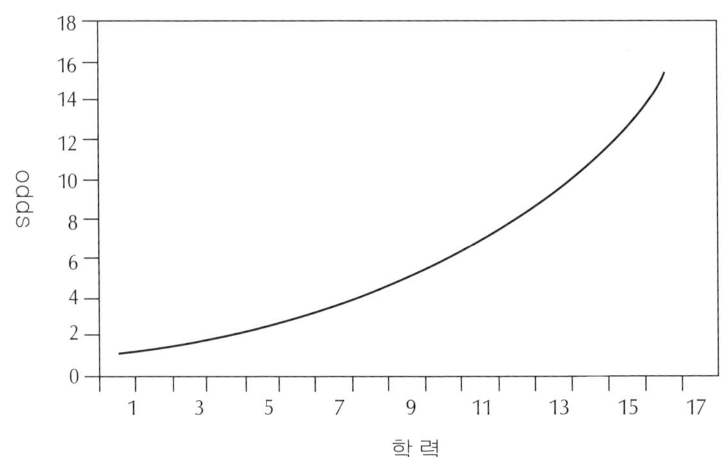

로그오즈(log odds)와 달리 오즈(odds)의 '변화량'은 시작하는 지점에 따라 모두 다르게 나타난다. 〈표 10-1〉에서 보는 것처럼 학력이 1년에서 2년으로 1년 증가할 때 오즈(odds)의 변화량은 약 0.2이지만 15년에서 16년으로 역시 1년 증가할 때 오즈(odds)의 변화량은 약 2.4로 전자보다 변화량이 10배 이상 커진다.

따라서 결과표에 나와 있는 Exp(*b*)값은 독립변수가 1단위 증가할 때 종속변수의 '오즈(odds) 변화율(percent change)'을 의미한다. 다시 말해서 독립변수가 *n*값일 때의 오즈(odds)와 (*n*+1)값일 때의 오즈(odds) 비율 즉 승산비(odds ratio)와 같은 개념이다. 때문에 SAS와 같은 통계프로그램에서는 똑같은 값을 Exp(*b*)라는 이름 대신 Odds Ratio라는 이름으로 제시해 준다. 이미 제6장에서 배운 것처럼 다음 공식에 대입하면 굳이 표를 그리지 않더라고 Exp(b)로 오즈(odds)의 변화율을 쉽게 계산할 수 있다.

$$100(e^b - 1)$$
$$e^b = \text{Exp}(b)$$

가령 '학력' 변수의 Exp(b)는 1.186이고 이를 위의 식에 대입하면 정확히 18.6%를 얻을 수 있다.

$$100 \times (1.186 - 1) = 18.6\%$$

그러므로 '학력'이 1단위 증가할 때 낙태에 찬성할 오즈(odds)는 18.6%씩 증가한다고 해석해 주면 있다. 같은 방식으로 '보수성'이 1단위 증가할 때 낙태에 찬성할 오즈(odds)의 변화율을 계산하면 -21.2%이다. 그러므로 '보수성'이 1단위 증가할 때 낙태에 찬성할 오즈(odds)는 21.2%씩 감소한다고 해석할 수 있다.

$$100 \times (0.788 - 1) = -21.2\%$$

그렇다면 독립변수가 질적변수일 때는 어떻게 해석해 주면 될까? Exp(b)는 결국 승산비(odds ratio)와 같은 개념이기 때문에 집단간 오즈(odds)의 비로 해석해 주면 된다. 가령 '결혼여부'라는 변수의 Exp(b)가 0.661이라면 이는 아래 식과 같이 미혼집단(0)과 기혼집단(1)의 오즈(odds) 비율이 0.661이라는 것을 의미한다.

$$\frac{\text{기혼집단의 오즈(odds)}}{\text{미혼집단의 오즈(odds)}} = 0.661$$

이 때 주의해야 할 점은 기준범주(reference category)를 분모로 계산해야 한다는 것이다. 즉 낙태에 찬성할 기혼집단의 오즈(odds)는 낙태에 찬성할 미혼집단 오즈(odds)의 66.1%라는 것을 나타내고 이는 곧 미혼집단의 낙태 찬성 오즈(odds)가 기혼집단의 낙태

찬성 오즈(odds)보다 33.9% 높다는 것을 의미한다. 로지스틱 회귀모형에서 회귀계수(b)와 Exp(b)의 해석방법을 정리해 보면 다음과 같다.

회귀계수(b)와 Exp(b)

- 회귀계수(b): 독립변수가 1단위 증가할 때 종속변수가 1일 로그오즈(log odds)의 변화량 (변화량이 일정한 선형관계)
- 100〔Exp(b)-1〕: 독립변수가 1단위 증가할 때 종속변수가 1이 될 오즈(odds)의 변화율(%) (변화율이 일정한 비선형관계)

가끔 연구논문들에서 Exp(b)를 오즈(odds)의 '변화량'으로 잘 못 해석하는 경우를 볼 수 있다. 그러나 앞에서 본 것과 같이 오즈(odds)의 '변화량'은 일정하지 않기 때문에 독립변수의 어떤 특정 값을 다른 특정 값과 비교하지 않는 이상 오즈(odds)의 절대적 변화량을 아는 것은 불가능하다.

또한 Exp(b)를 확률로 해석해 주는 경우를 보기도 한다. 가령 "기혼집단이 낙태에 찬성할 확률은 미혼집단의 0.661배이다"와 같이 해석하는 경우이다. 그러나 이는 매우 잘못된 해석이다. 왜냐하면 오즈(odds)가 0.661배라는 것과 확률이 0.661배라는 것은 전혀 다르기 때문이다(제9장의 〈표 9-4〉를 다시 확인해 보자).

다시 한번 강조하지만 Exp(b)는 오즈(odds)의 '변화율' 즉 퍼센트(%)로 해석해 주어야 한다. 따라서 로그오즈(log odds) 대신 오즈(odds)를 사용하여 다음과 같이 로지스틱 회귀모형을 해석 할 수 있다.

로지스틱 회귀모형의 해석 방법 2

다른 독립변수들을 통제했을 때:

- 교육연수가 1년 증가 할수록 여성의 낙태권을 지지할 오즈(odds)는 18.6%씩 증가한다.
- 보수성이 1단위 증가 할수록 여성의 낙태권을 지지할 오즈(odds)는 21.2%씩 감소한다.
- 기혼인 경우가 미혼인 경우에 비해 여성의 낙태권을 지지할 오즈(odds)가 33.9% 낮다.

아무리 로그를 제거했다 하더라도 오즈(odds)라는 것 자체가 많은 사람들에게 생소한 개념이다. 또한 로지스틱 회귀분석을 사용하는 많은 연구자들은 일반선형회귀모형과 마찬가지로 로지스틱 회귀결과를 확률(probability)로 표현하고 싶어한다. 그러나 로지스틱 회귀모형의 결과를 확률로 해석하는 데에는 여러 가지 제약이 있다.

기본적으로 로지스틱 회귀모형에서 로그오즈(log odds)인 종속변수와 독립변수는 선형관계(linear relationship)로 표현된다. 그런데 만약 로그오즈(log odds)값을 오즈(odds)로 전환해주면 더 이상 독립변수와 종속변수의 관계를 선형적으로 해석해 줄 수 없다. 왜냐하면 독립변수가 어떤 값에서 시작하는지에 따라 오즈(odds)로 표현된 종속변수의 '변화량' 자체가 달라지기 때문이다.

대신 우리는 오즈(odds)의 '변화율(%)'로 결과를 해석할 수 있었다. 왜냐하면 '$\log y = x$'라는 식이 선형적일 때 이 식을 $y =$ '$\mathrm{Exp}(x)$'로 바꾸어 주면 변화율이 일정한 비선형 관계로 전환되기 때문이다. 즉 독립변수가 1단위 증가할 때 오즈(odds)로 표현된 종속변수의 변화율은 어디서나 일정하다(이를 그래프로 표현하면 〈그림 10-1〉과 같다).

그런데 오즈(odds)를 다시 확률(probability)로 전화해 주면 어떻게 될까? 아래 〈표 10-2〉는 학력에 따라 낙태에 찬성할 로그오즈(log odds), 오즈(odds) 그리고 확률이 어떻게 변화하는지 보여주고 있다.

〈표 10-2〉 학력에 따른 로그오즈(log odds), 오즈(odds), 확률의 변화

학력	로그오즈(log odds)	로즈(odds)	확률	확률 변화량	확률 변화율
1	0.171	1.186	0.542	-	-
2	0.342	1.407	0.584	+0.042	-
3	0.513	1.670	0.625	+0.040	+6.98%
4	0.684	1.981	0.664	+0.039	+6.25%
5	0.855	2.351	0.701	+0.036	+5.56%
6	1.026	2.789	0.736	+0.034	+4.92%
7	1.197	3.310	0.767	+0.031	+4.32%
8	1.368	3.927	0.797	+0.029	+3.78%
9	1.539	4.659	0.823	+0.026	+3.29%
10	1.710	5.528	0.846	+0.023	+2.85%
11	1.881	6.560	0.867	+0.020	+2.46%
12	2.052	7.783	0.886	+0.018	+2.12%
13	2.223	9.234	0.902	+0.016	+1.82%
14	2.394	10.957	0.916	+0.014	+1.55%
15	2.565	13.000	0.928	+0.012	+1.33%
16	2.736	15.425	0.939	+0.010	+1.13%

학력이 증가함에 따라 낙태에 찬성할 확률은 증가한다. 그러나 확률의 경우 '변화량'이 일정하지 않을 뿐만 아니라 '변화율'도 일정하지 않다. 특히 확률이 1에 가까워질수록 변화율이 점차 둔화되는 것을 볼 수 있다. 위의 표에서는 직접 나타나지 않지만 실제로 확률이 0.5일 때 변화율이 가장 크고 0 또는 1에 가까워질수록 변화율은 점차 감소한다. 따라서 이를 그래프로 그리면 〈그림 9-3〉과 같은 S형 곡선이 되는 것이다. 그러므로 우리는 로지스틱 회귀결과 즉 회귀계수(*b*)나 Exp(*b*)만 가지고는 독립변수가 1단위 증가할 때 종속변수가 1이 될 확률(probability)의 '변화량'이나 '변화율'을 모두 알 수 없다.

대신 독립변수가 특정 값을 지닐 때의 확률과 그 때 독립변수 값의 변화에 따른 확률변화를 계산할 수는 있다. 가령 연령이 30세이며 교육연수(학력)가 16년이고 중간 정도의 보수성(4점)을 지닌 미혼(0) 남성(0)이 낙태에 찬성할 확률을 구하면 다음과 같다.

$$\log\left[\frac{P(\text{찬성})}{1-P(\text{찬성})}\right] = -1.261+0.001\times\mathbf{30}+0.171\times\mathbf{16}-0.238\times\mathbf{4}$$
$$-0.268\times\mathbf{0}-0.414\times\mathbf{0}=0.553(\text{log odds})$$

$$\frac{P(\text{찬성})}{1-P(\text{찬성})} = \text{Exp}(0.553) = 1.7384(\text{odds})$$

$$\text{P}(\text{찬성}) = \frac{odds(\text{찬성})}{1+odds(\text{찬성})} = \frac{1.7384}{1+1.7384} = 63.4\ (\%)$$

즉 연령이 30세이며 교육연수가 16년이고 중간 정도의 보수성을 지닌 미혼 남성 중 무작위(random)로 100명을 뽑아서 낙태 찬성여부를 묻는다면 이 중 63명 정도(63.4%)가 낙태에 찬성할 것이라 예측할 수 있다. 이 때 이 값이 바로 데이터 창에서 pre라는 변수에 제시되는 예측확률(predicted probability)이다. 한편 다른 조건이 모두 같고 학력이 16에서 17로 1단위 증가할 때 예측확률을 구해보면 다음과 같다.

$$\log\left[\frac{P(\text{찬성})}{1-P(\text{찬성})}\right] = -1.261+0.001\times\mathbf{30}+0.171\times\mathbf{17}-0.238\times\mathbf{4}$$
$$-0.268\times\mathbf{0}-0.414\times\mathbf{0}=0.724(\text{log odds})$$

$$\frac{P(\text{찬성})}{1 - P(\text{찬성})} = \text{Exp}(0.724) = 2.0626(\text{odds})$$

$$\text{P}(\text{찬성}) = \frac{odds(\text{찬성})}{1 + odds(\text{찬성})} = \frac{2.0626}{1+2.0626} = 67.3(\%)$$

따라서 연령이 30세이며 교육연수가 16년이고 중간 정도의 보수성을 지닌 미혼 남성이 교육연수가 1년 증가할 때 낙태에 찬성할 확률은 약 3.9%(=67.3-63.4)증가한다고 말할 수 있다.

여기서 주의해야 할 점은 만약 교육연수가 12년에서 13년으로 역시 1단위 증가한다고 해서 낙태에 찬성할 확률이 똑같이 3.9% 증가한다고 생각하면 안 된다는 것이다. 이미 앞에서 살펴본 것처럼 독립변수 값이 어디서 시작하는지에 따라 종속변수의 확률 변화량과 변화율은 모두 다르기 때문이다. 그러므로 만약 교육연수가 12년에서 13년으로 1년 증가할 때 확률변화를 알고 싶다면 역시 위의 식에 직접 값을 대입하여 각각의 확률을 구하고 이를 비교해 주어야 한다.

이런 불편함을 감소시키기 위하여 가끔 다음과 같은 방식으로 로지스틱 회귀결과를 해석해 주기도 한다. 즉 독립변수가 1단위 증가할 때 종속변수가 1일 될 확률이 '평균적(average)으로' 어떻게 변하는지 나타내는 것이다. 이를 위해 다음의 공식을 활용해 주면 된다(J. Scott Long, 1997).

$$\frac{\delta p_i}{\delta x_i} = b \times p_i(1 - p_i)$$

이 공식은 독립변수가 1단위 증가할 때 종속변수가 1이 될 확률이 로지스틱 회귀계수(b)와 특정 확률($p_i(1 - p_i)$)에 함께 영향 받는다는 것을 의미한다. 이 공식을 활용하기 위해서 우리는 특정한 확률을 시작점(starting point)으로 선택해야 한다. 어떤 확률을 기준으로 삼을지는 연구자의 선택에 달려 있지만 보통 종속변수에서 사건(event)이 일어난 확률을 기준으로 하는 것이 가장 바람직하다.

가령 우리의 예에서 사건(event)이란 '낙태 찬성(1)'이고 전체 사례 중에서 낙태에 찬성하는 비율(proportion)은 0.428이다. 따라서 전반적으로 낙태에 찬성할 확률은 42.8%라고 할 수 있다. 이를 위의 공식에 대입하면 0.428(1-0.428)=0.245를 얻을 수 있다. 이제 이 수치를 각 회귀계수에 곱해주면 다음의 값들을 얻을 수 있다.

연령: 0.001 × 0.245 = 0.0002
교육연수: 0.171 × 0.245 = **0.0418**
보수성: -0.238 × 0.245 = **-0.058**
여성: -0.268 × 0.245 = -0.065
기혼: -0.414 × 0.245 = **-0.101**

이 중 통계적으로 유의미한 세 변수만 해석해 보면 다음과 같이 표현할 수 있다.

로지스틱 회귀모형의 해석 방법 3

다른 독립변수들을 통제했을 때:

- 교육연수가 1년 증가 할수록 여성의 낙태권을 지지할 확률은 평균적으로 4.1% 증가한다.
- 보수성이 1단위 증가 할수록 여성의 낙태권을 지지할 확률은 평균적으로 5.8% 감소한다.
- 기혼인 경우가 미혼인 경우에 비해 여성의 낙태권을 지지할 확률은 평균적으로 10.1% 낮다.

이상의 결과는 제9장에서 같은 연구모형을 선형회귀분석으로 분석했을 때와 매우 유사하다(선형확률모형에서는 교육연수가 1년 증가할 때 여성의 낙태권을 지지할 확률은 약 3.6% 증가하고 보수성이 1단위 증가 할수록 여성의 낙태권을 지지할 확률은 약 5.1% 감소한다. 그리고 역시 다른 조건이 동일할 때 기혼인 경우가 미혼이 경우에 비해 낙태권을 지지할 확률이 9.2% 낮다). 즉 로지스틱 회귀분석과 선형회귀분석은 통계적 유의도 뿐만 아니라 각 독립변수가 종속변수에 미치는 영향도 유사하게 추정한다는 것을 다시 한번 확인할 수 있다.

2. 수렴convergence 문제 : '부부간 언어폭력에 영향을 미치는 요인'

로지스틱 회귀분석에서도 선형회귀분석에서와 마찬가지로 상호작용항(interaction term)을 투입하여 독립변수간 상호작용효과(interaction effect)을 살펴볼 수 있다. 이 때 단순히 상호작용항을 로지스틱 회귀모형에 바로 투입하면 된다. 또한 선형회귀분석과 마찬가지로 로지스틱 회귀분석에서도 다중공선성(multicollinearity)이 문제가 될 수 있다. 로지스틱 회귀모형에서 다중공선성 문제를 확인하는 가장 좋은 방법은 우선 선형회귀분석(중다회귀분석)으로 연구모형을 분석해 보는 것이다. 제7장에서 배운 절차에 따라 선형회귀분석에서 다중공선성을 검사하고 문제가 발견되면 역시 같은 절차에 따라 처리하면 된다. 그리고 다중공선성 문제가 확인된 모형을 가지고 로지스틱 회귀분석을 실행해 주면 된다.

그런데 로지스틱 회귀분석에서는 선형회귀분석과 달리 한 가지 더 주의해야 할 점이 있는데 바로 수렴(convergence) 문제이다. 로지스틱 회귀분석에서는 회귀계수를 추정하기 위하여 최대우도법(maximum likelihood estimation, ML)을 사용한다고 배웠다. 또한 최대화(maximization)과정에서 최대 우도(likelihood)를 찾기 위해 컴퓨터에 의한 연속적인 반복(iteration) 추정과정을 거친다고 소개하였다. 쉽게 말해서 매 반복(iteration) 과정에서 회귀계수를 조금씩 바꾸어 가며 최상의 모형의 찾는 것이다.

그런데 만약 $(n-1)$번째 과정과 n번째 과정에서 발생하는 우도(likelihood)의 변화가 거의 없다면 컴퓨터는 n번째 과정에서 추정된 모형을 최적의 모형으로 판단하고 반복을 종료하게 된다. 바로 이러한 알고리즘(algorithm)을 거쳐 추정된 결과를 '수렴되었다(converged)' 라고 표현한다.

문제는 종종 수렴(convergence)에 실패하는 경우가 발생한다는 것이다. 수렴에 실패했다는 것은 결국 컴퓨터가 반복(iteration)을 할 때 마다 계속 회귀계수에 변화가 생겨서 최적의 모형을 찾는데 실패했다는 것을 의미한다. 수렴(convergence)에 실패하게 되면 더 이상 로지스틱 회귀분석으로 어떤 결과도 도출할 수 없거나 또는 결과가 심하게 왜곡되기 때문에 이는 연구자에게 매우 중요한 문제라 할 수 있다.

그렇다면 어떤 경우에 수렴(convergence)에 실패하는지 예를 통해 알아보도록 하자. (데이터 10-1 언어폭력)을 열어보면 280명의 기혼여성 자료가 다음과 같은 5개의 변수로 구성되어 있다.

변수명	변수내용
결혼만족	0: 매우 만족, 1: 보통, 2: 매우 불만족
결혼형태	0: 연애결혼, 1: 중매결혼
결혼기간	현재까지 결혼 생활 기간(년)
언어폭력	0: 무경험, 1: 경험 (최근 6개월 내에 배우자로부터)
사회성	0: 하, 1: 중하, 2: 중상, 3: 상 (배우자의 사회성)

이제 언어폭력의 경험유무를 종속변수로 하고 나머지 변수들을 독립변수로 하여 로지스틱 회귀분석을 실행시켜 보자. 이 때 로지스틱 회귀분석 창에서 Options... 을 클릭하고 Iteration history를 선택하여 실행시킨다.

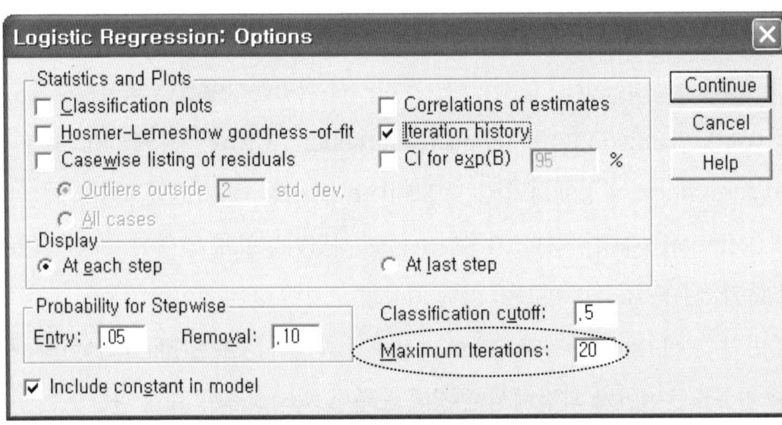

Iteration history를 선택하면 매 반복(iteration) 과정에서 회귀계수들이 어떻게 변화하는지를 결과 창에 제시해 준다. 한편 아래 Maximum Iterations은 반복(iteration) 계산의 횟수를 한정해주는 것이다. 대부분의 통계프로그램에서 기본값(default)은 20 내지 25로 정해져 있다(단 SAS GENMOD에서는 50이 기본값이다). 이는 20회까지 반복(iteration) 하여 수렴(convergence)에 성공하지 못하면 반복(iteration) 과정을 중단하라는 의미이다. 물론 이 수치는 연구자가 임의대로 변경할 수 있다. 그러나 개인적인 경험에 비추어 볼 때 20회 이내의 반복(iteration)에서 수렴(convergence)에 실패하면 아무리 반복 회수를 늘려도 수렴할 가능성은 거의 없다. 이제 결과를 보도록 하자.

Iteration History(a, b, c, d)

Iteration	-2 Log likelihood	Coefficients							
		Constant	결혼만족(1)	결혼만족(2)	결혼형태(1)	결혼기간	사회성(1)	사회성(2)	사회성(3)
1	114.05	-2.092	-.027	3.725	-.125	.016	-.051	.037	-.256
2	79.805	-3.400	-.064	5.557	-.344	.042	-.134	.099	-.738
3	69.153	-4.775	-.094	7.083	-.662	.078	-.249	.199	-1.39
4	65.971	-6.098	-.112	8.438	-.876	.100	-.339	.319	-1.63
5	64.999	-7.216	-.124	9.541	-.931	.106	-.360	.400	-1.65
6	64.656	-8.237	-.126	10.553	-.934	.107	-.358	.418	-1.64
7	64.531	-9.240	-.127	11.555	-.934	.107	-.358	.419	-1.64
8	64.485	-10.241	-.126	12.556	-.934	.107	-.358	.419	-1.64
9	64.468	-11.241	-.126	13.556	-.934	.107	-.358	.419	-1.64
10	64.461	-12.241	-.126	14.556	-.934	.107	-.358	.419	-1.64
11	64.459	-13.241	-.126	15.556	-.934	.107	-.358	.419	-1.64
12	64.458	-14.241	-.126	16.556	-.934	.107	-.358	.419	-1.64
13	64.458	-15.241	-.126	17.556	-.934	.107	-.358	.419	-1.64
14	64.458	-16.241	-.126	18.556	-.934	.107	-.358	.419	-1.64
15	64.458	-17.241	-.126	19.556	-.934	.107	-.358	.419	-1.64
16	64.458	-18.241	-.126	20.556	-.934	.107	-.358	.419	-1.64
17	64.458	-19.241	-.126	21.556	-.934	.107	-.358	.419	-1.64
18	64.458	-20.241	-.126	22.556	-.934	.107	-.358	.419	-1.64
19	64.458	-21.241	-.126	23.556	-.934	.107	-.358	.419	-1.64
20	64.458	-22.241	-.126	24.556	-.934	.107	-.358	.419	-1.64

a Method: Enter
b Constant is included in the model.
c Initial -2 Log Likelihood: 384.468
d Estimation terminated at iteration number 20 because maximum iterations has been reached. / Final solution cannot be found.

보통 로지스틱 회귀분석을 실행시켰을 때 제시되는 표 외에 Iteration History라는 결과표가 추가된 것을 볼 수 있다. 우선 널모형(null model) 즉 상수(constant)항만으로 구성된 모형의 -2LL은 384.468(Initail -2log Likelihood)임을 알 수 있다. 한편 최초로 추정된 회귀모형의 -2LL은 114.05로 널모형(null model)에 비해 우도(likelihood)가 매우 많이 향상되었다(-2LL이 0에 가까울수록 모형이 자료에 적합한 것이다).

이제 매 반복(iteration)을 거치면서 각 회귀계수들이 조금씩 바뀌고 -2LL도 점차 향상되는 것을 볼 수 있다. 그런데 12번째 반복(iteration)부터는 더 이상 -2LL이 향상되지 않는다. 즉 12번째 이후의 반복 과정에서 -2LL은 64.458로 일정하고 대부분의 회귀계수들도 일정한 값으로 고정된다. 반면 상수(constant)와 결혼만족(2)의 회귀계수는 계속 변화는 것을 볼 수 있다. 그리고 20회 제한에 걸려 결국 최종값을 찾지 못했다고 보고한다.

한편 이 때 아래의 회귀계수들을 살펴보면 다른 변수에 비해 결혼만족(2)의 경우 회귀계수(*b*)의 값이 매우 크고 표준오차(SE) 역시 매우 큰 것을 볼 수 있다.[10] 또한 결혼만족(1)에서도 비정상적으로 큰 표준오차(SE)를 발견할 수 있다. 그리고 모든 독립변수들이 통계적으로 유의미하지 않다. 지금까지의 결과를 종합해 보면 정확히 무엇인지는 모르지만 '결혼만족'이라는 변수에 문제가 있다고 추측해 볼 수 있다.

Variables in the Equation

	B	S.E.	Wald	df	Sig.	Exp(B)
결혼만족			.000	2	1.000	
결혼만족(1)	-.126	7591.121	.000	1	1.000	.881
결혼만족(2)	24.556	6344.185	.000	1	.997	46183305477.880
결혼형태(1)	-.934	.757	1.523	1	.217	.393
결혼기간	.107	.116	.847	1	.357	1.113
사회성			5.411	3	.144	
사회성(1)	-.358	1.219	.086	1	.769	.699
사회성(2)	.419	1.272	.109	1	.742	1.521
사회성(3)	-1.646	1.193	1.903	1	.168	.193
Constant	-22.241	6344.186	.000	1	.997	.000

'결혼만족'이라는 변수에서 무엇이 문제인지 알아보기 위하여 종속변수와 교차분석(crosstab)을 해 보면 다음과 같은 결과를 얻을 수 있다.

10) SPSS Version 11.5 이하에서는 Iteration history를 선택하였는데 수렴에 실패할 경우 Variables in the Equation 표가 제시되지 않는다. 이 때 Iteration history선택을 취소하고 다시 실행시키면 회귀계수를 볼 수 있다.

결혼만족도 × 언어폭력 Crosstabulation

		언어폭력		Total
		무경험	경험	
결혼만족도	매우만족	37	0	37
	보통	85	0	85
	매우불만족	10	148	158
Total		132	148	280

결혼에 '매우 불만족' 하는 집단의 상당수(94%)가 언어폭력 경험이 있는 반면 '매우 만족' 또는 '보통' 인 집단의 경우 언어폭력 경험이 전혀 없는 것으로 나타나고 있다. 다시 말해서 결혼만족도라는 독립변수가 특히 결혼만족도(2) '매우 불만족' 이 언어폭력이라는 종속변수를 '너무나도 잘' 설명하고 있는 것이다.

이와 같이 로지스틱 회귀분석에서 수렴(convergence)에 실패하는 것을 가리켜 분리(separation)문제가 발생했다고 한다. 위의 예에서 보는 것처럼 분리(separation)는 어떤 독립변수가 종속변수를 '너무 잘' 설명할 때 발생한다. 즉 이와 같은 경우 다른 독립변수들과 상관없이 단지 "결혼에 매우 불만족 하는가?"의 여부만 가지고도 얼마든지 언어폭력 경험유무(종속변수)를 정확히 예측할 수 있게 된다. 로지스틱 회귀분석에서 분리(separation)문제가 발생하면 그 독립변수는 비정상적으로 큰 회귀계수와 표준오차(SE)를 갖는다. 따라서 다른 독립변수들에 비해 회귀계수나 표준오차가 두드러지게 큰 독립변수가 있을 경우 분리(separation)문제를 한 번쯤 의심해 보아야 한다(Paul D. Allison, 2003).

그렇다면 독립변수가 종속변수를 어느 정도까지 잘 설명해야 분리(separation)문제가 발생할까? 그것은 표본의 수와 독립변수의 수에 따라 달라진다. 특히 어떤 독립변수가 종속변수를 100% 설명할 때 이를 완전한 분리(complete separation)라고 한다. 가령 결혼에 매우 불만족하는 집단이 100% 언어폭력을 경험하고 그 외의 집단은 언어폭력을 전혀 경험하지 않는다면 이 때 완전한 분리(complete separation)가 발생한다. 완전한 분리가 발생하면 회귀계수 자체를 계산할 수 없게 되고 다음과 같은 경고 메시지가 제시된다. 또한 Iteration history를 확인하면 회귀식의 -2LL이 0이라고 제시된다. 즉 어떤 독립변수의 설명력이 너무 완벽해서 회귀식을 아예 추정할 수 없게 되는 것이다.

Warnings

The parameter covariance matrix cannot be computed. Remaining statistics will be omitted.

그렇다면 분리문제가 발생할 때 어떻게 대처해야 할까? 개인적인 경험에 비추어 봤을 때 로지스틱 회귀분석에서 분리(separation)문제는 대부분 독립변수가 질적변수일 때 발생한다. 따라서 분리가 발생하면 그 독립변수를 재코딩(recoding)해주면 어느 정도 문제를 경감시킬 수 있다. 가령 우리의 예에서 '매우 불만족' 을 '보통' 이라는 범주와 합해서 '결혼만족' 변수를 이분변수(0:매우 만족, 1:보통 이하)로 바꾸어 주는 것이다. 그러나 만약 원래 변수가 이분변수거나 재코딩을 통해서도 문제가 해결되지 않을 때 유일한 방법은 그 독립변수를 제거하는 것이다.

우리의 예에서 '결혼만족' 변수를 제거하고 다시 분석을 해보면 단 4번의 반복(iteration)으로 모형이 수렴(convergence)되고 다음과 같은 회귀계수가 도출된다. 즉 '결혼기간' 과 '배우자의 사회성' ('하' 인 집단과 '상' 인 집단간에)이 종속변수에 통계적으로 유의미한 영향을 미치는 것을 볼 수 있다.

Variables in the Equation

	B	S.E.	Wald	df	Sig.	Exp(B)
결혼형태(1)	.467	.289	2.606	1	.106	1.595
결혼기간	-.190	.054	12.171	1	.000	.827
사회성			17.777	3	.000	
사회성(1)	-.196	.405	.233	1	.629	.822
사회성(2)	.028	.390	.005	1	.943	1.028
사회성(3)	-1.628	.484	11.327	1	.001	.196
Constant	2.658	.790	11.318	1	.001	14.270

따라서 로지스틱 회귀분석으로 연구모형을 분석하고자 한다면 변수를 만드는 과정에서부터 분리(separation) 문제를 염두에 두어야 한다. 특히 종속변수와 상관성이 지나치게 높을 것으로 예상되는 질적독립변수는 가능한 자세한 척도(5점 내지 7점 척도(scale))로 측정하는 것이 분리문제에 대처하는데 큰 도움이 된다.

분리(separation)

- **정의:** 로지스틱 회귀분석에서 수렴(convergence)에 실패하는 것.
- **원인:** 어떤 독립변수가 종속변수를 지나치게 결정적으로 설명함. 즉 그 독립변수만으로 이미 종속변수의 대부분을 설명할 수 있는 경우.
- **결과:** 비정상적으로 큰 회귀계수와 표준오차(SE) 발생(특히 완전한 분리(complete separation)가 발생하면 회귀계수 자체를 아예 계산할 수 없게 됨).
- **대처:** 문제가 되는 변수를 재코딩(recoding)하거나 모형에서 제외.

3. 모형간 비교

앞에서 우리는 널모형(null model)과 회귀모형을 비교하는 방법에 대해 알아 보았다. 로지스틱 회귀분석에서 두 모형간 -2LL차이는 두 모형간 독립변수의 개수 차이만큼을 자유도(df)로 하는 카이제곱분포(chi-square distribution)를 따르기 때문에 카이제곱검증(chi-square test)을 통하여 회귀모형의 적합도(model fit)를 판단할 수 있었다. 그런데 로지스틱 회귀분석에서는 이 원리를 이용하여 모형간 통계적 유의도 차이를 비교할 수도 있다.

가령 어떤 연구자가 12개의 독립변수들로 구성된 회귀모형을 만들었다고 가정해 보자. 그런데 4개의 독립변수들이 지나치게 많은 결측치(missing data)를 가지고 있어서 부득이하게 회귀모형에서 제외하게 되었다. 이제 연구자는 4개의 독립변수를 회귀모형에서 제외하는 것이 과연 통계적으로 타당한 것인지 확인하고 싶을 것이다. 과연 이를 어떻게 확인할 수 있을까?

원래 12개의 독립변수들로 구성된 회귀모형을 완전모형(full model) 그리고 4개의 독립변수를 제거하고 8개의 독립변수들로만 구성된 회귀모형을 축소모형(reduced model)이라고 해보자. 만약 완전모형(full model)과 축소모형(reduced model)간에 설명력에서 통계적으로 유의미한 차이가 없다면 4개의 독립변수를 제거한 것이 문제되지 않는다고 할 수 있을 것이다.

연구자가 널모형(null model)과 회귀모형을 비교할 때는 "두 모형간에는 통계적으로 유의미한 차이가 있다"라는 대답을 듣고 싶어한다. 왜냐하면 두 모형간에 차이가 있을 때 투입된 독립변수가 종속변수에 대한 설명력을 증가시켰다고 판단할 수 있기 때문이다. 반면 완전모형(full model)과 축소모형(reduced model)을 비교할 때 연구자는 "두 모형간에는 통계적으로 유의미한 차이가 없다"라는 대답을 듣고 싶어할 것이다. 그래야만 유의미한 설명력의 손실 없이 축소모형을 완전모형 대신 사용할 수 있기 때문이다.

널모형(null model)과 회귀모형을 비교할 때와 마찬가지로 완전모형(full model)과 축소모형(reduced model)을 비교할 때도 두 모형간 -2LL 차이를 카이제곱분포(chi-square distribution)에서 비교해 주면 된다. 당연히 이 때 자유도는 완전모형의 독립변수 개수와 축소모형의 독립변수 개수의 차이가 된다.

이렇게 얻은 카이제곱값(chi-square score)이 통계적으로 유의미하다면 즉 *Sig.*가 0.05보다 작다면 완전모형(full model)과 축소모형 간에는 통계적으로 유의미한 차이가 있다는 것을 의미한다. 따라서 축소모형으로 완전모형을 대신하는 것은 문제가 될 수 있다. 반대로 두 모형간 카이제곱값이 통계적으로 유의미하지 않다면 즉 *Sig.*가 0.05보다 크다면 이는 곧 두 모형간 설명력에 통계적으로 유의미한 차이가 없다는 것을 의미한다. 그러므로 축소모형으로 완전모형을 대신하는 것이 문제되지 않는다고 할 수 있다.

그러나 이미 앞에서 강조한 것과 같이 특별한 이유가 없다면 원래 이론에 기초해 구축된 모형을 함부로 변형하지 않는 것이 보다 바람직하다. 특히 카이제곱검증(chi-square test)을 통해 축소모형(reduced model)이 완전모형(full model)과 큰 차이가 없다는 이유만으로 원래 회귀식에서 독립변수들을 함부로 제거하는 것은 지양해야 한다.

로지스틱 회귀모형간 비교의 실례

연구자는 '자활보호 프로그램으로부터의 탈피여부(종속변수)'에 영향을 미치는 요인들을 파악하고자 한다. 이에 최초 14개의 독립변수들로 구성된 로지스틱 회귀모형(full model)을 분석하였다. 또한 이 중 10개의 독립변수들을 제거하고 4개의 독립변수들로만 구성된 로지스틱 회귀모형(reduced model)을 분석하였다.

우선 완전모형(full model)의 분석 사례수는 153개이고 이 때 카이제곱값(chi-square score)은 99.43이며 이는 통계적으로 유의미하다. 즉 완전모형과 널모형(null model)의 -2LL 차이는 99.43이라는 것을 알 수 있다. 한편 축소모형(reduced model)의 분석 사례수는 216개이고 이 때 카이제곱값은 106.46이며 역시 통계적으로 유의미하다. 즉 축소모형과 널모형(null model)의 -2LL 차이는 106.46이라는 것을 알 수 있다. 이제 완전모형의 -2LL과 축소모형의 -2LL간 차이 즉 카이제곱값을 구해주면 두 모형의 설명력을 비교할 수 있다.

예측변수	Full-Model	Reduced-Model
	Coefficient (S.E.)	Coefficient (S.E.)
프로그램 수급기간		-1.756 (0.304)***
가구형태(모자가구)	-3.083 (0.710)***	
가구주의 부채	-0.589 (0.461)	
동거가구인 수	0.000 (0.001)	
가구주의 소득증가	-0.003 (0.264)	
가구주의 노동능력(취업가능)	0.026 (0.016)	
가구주의 교육수준(중등이하)	0.258 (0.343)	
동거배우자 및 자녀에 의한 소득증가	-0.212 (0.505)	
동거하는 최연장 자녀의 나이	0.008 (0.006)	0.156 (0.049)**
생업자금융자프로그램	0.142 (0.069)*	
교육보호 프로그램	-0.047 (0.376)	
서울시 관악구	-0.168 (0.423)	
경상남도 고성군	-1.170 (0.637)	
대구시 달서구	-0.960 (0.440)*	-0.609 (0.242)*
Constant	-1.680 (0.717)*	-0.742 (0.281)**
	8.160 (2.870)**	4.220 (1.524)**
	$n = 153$	$n = 216$
	$x^2(14) = 99.43$	$x^2(4) = 106.46$
	Sig. 〈 0.001	Sig. 〈 0.001

그런데 위의 결과표에는 각 모형의 -2LL이 제시되어 있지 않다. 하지만 각 모형의 카이제곱값을 사용하여 두 모형의 -2LL 차이를 계산할 수 있다. 왜냐하면 종속변수가 바뀌지 않는 이상 널모형(null model)의 -2LL은 항상 일정하기 때문이다. 두 모형의 카이제곱값은 다음 식을 통하여 구할 수 있다.

[널모형(null model)의 -2LL] - [축소모형의 -2LL] = 106.46 — 식 ①
[널모형(null model)의 -2LL] - [완전모형의 -2LL] = 99.43 — 식 ②

이제 식 ①에서 식 ②를 빼주면 다음과 같다.

[완전모형의 -2LL] - [축소모형의 -2LL] = 7.03

따라서 완전모형(full model)과 축소모형(reduced model)의 -2LL 차이 즉 카이제곱값은 7.03이며 이 때 자유도(df)는 10(=14-4)이다. 이제 카이제곱분포표(chi-square distribution table)에서 통계적 유의도를 확인해 주면 된다. 자유도가 10일 때 카이제곱값의 *Sig.* =

0.05인 임계치(critical value)는 18.31이다. 그런데 두 모형간 카이제곱값은 7.03으로 18.31보다 훨씬 작기 때문에 이 때 *Sig.*는 0.05보다 크다고 할 수 있다. 따라서 우리는 "두 모형간 설명력에 유의미한 차이가 없다"라는 영가설(null hypothesis)을 기각할 수 없게 된다. 즉 축소모형으로 완전모형을 대신해도 통계적 설명력에 차이가 없음을 알 수 있다. 그러므로 이 경우 축소모형(reduced model)을 사용하는 것이 통계적으로 문제되지 않는다고 할 수 있다.

4. 다항 로지스틱 회귀모형의 이해: '정치 성향에 영향을 미치는 요인'

지금까지 살펴 본 로지스틱 회귀분석은 엄밀히 말해서 이항 로지스틱 회귀분석(binomial logistic regression)이었다. 왜냐하면 종속변수가 이분변수(dichotomous variable)의 형태로 되어 있었기 때문이다. 그러나 사회과학연구에서 다분변수(polytomous variable)를 종속변수로 사용해야 하는 경우가 있을 수 있다. 예컨대 지지정당(민주, 공화, 독립)이나 출퇴근방법(자가용, 버스, 택시, 지하철) 등을 종속변수로 하는 경우이다. 이 때 종속변수는 범주(category)가 3개 이상인 질적변수(qualitative variable)가 된다. 바로 이와 같은 경우에 사용하는 통계기법이 다항 로지스틱 회귀모형(multinomial logistic regression)이다.

다항 로지스틱 회귀모형의 기본 개념은 이항 로지스틱 회귀분석을 여러 번 실행하는 것이다. 가령 지지정당(3개의 정당 중)에 영향을 미치는 요인을 분석하고자 한다면 우선 기준범주(reference category)를 정하고 나머지 범주들과 각각의 쌍(pair)을 만들어 이항 로지스틱 회귀분석을 실행하는 것이다. 만약 민주당이 기준범주라면 '민주-공화', '민주-독립'과 같이 두 번의 이항 로지스틱 회귀분석을 실행해 주면 된다. 그렇다면 왜 굳이 다항 로지스틱 회귀모형을 사용할까?

이는 마치 t검증과 분산분석(ANOVA)의 관계와 같다. 집단간 평균차이를 검증하기 위하여 t검증을 반복해서 사용할 수 있음에도 불구하고 분산분석을 사용하는 이유는 t검증을 반복해서 사용하면 전체 집단을 추정할 때 표준오차(SE)가 증가하기 때문이다. 즉 t검증을 통한 반복적인 추정은 효율적인(efficient) 추정이 아니라는 것이다. 따라서 전체를 한번에 분석할 수 있는 분산분석을 사용한다(잘 이해되지 않는다면 제1장을 다시 한번 확인해 보자).

같은 논리로 종속변수가 여러 범주로 구성된 경우 이항 로지스틱 회귀분석을 여러 번 사용해서 분석하면 표준오차(SE)가 증가하게 된다. 그러므로 전체 모형의 통계적 유의성을 한번에 분석할 필요가 있다. 즉 보다 효율적인 추정을 위하여 다항 로지스틱 회귀모형을 사용하는 것이다(Fred C. Pampel, 2000). 실제로 같은 연구모형을 두 방법으로 분석해 보면 회귀계수는 거의 같고 표준오차(SE)에서 약간의 차이가 생기는 것을 발견할 수 있다(일반적으로 이항 로지스틱 회귀분석의 표준오차가 다항 로지스틱 회귀분석의 표준오차보다 약간 크다). 그러나 실제로 우도(likelihood)를 추정하는 과정은 두 방법 간에 약간의 차이가 있다.

그럼 데이터를 분석해 보면서 좀 더 논의를 진행시켜 보자. (데이터 10-2 정치성향)을 열어보면 다음과 같은 변수들이 있다.

변수명	변수내용
성별	0: 여성 1: 남성
연령	연령(세)
학력	교육연수(년)
정치성향	1: 진보 2: 중도 3: 보수
소득수준	0: 하 1: 중 2: 상

이제 정치성향에 영향을 미치는 요인을 분석하기 위하여 다항 로지스틱 회귀분석을 실행해 보자. Regression에서 Multinomial Logistic을 클릭하면 다음과 같은 실행창이 생성된다.

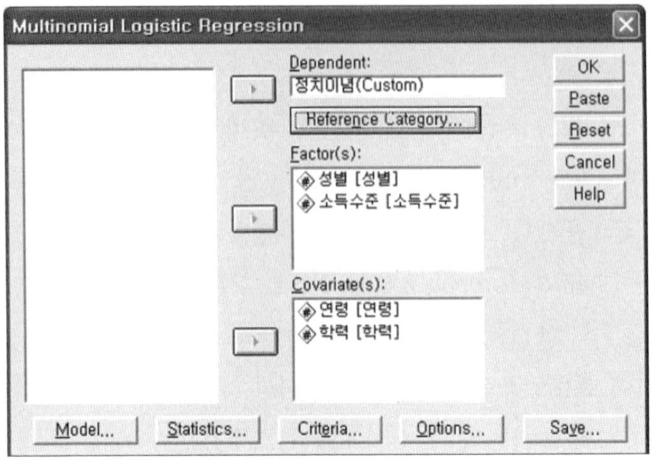

이항 로지스틱 회귀분석과 다르게 Factor(s)라는 칸에는 질적독립변수를 그리고 Covariate(s)라는 칸에는 양적독립변수를 각각 대입해 주면 된다. SPSS에서 다항 로지스틱 회귀분석을 실행하면 어떤 독립변수가 질적변수일 때 가장 큰 변수값(value)을 갖는 집단이 무조건 기준범주(reference category)가 된다. 대신 종속변수에서는 연구자가 임의대로 기준범주를 선택할 수 있다. Dependent 밑에 위치한 Reference Category... 를 클릭해 주면 다음과 같은 창이 생성된다.[11]

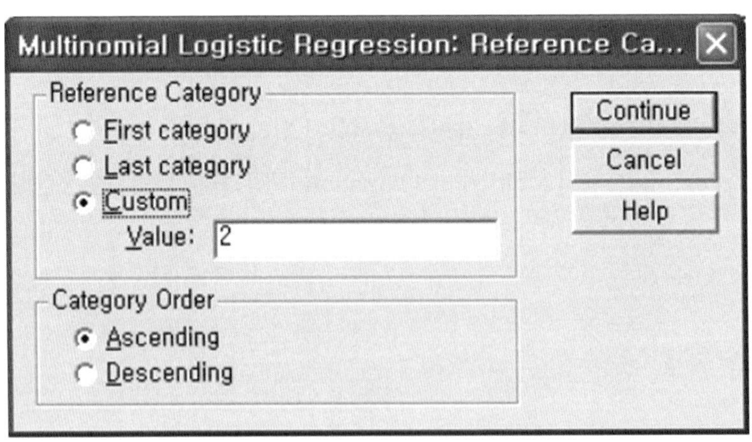

11) 버전 11.5 이하에서는 이 기능이 없기 때문에 가장 큰 변수 값을 갖는 집단을 기준범주로 계산한다.

다항 로지스틱 회귀분석에서는 사례수가 가장 많은 집단을 종속변수의 기준범주로 선택해 주는 것이 바람직하다. 왜냐하면 기준범주는 나머지 모든 범주들과 비교하는데 사용되기 때문에 사례수가 가장 많은 집단을 기준범주로 선택하면 추정의 오차를 최소화 할 수 있다(Scott Menard, 2001). 특히 전체 사례수가 많지 않은 경우 더욱 그러하다. 우리의 예에서는 중도(2)의 사례수가 전체 68.5%로 가장 많기 때문에 중도(2)를 기준범주로 설정해 준다. 이 때 Custom을 선택해서 해당 집단의 변수값을 기입하면 된다. 이를 실행시키면 다음과 같은 결과를 얻을 수 있다.

다항 로지스틱 회귀분석에서는 일반적으로 모형 적합도(mode fit)와 회귀계수만을 해석해 준다. 물론 모형의 설명력을 나타내는 Cox & Snell R-square가 제시되지만 이는 엄밀한 의미에서 독립변수가 종속변수를 설명하는 정도라고 해석해 줄 수 없다. 그래서 실제 결과표에서도 의사(擬似, pseudo) R-square라는 제목으로 Cox & Snell값이 제시된다. 따라서 여기서도 모형 적합도와 회귀계수만을 해석해 준다.

Model Fitting Information

Model	-2 Log Likelihood	Chi-Square	df	Sig.
Intercept Only	2451.166			
Final	2287.463	163.703	10	.000

우선 모형 적합도(model fit)를 보면 최종 모형의 -2LL이 2287.463으로 Intercept Only라고 표현된 널모형(null model)보다 163.703만큼 향상된 것을 볼 수 있다. 이 값은 자유도를 고려했을 때 0이 아니라고 하기에 충분히 큰 값(*Sig.*=0.000)이기 때문에 우리의 모형은 통계적으로 유의미하다고 할 수 있다. 즉 '중도-진보' 또는 '중도-보수' 간의 차이에 영향을 미치는 독립변수가 1개 이상 있다는 것을 의미한다. 한편 여기서 자유도(df)가 10인 이유는 독립변수와 상수항의 개수가 5인데 이를 각각 두 번 분석하기 때문이다(중도-진보, 중도-보수). 이제 회귀계수를 살펴보자. 지면 관계상 Exp(*b*)의 95% 신뢰구간(confidence interval)은 생략한다.

Parameter Estimates

정치이념		B	Std. Error	Wald	df	Sig.	Exp(B)
진보	Intercept	-.018	.401	.002	1	.964	
	연령	-.029	.006	21.568	1	.000	.972
	교육연수	.067	.019	11.872	1	.001	1.069
	[성별=0]	-.479	.122	15.374	1	.000	.619
	[성별=1]	0(b)	.	.	0	.	.
	[소득수준=0]	-.551	.170	10.498	1	.001	.576
	[소득수준=1]	-.683	.151	20.549	1	.000	.505
	[소득수준=2]	0(b)	.	.	0	.	.
보수	Intercept	-1.403	.398	12.460	1	.000	
	연령	-.009	.006	2.260	1	.133	.991
	교육연수	.062	.017	12.898	1	.000	1.064
	[성별=0]	-.448	.117	14.762	1	.000	.639
	[성별=1]	0(b)	.	.	0	.	.
	[소득수준=0]	.332	.185	3.205	1	.073	1.393
	[소득수준=1]	.070	.172	.167	1	.682	1.073
	[소득수준=2]	0(b)	.	.	0	.	.

우선 중도-진보간의 차이를 보자. 4개의 독립변수가 모두 통계적으로 유의미함을 알 수 있고 이를 해석해 보면 다음과 같다.

다른 조건이 동일할 때:

- 연령이 1세 증가하면 중도보다 진보일 오즈(odds)가 2.8%(=100×(0.972-1))씩 감소한다.
- 교육연수가 1년 증가하면 중도보다 진보일 오즈(odds)가 6.9%(=100×(1.069-1)) 증가한다.
- 남성이 중도보다 진보일 오즈(odds)는 여성보다 38.1% 높다.
- 소득수준이 '상' 인 집단이 중도보다 진보일 오즈(odds)는 소득수준이 '중' 인 집단에 비해 49.5% 높고 소득수준이 '하' 인 집단에 비해 42.4% 높다.

즉 연령이 낮고 교육연수가 높고 남성이며 소득수준이 높은 집단에서 중도보다 진보적인 정치성향이 나타날 가능성이 높다고 볼 수 있다. 한편 중도-보수간의 차이를 보면 '학력' 과 '성별' 에서만 통계적으로 유의미한 차이가 있으며 이를 해석하면 다음과 같다.

다른 조건이 동일할 때:

- 교육연수가 1년 증가하면 중도보다 보수일 오즈(odds)가 6.4%(=100×(1.064-1))씩 증가한다.
- 남성이 중도보다 보수일 오즈(odds)는 여성보다 38.1% 높다.

즉 교육연수가 높은 남성집단에서 중도보다 보수적인 정치성향이 나타날 가능성이 높다고 볼 수 있다. 이 두 결과를 종합해 보면 '교육연수' 가 높을수록 그리고 '남성' 일수록 중도보다는 진보 또는 보수라는 선명한 정치색을 견지할 가능성이 크다는 것을 알 수 있다. 한편 '연령' 이 증가할수록 진보적인 정치성향이 중도로 바뀌는 경향이 있으며 소득수준이 '상' 인 집단에서 오히려 중도보다 진보적인 정치성향을 띨 가능성이 크다는 것도 확인 할 수 있다. 또한 중도와 보수적 정치성향을 결정짓는 데에는 '연령' 과 '소득수준' 이 유의미한 영향을 미치지 않는다는 것을 확인할 수 있다.

그렇다면 진보와 보수간에는 어떤 차이가 있을까? 다항 로지스틱 회귀분석의 결과는 종속변수의 기준범주(reference category)와 나머지 범주들을 각각 1:1로 비교하는 것이기 때문에 나머지 범주들간의 차이를 직접 확인할 수는 없다. 그러나 이미 제4장에서 배운 것처럼 종속변수의 기준범주를 바꾸어 주면 나머지 범주간 통계적 차이를 검증할 수 있다. 즉 기준범주를 진보(1)나 보수(3)로 바꾸어 분석해 주면 진보와 보수간의 차이를 확인할 수 있다.

〈정규분포 확률분포표〉

Z_0	Second Decimal Place of Z_0 .00	.01	.02	.03	.04	.05	.06	.07	.08	.09
0.0	.5000	.4960	.4920	.4880	.4840	.4801	.4761	.4721	.4681	.4641
0.1	.4602	.4562	.4522	.4483	.4443	.4404	.4364	.4325	.4286	.4247
0.2	.4207	.4168	.4129	.4090	.4052	.4013	.3974	.3936	.3897	.3859
0.3	.3821	.3789	.3745	.3707	.3669	.3632	.3594	.3557	.3520	.3483
0.4	.3446	.3409	.3372	.3336	.3300	.3264	.3228	.3192	.3156	.3121
0.5	.3085	.3050	.3015	.2981	.2946	.2912	.2877	.2843	.2810	.2776
0.6	.2743	.2709	.2676	.2643	.2611	.2578	.2546	.2514	.2483	.2451
0.7	.2420	.2389	.2358	.2327	.2296	.2266	.2236	.2206	.2177	.2148
0.8	.2119	.2090	.2061	.2033	.2005	.1977	.1949	.1922	.1894	.1867
0.9	.1841	.1814	.1788	.1762	.1736	.1711	.1685	.1660	.1635	.1611
1.0	.1587	.1562	.1539	.1515	.1492	.1469	.1446	.1423	1401	.1379
1.1	.1357	.1335	.1314	.1292	.1271	.1251	.1230	.1210	.1190	.1170
1.2	.1151	.1131	.1112	.1093	.1075	.1056	.1038	.1020	.1003	.0985
1.3	.0968	.0951	.0934	.0918	.0901	.0885	.0869	.0853	.0838	.0823
1.4	.0808	.0793	.0778	.0764	.0749	.0735	.0722	.0708	.0694	.0681
1.5	.0668	.0655	.0643	.0630	.0618	.0606	.0594	.0582	.0571	.0559
1.6	.0548	.0537	.0526	.0516	.0505	.0495	.0485	.0475	.0465	.0455
1.7	.0446	.0436	.0427	.0418	.0409	.0401	.0392	.0384	.0375	.0367
1.8	.0359	.0352	.0344	.0336	.0329	.0322	.0314	.0307	.0301	.0294
1.9	.0287	.0281	.0274	.0268	.0262	.0256	.0250	.0244	.0239	.0233
2.0	.0228	.0222	.0217	.0212	.0207	.0202	.0197	.0192	.0188	.0183
2.1	.0179	.0174	.0170	.0166	.0162	.0158	.0154	.0150	.0146	.0143
2.2	.0139	.0136	.0132	.0129	.0125	.0122	.0119	.0116	.0113	.0110
2.3	.0107	.0104	.0102	.0099	.0096	.0094	.0091	.0089	.0087	.0084
2.4	.0082	.0080	.0078	.0075	.0073	.0071	.0069	.0068	.0066	.0064
2.5	.0062	.0060	.0059	.0057	.0055	.0054	.0052	.0051	.0049	.0048
2.6	.0047	.0045	.0044	.0043	.0041	.0040	.0039	.0038	.0037	.0036
2.7	.0035	.0034	.0033	.0032	.0031	.0030	.0029	.0028	.0027	.0026
2.8	.0026	.0025	.0024	.0023	.0023	.0022	.0021	.0021	.0020	.0019
2.9	.0019	.0018	.0017	.0017	.0016	.0016	.0015	.0015	.0014	.0014
3.0	.00135									
3.5	.000 233									
4.0	.000 031 7									
4.5	.000 003 40									
5.0	.000 000 287									

〈 t 분포표 〉

$df.$	$t_{.50}$	$t_{.20}$	$t_{.10}$	$t_{.05}$	$t_{.020}$	$t_{.010}$	$t_{.005}$	$t_{.002}$	$t_{.001}$
1	1.000	3.078	6.314	12.706	31.821	63.637	127.32	318.31	636.62
2	.816	1.886	2.920	4.303	6.965	9.925	14.089	22.326	31.598
3	.765	1.638	2.353	3.182	4.541	5.841	7.453	10.213	12.924
4	.741	1.533	2.132	2.776	3.747	4.604	5.598	7.173	8.610
5	.727	1.476	2.015	2.571	3.365	4.032	4.773	5.893	6.869
6	.718	1.440	1.943	2.447	3.143	3.707	4.317	5.208	5.959
7	.711	1.415	1.895	2.365	2.998	3.499	4.020	4.785	5.408
8	.706	1.397	1.860	2.306	2.896	3.355	3.833	4.501	5.048
9	.703	1.383	1.833	2.262	2.821	3.250	3.690	4.297	4.781
10	.700	1.372	1.812	2.228	2.764	3.169	3.581	4.144	4.537
11	.697	1.363	1.796	2.201	2.718	3.106	3.497	4.025	4.437
12	.695	1.356	1.782	2.179	2.681	3.055	3.428	3.930	4.318
13	.694	1.350	1.771	2.160	2.650	3.012	3.372	3.852	4.221
14	.692	1.345	1.761	2.145	2.624	2.977	3.326	3.787	4.140
15	.691	1.341	1.753	2.131	2.602	2.947	3.286	3.733	4.073
16	.690	1.337	1.746	2.120	2.583	2.921	3.252	3.686	4.015
17	.689	1.333	1.740	2.110	2.567	2.898	3.222	3.646	3.965
18	.688	1.330	1.734	2.101	2.552	2.878	3.197	3.610	3.922
19	.688	1.328	1.129	2.093	2.539	2.861	3.174	3.579	3.883
20	.687	1.325	1.725	2.086	2.528	2.845	3.153	3.552	3.850
21	.686	1.323	1.721	2.082	2.518	2.831	3.135	3.257	3.189
22	.686	1.321	1.717	2.074	2.508	2.819	3.119	3.505	3.792
23	.685	1.319	1.714	2.069	2.500	2.807	3.104	3.485	3.767
24	.685	1.318	1.711	2.064	2.492	2.797	3.091	3.467	3.745
25	.684	1.316	1.708	2.060	2.485	2.787	3.078	3.450	3.725
26	.684	1.315	1.706	2.056	2.479	2.779	3.067	3.435	3.707
27	.684	1.314	1.703	2.052	2.473	2.771	3.057	3.421	3.690
28	.683	1.313	1.701	2.048	2.467	2.763	3.047	3.408	3.674
29	.683	1.311	1.699	2.045	2.462	2.756	3.038	3.396	3.659
30	.683	1.310	1.697	2.042	2.457	2.750	3.030	3.385	3.646
40	.681	1.303	1.684	2.021	2.423	2.704	2.971	3.307	3.551
60	.679	1.296	1.671	2.000	2.390	2.660	2.915	3.232	3.460
120	.677	1.289	1.658	1.980	2.358	2.617	2.860	3.160	3.373
∞	.674 $=z_{.25}$	1.282 $=z_{.10}$	1.645 $=z_{.05}$	1.960 $=z_{.025}$	2.326 $=z_{.010}$	2.576 $=z_{.005}$	2.807 $=z_{.0025}$	3.090 $=z_{.0010}$	3.291 $=z_{.0005}$

〈F 분포표〉

분모의 자유도		분자의 자유도 1	2	3	4	5	6	8	10	20	40	∞
1	$F_{.25}$	5.83	7.50	8.20	8.58	8.82	8.98	9.19	9.32	9.58	9.71	9.85
	$F_{.10}$	39.9	49.5	53.6	55.8	57.2	58.2	59.4	60.2	61.7	62.5	63.3
	$F_{.05}$	161	200	216	225	230	234	239	242	248	251	254
2	$F_{.25}$	2.57	3.00	3.15	3.23	3.28	3.31	3.35	3.38	3.43	3.45	3.48
	$F_{.10}$	8.53	9.00	9.16	9.24	9.29	9.33	9.37	9.39	9.43	9.47	9.49
	$F_{.05}$	18.5	19.0	19.2	19.2	19.3	19.3	19.4	19.4	19.4	19.5	19.5
	$F_{.01}$	98.5	99.0	99.2	99.2	99.3	99.3	99.4	99.4	99.4	99.5	99.5
	$F_{.001}$	998	999	999	999	999	999	999	999	999	999	999
3	$F_{.25}$	2.02	2.28	2.36	2.39	2.41	2.42	2.44	2.44	2.46	2.47	2.47
	$F_{.10}$	5.54	5.46	5.39	5.34	5.31	5.25	5.28	5.23	5.18	5.16	5.13
	$F_{.05}$	10.1	9.55	9.28	9.12	9.10	8.94	8.85	8.79	8.66	8.59	8.53
	$F_{.01}$	34.1	30.8	29.5	28.7	28.2	27.9	27.5	27.2	26.7	26.4	26.1
	$F_{.001}$	167	149	141	137	135	133	131	129	126	125	124
4	$F_{.25}$	1.81	2.00	2.05	2.06	2.07	2.08	2.08	2.08	2.08	2.08	2.08
	$F_{.10}$	4.54	4.32	4.19	4.11	4.05	4.01	3.95	3.92	3.84	3.80	3.76
	$F_{.05}$	7.71	6.94	6.59	6.39	6.26	6.16	6.04	5.96	5.80	5.72	5.63
	$F_{.01}$	21.2	18.0	16.7	16.0	15.5	15.2	14.8	14.5	14.0	13.7	13.5
	$F_{.001}$	74.1	61.3	56.2	53.4	51.7	50.5	49.0	48.1	46.1	45.1	44.1
5	$F_{.25}$	1.69	1.85	1.88	1.89	1.89	1.89	1.89	1.89	1.88	1.88	1.87
	$F_{.10}$	4.06	3.78	3.62	3.52	3.45	3.34	3.40	3.30	3.21	3.16	3.10
	$F_{.05}$	6.61	5.79	5.41	5.19	5.05	4.95	4.82	4.74	4.56	4.46	4.36
	$F_{.01}$	16.3	13.3	12.1	11.4	11.0	10.7	10.3	10.1	9.55	9.29	9.02
	$F_{.001}$	47.2	37.1	33.2	31.3	29.8	27.6	28.8	26.9	25.4	24.6	23.8
6	$F_{.25}$	1.62	1.76	1.78	1.79	1.79	1.78	1.77	1.77	1.76	1.75	1.74
	$F_{.10}$	3.78	3.46	3.29	3.18	3.11	3.05	2.98	2.97	2.84	2.78	2.72
	$F_{.05}$	5.99	5.14	4.76	4.53	4.39	4.28	4.15	4.06	3.87	3.77	3.67
	$F_{.01}$	13.7	10.9	9.78	9.15	8.75	8.47	8.10	7.87	7.40	7.14	6.88
	$F_{.001}$	35.5	27.0	23.7	21.9	20.8	20.0	19.0	18.4	17.1	16.4	15.8
7	$F_{.25}$	1.57	1.70	1.72	1.72	1.70	1.71	1.70	1.69	1.67	1.66	1.65
	$F_{.10}$	3.59	3.26	3.07	2.96	2.88	2.83	2.75	2.70	2.59	2.54	2.47
	$F_{.05}$	5.59	4.74	4.35	4.12	3.97	3.87	3.73	3.64	3.44	3.34	3.23
	$F_{.01}$	12.2	9.55	8.45	7.85	7.46	7.19	6.84	6.62	6.16	5.91	5.65
	$F_{.001}$	29.3	21.7	18.8	17.2	16.2	15.5	14.6	14.1	12.9	12.3	11.7
8	$F_{.25}$	1.54	1.66	1.67	1.66	1.66	1.65	1.64	1.63	1.61	1.59	1.58
	$F_{.10}$	3.46	3.11	2.92	2.81	2.73	2.67	2.59	2.54	2.42	2.36	2.29
	$F_{.05}$	5.32	4.46	4.07	3.84	3.69	3.58	3.44	3.35	3.15	3.04	2.93
	$F_{.01}$	11.3	8.65	7.59	7.01	6.63	6.37	6.03	5.81	5.36	5.12	4.86
	$F_{.001}$	25.4	18.5	15.8	14.4	13.5	12.9	12.0	11.5	10.5	9.92	9.33
9	$F_{.25}$	1.51	1.62	1.63	1.63	1.62	1.61	1.60	1.59	1.56	1.55	1.53
	$F_{.10}$	3.36	3.01	2.81	2.69	2.61	2.55	2.47	2.42	2.30	2.23	2.16
	$F_{.05}$	5.12	4.26	3.86	3.63	3.48	3.37	3.23	3.14	2.94	2.83	2.71
	$F_{.01}$	10.6	8.02	6.99	6.42	6.06	5.80	5.47	5.26	4.81	4.57	4.31
	$F_{.001}$	22.9	16.4	13.9	12.6	11.7	11.1	10.4	9.89	8.90	8.37	7.81
10	$F_{.25}$	1.49	1.60	1.60	1.59	1.59	1.58	1.56	1.55	1.52	1.51	1.48
	$F_{.10}$	3.28	2.92	2.73	2.61	2.52	2.46	2.38	2.32	2.20	2.13	2.06
	$F_{.05}$	4.96	4.10	3.71	3.48	3.33	3.22	3.07	2.98	2.77	2.66	2.54
	$F_{.01}$	10.0	7.56	6.55	5.99	5.64	5.39	5.06	4.85	4.41	4.17	3.91
	$F_{.001}$	21.0	14.9	12.6	11.3	10.5	9.92	9.20	8.75	7.80	7.30	6.76

분모의 자유도		분자의 자유도 1	2	3	4	5	6	8	10	20	40	∞
12	$F_{.25}$	1.56	1.56	1.56	1.55	1.54	1.53	1.51	1.50	1.47	1.45	1.42
	$F_{.10}$	3.18	2.81	2.61	2.48	2.39	2.33	2.24	2.19	2.06	1.99	1.90
	$F_{.05}$	4.75	3.89	3.49	3.26	3.11	3.00	2.85	2.75	2.54	2.43	2.30
	$F_{.01}$	9.33	6.93	5.95	5.41	5.06	4.82	4.50	4.30	3.86	3.62	3.36
	$F_{.001}$	18.6	13.0	10.8	9.63	8.89	8.38	7.71	7.29	6.40	5.93	5.42
14	$F_{.25}$	1.44	1.53	1.53	1.52	1.51	1.50	1.48	1.46	1.43	1.41	1.38
	$F_{.10}$	3.10	2.73	2.52	2.39	2.31	2.24	2.15	2.10	1.96	1.89	1.80
	$F_{.05}$	4.60	3.74	3.34	3.11	2.96	2.85	2.70	2.60	2.39	2.27	2.13
	$F_{.01}$	8.86	5.51	5.56	5.04	4.69	4.46	4.14	3.94	3.51	3.27	3.00
	$F_{.001}$	17.1	11.8	9.73	8.62	7.92	7.43	6.80	6.40	5.56	5.10	4.60
16	$F_{.25}$	1.42	1.51	1.51	1.50	1.48	1.48	1.46	1.45	1.40	1.37	1.34
	$F_{.10}$	3.05	2.67	2.46	2.33	2.24	2.18	2.09	2.03	1.89	1.81	1.72
	$F_{.05}$	4.49	3.63	3.24	3.01	2.85	2.74	2.59	2.49	2.28	2.15	2.01
	$F_{.01}$	8.53	6.23	5.29	4.77	4.44	4.20	3.89	3.69	3.26	3.02	2.75
	$F_{.001}$	16.1	11.0	9.00	7.94	7.27	6.81	6.19	5.81	4.99	4.54	4.06
18	$F_{.25}$	1.41	1.50	1.49	1.48	1.46	1.45	1.43	1.42	1.38	1.35	1.32
	$F_{.10}$	3.01	2.62	2.42	2.29	2.20	2.13	2.04	1.98	1.84	1.75	1.66
	$F_{.05}$	4.41	4.41	3.16	2.93	2.77	2.66	2.51	2.41	2.19	2.06	1.92
	$F_{.01}$	8.29	6.01	5.09	4.58	4.25	4.01	3.71	3.51	3.08	2.84	2.57
	$F_{.001}$	15.4	10.4	8.49	7.46	6.81	6.35	3.76	5.39	4.59	4.15	3.67
20	$F_{.25}$	1.40	1.49	1.48	1.46	1.45	1.44	1.42	1.40	1.36	1.33	1.29
	$F_{.10}$	2.97	2.59	2.38	2.25	2.16	2.09	2.00	1.94	1.79	1.71	1.61
	$F_{.05}$	4.35	3.49	3.10	2.87	2.71	2.60	2.45	2.35	2.12	1.99	1.84
	$F_{.01}$	8.10	5.85	4.94	4.43	4.10	3.87	3.36	3.37	2.94	2.69	2.42
	$F_{.001}$	14.8	9.95	8.10	7.10	6.46	6.02	5.44	5.08	4.29	3.86	3.38
30	$F_{.25}$	1.38	1.45	1.44	1.42	1.41	1.39	1.37	1.35	1.27	1.30	1.23
	$F_{.10}$	2.88	2.49	2.28	2.14	2.05	1.98	1.88	1.82	1.67	1.57	1.46
	$F_{.05}$	4.17	3.32	2.92	2.69	2.53	2.42	2.27	2.16	1.93	1.79	1.62
	$F_{.01}$	7.56	5.39	4.51	4.02	3.70	3.47	3.17	2.98	2.55	2.30	2.01
	$F_{.001}$	13.3	8.77	7.05	6.12	5.53	5.12	4.58	4.24	3.49	3.07	2.59
40	$F_{.25}$	1.36	1.44	1.42	1.40	1.39	1.37	1.35	1.33	1.28	1.24	1.19
	$F_{.10}$	2.84	2.44	2.23	2.09	2.00	1.93	1.83	1.76	1.61	1.51	1.38
	$F_{.05}$	4.08	3.23	2.84	2.61	2.45	2.34	2.18	2.08	1.84	1.69	1.51
	$F_{.01}$	7.31	5.18	4.31	3.83	3.51	3.29	2.99	2.80	2.37	2.11	1.80
	$F_{.001}$	12.6	8.25	6.60	5.70	5.13	4.73	4.21	3.87	3.15	2.73	2.23
60	$F_{.25}$	1.35	1.42	1.41	1.38	1.37	1.35	1.32	1.30	1.25	1.21	1.15
	$F_{.10}$	2.79	2.39	2.18	2.04	1.95	1.87	1.77	1.71	1.54	1.44	1.29
	$F_{.05}$	4.00	3.15	2.76	2.53	2.37	2.25	2.10	1.99	1.75	1.59	1.39
	$F_{.01}$	7.08	4.98	4.13	3.65	3.34	3.12	2.82	2.63	2.20	1.94	1.60
	$F_{.001}$	12.0	7.76	6.17	5.31	4.76	4.37	3.87	3.54	2.83	2.41	1.89
120	$F_{.25}$	1.34	1.40	1.39	1.37	1.35	1.33	1.30	1.28	1.22	1.18	1.10
	$F_{.10}$	2.75	2.35	2.13	1.99	1.90	1.82	1.72	1.65	1.48	1.37	1.19
	$F_{.05}$	3.92	3.07	2.68	2.45	2.29	2.17	2.02	1.91	1.66	1.50	1.25
	$F_{.01}$	6.85	4.79	3.95	3.48	3.17	2.96	2.66	2.47	2.03	1.76	1.38
	$F_{.001}$	11.4	7.92	5.79	4.95	4.42	4.04	9.55	5.24	2.53	2.11	1.54
∞	$F_{.25}$	1.32	1.39	1.37	1.35	1.33	1.31	1.28	1.25	1.19	1.14	1.00
	$F_{.10}$	2.71	2.30	2.08	1.94	1.85	1.77	1.67	1.60	1.42	1.30	1.00
	$F_{.05}$	3.84	3.00	2.60	2.37	2.21	2.10	1.94	1.83	1.57	1.39	1.00
	$F_{.01}$	6.63	4.61	3.78	3.32	3.02	2.80	2.51	2.32	1.88	1.59	1.00
	$F_{.001}$	10.8	6.91	5.42	4.62	4.10	3.74	3.27	2.96	2.27	1.84	1.00

〈χ^2 분포표〉

$d.f.$	$\chi^2_{.25}$	$\chi^2_{.10}$	$\chi^2_{.05}$	$\chi^2_{.025}$	$\chi^2_{.010}$	$\chi^2_{.005}$	$\chi^2_{.001}$
1	1.32	2.71	3.84	5.02	6.63	7.88	10.8
2	2.77	4.61	5.99	7.38	9.21	10.6	13.8
3	4.11	6.25	7.81	9.35	11.3	12.8	16.3
4	5.39	7.78	9.49	11.1	13.3	14.9	18.5
5	6.63	9.24	11.1	12.8	15.1	16.7	20.5
6	7.84	10.6	12.6	14.4	16.8	18.5	22.5
7	9.04	12.0	14.1	16.0	18.5	20.3	24.3
8	10.2	13.4	15.5	17.5	20.1	22.0	26.1
9	11.4	14.7	16.9	19.0	21.7	23.6	27.9
10	12.5	16.0	18.3	20.5	23.2	25.2	29.6
11	13.7	17.3	19.7	21.9	24.7	26.8	31.3
12	14.8	18.5	21.0	23.3	26.2	28.3	32.9
13	16.0	19.8	22.4	24.7	27.7	29.8	34.5
14	17.1	21.1	23.7	26.1	29.1	31.3	36.1
15	18.2	22.3	25.0	27.5	30.6	32.8	37.7
16	19.4	23.5	26.3	28.8	32.0	34.3	39.3
17	20.5	24.8	27.6	30.2	33.4	35.7	40.8
18	21.6	26.0	28.9	31.5	34.8	37.2	42.3
19	22.7	27.2	30.1	32.9	36.2	38.6	32.8
20	23.8	28.4	31.4	34.2	37.6	40.0	45.3
21	29.6	24.9	32.7	35.5	38.9	41.4	46.8
22	26.0	30.8	33.9	36.8	40.3	42.8	48.3
23	27.1	32.0	35.2	38.1	41.6	44.2	49.7
24	28.2	33.2	36.4	39.4	32.0	45.6	5].2
25	29.3	34.4	37.7	40.6	44.3	46.9	52.6
26	30.4	35.6	38.9	41.9	45.6	48.3	54.1
27	31.5	36.7	40.1	43.2	47.0	49.6	55.5
28	32.6	37.9	41.3	44.5	48.3	51.0	56.9
29	33.7	39.1	42.6	45.7	49.6	52.3	58.3
30	34.8	40.3	43.8	47.0	50.9	53.7	59.7
40	45.6	51.8	55.8	59.3	63.7	66.8	73.4
50	56.3	63.2	67.5	71.4	76.2	79.5	86.7
60	67.0	74.4	79.1	83.3	88.4	92.0	99.6
70	77.6	85.5	90.5	95.0	100	104	112
80	88.1	96.6	102	107	112	116	125
90	98.6	108	113	118	124	128	137
100	109	118	124	130	136	140	149

참고문헌

김두섭 · 강남준, 2000, 『회귀분석: 기초와 응용』, 나남출판.

박정식 · 윤영선, 2002, 『현대통계학 (제4판)』, 다산출판.

서혜선 외, 2001, 『SPSS를 활용한 회귀분석』, SPSS아카데미.

Aiken, L. S. & West, S. G., 1991, *Multiple Regression: Testing and Interpreting Interaction*, Sage.

Allen Rubin & Earl R. Babbie, 2005, *Research methods for social work*, Thomson.

Andy Field, 2004, *Discovering statistics using SPSS for windows*, Sage.

David G. Kleinbaum, et al., 1998, *Applied regression analysis and other methods* (3rd edition), Pacific Grove.

David S. Moore & George P. McCabe, 2003, *Introduction to the practice of statistics* (4th edition), Freeman.

David W. Hosmer & Stanley Lemeshow, 2000, *Applied logistic regression(2nd edition)*, John Wiley & Sons.

Donald Ary, et al., 2006, *Introduction to Research in Education(7th edition)*, Thomson Wadsworth.

Douglas A. Luke, 2004, *Multilevel Modeling*, Sage.

Fox, John., 1997, *Applied regression analysis, linear model and related methods*, Thousand Oaks.

Fred C. Pampel, 2000, *Logistic regression: A primer*, Sage.

George A. F. Seber & C. J. Wild, 2003, *Nonlinear regression*, John Wiley & Sons.

Ita Kreft & Jan De Leeuw, 2004, *Introducing Multilevel Modeling*, Sage.

Jacob Cohen, et al., 2002, *Applied multiple regression/Correlation analysis for the behavioral science* (2nd edition), Lawrence Erlbaum Associates.

James A. Daivs, 1985, *The logic of causal order*, Sage.

James T. McClave, et al., 2004, *Statistics for business and economics*(9th edition), Prentice Hall.

J. Scott Long, 2003, *Regression model for categorical dependent variables using STATA*, Sage.

J. Scott Long, 1997, *Regression models for categorical and limited dependent variables*,

Thousand Oaks.

Leona S. Aiken & Stephen G. West, 1991, *Multiple regression: Testing and interpreting interactions*, Sage.

Marija J. Norusis, 2004, *SPSS* 13.0 *Advanced Statistical Procedures Companion*, Prentice Hall.

Paul D. Allison, 1998, *Multiple regression*, Pine forge.

Paul D. Allison, 2003, *Logistic regression using SAS system: Theory and application*, SAS Institute Inc.

Paul D. Reynolds, 1971, *A primer in theory construction*, Allyn and bacon.

Paul E. Spector, 1992, *Summated rating scale construction*, Sage.

P. T. Pope & J. T. Webster, 1972, "The use of an F-statistics in stepwise regression procedure", *Technometrics* 14(2)

Roderick J. A. Little & Donald B. Rubin, 2002, *Statistical analysis with missing data(2nd)*, John Wiley & Sons.

R. L. Prentice & R. Pyke, 1979, "Logistic disease incidence models and case-control studies", *Biometrika* 66.

Rudolf J. Freund, et al., 2003, *Regression using JMP*, SAS.

Samprit Chatterjee, et al., 1999, *Regression analysis by example*(3rd edition), Wiley-Interscience.

Scott Menard, 2001, *Applied logistic regression analysis*(2nd edition), Sage.

Scott R. Eliason, 1993, *Maximum likelihood estimation: Logic and practice*, Sage.

Sheyang Guo, 2005, "Analyzing grouped data with hierarchical linear modeling", *Children and Youth Service Review* 27.

Stephen B. Hulley, et al., 2001, *Designing clinical research*(2nd edition), Lippincott Williams & Wilkins.

S. W. Raudenbush & A. S. Bryk, 2002, *Hierarchica Linear Models: Applications and Data Analysis Methods*, Sage.

William D. Berry, 1993, *Understanding regression assumption*, Sage.

Yu Xie & Charles F. Manski, 1989, "The logit model and response-based samples", *Sociological Methods and Research* 17.

색 인

저자 소개

김 태 근

1995~1999 BA 연세대학교 사회과학대학

2002~2004 MA 연세대학교 사회복지대학원

2004~2009 Ph.D. University of Pennsylvania School of Social Policy & Practice

김태근 교수는 뉴욕 Adelphi University School of Social Work에 재직중이며, Chair of Research Committee로 통계와 연구방법론 커리큘럼 개발을 담당하고 있다. 대학원에서 사회과학 통계론과 연구방법론을 가르치고 있으며, 통계 컨설턴트로 다양한 연구 프로젝트에 조언을 주고 있다.

u-Can
회귀분석

지은이 · 김태근

펴낸이 · 이명묵
꾸민이 · 정연선
표 지 · 김우원
1쇄 발행 · 2006. 6. 15.
3쇄 발행 · 2020. 7. 20.

발행처 · 인간과복지
신 고 · 제 406-251002011000054 호
주 소 · 경기도 파주시 회동길 145
아시아출판문화정보센터 301호
전 화 · 02-383-0743
팩 스 · 02-382-3486
E-mail · hwbook22@daum.net
홈페이지 · www.hw-book.co.kr

값 • 15,000원

ISBN 89-8007-144-2 93330
이 책의 출판사 수익금은 사회복지기금으로 쓰입니다